FRANKFURTER WIRTSCHAFTS-
UND SOZIALWISSENSCHAFTLICHE STUDIEN

Heft 19

Herausgegeben von der
Wirtschafts- und Sozialwissenschaftlichen Fakultät
der Johann Wolfgang Goethe-Universität
Frankfurt am Main

Makroökonomische Kostenstrukturen im System der Statistik des Sozialprodukts und der Input-Output-Verflechtung

Von

Dr. Werner Neubauer

DUNCKER & HUMBLOT / BERLIN

Gedruckt 1968 bei Berliner Buchdruckerei Union GmbH., Berlin 61
Printed in Germany

Inhaltsverzeichnis

III. Kapitel

Anhang

Eine kurze Übersicht über die in der Bundesrepublik Deutschland praktizierten Statistiken, die ganz oder teilweise auf die Kostenstruktur gerichtet sind

Einleitung

In den letzten Jahrzehnten — in Deutschland insbesondere seit dem Ende des Zweiten Weltkrieges — haben sich die sogenannten makroökonomischen Aggregatstatistiken, die Sozialproduktsberechnung, die volkswirtschaftliche Gesamtrechnung und in gewissen Ansätzen auch die Input-Output-Rechnung, immer mehr zum Herz- und Hauptstück der amtlichen Wirtschaftsstatistik entwickelt. Die Beachtung, die die Ergebnisse jener Rechnungen in der Öffentlichkeit finden, ist außerordentlich. Auch im wirtschaftstheoretischen und wirtschaftspolitischen Denken spielt das Sozialprodukt, seine Größe, aber vor allem sein jährliches Wachstum, eine Schlüsselrolle — als ein Indikator der wirtschaftlichen Entwicklung schlechthin, zugleich aber auch als gleichsam selbst wirkende Kraft, die wirtschaftliche Entwicklungen vorantreibt. Daß die Sozialproduktsberechnung, die nichts Geringeres zu bewerkstelligen hat als die produktive Leistung der gesamten Volkswirtschaft in einer Zahl oder in wenigen Zahlen zusammenfassend zum Ausdruck zu bringen, an die Wirtschaftsstatistik enorme Anforderungen stellt, versteht sich von selbst. Zumindest derzeit noch ist die Sozialproduktsberechnung überall in der Welt eine Sozialproduktsschätzung. Diese Schätzung baut auf einer Vielzahl von teils überkommenen, teils neu eingerichteten Einzelstatistiken auf und fügt ihre Ergebnisse zusammen. Nur in den seltensten Fällen stehen der Sozialproduktsberechnung Erhebungen zu Diensten, die speziell und konsequent auf ihre Zwecke hin angelegt sind. Mit den Input-Output-Rechnungen verhält es sich nicht anders. So wird in jenen Aggregatstatistiken ganz besonders das prinzipielle Dilemma spürbar, mit dem es die Wirtschaftsstatistik immer wieder zu tun hat: Speziellen Fragestellungen kann man im Grunde nur mit statistischen Erhebungen gerecht werden, die in Begriffen und Methoden auf eben diese Fragestellungen abgestimmt sind; aber aus praktischen Gründen muß es damit sein Bewenden haben, aus ein und derselben Erhebung verfügbare Ergebnisse für recht verschiedenartige Untersuchungen nutzbar zu machen bzw. Erhebungen so anzulegen, daß sie von möglichst vielseitiger Verwendbarkeit sind. Selbst bei beträchtlicher Kompromißbereitschaft dieser Art hatte indes die Sozialproduktsberechnung in Deutschland — und hat zur Zeit noch die Input-Output-Rechnung — mit nicht unbeträchtlichen anfänglichen Schwierigkeiten zu kämpfen. Die deutsche amtliche Statistik verfügte nämlich nach dem Kriege wohl über eine recht gut ausgebaute Statistik der Produktionsleistungen und der Umsätze, jedoch über nur geringe Kenntnisse des Produktionsaufwandes und seiner Zusammensetzung, der gesamtwirtschaftlichen „Kostenstruktur". Diese Ungleichgewichtigkeit — sie bestand schon zu Zeiten des Statistischen Reichsamtes — war von besonderem Nachteil deshalb, weil die „objektive" Methode, die „Entstehungsrechnung" also, eine Hauptstütze der Sozialproduktsberechnung sein sollte. Diese „objektive Methode" besteht nun aber — für den größten Teil des Sozialprodukts — in nichts anderem als in einer Aufspaltung des Bruttoproduktionswertes der Wirtschaftsbereiche von der Aufwandsseite her. Man darf wohl behaupten, daß die deutsche amtliche Statistik auch heute noch über die „Aufwandsseite" des Wirtschaftsprozesses ungleich weniger Informationen liefert als über die „Ertragsseite", die „Leistungsseite". Allerdings hat das Statistische Bundesamt gerade in den letzten Jahren einige Erhebungen neu eingeführt, die diese Lücke um ein gutes Stück vermindert haben.

Daß die amtliche Statistik bislang noch keine ganz befriedigende Analyse der Aufwandsseite des Wirtschaftsprozesses geben kann, überrascht indessen weniger als der Umstand, daß in der Fachliteratur die statistischen Fundamente der Sozialproduktsberechnung, der Volkswirtschaftlichen Gesamtrechnungen und der Input-Output-Rechnung vergleichsweise selten Gegenstand einer prüfenden, kritischen, fordernden Untersuchung sind — viel seltener jedenfalls als man angesichts der außerordentlichen Popularität von Zahlen zur Sozialproduktsentwicklung erwarten dürfte. Beide Umstände nun — die Entwicklungsbedürftigkeit der Statistik der Aufwandsseite des Wirtschaftsprozesses, der sogenannten „Kostenstruktur" also, und ein gewisser Mangel an kritischer Prüfung der statistischen Fundamente der makroökonomischen Aggregatstatistiken haben zu der folgenden Untersuchung Anlaß gegeben. Hinzu kam ein drittes Anliegen. Es ist ein altes, freilich in der neueren Literatur wenig ventiliertes, Projekt der wissenschaftlichen Wirtschaftsstatistiker, ein kohärentes System der Wirtschafts- und Sozialstatistik aufzubauen. Nicht um intellektueller Befriedigung, sondern um größtmöglicher Effizienz der Wirtschaftsstatistik willen sollte dieses Ziel gesteckt sein. Ein solches System hätte wohl ein zweiteiliges zu sein: Es wären darin die von der historischen Situation bedingten Erkenntnisziele der Wirtschafts- und Sozialstatistik zu definieren und zu koordinieren und ein diesem Zielsystem adäquater und zugleich möglichst effizienter Erhebungsapparat, allgemeiner: Methodenapparat, zu konstruieren. Über ein solches kohärentes System der Wirtschaftsstatistik verfügen wir heute im Grunde nicht: in der Praxis der amtlichen Statistik wohl in Ansätzen, in der Theorie noch weniger. Es sei sogleich festgestellt: eine solche Systembildung nimmt sich auch diese Untersuchung nicht vor; aber sie versucht sich an gewissen methodischen Operationen, die bei einer solchen Systembildung entscheidend wären, die aber auch bei der Konstruktion mehr oder weniger isolierter Einzelstatistiken praktiziert werden müssen. Es soll nämlich an einem materiell gewichtigen Fall analysiert werden, welche Bedeutung der Beachtung des adäquaten Ziel-Mittel-Verhältnisses in der Wirtschaftsstatistik zukommt. Mit anderen Worten: es soll zugesehen werden, wie sehr das Erkenntnisziel die statistische Methodik festlegt, welche methodischen Differenzierungen sich dementsprechend empfehlen oder sich sogar als notwendig herausstellen, wenn auf den ersten Blick identische Phänomene unter verschiedenen Aspekten studiert werden sollen. Diese Problemstellung ist sicher eine der wesentlichen, die eine „theoretische Wirtschaftsstatistik" impliziert. Die Kostenstrukturstatistik im Dienst der makroökonomischen Aggregatstatistiken eignet sich gut, solche methodischen Grundsätze zu demonstrieren.

Gegenstand der folgenden Analyse ist also die adäquate Methodik einer Kostenstrukturstatistik, die einerseits der Sozialproduktsberechnung, andererseits der Input-Output-Rechnung Ergebnisse liefern soll, die den theoretischen Konzepten dieser Aggregatstatistiken möglichst gut entsprechen, also „zielgerechte" Eigenschaften besitzen. Daß die Sozialproduktsberechnung und die Input-Output-Rechnung dabei Verwendungszwecke von Kostenstrukturergebnissen darstellen, welche gerade nicht völlig wesensverschieden und ohne Gemeinsamkeiten sind, dies macht eben den heuristischen Wert dieser Konstellation aus.

Es ist klar, daß eine solche Untersuchung nur dann einigermaßen prägnante Ergebnisse liefern kann, wenn die spezifischen Eigenschaften der theoretischen Konzepte des Sozialprodukts und der Input-Output-Verflechtung zunächst deutlich herausgearbeitet werden, so daß für die Methodik einer Kostenstrukturstatistik verläßliche Orientierungspunkte vorhanden sind. Das bedeutet, daß die Sozialproduktsberechnung einerseits, die Input-Output-Rechnung andererseits erst einmal daraufhin besehen werden müssen, welche Rolle denn in ihrem Aufbau die Kostenstruktur[1] spielt. Es stellt sich dabei heraus, daß die Kostenstruktur darin nicht nur eine von jenen vielen Rechenposten ist, die in solche Aggregatstatistiken eingehen, daß vielmehr die grundlegenden Begriffsschemata der Sozialproduktsberechnung und der Input-Output-Rechnung selbst Kostenstrukturschemata sind, daß also diese Begriffs-

[1] Der Ausdruck Kostenstruktur hat sich in diesem Zusammenhang eingebürgert. Ganz eindeutig ist er freilich nicht. Er bezieht sich nicht von vornherein nur auf die Kosten im betriebswirtschaftlichen Sinne (im Unterschied zum „Aufwand"). In der Volkswirtschaftslehre wird dieser Unterschied ja ohnehin häufig nicht gemacht. Außerdem wird meist auch die Gewinnrate mitgedacht, wenn von Kostenstruktur die Rede ist. Gemeint ist also, wenn nicht ausdrücklich anders vermerkt — diese Verabredung zur terminologischen Großzügigkeit sei getroffen —, im Grunde die Struktur der Sollseite des „Produktionskontos" bzw. des Gewinn- und Verlustkontos. Besonderungen und weitere Differenzierungen bleiben vorbehalten.

schemata überwiegend „von der Aufwandsseite her“ definiert sind. Der Bedeutungsgehalt dieser Definitionen „von der Aufwandsseite her“ muß also zunächst dargestellt werden. Erst dann wird man beurteilen können, nach welchen allgemeinen Regeln die Kostenstrukturstatistik zu verfahren hat, damit jene Kostenstrukturzahlen entstehen, die für die makroökonomischen Aggregatstatistiken benötigt werden. Dabei kann es geschehen, daß die Grenze zwischen einer zweckbezogenen Kostenstrukturstatistik und der Aggregatstatistik selbst oft etwas verschwimmen.

Um eine Verpflichtung zu allzu weitgehender Verallgemeinerung oder allzu umfassender Einzelberichterstattung zu entgehen, soll die Untersuchung, insofern auf einzelne Wirtschaftssektoren Bezug genommen wird, nur für einen Teilbereich der gesamten Volkswirtschaft, für einen besonders gewichtigen, geführt werden: für den Unternehmenssektor. Innerhalb des Unternehmenssektors ist ein Schwerpunkt gebildet worden: Das Hauptaugenmerk gilt dem produzierenden Gewerbe und dem Handel, jenen Bereichen also, die zusammen etwa drei Viertel des vom Unternehmenssektor geleisteten Beitrags zum Bruttoinlandsprodukt stellen.

Die Untersuchungen nehmen den folgenden Verlauf: Im Ersten Teil, man könnte ihn den „strukturtheoretischen“ heißen, wird dargelegt, welche Beziehungen zwischen dem Sozialprodukt in seinen verschiedenen definitorischen Konzepten und der Input-Output-Rechnung einerseits, der makroökonomischen Kostenstruktur andererseits bestehen. In diesem Ersten Teil wird auch die schon angedeutete kritische Interpretation des Bedeutungsgehaltes der Sozialproduktsbegriffe und des Input-Output-Konzepts „von der Aufwandsseite her“ erfolgen. Daraus ergeben sich gewisse Leitgedanken für den Zweiten Teil, der die Methodik einer adäquaten Kostenstrukturstatistik zum Gegenstand hat. Es werden darin die wesentlichen und für das gestellte Problem charakteristischen Einzelfragen der statistischen Prozedur erörtert.

Erster Teil

Kostenstrukturschemata im formalen Aufbau der Statistik des Sozialprodukts und der Input-Output-Verflechtung

Begriffstheoretische Grundlegung der Kostenstrukturstatistik

I. Kapitel

Die Struktur des Bruttoproduktionswertes (Aufwandseite) und die Sozialproduktsbegriffe

A. Zum Verständnis des Sozialproduktes

Die Zergliederung und kritische Durchleuchtung der Sozialproduktsbegriffe, die in den folgenden Abschnitten vorgenommen wird, ist nicht als ein Abriß der Theorie des Sozialproduktes gemeint. Insbesondere steht hier keine kreislauftheoretische Analyse des Sozialproduktes an. Das Ziel ist vielmehr ein anderes, ein doppeltes: Einerseits die Sozialproduktsbegriffe in ihrem Zusammenhang mit der Struktur des Bruttoproduktionswertes — d. h. aber nichts anderes als: mit der Kostenstruktur — darzustellen und aus diesem Zusammenhang näher zu interpretieren. Die verschiedenen Sozialproduktsbegriffe korrespondieren nämlich mit einer — von Kostenarten*gruppen* gebildeten — Kostenstruktur eigener Art, die im Rahmen dieser Arbeit ein selbständiges Untersuchungsobjekt sein soll. Andererseits wird aber auf diese Weise zugleich ein wesentliches Erkenntnisziel der Kostenstruktur*statistik* präzise markiert. In welcher begrifflichen Abgrenzung die einzelnen Kostenarten schließlich erhoben werden müssen, das bestimmt sich vor allem danach, welche Bedeutung jenen Aggregaten zugeschrieben werden soll, in die die einzelnen Kostenarten als Bausteine eingehen. Man wird jedoch über die Sozialproduktsbegriffe schwerlich im Detail handeln können, wenn man sich nicht in Kürze die fundamentalen Eigentümlichkeiten jenes Denkkonzeptes vor Augen stellt, das so etwas wie Sozialproduktsberechnung allererst möglich macht.

Das Sozialprodukt ist der umfassendste jener makroökonomischen Aggregat-Begriffe, die zwar in wechselnden Ausprägungen schon seit den Anfängen der Nationalökonomie zu deren Begriffsapparat gehören, eigentlich dominant und empirisch effizient aber doch erst durch die Keynes'sche Theorie geworden sind[2]. Durch einfache Summation soll es das Gesamtergebnis der wirtschaftlichen Aktivität einer Volkswirtschaft in einer Periode unter sich begreifen. Nun gilt freilich auch für das Sozialprodukt jener Satz der Logik, daß der Inhalt eines Begriffes zu dessen Umfang im umgekehrten Verhältnis steht. Die intendierte Allgemeinheit dieses Begriffes macht es schwer, eine anschauliche Vorstellung von dem Gemeinten bestehen zu lassen. Das Sozialprodukt drückt das Gesamtergebnis der wirtschaftlichen Aktivität in Geld aus: es ist eine Summe aus Geldwerten. Diese Wertsumme ist aber unter bestimmten Veraussetzungen in zweierlei Weise zu interpretieren, so daß sich das Sozialprodukt janusköpfig darstellt: einmal als eine bewertete Gesamtheit von hervorgebrachten Gütern und Diensten und einmal als Summe der bei diesem Prozeß entstandenen Einkommen.

Es ist wichtig, diese beiden Phänomene: Einkommen (d. h. in unserer Wirtschaftsverfassung: in Geld bemessenes Einkommen) und Güter strikt auseinander zu halten. Zwar entstehen Güter und Dienste einerseits und Einkommen andererseits uno actu. Es ist aber analytisch unzweckmäßig, beide in eins zu setzen: denn Einkommen ist die Quelle von Nachfrage nach Gütern, die Güter selbst stellen das Angebot dar. Angebot und Nachfrage werden — wie das am Außenhandel deutlich wird — nicht zu gleicher Zeit und am gleichen Ort wirksam.

Soll nun das Sozialprodukt ein volkswirtschaftliches Gesamteinkommen darstellen, so muß gezeigt werden können, wie es aus den Individualeinkommen durch Aggregation herzuleiten ist. Wenn es andererseits als Wert einer Gütergesamtheit, eines „Güterberges" gedeutet werden soll, wie es beim Bruttosozialprodukt häufig geschieht, so muß gezeigt werden, daß es als Summe von Produkten aus Menge und Preis verstanden werden kann, daß es also ein eindeutiges Mengengerüst besitzt. Selbst wenn das möglich ist — es ist, wie noch gezeigt wird, im allgemeinen nicht möglich — so gelingt es kaum, mit dieser Wertsumme die Anschauung einer Gütergesamtheit zu verbinden. Dies nicht nur wegen der immensen Heterogenität der Leistungen (Konsumgüter, Investitionsgüter, Dienste, Handelsleistungen usw.), sondern auch wegen der Bewertungsheterogenität: ein und derselben Wertsumme können gänzlich verschiedene Gütermengen entsprechen, je nachdem, auf welcher Stufe (beim Erzeuger, beim Großhandel, Einzelhandel, als

[2] Bedeutende Beiträge zur Theorie des Sozialprodukts haben insbesondere A. *Marshall* in seinen „Principles of Economics" (1890) und A. C. *Pigou* in „The Economics of Welfare" (1920) geleistet.

Letztabsatz) sie erfaßt werden. Es ist zwar wahr, daß auch die allermeisten anderen Wertgesamtheiten (Umstäze, Verbrauchswerte usw.) einen unmittelbaren Durchblick auf die Mengenstruktur, die zugrundeliegt, nicht zulassen, aber diese Wertgesamtheiten vermögen wir auch in der Regel aus anderen Zusammenhängen zu interpretieren: als eintauschbares Einkommen oder Vermögen, als der Einzelwirtschaft kaufkraftverschaffenden Umsatz oder als Marktanteil usw. Alle diese Verständnisweisen sind uns aber beim Sozialprodukt genommen: es kann nicht von seinem Tauschwert her oder als Anteil verstanden werden, denn es ist selbst das Ganze und in ihm gehen jene ökonomischen Relationen, die den Summanden (einzelwirtschaftliche Wertgesamtheiten) ihren Wert verleihen, unter.

Hier wird die Meinung vertreten, daß die Interpretation des Sozialprodukts als Einkommenssumme eher die Vorstellung einer Gesamtheit, wenn auch einer nur formal bestimmten, zuläßt. Das Einkommen hat als logische Einheit die Kaufkrafteinheit, es ist seiner Essenz nach Kaufkraft. Einkommen sind daher unproblematischer zu addieren als Güterwerte. In der Tat ist auch das Volkseinkommen der einer bestimmten Fassung des Sozialproduktes korrespondierende Einkommensbegriff. Gewiß ist das Geldeinkommen materiell bedeutungsleer, wenn nicht die gegebenen Güterpreise mitgedacht werden. Es soll aber hier — und das ist legitim — von einem gegebenen Preisstand aus argumentiert werden. Das Problem nominell — real, das der Deflationierung, wird in dieser Untersuchung ausgespart.

Resümierend sei festgestellt, daß die Unterscheidung zwischen einer Interpretation des Sozialprodukts einmal als Einkommenssumme und einmal als Wert einer Gütergesamtheit auch für die späteren Erörterungen im Auge behalten werden muß.

B. Grundbegriffe der Entstehungsrechnung des Sozialprodukts

Das Sozialprodukt einer Periode wird überlicherweise auf drei verschiedene Weisen errechnet: es wird erfaßt in seiner Entstehung — nämlich aus Beiträgen der produktiven Zellen der Volkswirtschaft; in seiner Verteilung — nämlich als Summe der von den am Produktionsprozeß Beteiligten bezogenen Einkommen; schließlich in seiner Verwendung — nämlich als Gesamtwert der Konsumtion und der Investition, unter Berücksichtigung des Außenbeitrages. Hier interessiert lediglich die Entstehungsrechnung, denn ganz überwiegend für sie ist die hier erörterte Kostenstruktur von Belang. Die Entstehungsrechnung liefert nicht unmittelbar das Sozialprodukt, sondern zunächst das *Inlandsprodukt*, das dann um den Saldo der Erwerbs- und Vermögenseinkommen zwischen In- und Ausländern korrigiert wird und so das Sozialprodukt ergibt. Dieser Umweg liefert einerseits zusätzliche Informationen, andererseits ist er aber auch gar nicht zu vermeiden, wenn die Entstehungsrechnung an Produktionswerten bzw. Umsätzen der im Inland tätigen produktiven Einheiten anknüpfen will.

Diese produktiven Einheiten, d. h. die statistischen Einheiten der Entstehungsrechnung, sind in der amtlichen Statistik die Unternehmungen, definiert als kleinste bilanzierende Einheiten. Das sei hier als gegeben hingenommen[3].

Wie bestimmt sich nun der Beitrag einer Unternehmung bzw. einer Gruppe von Unternehmungen zum Inlandsprodukt? Wollte man diesen im gesamten Produktionswert der Unternehmung, in deren Bruttoproduktionswert, sehen, so müßte man offenbar das Inlandsprodukt als gesamtwirtschaftlichen Bruttoproduktionswert verstehen. Dieser volkswirtschaftliche Bruttoproduktionswert hat aber den großen Nachteil, daß er viele Doppelzählungen enthält: vom Urprodukt bis zum Endverbrauchsgut in der Hand des Konsumenten sind viele Reifegrade zu durchlaufen. Je mehr Unternehmungen an diesem Reifungsprozeß beteiligt sind — je differenzierter also die Vertikalstruktur der Produktion und Verteilung ist — um so größer ist die Summe der Bruttoproduktionswerte bei einem gegebenen Volumen von Endprodukten. Damit ist aber der Bruttoproduktionswert kein zuverlässiges Maß der letztlich für Konsum, Investitionen und Außenhandel zur Verfügung gestellten Güter. Um diesen Gesamtwert, eben das Inlandsprodukt üblicher Definition, zu erhalten, muß also der Bruttoproduktionswert jeder Unternehmung aufgespalten werden in einen Bestandteil, der dem Wert der Vorleistungen fremder Unternehmungen entspricht (etwa Fertigungsmaterial) und einem anderen, der jenen Wert angibt, welcher den Vorleistungen in der Unternehmung hinzugefügt worden ist. Die Summe der so verstandenen Beiträge von Stufe zu Stufe ist dann gleich dem Inlandsprodukt. Diese Analyse des Bruttoproduktionswertes kann offenbar nur über die Analyse der Kostenstruktur erfolgen, denn der Bruttoproduktionswert ist ja nichts anderes als eine Summe aus Selbstkosten und den am Markt erzielten Gewinnen. Tatsächlich ist das Verfahren der Berechnung des Inlandsproduktes von der Entstehungsseite her in Kürze das: die aus den Umsatzstatistiken bekannten Umsätze dienen als Indikator, aus dem der Bruttoproduktionswert geschätzt wird. Er wird dann mittels Schlüsselzahlen aus der Kostenstrukturstatistik zerlegt in die einzelnen Bestandteile, aus denen sich die verschiedenen Beiträge zum Inlandsprodukt aufbauen.

---

[3] Die Vor- und Nachteile dieser statistischen Einheit bleiben hier unerörtert. Vgl. hierzu Teil II dieser Untersuchung. Dort wird die Problematik der statistischen Einheit ausführlich abgehandelt.

Diese Analyse des Bruttoproduktionswertes über die Kostenstruktur soll an Hand des sogenannten Produktionskontos einer Unternehmung vorgeführt werden. Dieses Produktionskonto ist aus dem Gewinn- und Verlustkonto ableitbar. Als Beispiel diene hier das Konto eines warenproduzierenden Unternehmens, doch liegen die Zusammenhänge bei einem Handelsunternehmen ganz analog. In Zusammenhang mit diesem Konto ist auch die weitere Auffächerung des Begriffes Inlandsprodukt vorgeführt.

Produktionskonto

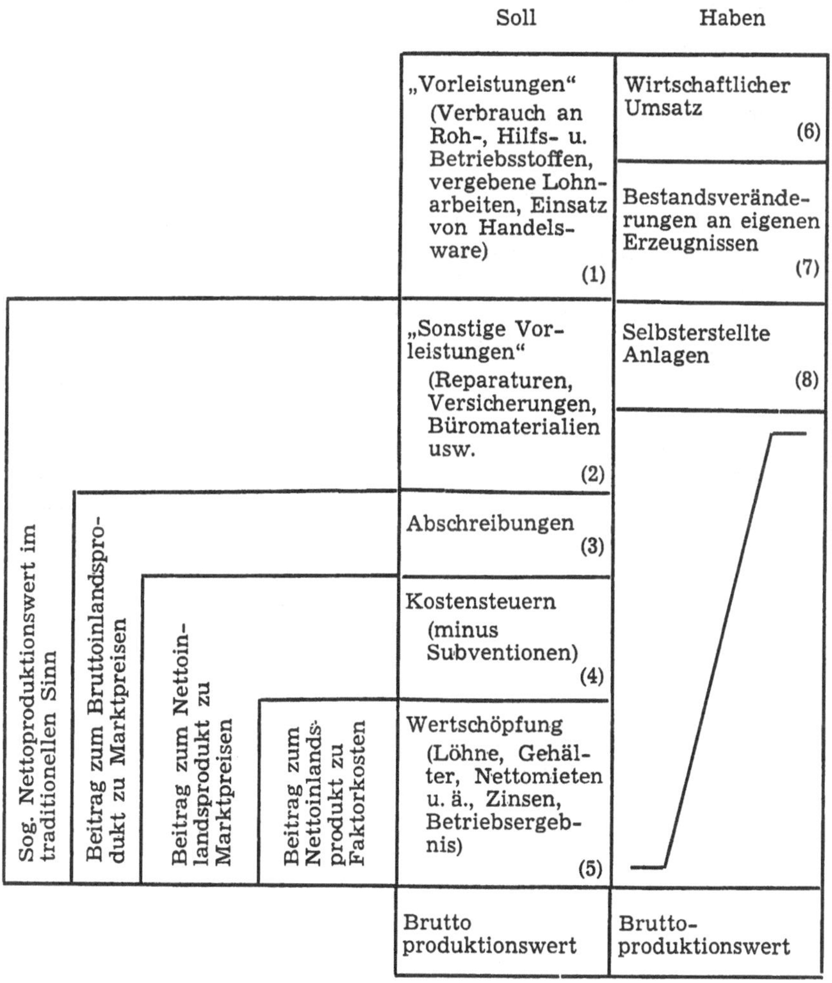

Die Habenseite des Kontos zeigt die Zusammensetzung des Bruttoproduktionswertes nach der Art der Erträge: Hauptbestandteil ist der wirtschaftliche Umsatz, nämlich der Wert der im Wirtschaftsjahr an den Markt abgegebenen Leistungen. Daneben fallen die anderen beiden Posten, nämlich die Bestandsveränderungen an eigenen Erzeugnissen (Halberzeugnisse und Fertigerzeugnisse) sowie die selbsterstellten Anlagen weniger ins Gewicht.

Die Aufwandsseite zeigt die Kosten, gegliedert nach Arten, die auf die Produktion dieser Periode verrechnet wurden, sowie den Saldo des Kontos, das „Betriebsergebnis". Es ist zu beachten, daß nicht alle üblicherweise auftretenden Kosten unter die 5 Positionen zwanglos einzureihen sind, weshalb auch das „Betriebsergebnis" eine etwas andere Bedeutung hat als üblicherweise in der Betriebswirtschaftslehre.

Es wird in diesem Produktionskonto also eine sogenannte „Produktionsaufwands-Ergebnisrechnung" aufgemacht: dem gesamten Produktionsergebnis werden die dafür aufgewendeten Kosten gegenübergestellt.

In der dem Produktionskonto angehängten linken Spalte sind nun die Kostenartengruppen Schritt für Schritt zusammengefaßt zu Summen, die alle eine spezifische Bedeutung besitzen. Die Summe aller Aufwandsposten ergibt den Bruttoproduktionswert, der schon erörtert wurde. Die Summe der Posten 2 bis 5, d. h. die Differenz aus dem Bruttoproduktionswert und dem Hauptbestandteil der Vorleistungen, dem Materialverbrauch usw., heißt Nettoproduktionswert im traditionellen Sinne. Dieser Nettoproduktionswert interessiert im allgemeinen nur als — leichter zu ermittelnder — Näherungswert für den Beitrag zum Bruttoinlandsprodukt zu Marktpreisen, der gleich ist der Differenz aus dem Bruttoproduktionswert und den gesamten Vorleistungen. Setzt man davon die Abschreibungen ab, so erhält man den Beitrag zum Nettoinlandsprodukt zu Marktpreisen, der sich schließlich um die Kostensteuern (minus Subventionen) vom Beitrag zum Nettoinlandsprodukt zu Faktorkosten unterscheidet.

Damit haben wir diejenige Ausgangsposition für die kommende Untersuchung erreicht, die in diesem Kapitel bisher vorbereitet wurde: Die üblichen Inlandsproduktionskonzepte, Bruttoinlandsprodukt zu Marktpreisen, Nettoinlandsprodukt zu Marktpreisen und Nettoinlandsprodukt zu Faktorkosten, spiegeln sich in einer ganz bestimmten Struktur, einer Gliederung der Sollseite des Produktionskontos. Die Gliederung erfolgt also nach Kostenarten. Diese Kostenarten haben insofern eine „Oberstruktur", die mit den Inlandsproduktbegriffen zusammenhängt und von der aus sicherlich auch die Ermittlung und Bewertung der einzelnen Kostenarten gesehen werden muß.

Es wird nun gefragt: nach welchen Kriterien ist die Gruppierung der Kostenarten gerade so vorgenommen? Wonach ist eine Kostenart den Vorleistungen bzw. der sogenannten Eigenleistung zuzurechnen? Welches gemeinsame und charakteristische Merkmal verbindet jene Kostenarten, die jeweils zu einem der drei Beiträge zusammengefaßt werden?

Der Leitgedanke der sich anschließenden Untersuchung ist nun der: Wenn die Struktur des Bruttoproduktionswertes und die Systematik der drei Inlandskonzepte einander entsprechen, so kann das zweierlei Gründe haben: *Entweder* die jeweils zusammengefaßten Kostenarten haben ihrer Natur nach ein gemeinsames, den entsprechenden Inlandsproduktsbegriff stiftendes Merkmal. Dann sind die Inlandsproduktsbegriffe ihrem Inhalt nach aus der Eigenart dieser Kostenarten herzuleiten, sie sind verstehbar als algebraische Summen, deren Bedeutung sich hinreichend aus der der Summanden ergibt. *Oder* aber es sind die Inlandsproduktsbegriffe das primär Gegebene, sie haben eine eigene Bedeutung, die ihnen aus einem anderen Zusammenhang her zukommt als aus dem: Summe von Beiträgen zu sein. Wenn etwa das Bruttoinlandsprodukt aus dem Verwendungszusammenhang als „Güterberg" verstanden wird, so kann diese Vorstellung offenbar der Entstehungsrechnung vorgegeben werden. Die Gruppierung der Kostenarten ergibt sich dann einfach dadurch, daß aus dem Bruttoproduktionswert ein solcher Bestandteil herausgeschnitten werden muß, der, addiert über alle Unternehmen, eben zur vorgegebenen Größe führt. Dann ist die Frage nach der logischen Homogenität der entsprechenden Kostenartengruppen wenig bedeutend.

Beide Wege sollen nun gegangen, jeweils das eine aus dem anderen abzuleiten versucht werden. Es ergibt sich nebenbei, daß der erste der beiden Wege von einer Analyse der Einzelwirtschaft und ihrer Verflechtung mit der Umwelt seinen Ausgang nimmt, während der zweite in seinem ersten Ansatz typisch makroökonomisch ist.

C. Strukturanalyse des Bruttoproduktionswertes (Aufwandsseite): Erster Weg

Begonnen sei mit dem Versuch, die Inlandsproduktskonzepte aus der Struktur des Bruttoproduktionswertes abzuleiten. Dabei muß immer die Kernfrage im Auge behalten werden, wie der Bruttoproduktionswert aufzuspalten sei in jenen Bestandteil, der den vom Unternehmen — wenn auch gegen Entgelt — bezogenen Leistungen, den Vorleistungen, entspricht und demjenigen, von dem man sagen kann, er sei im fraglichen Unternehmen originär entstanden, nicht nur im Tauschwege erworben worden.

Haben wir bislang die einzelnen Kostenartenblöcke durch sukzessive Substraktionen vom Bruttoproduktionswert erhalten, so gehen wir nun in umgekehrter Richtung vor, bauen die Beiträge additiv aus den Positionen 1 bis 5 der Soll-Seite des Produktionskontos auf. Es wird zunächst das System der praktizierten Entstehungsrechnung hingenommen, um es dann sogleich kritisch zu beleuchten.

I. Der Beitrag zum Nettoinlandsprodukt zu Faktorkosten (Die Wertschöpfung)

Der Posten 5 des Kontos gibt sich durch seinen Namen, Wertschöpfung, den Anschein, jenes eigentlich gesuchte Element zu sein, das also, „was der betreffende Betrieb selbst geleistet hat, was er selbst den Rohstoffen usw. an Wert hinzugefügt hat"[4]. Was heißt nun konkret: „Selbst geleistet?" Es sei zunächst einfach aufgezählt, welche Bestandteile die Wertschöpfung der Unternehmung nach gängiger Rechnung ausmachen: 1. Die Löhne und Gehälter sowie die gesetzlichen und freiwilligen (baren) sozialen Leistungen für die in der Unternehmung Beschäftigten, 2. die Zinsen für das eingesetzte Kapital, 3. Nettomieten und Nettopachten für die von der Unternehmung genutzten Räumlichkeiten und Grundstücke und schließlich 4. der Betriebsgewinn, der etwas weiter gefaßt ist, als der in der Betriebswirtschaftslehre gebräuchliche, nur solche neutralen Erträge ausschließt, die mit der Hervorbringung von Gütern und Diensten in keinem Zusammenhang stehen. Welches gemeinsame Merkmal schließt nun diese Kostenarten zur Wertschöpfung zusammen? Es sind 2 Lösungsvorschläge zu erörtern.

Der erste: Fürst spricht von der Wertschöpfung als von „der Vergütung für die während des Untersuchungszeitraumes arbeitenden Produktionsfaktoren"[5]. Diese Formulierung ist jedenfalls der anderen, parallel verwendeten[6], aber mißverständlichen, die Wertschöpfung sei die „Leistung der im Bereich tätigen Produktionsfaktoren", vorzuziehen. Bleiben wir also bei der ersten Ausdrucksweise: Die Wertschöpfung ist gleich der Summe der Vergütungen, der Entgelte der in der Unternehmung eingesetzten Produktionsfaktoren. Diese Definition impliziert, daß *nur* jene Wertschöpfungsbestandteile Entgelte der Produktionsfaktoren sind. — Was heißt aber in diesem Zusammenhang „Produktionsfaktoren"? Sind damit jene Personen und Personengruppen gemeint, die produktive Mitarbeit geleistet haben, indem sie körperliche und geistige Arbeitskraft, ihr Kapital, ihre Grundstücke, ihre unternehmerischen Fähigkeiten der Unternehmung zur Verfügung ge-

---

[4] *Fürst*, Gerhard, Die amtliche Statistik im Dienste der Produktivitätsmessung, Wirtschaft und Statistik, Jg. 1953, S. 241.

[5] *Fürst*, Gerhard, Die amtliche Statistik im Dienst der Produktivitätsmessung, Wirtschaft u. Statistik, Jg. 1953, S. 242.

[6] *Fürst*, Gerhard, Die amtliche Statistik ... S. 241.

stellt haben? Oder sind die Produktionsfaktoren im Sinne der klassischen Volkswirtschaftslehre verstanden als „Arbeit", „Kapital", „Boden", „Unternehmerleistung", also nicht als Personen, sondern als letzte, nicht mehr aufeinander rückführbare Produktivkräfte? Der ersten Interpretation soll hier nicht weiter nachgegangen werden. Sie führt nämlich zu keinem brauchbaren Begriffsapparat. Die als physische Subjekte verstandenen Produktionsfaktoren sind nämlich z. T. Privatpersonen, z. T. aber Unternehmungen (Muttergesellschaften, Banken), und dann sind die Wertschöpfungsbestandteile durch das Merkmal „Empfänger" nicht mehr sinnvoll zu fixieren. Beschäftigen wir uns daher mit den Produktionsfaktoren im zweiten Verstande. Man wagt sich damit allerdings an ein diffiziles Kapitel der volkswirtschaftlichen Theorie. Es hat in der Dogmengeschichte viele scharfsinnige Versuche gegeben, die letzten, ursprünglichen Produktionsfaktoren, d. h. also *die* Produktionsfaktoren zu bestimmen. Heute ist am aktuellsten wohl jene Anschauung, nach der zwar Kapital und Arbeit als eigenständige Produktionsfaktoren zu betrachten sind, während der Boden zum Kapital gerechnet wird (Walras, Menger). Hinzu kommt jedoch die spezifische Unternehmerleistung, jene schöpferische Leistung bei der Durchsetzung neuer Kombinationen von Produktionsfaktoren (Schumpeter) und der Risikoeinsatz. Arbeit, Kapital und Unternehmerleistung sind offenbar auch für das Statistische Bundesamt jene drei Produktionsfaktoren, deren Entgelte aus der Kostenrechnung der Unternehmung zu isolieren und zu berechnen sind, und die damit auch bestimmen, was als Wertschöpfung anzusehen ist[7]. Demnach wären — in erster grober und korrekturbedürftiger Annäherung — Löhne, Gehälter und Sozialleistungen Vergütungen des Produktionsfaktors Arbeit; Zinsen, die sogenannte Nettomiete und Nettopacht die Vergütungen des Produktionsfaktors Kapital. Im Betriebsergebnis wären — wenn auch dies nur mit vielen Vorbehalten — der Einsatz von Eigenkapital, die Arbeitsleistung des Unternehmers und die eigentliche Unternehmerleistung abgegolten.

Sicher ist diese Definition ein ernstzunehmender Versuch, wenn man sie daran mißt, ob sie die Wertschöpfung zu dem macht, was sie ja sein soll: dem Gesamtwert dessen, was das Unternehmen selbst geleistet hat. Denn wenn die urprünglichen Produktionsfaktoren — was immer sich im einzelnen auch hinter diesem Begriff verbergen mag — dadurch gekennzeichnet sind, daß sie letzte, nicht mehr reduzierbare Elemente der Güterproduktion sind, so muß ihre Wirkung in einem Unternehmen tatsächlich als Leistung eben dieses Unternehmens erscheinen. Alle anderen Werte, die die Unternehmung von außen bezieht und verbraucht, sind demnach nicht ihre, sondern die Leistung jener Instanz,

[7] Vgl. *Fürst*, Gerhard, Die amtliche Statistik ... S. 244.

die sie durch Kombination der ursprünglichen Produktionsfaktoren hervorgebracht hat.

Indes gibt es gegen ein solches Konzept von Wertschöpfung auch ernstliche Einwände. Darüber, daß man es mit einem eher spekulativen Theorem zu tun hat, das eher zur Deutung als zur empirischen Messung geeignet ist, mag man sich hinwegsetzen. Schwerer wiegt aber schon der Einwand, daß das, was in der empirischen Wirklichkeit etwa als Arbeitslohn uns entgegentritt, keineswegs einem ursprünglichen Faktor Arbeit als Leistungsentgelt zugerechnet werden darf, sondern einem unentwirrbaren Bündel von Arbeit und Kapital und Unternehmerleistung. Das Kapital ist nämlich einerseits über die Betriebsausstattung, andererseits über die genossene Berufsausbildung von mächtigem Einfluß auf die Höhe der Löhne und Gehälter. Außerdem steht außer Zweifel, daß erfolgreiche Pionierunternehmer höhere Löhne bezahlen können als Grenzproduzenten. Genau so wenig ist es möglich, den von einer Unternehmung erwirtschafteten und nach dem üblichen Rechnungsverfahren ermittelten Gewinn aufzulösen in den Unternehmerlohn, den Eigenkapital-Zins und die Unternehmerleistung im engeren Sinne. Gewiß betreffen diese Zurechnungsprobleme nur die Struktur der Wertschöpfung, nicht deren Höhe insgesamt, aber es ist doch überaus mißlich, wenn die Wertschöpfung als Entgelte der Produktionsfaktoren definiert werden soll, obwohl diese Entgelte empirisch nicht nachweisbar sind. Vielleicht das wesentlichste Argument gegen diese Definition der Wertschöpfung ist aber, daß der Nachweis von Entgelten für abstrakte, in Wirklichkeit nicht vorfindbare Produktionsfaktoren nicht von Interesse wäre, selbst wenn er sich ermöglichen ließe. Von praktischem Belang sind dagegen die Bezüge von Wirtschaftssubjekten — von Arbeitnehmern, Unternehmern und Kapitalgebern. Indes würde — wie schon bemerkt — eine solche Interpretation zu dem Ergebnis führen, daß auch Vergütungen an fremde Unternehmungen (z. B. Banken) zu der Wertschöpfung der zahlenden Unternehmung gehörten. Lassen sich aber diese Vergütungen noch als Gegenwert einer eigenen Leistung der fraglichen Unternehmung ansehen? An diesem Punkt setzt nun ein zweites Konzept von Wertschöpfungen an, das vom Statistischen Bundesamt parallel zum ersten vertreten wurde, ganz so, als wäre es mit diesem identisch. So steht etwa in den Veröffentlichungen dieses Amtes zu lesen: „Die Wertschöpfung einer Unternehmung kann ohne weiteres aus der Gewinn- und Verlustrechnung abgeleitet werden, wenn man *sämtliche Einkommen* als Erfolg ansieht und nicht Teile davon als Kosten[8].“ Eine solche Bestimmung der Wertschöpfung hat von Anfang

[8] *Raabe*, K. H., Der Zusammenhang zwischen dem betrieblichen Rechnungswesen und der Sozialproduktsberechnung, Wirtschaft und Statistik, Jg. 1953, S. 400.

an viel Plausibilität für sich. Sie enthebt zunächst einmal aller Spekulationen über „die Produktionsfaktoren“. Die Empfänger der Vergütungen sind Gruppen von Wirtschaftssubjekten. Und es sind verschiedene geläufige Einkunftsarten zu unterscheiden: Lohn- und Gehaltseinkünfte, Zinseinkünfte, Mieteinkünfte, Gewinne usw. Wo und aus welchen Quellen Einkommen entsteht, das ist eine praktische und sinnvolle Fragestellung.

Indes: Für die theoretischen Schwierigkeiten, derer man sich entledigt, indem man den Begriff des Einkommens einführt, handelt man neue, gewiß nicht kleinere, ein. Sobald man nämlich angeben will, inwiefern die in einer Unternehmung entstandenen Einkommen sinnvollerweise zu einer sogenannten Wertschöpfung zusammengefaßt werden können, und sobald man die einzelnen Aufwendungsarten daraufhin prüfen will, welche von ihnen „als Erfolg“ angesehen werden können, erhebt sich die Frage: was heißt „Einkommen“[9]? Diese Frage, so ernst sie auch genommen werden muß, kann hier nicht in extenso untersucht werden. In der Literatur finden sich viele Versuche durch Deduktion oder aber Konvention eine bestimmte Definition des Einkommens zu finden. Diese Versuche haben bislang zu keiner Einhelligkeit geführt. Andere Autoren wollen den Begriff des Einkommens nicht von vornherein auf einen ganz bestimmten Sachverhalt festlegen. Sie vertreten die Ansicht, das eigentlich Gemeinte bedürfe, je nach der Fragestellung, dem Zweck der Untersuchung, einer spezifischen Begriffsabgrenzung.

Hier muß es genügen, die folgenden Grundlinien der Einkommenstheorie zu zeichnen. Notwendige Voraussetzungen für das Vorhandensein von Einkommen bzw. von Bezügen mit Einkommenscharakter (Einkommensbestandteile)[10] ist, daß einem Wirtschaftssubjekt aus einer bestimmten Einkunftsquelle[11] Geld- oder Naturalwerte zufließen, die geeignet sind, die „ökonomische Verfügungskraft“ (Neumark) des Empfängers direkt oder indirekt (durch ersparte anderweitige Aufwendungen) zu vermehren. Dem Wertezufluß darf keine korrespondierende Verschuldung oder Vermögensverminderung entsprechen. Entscheidend

---

[9] Zum Begriff des Einkommens vgl. *Neumark*, F., Probleme der allgemeinen Einkommenstheorie, in dem Sammelwerk dieses Autors: Wirtschafts- und Finanzprobleme des Interventionsstaates, Tübingen 1961. Vgl. auch: *Schuster*, E., in: Handwörterbuch der Sozialwissenschaften, 3. Band, 1961, S. 53; außerdem *Grohmann*, H., Einkommensstatistik, in: Umrisse einer Wirtschaftsstatistik, Festschrift für Paul Flaskämper, Hrsg. von Blind, A., Hamburg 1966.

[10] „Einkommen“ ist an sich ein abstrakter Summenbegriff. Strenggenommen darf man daher den erhaltenen Lohn nicht mit Einkommen gleichsetzen: der Lohnempfänger könnte etwa zugleich Verluste aus einem Grundstück haben, so daß sein Gesamteinkommen kleiner ist als sein Lohneinkommen. Für die Zwecke dieser Untersuchung ist es indes notwendig, auf Einkommenselemente abzustellen.

[11] Es braucht sich *nicht* um eine *dauerhafte* Quelle im Sinne der Quellentheorie des Einkommens) zu handeln.

für den Einkommenscharakter ist das Verhältnis zwischen Einkunftsquelle und Empfänger: intercurrente Beeinträchtigungen der Verfügbarkeit durch eine dritte Instanz (z. B. Besteuerung des Einkommens, staatlich angeordnete Bindung des Einkommens) sind für das hier gemeinte Begriffsmerkmal ohne Belang.

Dieser Bedingung kann, muß aber nicht, eine zweite hinzugefügt werden: der Wertezufluß muß ihrzufolge Entgelt für eine „produktive" ökonomische Leistung sein (Leistungseinkommen). D. h. zugleich: das Einkommen oder ein einzelnes Einkommenselement muß das Nettoergebnis, der Mehr-Wert, aus einem Tausch sein. Diese Bedingung darf nicht eingeführt werden, wenn Begriffe wie „Transfereinkommen", „abgeleitetes Einkommen" gebildet werden sollen. Man kann es aber auch vorziehen, auf diese Begriffe zu verzichten[12] und von Einkommen stets im Sinne von „Leistungseinkommen" zu sprechen. Dies wird im folgenden getan.

Drittens läßt sich eine — zur zweiten alternative — Bedingung einführen, die eine in der „Grunddefinition" vorgenommene Ausweitung aufhebt, d. h. also zu einer Einengung führt: verlangt man, daß die zugeflossenen Mittel für den Empfänger auch disponibel seien, also durch keine Eingriffe von dritter Seite festgelegt sein sollen, so kommt man zum sogenannten „verfügbaren Einkommen", dem Ergebnis der sekundären Einkommensverteilung. Dieser Begriff spielt in dieser Arbeit weiter keine Rolle.

Die Wertschöpfung einer Unternehmung besteht — so wurde definiert — aus der Summe aller Einkommen, genau: aller Einkommensbestandteile, die „in der Unternehmung" entstanden sind. D. h.: Es muß sich um Posten der Gewinn- und Verlustrechnung handeln, die für ein Wirtschaftssubjekt in der nämlichen Höhe — in diesem Sinne also: unmittelbar — Einkommen werden. Es genügt nicht, daß eine Aufwendung in unbestimmter Höhe — in diesem Sinne also: mittelbar — zu Einkommen führt; denn sonst wären fast alle Aufwendungen Wertschöpfungsbestandteile. Diese Summe aus Leistungseinkommen ist mit gutem Grund als Wertschöpfung zu bezeichnen, denn die Einkommen werden von den Geschäften der Unternehmung „abgeworfen"; sie können aus der Unternehmenssphäre abgezweigt werden, sind *insofern* zu Konsum oder Nettoinvestition frei verfügbar.

Ist nun die so verstandene Wertschöpfung einer Unternehmung bzw. eines Wirtschaftsbereiches identisch mit der Summe der Vergütungen der darin eingesetzten Produktionsfaktoren? Sie ist es nicht, und das wird sogleich deutlich.

---

[12] Neumark möchte dafür den Begriff Transfer*einkünfte* verwendet wissen. Einkünfte haben diesem Autor zufolge nicht notwendigerweise Einkommenscharakter. Vgl. l. c. S. 33.

In den Veröffentlichungen des Statistischen Bundesamtes werden als Wertschöpfungsbestandteile ganz ohne Einschränkungen die bekannten Posten aufgezählt: Löhne, Gehälter, Sozialleistungen, Zinsen, Nettomieten, Nettopachten, Betriebsgewinn.

Erstens: Der Personalaufwand

Löhne, Gehälter, Tantiemen, Provisionen an Angestellte und ähnliche Zahlungen sind ausnahmslos private Leistungs-Einkommen — freilich nur vermöge der herrschenden Konvention, in abhängiger Stellung Beschäftigte nicht als Unternehmer zu betrachten, die ihre Arbeitskraft anbieten. Andernfalls nämlich hätte man in den Löhnen und Gehältern Erträge zu sehen, von denen erst das abgezogen werden muß, was im Steuerrecht Werbungskosten heißt, um schließlich zum Einkommen zu gelangen. Indes entspricht eine solche Aufspaltung nicht unserer Denkgewohnheit. Den Löhnen und Gehältern insofern gleichzustellen sind soziale Barleistungen. Aber auch nicht-bare Leistungen, wie etwa kostenlose Behandlung durch den Werksarzt, wären eigentlich dem Einkommen der Begünstigten zuzurechnen, doch käme man so mit dem Grundsatz der Kostenartenrechnung in Konflikt: die nicht-baren Leistungen werden in der Kostenartengruppe erfaßt, in die sie gehören: der Werksarzt mit seinem Gehalt unter Gehälter, die ausgegebenen Medikamente unter den sonstigen Vorleistungen.

Gewisse Personalaufwendungen geben zu Zweifel Anlaß, ob sie in der Tat als Einkommensbestandteile der Arbeitnehmer anzusehen sind. Das gilt insbesondere für Zuweisungen zu den Persionsrückstellungen. In den Arbeitgeberbeiträgen zur Sozialversicherung könnte man ebenso eine Art Kostensteuer erblicken, die derjenige, der Arbeitskräfte beschäftigt, zu bezahlen hat. In die Bruttolohnsumme werden sie ja ohnehin nicht eingerechnet. — Der „Personalaufwand" darf nicht von vornherein mit einer Einkommenssumme gleichgesetzt werden.

Starke Beachtung verdient, daß nach der üblichen Definition nicht etwa die Löhne und Gehälter *aller* im Bereich des Unternehmens tätigen Arbeitskräfte, sondern nur die an *eigene* Arbeitskräfte gezahlten zur Wertschöpfung einer Unternehmung gerechnet werden. Unternehmensfremde Personen lassen zwar ihre Arbeitskraft („Faktor Arbeit") im fraglichen Unternehmen wirksam werden, doch werden ihre Dienste in der Vergütung abgegolten, die ihre Arbeitgeber (z. B. Dienstleistungsunternehmen) erhalten.

Zweitens: Zinsen, Nettomieten, Nettopachten u. ä.

Diese Posten machen nur einen kleinen Bestandteil der Wertschöpfung aus, aber sie sind für die Systematisierung die heikelsten. Sind — bezahlte — Zinsen, Mieten und Pachten, die die Unternehmung entrichtet, wirklich grundsätzlich Einkommen, wie dies Raabe doch offenbar zum Ausdruck bringt[13]?

Zinsen: Obligationszinsen, Darlehenszinsen, die an Private bezahlt werden, sind für diese Einkommen, genau wie die Arbeitseinkommen. Man wird sie als aus einem Tausch fließende Einkommen, also als Leistungseinkommen betrachten müssen. Jene Zinsbeträge aber, die an Banken gezahlt werden, sind für das Kreditinstitut nicht Einkommen, sondern Ertrag, ein Habenposten im Betriebsergebniskonto. Sobald aber eine Leistung aus dem Betriebe eines anderen Unternehmens stammt, bedeutet das Entgelt dafür nicht Einkommensentstehung in dem die Leistung beziehenden Unternehmen.

Schließlich bleibt eine dritte Kategorie von Zinsen: jene, die an eine andere am Fremdkapital beteiligte Unternehmung, welche nicht ein Kreditinstitut ist, zu bezahlen sind. Sie bedeuten kein unmittelbares Einkommen, aber sie stellen auch keinen Bestandteil des Betriebserfolges der beteiligten Unternehmung dar. Im betrieblichen Rechnungswesen gelten solche Erträge als Bestandteile des neutralen Ergebnisses. Sinnvoll saldierbar, so kann man argumentieren, mit diesen Erträgen sind aber allenfalls neutrale Aufwendungen, die um der fraglichen Beteiligung willen gemacht werden, nicht aber andere neutrale Aufwendungen, wie etwa buchhalterische Abschreibungen. Insofern könnte man in den Erträgen aus Beteiligungen eine isolierte Einkunft sehen. Damit wären also die Zinsen für Beteiligung am Fremdkapital, die an andere Unternehmungen entrichtet werden, gleichgestellt den Zinsen an Private: beide sind Wertschöpfung, weil Einkommensbestandteile. Dieses Ergebnis ist mißlich, denn man muß zweifeln, ob die einkunftswirksamen Zinsaufwendungen getrennt von den übrigen erfragt werden können.

In einem kurzen Vorgriff auf die Erörterung der Aggregation sei gesagt[14]: die amtliche Statistik hilft sich so, daß sie bei der einzelnen Unternehmung alle gezahlten Zinsen erfaßt, dann aber, durch eine Umbuchung auf höherer Aggregationsstufe, die an Banken geleisteten Zinsen aufspaltet: in einen Betrag, der Entgelt für die Dienstleistungen der Bank sein soll (auf den Unternehmenssektor entfallender Anteil der bei den Banken anfallenden Differenz zwischen den Soll- und Habenzinsen) und in den verbleibenden eigentlichen „reinen Kapitalzins". Der verrechnete Anteil an der Zinsdifferenz wird in die Vorleistungen des

---

[13] *Raabe*, K. H., Der Zusammenhang zwischen dem betrieblichen Rechnungswesen und der Sozialproduktsberechnung, Wirtschaft und Statistik, Jg. 1953, S. 400. Vgl. auch *Sagoroff*, S., Die Berechnung des Volkseinkommens als statistisches Problem, Allgemeines Statistisches Archiv, Jg. 1949, S. 176.

[14] Siehe *Bartels*, H. u. a., Die Neuberechnung des Sozialprodukts für die Bundesrepublik Deutschland, Wirtschaft und Statistik, Jg. 1957, S. 131.

Unternehmensektors eingebucht, der „reine Kapitalzins" bleibt Wertschöpfungsbestandteil. Diese Praxis geht von der Vorstellung aus, daß der reine Zins Entgelt des Produktionsfaktors Kapital sei und als solches in die Wertschöpfung der zahlenden Unternehmung gehöre, denn in ihr sei das Kapital produktiv eingesetzt. Es wird also nicht darauf abgestellt, ob die Zinszahlungen zu einer Einkommensentstehung führen oder nicht[15]. Im Wege einer Umbuchung wäre es jedoch technisch genauso möglich, die gesamten Bankzinsen als Vorleistungen zu behandeln.

Aus alledem folgt: Der volle Betrag der von einer Unternehmung bezahlten Fremdkapitalzinsen ist weder als „Vergütung für den Produktionsfaktor Kapital" noch als in der Unternehmung entstandenes Einkommen in die Wertschöpfung einzurechnen. Auch deckt sich der Zinsbetrag, der als reines Kapitalentgelt behandelt wird, nicht mit der Summe der im Unternehmen unmittelbar entstehenden Zinseinkommen.

Mieten und Pachten:

Das für den Zins Gesagte gilt auch für Mieten und Pachten, mit der Einschränkung allerdings, daß Mieten für gewerblich genutzte Räume vergleichsweise selten beim Vermieter Bestandteil des Betriebserfolges sind. In neuerer Zeit gewinnt übrigens die Vermietung betrieblicher Anlagen mehr und mehr an Bedeutung (z. B. Vermietung von Datenverarbeitungsanlagen). Die daraus fließenden Mieteinnahmen sind bei den Vermietern, die in der Regel zugleich Hersteller der Anlagen sind, ohne Zweifel betriebliche Erträge. Sehr häufig werden aber Miete und Pacht für gewerblich genutzte Räume und Grundstücke entweder Privaten zufließen, dann also Mieteinkunft sein, oder aber anderen Unternehmungen als neutraler Ertrag: wenn nämlich zeitweilig nicht genutzte Räume anderen Unternehmungen überlassen werden.

Ein Unterschied zwischen Geldkapital und bebauten Grundstücken besteht jedoch darin, daß letztere Amortisations- und Erhaltungskosten, vielleicht auch Kosten der Verwaltung, Heizung usw. verursachen. Diese Kosten werden in der Miete mit abgegolten, weshalb die Mietzahlungen *nicht* in voller Höhe zu Einkünften werden. Das Statistische Bundesamt versucht dem gerecht zu werden, indem es von der Bruttomiete die geschätzten Beträge der Aufwendungen der Vermieter abzieht und so zu den Nettomieten kommt. Es ist zu beachten, daß im Rahmen des Einkommenskonzepts der Wertschöpfung die Differenz zwischen Brutto-

---

[15] *Bartels*, H., Das Kontensystem für die Volkswirtschaftlichen Gesamtrechnungen der Bundesrepublik Deutschland, Wirtschaft und Statistik, Jg. 1960, S. 327.

und Nettomieten den Aufwendungen des Vermieters entspricht, nicht aber den Wert der Dienstleistungen enthält, die der Vermieter selbst erbringt. Denn das Entgelt für solche Dienstleistungen (z. B. Hausverwaltung) ist für ihn Einkunft, also ebenfalls Wertschöpfungsbestandteil des Vermieters, wenn auch einer anderen Einkunftsart zuzurechnen. Indes zeigt die Notwendigkeit, aus Bruttomieten Nettomieten zu berechnen, eine Grenze des Einkommenskonzepts. Denn im Grunde wird damit eine pauschale Erfolgsrechnung des Vermieters aufgemacht. Entsteht also dessen Einkommen noch unmittelbar in der Unternehmung, oder ist er nicht selbst als Unternehmer anzusehen? Auf diese Frage wird später noch zurückgekommen.

Im Einzelfall wird es noch mehrere der Vermietung und Verpachtung ähnliche Einkunftsquellen geben: Patentüberlassung etwa oder die Gewährung von Nutzungen aller Art. Nur spielen solche Fälle eine so untergeordnete Rolle, daß es nicht lohnt, ihnen besondere Aufmerksamkeit zu widmen. Achtgehabt werden muß auf die Bedingung, daß es *nicht* die Art der Leistung ist, die eine Zugehörigkeit des Entgeltes zur Wertschöpfung impliziert, sondern die Entstehung unmittelbaren Einkommens.

Drittens: Der Betriebsgewinn

Um den Betriebsgewinn der Sozialproduktsberechnung seines Einkommenscharakters wegen zur Wertschöpfung zu rechnen, muß man sich zunächst darüber hinwegsetzen, daß der „Betriebsgewinn" ein Saldo ist, der neben dem eigentlichen Nettoergebnis noch gewisse Kostenbestandteile (z. B. Wagnisse) enthält und der sich von den Unternehmensgewinn auch durch einen großen Teil des neutralen Ergebnisses unterscheidet. Der Gewinn der Handelsbilanz und der der Steuerbilanz haben gemeinsam, daß sie das volle neutrale Ergebnis mitenthalten, d. h. also etwa die buchhalterischen Abschreibungen, die die kalkulatorischen des Betriebsergebnisses vielleicht stark übersteigen, realisierte Kapitalgewinne und schließlich — oft ein wichtiger Posten — Erträge aus Beteiligungen an anderen Unternehmungen. Die Erträge aus Beteiligungen fehlen im Betriebsergebnis mit der Begründung, es handele sich um Zinsen und Gewinne, die in einer anderen Unternehmung entstanden und nur umverteilt worden seien.

Zum anderen aber muß man sich vor Augen halten, daß ganz besonders der errechnete Periodengewinn nie etwas Absolutes sein kann, sondern immer aus einer Konvention hervorgeht. Auch die Gewinnberechnung hängt vom Rechnungszweck ab. Wollte man auf den ausschüttbaren Gewinn hinaus, weil man ihn am ehesten bedenkt, wenn man von Einkommen spricht, so sähe man sich sofort dem Postulat der Kapital- und Substanzerhaltung ausgesetzt. Jede begründete Gewinndefinition impliziert zugleich eine bestimmte Variante des Einkommensbegriffes — und zwar meist eine, die außer den erwähnten Merkmalen des Einkommens noch weitere, speziellere aufweist. Darauf kann hier nicht näher eingegangen werden. Die Definition des Betriebsergebnisses der Sozialproduktsberechnung hat allerdings mehr praktische Vorzüge: es ist ein Saldo des Produktionskontos, der hier durch die übrigen Positionen, weniger durch eine selbständige Gewinndefinition festgelegt ist. Dieser Saldo ist ebenso wenig im „Konzept der Produktionsfaktoren" wie im „Einkommenskonzept" theoretisch verläßlich aufzulösen und zu erläutern. Doch erlaubt wiederum das Einkommenskonzept eine zumindest der Grundidee nach einfachere und praktisch relevantere Interpretation als jene klassische Lehre, derzufolge jenes Residuum in Unternehmerlohn, Eigenkapitalzins, Risikoprämie, Unternehmergewinn im engen Sinne und sonstige theoretisch abspaltbare Bestandteile aufzulösen ist.

Fassen wir das, was zur begrifflichen Bestimmung der Wertschöpfung bisher gesagt worden ist, zusammen: Es wurden zwei Begriffsfassungen der Wertschöpfung einer Unternehmung bzw. eines Wirtschaftsbereiches erwogen, die, welche an die Beteiligung ursprünglicher Produktionsfaktoren anknüpft, und die, die auf Entstehung von Einkommen abstellt. Beide Begriffsfassungen kennzeichnen einen Komplex, der mit Gründen unter „Wertschöpfung" gemeint sein kann. Aber es ist nicht leicht, bzw. sogar unmöglich, in der empirisch-statistischen Arbeit den Anforderungen der Definitionen gerecht zu werden, wenn man es ernst mit ihnen meint. — Das Konzept der ursprünglichen Produktionsfaktoren läßt nicht nur praktisch, sondern auch theoretisch eine Strukturanalyse der Wertschöpfung nicht zu. Da überdies nicht einzusehen ist, zu welchen relevanten Aussagen dieses Konzept führen würde, wurde dem Einkommenskonzept der Vorzug gegeben. Es liefert auch Strukturzahlen von praktischem Interesse. Aber es verlangt statistisch unbequeme und in anderer Hinsicht unglückliche Differenzierungen.

In der deutschen amtlichen Statistik — die insofern dem Standard-System der OEEC folgt — werden beide Konzepte vermengt. Davon zeugen sowohl die praktische Prozedur als auch die programmatischen Erklärungen. So stellte zwar Hildegard Bartels in ihrem grundlegenden Aufsatz über das Kontensystem für die Volkswirtschaftlichen Gesamtrechnungen in der Bundesrepublik Deutschland ausdrücklich fest, daß die „Zurechnung von Einkommen auf die einzelnen Produktionsfaktoren (Entgelt für Arbeit einschließlich Unternehmerlohn, kalkulatorische Zinsen für eingesetztes Kapital, Betriebsgewinn in engerem Sinne für die unternehmerische Leistung) wegen ihrer nicht lösbaren theoretischen und praktischen Schwierigkeiten nicht dargestellt wird, sondern erst das weitere Stadium, nämlich das der *tatsächlichen* Einkommensverteilung an Arbeitnehmer, Kreditgeber und Unternehmer"[16]. Schon im nächsten Absatz aber wird es als drängende Frage hingestellt, „*bei wem* verliehenes, vermietetes und verpachtetes Geld- und Sachvermögen (als Produktionsfaktor) zum Produktionsprozeß beiträgt, d. h. ob es beim Kreditnehmer, Mieter und Pächter oder beim Kreditgeber, Vermieter und Verpächter als Produktionsfaktor dient". Beide Fragen — die nach der personellen Einkommensverteilung und die nach dem produktiven Einsatz von Geld- und Sachvermögen bei dem einen oder anderen Wirtschaftssubjekt — können nur deshalb unabhängig voneinander gestellt werden, weil „vorerst die Frage offen" gelassen wird, ob „alle diese Einkommen aus einer Teilnahme am Produktionsprozeß stammen oder ob das bei einigen dieser Einkommen — und das gilt hauptsächlich für gezahlte Zinsen, Nettomieten und -pachten — nicht oder teilweise der Fall ist". Unter Einkommen wird nämlich das Leistungseinkommen[17] als auch „abgeleitetes" Einkommen verstanden. Würde man sich dazu verstehen, unter Einkommen das wirtschaftssubjektbezogene, nicht das produktionsfaktorbezogene Leistungseinkommen zu verstehen, so würde sich die eben vorgeführte doppelte Fragestellung erübrigen. Der Kreditnehmer kann sicher nicht als Empfänger des Zinseinkommens betrachtet werden.

Insbesondere in den älteren Aufsätzen zur amtlichen Sozialproduktsberechnung ist der Begriff der Wertschöpfung nicht zu voller Klarheit gebracht.

Die Aggregation der mikroökonomischen Wertschöpfung zum Nettoinlandsprodukt zu Faktorkosten[18].

Wir sind damit an dem Punkte angelangt, an dem der Beitrag zum Nettoinlandsprodukt zu Faktorkosten, nämlich die sogenannte Wertschöpfung — mit den dargelegten Einschränkungen —, definiert werden

---

[16] *Bartels*, H., Das Kontensystem für die Volkswirtschaftlichen Gesamtrechnungen der Bundesrepublik Deutschland, Wirtschaft und Statistik, Jg. 1960, S. 326.

[17] Bartels kritisiert (l. c. S. 326) den im OEEC-System enthaltenen Begriff des „Faktoreinkommens", da er mit der unlösbaren Problematik der Zurechnung zu den Produktionsfaktoren „eng verbunden" sei. Dieser Einwand besteht zu recht. Er gilt aber nicht gegen den Begriff des Leistungseinkommens, der darauf abstellt, ob die Empfänger von Bezügen, z. B. der Kapitalgeber, also ein Wirtschaftssubjekt, als Tauschpartner am Produktionsprozeß beteiligt ist.

[18] Es wird um Nachsicht gebeten dafür, daß abbreviativ von „Sozialprodukt" oder „Inlandsprodukt" gesprochen wird, obwohl „Beitrag des Unternehmenssektors zum Inlandsprodukt" gemeint ist. Auch im Sektor Staat und Private Haushalte entstehen ja Teile des Sozialprodukts. Indes hat diese etwas unkorrekte, aber kurze Ausdrucksweise den Vorzug, den Unterschied zwischen einzelwirtschaftlichen Beiträgen und dem gesamtwirtschaftlichen Aggregat hervorzuheben.

soll als die Summe aller in einer Unternehmung bzw. in einem Wirtschaftsbereich entstandenen unmittelbaren Einkommen. Demzufolge ist das Nettoinlandsprodukt selbst die über die ganze Volkswirtschaft hin aggregierte Einkommenssumme. In der Tat heißt ja das entsprechende Inländerprodukt Volkseinkommen. Das Nettoinlandsprodukt zu Faktorkosten ist also eine Einkommensgröße. Daß es das Wort „Produkt" im Namen führt, kommt wohl nur daher, daß man es auch — durch einige Abzüge — aus dem Bruttoinlandsprodukt herleiten kann — dem Werte nach zumindest. Seiner Substanz nach ist es als Gütergesamtheit, auch als bewertete, nicht vorstellbar. Doch darüber bei Beschreitung des zweiten Weges.

II. Der Beitrag zum Nettoinlandsprodukt zu Marktpreisen

Die „Kostensteuern" sind nach der Wertschöpfung der nächste Posten des Produktionskontos. Inwiefern bilden diese Kostensteuern zusammen mit der Wertschöpfung eine bedeutungshomogene Summe, die man als Beitrag zum Nettoinlandsprodukt zu Marktpreisen bezeichnet?

Zuvor eine Erläuterung: Um welche Steuern handelt es sich bei den Kostensteuern? Häufig wird für sie auch der Terminus „indirekte Steuern" verwendet. Unter indirekten Steuern ist in der Finanzwissenschaft schon mancherlei verstanden worden. Neumark schlägt vor, die Attribute direkt und indirekt im Zusammenhang mit der Art des Steuerzugriffs zu verstehen: Gewisse Steuern erfassen die Leistungsfähigkeit direkt, indem sie unmittelbar den zur Leistung verpflichten, den die Belastung treffen soll, z. B. Einkommensteuer, aber auch Ertragssteuern; andere Steuern erfassen die Leistungsfähigkeit indirekt, indem sie nicht den Steuerdestinatar unmittelbar *verpflichten*, sondern ihn nur mittelbar belasten: in den Güterpreisen (Umsatzsteuer, spezielle Verbrauchssteuern) oder in Form von anderen Zuschlägen.

Indirekt in diesem Sinne sind die hier gemeinten Kostensteuern nicht. Ihr gemeinsames Merkmal ist, daß sie bei der Gewinnermittlung abzugsfähig sind, daß sie Kosten — also nicht aus dem Gewinn zu bezahlen — sind. Es handelt sich um die Umsatzsteuer, spezielle Verbrauchssteuern, die Grundsteuer, die Gewerbesteuer, die Vermögensteuer, die Kraftfahrzeugsteuer, Wechselsteuer usw. Diese Steuern werden anders behandelt, als die gewinnabhängigen (Einkommen- und Körperschaftssteuer), weil sie genau wie die anderen Kosten bei der Produktion und beim Vertrieb aufgebracht werden müssen, ob nun ein Gewinn entsteht oder nicht. Die Kostensteuern vermindern also das Einkommen, während die Entrichtung der gewinnabhängigen Steuern als Einkommensverwendung betrachtet wird.

Die Kostensteuern nehmen eine Sonderstellung im Produktionskonto ein: Sie sind nicht Bestandteil der Wertschöpfung, sie können aber auch nicht als Entgelt für eine Vorleistung des Staates betrachtet werden. Die Steuern sind ihrem Wesen nach kein Preis für eine bestimmte Staatsleistung. Es wäre auch widersinnig, zu behaupten, etwa die Kaffeesteuer entgelte ganz besondere Vorteile, die der Staat den Kaffeebrennereien oder den Kaffeekonsumenten zuteil werden lasse. Vielmehr stellt die Steuererhebung einen rein obrigkeitlichen Zugriff zum Zwecke der Kaufkraftübertragung an den Staat dar. Und doch ist es sinnvoll, die Summe aus Wertschöpfung und Kostensteuern zu bilden. Denn wie etwa Löhne und Gehälter aus dem Ertrage des Unternehmens abgezweigt werden müssen und entweder in die Sphäre des privaten Haushalts übertragen werden oder aber zu einer neuen, zusätzlichen Investition im Unternehmen führen, so müssen auch die Kostensteuern aus den Erträgen abgezweigt werden, um zur Deckung des staatlichen Bedarfs beizutragen. Die Summe aus Wertschöpfung und Kostensteuern ist daher ein im Unternehmen originär entstandener und abgezweigter Wert, aus Produktion und Verkauf erwirtschaftet. Man kann den sogenannten Beitrag zum Nettoinlandsprodukt zu Marktpreisen ein wenig anders aufteilen, um diese seine Natur deutlich hervortreten zu lassen: jene Einkommenssumme, die Wertschöpfung heißt, muß zum Teil zur Entrichtung der direkten Steuern verwendet werden. Der Rest ist das verfügbare Einkommen nach Steuerabzug. Direkte plus indirekte Steuern machen den gesamten Nettoertrag einer Periode aus, der aus der Unternehmenstätigkeit an den Staat fließt. In der Summe aus dem privaten verfügbaren Einkommen nach Steuerabzug und dem gesamten Steueraufkommen eben erklärten Umfanges hat man also den Gesamtwert, der der privaten und öffentlichen Hand aus der Wirtschaftstätigkeit des Unternehmensbereiches zur freien Verfügung zufließt[19].

Diese Summe ist also in der Tat insoweit bedeutungshomogen. Man könnte sie auch als Einkommensgröße definieren, wenn es erlaubt wäre, die Steuern als Einkünfte des Staates zu interpretieren. Sie hat demnach nur Quasi-Einkommens-Charakter, aber hinsichtlich jener Merkmale, auf die es hier ankommt, ist sie dem Einkommen gleichzusetzen[20].

---

[19] Es wird in der Literatur auch die Ansicht vertreten, man solle unter Wertschöpfung die Summe aus Löhnen, Gehältern, Sozialaufwendungen, Gewinnen *und* Kostensteuern verstehen (vgl. M. R. *Lehmann*, Betriebliche, wirtschafts- und sozialpolitische Probleme der Produktivität und deren Messung. In: Der Arbeitgeber, 20. August 1958). Nicht recht überzeugend sind die Einwendungen von Werner (Industriestatistik, S. 138) gegen das Nettoinlandsprodukt zu Marktpreisen.

[20] Wollte man die Wertschöpfung nicht als Einkommenssumme, sondern als Summe der Faktorentgelte verstehen, so könnte man die Wertschöpfung und die Kostensteuern *nicht* mit gutem Grund zusammenfassen. Denn es ist nicht vernünftig, die Kostensteuern als Faktorentgelte zu interpretieren. Welchen Sinn aber hätte dann das Nettoinlandsprodukt zu Marktpreisen?

Eine kurze Anmerkung gebührt noch den zwar zahlenmäßig nicht ins Gewicht fallenden Subventionen. Gemeint sind lediglich solche, die mit der Produktion und der Verteilung von Gütern in engem Zusammenhang stehen, nicht etwa pauschale Einkommenssubventionen an bestimmte Wirtschaftszweige und schon gar nicht Transferzahlungen an private Haushalte.

Diese Subventionen werden in der Sozialproduktsberechnung als „negative Kostensteuern" behandelt, d. h. von den geleisteten Kostensteuern abgesetzt. Begründet wird dieses Verfahren so: wenn eine Unternehmung nicht nur Steuern an den Staat zu zahlen hat, sondern auch vom Staat etwas zurückbekommt, so bedeutet das dasselbe, als wenn ihm ein Teil der Kostensteuern erlassen worden wäre. Diese Begründung ist überzeugender als jene andere, die dahin geht, die Subventionen seien Surrogate echten Einkommens, da sie gegeben würden, um die Preise des subventionierten Gutes niedrig zu halten. Es ist nämlich in einer Marktwirtschaft völlig unbestimmt, was mit den Preisen geschähe, wenn die Produktion eines bestimmten Gutes plötzlich nicht mehr subventioniert würde.

Eine Aggregation schließlich der Beiträge zum Nettoinlandsprodukt zu Marktpreisen über alle Unternehmungen hin bringt keine neuen Schwierigkeiten mit sich. Die Summe für den gesamten Unternehmenssektor bedeutet qualitativ genau dasselbe wie die einzelnen Summanden. Das Nettoinlandsprodukt zu Marktpreisen also erschließt sich, wenn man von den enthaltenen Aufwendungen ausgeht und sie auf ihre gemeinsamen Merkmale hin untersucht, dem Verständnis als eine Quasi-Einkommens-Größe, als Kaufkraftsumme, genau wie das Nettoinlandsprodukt zu Faktorkosten. Nur dadurch unterscheiden sich beide, daß im Nettoinlandsprodukt zu Marktpreisen Bestandteile enthalten sind, die nicht Faktorentgelte darstellen.

III. Der Beitrag zum Bruttoinlandsprodukt zu Marktpreisen

Die nächste Position des Produktionskontos, auf die wir unseren Blick zu richten haben, sind die *Abschreibungen*. Darunter werden in der Entstehungsrechnung verstanden die Abschreibungen auf betriebsbedingte Anlagen, wie sie ins Betriebsergebniskonto eingehen, also die verbrauchsbedingten, die kalkulatorischen Abschreibungen. Zusammen mit der Wertschöpfung und den Kostensteuern ergeben sie den Beitrag zum Bruttoinlandsprodukt zu Marktpreisen. Er wird auch als Eigenleistung der Unternehmung bezeichnet[21] und damit — der schlichten

[21] Vgl. *Fürst*, Gerhard, Die Entwicklung der Produktivität in der Bundesrepublik, D. Volkswirt 1957, Nr. 51/52, S. 112. Es hat sich im Statistischen Bundesamt seit Anfang der 50er Jahre ein Wandel in der Terminologie vollzogen.

Wortbedeutung nach — in die Nähe dessen gerückt, was „Wertschöpfung" bedeuten sollte. Also auch der Wert des Anlageverzehrs, der bei der Produktion in den Wert der Produkte eingegangen ist, soll eine eigene Leistung der Unternehmung ausdrücken[22].

Was aber verbindet die Abschreibungen mit den beiden anderen Posten und sondert sie von den Vorleistungen ab? Als Einkommen im engeren oder weiteren Sinn sind die Abschreibungen sicher nicht aufzufassen. Der dynamischen Bilanzlehre (Schmalenbach) zufolge bewirken die Abschreibungen eine Verteilung des dem Anschaffungswert entsprechenden Aufwandes über die Nutzungsperioden. Nach statischer Auffassung berücksichtigen sie die Wertminderung am Anlagevermögen, die u. a. durch Verschleiß eintritt. Der organischen Bilanzlehre zufolge sind sie vom Wiederbeschaffungswert zu bemessen, was in der Kalkulation, nicht allerdings in der Bilanzierung, auch häufig getan wird. Wie dem auch sei: Einkommensbestandteile sind die Abschreibungen nicht. Damit stehen sie auf der Sollseite des Produktionskontos zwischen zwei Blöcken: dem Beitrag zum Nettoinlandsprodukt zu Marktpreisen und den Vorleistungen. Haben wir in ihnen eine dritte Kostenkategorie oder sind sie am Ende im Widerspruch zur üblichen Praxis den Vorleistungen zuzurechnen? Handelt es sich doch bei gekauften Produktionsgütern sicher um Leistungen einer Vorstufe! Es ist daher zweckmäßig, die Abschreibungen kurz zurückzustellen und vorweg zu klären, wodurch eine Aufwendung den Charakter einer „Vorleistung" erhält. Dann wird sich herausstellen, ob der Begriff der Vorleistungen auch die Abschreibungen einschließt oder nicht.

IV. Die Vorleistungen

Der Begriff der Vorleistungen korrespondiert offenbar mit dem der Wertschöpfung: Wertschöpfung, so wird formuliert, ist das, was das Unternehmen selbst geleistet hat; dann ist wohl Vorleistung das, was eine Unternehmung nicht selbst geleistet, sondern von anderen Unternehmungen als *deren* Leistung bezogen hat. Einzelwirtschaftlich gesehen springt der Unterschied nicht eben ins Auge, denn die allermeisten Kosten entstehen dadurch, daß Güter oder Dienste gegen Entgelt erworben werden — und zwar solche, die zur Wertschöpfung, und solche, die zum Verbrauch von Vorleistungen führen. Zählen wir also auf: den größten Teil der Vorleistungen machen die bezogenen Roh-, Hilfs- und Betriebsstoffe, die Halbfertigerzeugnisse, Energie, die Lohnarbeiten und die Handelswaren aus. Sie, die in den eigentlichen Betriebsprozeß unmittelbar eingehen, meint man oft, wenn man

---

[22] *Fürst*, Gerhard, Die Bedeutung der Nettoproduktionswerte für die gesamtwirtschaftlichen Statistiken, Allg. Stat. Arch. 1959, S. 385.

schlechtweg von den Vorleistungen spricht. Ein kleiner Teil der Vorleistungen, genannt „sonstige Vorleistungen“, besteht überwiegend aus Dienstleistungen fremder Unternehmungen (Reparaturleistungen, Transportleistungen, Rechts- und Steuerberatung, Leistungen von Werbeagenturen usw.), aber auch aus Sachgütern (Büromaterial).

Wie lautet aber präzise jene Fragestellung, unter der wir jene Aufwendungen, die Vorleistungsentgelte sind, isolieren können?

Eine erste, etwas formal anmutende, aber häufig gebrauchte ist die: Welche Bestandteile des Bruttoproduktionswertes einer Unternehmung führen, wenn man die Bruttoproduktionswerte aller Unternehmen zusammenzählt, zu Mehrfachzählungen? Solche im Aggregat enthaltenen Kumulationen sind in der Tat sehr störend, weil sie eben den Wert des Aggregates völlig abhängig machen von der Vertikalstruktur der Produktion und der Verteilung. Und da diese Vertikalstruktur ja im Laufe der Zeit Veränderungen unterliegt (vertikale Konzentration und vertikale Dekonzentration), würde eine Zeitreihe des gesamtwirtschaftlichen Produktionswertes mit Mehrfachzählungen keinen sicheren Schluß mehr auf die Entwicklung des endgültigen Produktionsergebnisses zulassen.

Nun bedarf das Kriterium des Auftretens von Mehrfachzählungen zunächst einer Präzisierung hinsichtlich des Zeitraumes, in dem der Bruttoproduktionswert einer Stufe nicht auch in der folgenden erfaßt werden soll. Man denkt zunächst nur an das laufende Jahr (oder allgemeiner: die Erhebungsperiode), indes leuchtet schnell ein, daß eine Begrenzung auf eine bestimmte Zeitspanne zu unsinnigen Ergebnissen führen würde: jene Rohstoffe etwa, die in der Periode 1 gekauft und gelagert, aber erst in der Periode 2 verbraucht werden, müssen offenbar auch jetzt — in der Periode 2 — als vom Bruttoproduktionswert abzusetzende Vorleistungen behandelt werden. Andernfalls würde man sie der Periode 2 als eigene Produktionsleistungen zuschreiben, was unvernünftig wäre. Wiederum wäre die zeitliche Vergleichbarkeit beeinträchtigt. Es ist zu folgern, daß Mehrfachzählungen ohne Rücksicht auf den Zeitraum, in dem Produktion und Verbrauch sich abspielen, vermieden werden müssen. Was den Rohstoffverbrauch angeht, so wird dieser Forderung auch entsprochen: Rohstoffverbrauch gilt immer als Vorleistungsverbrauch. Bei den Abschreibungen hingegen heißt es, man könne da „allenfalls“ von einer Vorleistung früherer Perioden sprechen.

Weiterhin ist zu klären: Für welchen Abschnitt des vertikalen Produktionszuges gilt die Forderung, daß Mehrfachzählungen zu vermeiden seien? Überblickt man den ganzen Weg von den Urstoffen bis zu den verbrauchsreifen Konsumgütern, der Vorstellung zufolge, auf die Konsumgüter ziele doch alle Produktion hin, so wird man eben immer dann eine Mehrfachzählung konstatieren, wenn irgendwo auf diesem ganzen

Wege der Wert der Lieferung einer Unternehmung an eine andere sowohl bei der einen als auch bei der anderen als eigener Beitrag dem Gesamtprodukt zugerechnet wird. Unter diesem Aspekt sind nun aber nicht nur gelieferte Rohstoffe, sondern auch gelieferte Investitionsgüter Vorleistungen, denn sie erscheinen sowohl im Umsatz des Produktionsgüterlieferanten als auch als verrechnete Kosten (Abschreibungen) im Bruttoproduktionswert des Beziehers[23]. Werden sie hier wie dort in das volkswirtschaftliche Gesamtprodukt eingerechnet, so findet *insofern* eine Doppelzählung statt.

Nun ist es aber nicht die einzig mögliche und auch nicht die übliche Betrachtungsweise, allein die Konsumgüter als Endprodukte zu verstehen[24]. Vielmehr läßt sich der Produktionszug vom Urstoff bis zum Konsumgut in Teilabschnitte — und außerdem in getrennte Bahnen — zerlegen und das Produktionsergebnis eines bestimmten Teilabschnittes als eigener und selbständiger Beitrag zu einem nun weiter gefaßten Gesamtprodukt ansehen. Genau dies tut man, wenn man das Gesamtprodukt aus Konsum- *und Investitions*gütern bestehend definiert, die Investitionsgüter also nicht als Zwischenprodukte, sondern als eigene Endprodukte auffaßt. Gibt man einen solchen Begriff des Gesamtproduktes vor, so ist offenbar die eben aufgezeigte Doppelzählung nicht mehr schädlich, sondern aus dem Konzept heraus sogar notwendig: eben weil die Investitionsgüter nicht nur als Kostenbestandteile in den Konsumgütern, sondern auch als selbständige Produkte erfaßt und gezählt werden müssen. Damit kann aber von einer wirklichen Doppelzählung überhaupt nicht mehr gesprochen werden: Konsum- und Investitionsgüter werden jeweils einmal erfaßt. Daraus wird ersichtlich, daß der Ausdruck „Mehrfachzählung“ sachgerecht überhaupt nur zu verstehen ist, wenn man von der Summe, vom Gesamtprodukt her denkt. Eben das soll aber in diesem Abschnitt nicht getan werden: es wird ja gerade versucht, die Summe nicht nur arithmetisch, sondern sachlogisch aus ihren Bestandteilen aufzubauen. Daher müssen wir an dieser Stelle auf das Kriterium Mehrfachzählung zur Erklärung der Vorleistungen verzichten.

Unternehmen wir deshalb einen anderen Versuch, den Oberbegriff „Vorleistungen“ zu erhellen. Es ist anzuknüpfen an den schon geäußerten Gedanken, daß der Wert der Vorleistungen vielleicht gleichzusetzen

---

[23] Vgl. *Pigou*, A. C., The economics of welfare, London 1952, S. 38.

[24] Zwar müßte man das Produktionsergebnis einer Periode allemal definieren als Gesamtwert der hervorgebrachten Konsumgüter plus Lagerveränderungen an Halberzeugnissen und Fertigerzeugnissen (was die Investitionsgüter einschließen würde). Da wir aber — wie gezeigt — die Periode grundsätzlich unbegrenzt ansetzen müssen, können wir von diesen Lagerveränderungen absehen und es bleibt bei der Wertsumme der Konsumgüter als Produktionsergebnis.

sei mit dem jener Aufwendungen, die nicht Wertschöpfung bzw. Kostensteuern sind, also nicht zu unmittelbarem Einkommen führen bzw. keine Kaufkraftübertragung an den Staat bewirken. Denn: muß nicht der gesamte Bruttoproduktionswert einer Unternehmung *entweder* in der Unternehmung selbst entstanden *oder* von einem anderen Unternehmen vorgeleistet sein? Läßt man einmal die Abschreibungen außer Betracht, so scheint es, dieser Gedanke sei der bei der Aufstellung des Produktionskontos leitende gewesen. In der Tat ist keine Position vorgesehen, die jene Aufwendungen sammelte, welche weder Wertschöpfung noch Kostensteuern noch Abschreibungen noch Vorleistungen sind. Folglich müssen entweder die Aufwendungen zwanglos und ohne Rest in dieses Schema einzuordnen sein oder aber eventuell fragliche Posten werden mit einiger Willkür der Wertschöpfung oder den Vorleistungen zugeschlagen — und zwar je nachdem, mit welcher Gruppe man beginnt. Wir haben mit der Wertschöpfung begonnen, weil sie das ist, was wirklich herausgerechnet werden soll. Doch darf man nicht vergessen, daß der Betriebsgewinn ja erst ermittelt werden muß und daß man zu diesem Zwecke alles das vom Bruttoproduktionswert abzusetzen hat, was *nicht* Betriebsgewinn sein soll. Alle Aufwendungen, die man nicht abzieht, vergrößern den Betriebsgewinn, so daß nach dem Hergang der Rechnung jener, und damit die Wertschöpfung, eine Residualgröße ist, die dann ja auch nur „mit Einschränkungen" als Einkommensgröße bezeichnet werden darf. Nimmt man aber einmal an, bei der Berechnung des Betriebsgewinnes sei man darauf bedacht gewesen, auch wirklich die Einkommensentstehung nachzuweisen und habe daher auch Kosten wie Zuweisungen zu den Rückstellungen für Garantie oder Schadenersatz sowie Debitorenausfälle und ähnliches abgesetzt. Unter dieser Annahme ist es sinnvoll zu prüfen, ob denn die Vorleistungen vernünftigerweise ein Sammelbecken aller jener Aufwendungen darstellen können, die weder Wertschöpfung noch Kostensteuern sind. Man kann diese Frage sogleich verneinen, wenn sie im strengen Sinn gemeint ist. Denn jene speziellen Wagnisse und ähnliche sind eben echte Kosten, die aber in die Vorleistungen, die doch etwas mit Leistungen einer Vorstufe zu tun haben müssen, ebensowenig hineinpassen wie in das Schema des Produktionskontos überhaupt. So sind etwa Zuweisungen zu den Garantierückstellungen als vorweggenommene Kosten für Nacharbeit aufzufassen. Solche Nacharbeit kann Lohnkosten (Wertschöpfungsbestandteil) und Materialkosten (Vorleistungsverbrauch) verursachen. Rückstellungen für Bergschäden betreffen Schadensersatzleistungen, die weder zu Einkommen führen noch Entgelt für Leistungen anderer Unternehmen sind. Diese letzte Art von Rückstellungen ist also von Vorleistungsentgelten und Wertschöpfungsbestandteilen qualitativ verschieden, während man die Garantierückstellungen immerhin nach Erfahrungssätzen aufteilen könnte.

Andererseits liegt es aber durchaus nahe, die Differenz zwischen Bruttoproduktionswert und Wertschöpfung inklusive Kostensteuern zu bilden und auszudeuten. Hat man nämlich wirklich das Ziel vor Augen, die Entstehung des Einkommens, genauer: der abgeworfenen Kaufkraft, aus der Unternehmenstätigkeit nachzuweisen, so bedürfte man nur der Wertschöpfung (in möglichst strengem Sinne als Einkommenssumme verstanden) und der Kostensteuern. Alle übrigen Aufwandspositionen, die Abschreibungen eingeschlossen, wären eben Wertbeträge, die im betriebswirtschaftlichen Prozeß gebunden bleiben. Nur dürfte man eben den Namen Vorleistungen für diese „übrigen Kosten" nicht gebrauchen. In der praktischen Sozialproduktsberechnung wird nicht so verfahren, weil eben mehr als eine bloße Einkommensentstehungsrechnung angestrebt wird.

Damit ist aber ein zweiter Versuch der Definition der Vorleistungen gescheitert—hat gar zum Vorschlag geführt, den Begriff zu eliminieren.

Setzen wir schließlich zu einem dritten an. Die bisherigen Erörterungen haben den Eindruck vermittelt, daß der Begriff der Vorleistungen und der Vorleistungsentgelte im Zusammenhang mit einer Entstehungsrechnung des Einkommens wenig nützlich ist. Tatsächlich scheint er der ganz naiv verstandenen Wortbedeutung nach auch mehr einer Analyse der Leistungsverflechtung zuzugehören. Richten wir unseren Blick also auf die verschiedenen ökonomischen Funktionen, die die Wirtschaftssubjekte ausüben, um die so erbrachten Leistungen einander gegen Entgelt zu überlassen. Gehen wir — sicher zu recht — von der Voraussetzung aus, daß eine Vorleistung immer von einem fremden Wirtschaftssubjekt (Unternehmung oder unternehmensähnliche Institution) bewirkt sein müsse, so fragt sich weiter, welcher Art die Leistung zu sein habe. Es ist kein Grund ersichtlich, irgendeine Art von wirtschaftlicher Leistung auszuschließen, sofern sie im Wege des Tausches erworben wird.

Vorleistungen für ein Unternehmen sollen demnach alle (im wirtschaftlichen Sinne) „schon produziert bezogenen Güter und Dienste" heißen. Diese gleichsam metarielle Definition deckt alle jene Aufwendungen, die in der üblichen Sozialproduktsberechnung als Vorleistungsentgelte behandelt werden: Kosten des Stoffverbrauchs, des Dienstleistungsverbrauchs, des Einkaufs von Handelswaren. Sie deckt aber *noch mehr*. Ohne Zweifel sind auch die Investitionsgüter schon produziert bezogene Güter. Und Abschreibungen sind ja nichts anderes als deren über die ganze Lebensdauer verrechnete Anschaffungs- bzw. Wiederbeschaffungswerte oder aber — in der Formulierung der statischen Bilanzlehre — den Anlageverzehr berücksichtigende Aufwandsposten. Es besteht daher an dieser Stelle keine Möglichkeit, in den Abschreibungen etwas anderes zu sehen als Kosten einer Vorleistung.

Es muß jedoch sogleich hinzugefügt werden, daß dieser Satz *nicht* gilt für Abschreibungen auf *selbst*erstellte Anlagen. Die Kosten des Kapitalverzehrs haben mit denen des Stoffverbrauchs gemeinsam, daß es sich bei beiden nicht um eine genuin „ursprüngliche" Kostenart handelt. Verbrauchte Stoffe können bezogene oder aber im eigenen Unternehmen produzierte sein. Entsprechend können gebrauchte Kapitalgüter gekaufte oder aber selbst hergestellte sein. Die „Vorleistungen" haben daher keine gemeinsame Grenze mit den betriebswirtschaftlichen Kostenarten Materialverbrauch und Kapitalverzehr.

Doch reicht der materielle Vorleistungsbegriff noch weiter. Er macht es nötig, einige Bestandteile der oben definierten Wertschöpfung daraufhin zu untersuchen, ob man nicht auch von ihnen sagen könne, sie seien wirtschaftliche Werte, die von anderen geschaffen und einer Unternehmung gegen Entgelt zur Verfügung gestellt worden sind. Die Bildung und Zurverfügungstellung von Geldkapital ist zweifellos eine ökonomische Leistung. Wer ein bebautes oder unbebautes Grundstück an einen Produzenten vermietet, trägt im selben Maße materiell zur laufenden Produktion dieser Unternehmung bei wie ein Rohstofflieferant. Ganz unerheblich ist in diesem Zusammenhang, ob das Entgelt für diese Leistungen unmittelbar Einkommen entstehen läßt oder nicht. Der materielle Vorleistungsbegriff und das Einkommenskonzept der Wertschöpfung überschneiden sich also. Das braucht auch gar nicht zu überraschen, denn die Darstellung der produktiven Verflechtung der Unternehmungen ist eben ein ganz anderes Erkenntnisziel als die Darstellung der Einkommensentstehung. Die „Wertschöpfung" wäre demnach enger zu fassen, als es bisher geschah: alle Zinsen, Mieten, Pachten usw. scheiden aus der Wertschöpfung der Unternehmung aus[25].

Abschließend ist nun neuerlich die Frage zu stellen, welche Vorstellungen man mit jenem Rest verbinden könne, der bleibt, wenn vom Bruttoproduktionswert alle jene Aufwendungen abgesetzt worden sind, die Vorleistungen im materiellen Sinne abgelten. Dieser Rest besteht aus dem gesamten baren Personalaufwand, den Kostensteuern, dem Betriebsgewinn und allen jenen Kosten, die im Betriebsergebniskonto sonst noch auf der Sollseite stehen. Dieser Rest ist jener Teil des Ertrages, der in einer Rechnungsperiode übrig bleibt, wenn alle Leistungen anderer Unternehmungen abgegolten sind, er ist also ein Wertzuwachs, der dadurch entstanden ist, daß die Unternehmung die von ihr gekauften Vorleistungen (Kostengüter) transformiert hat in Ertragsgüter, die

[25] Eine derartige Behandlung der Mieten, nicht aber der Zinsen, wurde auch vorgeschlagen von *Bartels* (Wi Sta 1960, Heft 6, S. 327). Tatsächlich blieb das Stat. Bundesamt aber bei der alten Verbuchung (WiSta 1960, Heft 10, S. 573). Freilich müßten bei einer derartigen Definition der Wertschöpfung zwei neue „funktional" abgegrenzte Sektoren eingeführt werden: Kreditgewährung und Vermietung.

vom Markt insgesamt höher bewertet worden sind als alle im Betriebsprozeß verbrauchten Vorleistungen zusammen. Er ist demnach ein den gesamten Vorleistungen hinzugefügter Wert. Er schlägt sich zum Teil in echtem Einkommen nieder, zum Teil in Kaufkrafttransaktionen an den Staat, zum Teil in einer Anreicherung der Unternehmenssubstanz, der erwartete zukünftige Ausgaben gegenüberstehen (Rückstellungen). Nach welchen Gesichtspunkten man ihn weiter aufgliedert, richtet sich nach den Bedürfnissen. Es ist jedenfalls darauf zu achten, daß dieser Rest nicht als Einkommenssumme definiert wird, denn einige Einkommensbestandteile fehlen, andere Posten aber, die nicht Einkommen sind, sind mit enthalten, und zwar als legitime Bestandteile, nicht als störender und nichtklassifizierbarer Bodensatz.

V. Zusammenfassender Überblick über den ersten Weg

Die Erörterungen des letzten Abschnittes bezweckten die Prüfung, ob die Aufwendungen einer Unternehmung nach gewissen einen Oberbegriff stiftenden Merkmalen derart in Gruppen eigener sachlogischer Bedeutung zusammengefaßt werden können, daß daraus die verschiedenen Inlandsproduktkonzepte entspringen: nämlich durch Aggregierung der entsprechenden, schon von der Einzelwirtschaft aus gesehen bedeutungshomogenen Aufwendungsblöcke. Ausgegangen wurde dabei von der kritischen Durchsicht der üblichen Konzepte der amtlichen Statistik. Legt man einen strengen Maßstab an, so muß man zu dem Schluß kommen, daß die übliche Struktur der Aufwandseite des Produktionskontos nicht aus einem durchgängigen Prinzip zu erklären ist, nach dem sich alle Teile folgerichtig zum Ganzen fügen. Ferner ist der Grundsatz, in den Beitrag zum Nettoinlandsprodukt zu Faktorkosten alle Einkommen und nur die Einkommen, die in der Unternehmung unmittelbar entstehen, einzurechnen, nicht rein verwirklicht. Macht man jedoch gewisse Zugeständnisse an die Beschränkungen der statistischen Praxis, so kann man den Beitrag zum Nettoinlandsprodukt zu Faktorkosten und den zum Nettoinlandsprodukt zu Marktpreisen mit einigem Recht als eine Einkommensgröße bzw. eine Quasi-Einkommensgröße (aus der Unternehmenstätigkeit abgeworfener, frei verfügbarer Wertzuwachs einer Periode) verstehen. Das Nettoinlandsprodukt zu Faktorkosten und das Nettoinlandsprodukt zu Marktpreisen sind demnach also in der Tat im soeben erwähnten Sinn aus der Gruppierung der Kostenarten in einer Einzelwirtschaft verständlich zu machen.

Beim Beitrag zum Bruttoinlandsprodukt indes ist dies nicht gelungen. Denn es hat sich keine Möglichkeit gefunden, die Abschreibungen auf gekaufte Anlagen von den übrigen Vorleistungsentgelten begrifflich abzusetzen. Besonders wenn man die Rechnungsperiode nicht nur ein Jahr, sondern einen längeren Zeitraum währen läßt, der der Lebensdauer eines Anlagegutes gleich ist, erkennt man klar, daß Investitionsgüterverbrauch nichts anderes als Vorleistungsverbrauch sein kann.

Zum Schluß seien noch einmal jene beiden, von den in der amtlichen Sozialproduktsberechnung üblichen abweichenden Strukturen des Produktionskontos rekapituliert, die sich ergäben, wenn man eine Analyse der Kostenstruktur konsequent auf die eine oder die andere jener beiden Fragestellungen ausrichtete, denen vor allem Aufmerksamkeit geschenkt wurde. Erstens: Wie und wo entstehen aus der Unternehmenstätigkeit Einkommen? Zweitens: Wie spiegelt sich das produktive Zusammenwirken der Unternehmungen, die Leistungsverflechtung, im Grunde also die marktwirtschaftliche Arbeitsteilung, in der Kostenstruktur?

Zur ersten: Man beginnt mit der Definition der Wertschöpfung der Unternehmung als Summe aller in der Unternehmung unmittelbar entstehenden Einkommen und setzt dann die Kostensteuern hinzu. Der gesamte Rest — Bruttoproduktionswert minus Wertschöpfung minus Kostensteuern — kann en bloc als „übrige Konten" bezeichnet werden, er ist für die Einkommensentstehungsrechnung irrelevant:

Wertschöpfung (Summe der im Unternehmen unmittelbar entstandenen Einkommen)
Kostensteuern
Rest: Alle übrigen Kosten

Zur zweiten: Nun beginnt man tunlichst mit den Vorleistungen, die man im materiellen Sinn, also weiter als üblich, versteht: als schon produziert bezogene wirtschaftliche Werte. Der Rest (Bruttoproduktionswert minus Vorleistungen) stellt jenen Wert dar, der den Vorleistungen hinzugefügt wurde, insofern originär im Unternehmen entstanden ist. Auch ihn könnte man Wertschöpfung heißen. Er kann grundsätzlich beliebig unterteilt werden. Natürlich, so sei hinzugefügt, können auch die Vorleistungen noch aufgegliedert werden, wofür aber wenig Anlaß besteht, wenn sie nur als Abzugsposten gemeint sind, der der Unternehmung nicht zugerechnet wird. Die Einkommensentstehung kann aus diesem Schema nicht abgelesen werden.

Vorleistungen im materiellen Sinn
Im Unternehmen originär entstandener Wert: Löhne, Gehälter, Sozialaufwand
Kostensteuern
Betriebsgewinn incl. übrige Kosten

In das System der volkswirtschaftlichen Gesamtrechnungen fügt sich das zweite Konzept ohne Schwierigkeiten ein: die Gesamthöhe des Nettoinlandsproduktes bleibt im Vergleich zur üblichen Rechnung unverändert, nur die Beiträge der Wirtschaftsbereiche nehmen andere Werte an. Das erste Konzept allerdings — das der konsequenten Einkommensentstehungsrechnung — führt in der bis jetzt entwickelten Form dazu, daß das Gesamteinkommen nicht mehr gleich dem Wert des Gesamtproduktes ist. Die übrigen Kosten können nämlich — je nach Definition des Gewinns — Abzugsposten enthalten, die nicht zum Bruttoproduktionswert einer anderen Unternehmung gehören. Im Interesse der Kreislaufdarstellungen können die übrigen Kosten noch einmal entsprechend aufgespalten werden.

D. Strukturanalyse des Bruttoproduktionswertes (Aufwandsseite): Zweiter Weg

Faßten wir bisher die Kostenarten einer einzelnen Unternehmung ins Auge, so gehen wir nun so vor, daß wir fragen, welcher gesamtwirtschaftliche Sachverhalt denn hinter den Inlandsproduktbegriffen stehe, d. h. ob diesen Summen aus Beiträgen vielleicht eine Bedeutung innewohne, die ihnen aus einem anderen Zusammenhang als dem bisher dargelegten zukomme, ob die Addition von Beiträgen der Wirtschaftsbereiche vielleicht nur eine Art der Berechnung eines volkswirtschaftlichen Ausdruckes sei, der eigentlich etwas ganz anderes besagen solle als es nach seiner Berechnung den Anschein hat. Dann aber ist die Summe ihrer qualitativen Bedeutung nach vorgegeben und die Summanden, die Beiträge nämlich, stehen vor allem unter der Bedingung, eben diese Summen zu ergeben. Bei der ersten Begegnung mit dem Begriff des Sozialprodukts ist schon festgestellt worden, daß das Bruttosozialprodukt oft als eine Summe aus Marktwerten von Gütern und Diensten gedeutet werde. Untersuchen wir nun alle drei Inlandsprodukte, inwiefern in ihnen derartige Wertgesamtheiten gesehen werden können — und zwar solche, mit denen auch wirklich eine analytisch oder deskriptiv relevante Vorstellung verbunden werden kann. Weiter wird untersucht, wie diese Wertgesamtheiten dann von der Entstehungsseite her zu erfassen sind. Es werde begonnen mit dem Bruttoinlandsprodukt zu Marktpreisen.

I. Das Bruttoinlandsprodukt zu Marktpreisen

Aus den zurückliegenden Erörterungen ist klar geworden, daß man das Bruttoinlandsprodukt zu Marktpreisen als ein Gesamteinkommen der fraglichen Periode nicht auffassen kann. In der Tat wird das Bruttoinlandsprodukt bzw. das Bruttosozialprodukt auch stets als makroökonomisches Aggregat von Güterwerten definiert. Zitieren wir als ein Beispiel von vielen Willy Kraus: „Das Bruttosozialprodukt entspricht dem Marktwert der in einer Wirtschaftsperiode erzeugten Güter und Dienstleistungen, die den ständigen Bewohnern eines Landes zum Endverbrauch oder zur Investition zur Verfügung stehen[26]."

Um die Definition und Interpretation des Bruttoinlandsproduktes verstehen zu können, geht man am besten von einer geschlossenen Volkswirtschaft aus. Die Konsum- und Investitionsgüter, die im Laufe eines Jahres in einer geschlossenen Volkswirtschaft produziert und verteilt werden, stehen hier allesamt wieder zur Konsumtion, zur Bruttoanlageinvestition oder aber zur Nettolagerinvestition (Aufstockung der Vorräte an eigenen Erzeugnissen) zur Verfügung. Dieses Bruttoprodukt stellt eine echte Gütergesamtheit mit eindeutiger Mengenstruktur dar. Es besteht aus abzählbaren Güter- und Leistungseinheiten, die, zu ihren Marktpreisen bzw. zu ihren Herstellkosten (Lagerveränderungen) bewertet, sich zu jener Summe addieren, die Bruttoinlandsprodukt bzw. hier auch Bruttosozialprodukt genannt wird. Aus der Eigenschaft, eine echte Gütergemeinschaft zu sein, folgt, daß dieses Bruttoinlandsprodukt als Fonds angebotswirksamer Güter der monetären Nachfrage gegenüber steht.

In einer geschlossenen Volkswirtschaft ist also die gesamte Produktion[27] an Enderzeugnissen identisch mit dem Bruttobetrag der für Konsum und Investition zur Verfügung stehenden und auch darauf verwandten Güter und Dienste. Das Bruttoinlandsprodukt kann hier also — wie auch bei Kraus geschehen — zweifach definiert werden: aus seiner Entstehung (Produktion) und aus seiner Verwendung (Konsum und Investition).

---

[26] *Kraus*, Willy, Volkswirtschaftliche Gesamtrechnung, Wiesbaden 1961, S. 34.

[27] Produktion wird hier im weiten Sinne verstanden: inklusive Handelsleistungen usw.

Nun ist die Aufgabe gestellt, dieses Bruttoinlandsprodukt von der Entstehungsseite her, d. h. aus Beiträgen der einzelnen ökonomischen Einheiten bzw. der Wirtschaftsbereiche, statistisch zu berechnen. Zu diesem Ende stellen wir folgende Überlegung an.

Der Marktwert der Güter der letzten Verwendung setzt sich, wie bekannt, so zusammen, daß von Produktionsstufe zu Produktionsstufe, dann von Handelsstufe zu Handelsstufe, zu dem Wert der bezogenen Güter und Dienste eine eigene Leistung hinzugefügt wird, die sich in Kosten niederschlägt. Der Marktpreis, den ein Investor oder ein Konsument für eine Gütereinheit bezahlt, ist die Summe aller „Stückbeiträge" der beteiligten Unternehmungen. Woraus bestehen nun diese Stückbeiträge? Es braucht wohl nicht weiter erläutert zu werden, daß sie alle jene Kosten enthalten, die sich in der Wertschöpfung niederschlagen, außerdem die Kostensteuern. Nicht enthalten sind hingegen jene sogenannten Vorleistungen, wie bezogene Rohstoffe, Halbwaren, Fremddienste. Um aber schließlich auf den vollen Marktwert des Endproduktes zu kommen, müssen auch die auf jeder Stufe verrechneten Abschreibungen in die Stückbeiträge hineingenommen werden. Sie müssen das, auch unter der — in einem Modell möglichen — Annahme, daß die Rechnungsperiode so bemessen wird, daß der Kapitalverzehr mit dem Wert der Kapitallieferungen übereinstimmt. Denn man hat sich entschlossen, die Kapitalgüter anders zu behandeln als Rohstoffe und Halbwaren, nämlich als eigene Endprodukte. Ließe man die Abschreibungen aus den Beiträgen der ökonomischen Einheiten heraus, so käme man auf das Nettoinlandsprodukt zu Marktpreisen, es würde also nicht die gesamte Produktion an Investitionsgütern nachgewiesen.

Dieser Zusammenhang ist es, der die Begründung dafür liefert, daß die Abschreibungen nicht mit den sogenannten Vorleistungen vom Bruttoproduktionswert abgesetzt, sondern, wie die Wertschöpfung und die Kostensteuern, in den Beitrag zum Bruttoinlandsprodukt eingerechnet werden. Diese Begründung rekurriert allein auf den Umstand, daß ein gewisser Teil der konsequent verstandenen Vorleistungen, nämlich die Investitionsgüter, rechnerisch verselbständigt werden sollen. Dies vorausgesetzt, ist die Definition des Beitrags zum Bruttoinlandsprodukt eine Frage der Arithmetik.

Damit ist nun aber noch nicht alles in Ordnung gebracht. Das eben erhaltene Ergebnis wurde nämlich abgeleitet unter der Voraussetzung einer geschlossenen Volkswirtschaft. Diese Prämisse ist aber unrealistisch. In der Wirklichkeit begegnen uns allenthalben offene Volkswirtschaften. Welche Bedeutung hat nun der Außenhandel für die Gültigkeit der eben vorgeführten Deduktion[28]?

---

[28] Vgl. zum Folgenden: *Hicks*, J. R., Einführung in die Volkswirtschaftslehre, 1962 (Social Framework, 1942), S. 172 ff.

In einer offenen Volkswirtschaft ist das Bruttoinlandsprodukt *keine* echte Gütergemeinschaft mehr, denn es besitzt kein eindeutiges Mengengerüst. In der geschlossenen Volkswirtschaft war das Bruttoinlandsprodukt identisch einerseits mit dem Marktwert der *erzeugten* Endprodukte, andererseits mit dem Bruttobetrag an *verfügbaren* und *verwendeten* Endprodukten. In der offenen Volkswirtschaft hingegen kann man das Bruttoinlandprodukt *weder* identisch setzen mit dem Marktwert der erzeugten und verteilten Endprodukte *noch* mit dem Bruttobetrag an verfügbaren und verwendeten Endprodukten. Um dies zu zeigen, sei wieder auf W. Kraus Bezug genommen. Seiner verbalen Definition des Bruttosozialproduktes[29], die bei ihm keineswegs auf eine geschlossene Volkswirtschaft beschränkt wird, fügt er folgende Gleichung hinzu[30]:

$$Y_m = C + I + I_{Ers} + (Ex - Im)$$

Es bedeuten:

Y_m	Bruttosozialprodukt zu Marktpreisen
C	Wert der Verkäufe an Haushalte (Wert des Konsums)
I	Nettoinvestition (incl. Netto-Lagerinvestition)
I_{Ers}	Ersatzinvestition
Ex	Wert der Ausfuhr
Im	Wert der Einfuhr

Diese Definitionsgleichung gilt also für eine offene Volkswirtschaft. Nun stimmen aber die verbale und die in Symbolen ausgedrückte Definition nicht überein. Doch zunächst eine Vorfrage. Was heißt: „zur Verfügung stehen"? Ist damit gemeint, daß sie zwar für Konsum und Investition zur Verfügung stehen, daß über sie jedoch auch anders verfügt werden kann, nämlich zum Export? Oder aber, daß jene Güter auch tatsächlich zum Konsum oder zur Investition Verwendung finden?

Gilt die erste Auslegung des „zur Verfügungstehens", so ist die Definition unverständlich: denn die von einheimischen Unternehmen angebotenen Güter und Dienste stehen gleichermaßen dem inländischen Konsum bzw. der inländischen Investition wie auch dem Export zur Verfügung. Weder der Absatz im Inland noch der im Ausland hat irgendwelchen Vorrang. Gilt hingegen die zweite Auslegung, dann enthält Y_m der

[29] Hier ist, wie in der Literatur meist, vom Bruttosozialprodukt die Rede. Demgegenüber wird — ohne Schaden für die Analyse — in dieser Arbeit weiterhin mit dem Bruttoinlandsprodukt argumentiert. Das Bruttosozialprodukt kann mit Sicherheit nicht dem Marktwert einer produzierten Gütergesamtheit entsprechen, das kann allenfalls das Bruttoinlandsprodukt, zu dem dann auch die Beiträge berechnet werden. Das Bruttosozialprodukt unterscheidet sich vom Bruttoinlandsprodukt ja durch einen *Einkommenssaldo*. Dieser Eink.-Saldo ist aber nicht der Gegenwert einer diskreten Gütergesamtheit.

[30] *Kraus*, Willy, Volkswirtschaftliche Gesamtrechnung, S. 33.

Formel nach mehr, als die verbale Definition angibt: nämlich neben dem heimischen Konsum und der heimischen Investition noch den Export und, mit negativen Vorzeichen, den Import. Ist doch der Marktwert der für Konsum und Bruttoinvestition im Inland verfügbaren und verwendeten Güter, von dem die Verbaldefinition zu sprechen scheint, offenbar gleich der Summe

$$C + I + I_{Ers}.$$

Das Bruttoinlandsprodukt unterscheidet sich demnach vom Bruttobetrag der *für* inländische Käufer verfügbaren Endprodukte um den Außenhandelssaldo.

Fragt man, welcher Güterwert außer den schon im Inland verwendeten Produkten für die inländische Nachfrage noch dadurch verfügbar gemacht werden kann, daß die Exporte auf die Inlandsmärkte umgelenkt werden, so kommt man zum Bruttobetrag der *im* Inland *überhaupt* verfügbaren Güter:

$$C + I + I_{Ers} + Ex$$

Allerdings enthalten diese Exporte nicht nur fertige Kapitalgüter und Konsumgüter, sondern auch Halbwaren, so daß man zunächst nicht von „überhaupt verfügbarem Betrag an *End*erzeugnissen" sprechen zu können glaubt. Andererseits sind die exportierten Halberzeugnisse ebenso wie die in wachsende Lager eingegangenen eben im Inland nicht verbraucht worden, d. h.: sie sind Verbrauchsreserven, damit aber faktisch Enderzeugnisse, wenn man diese im Gegensatz zu den verbrauchten Vorleistungen versteht.

Es ist offenbar: beide aus dem Verwendungszusammenhang definierten echten Gütergesamtheiten führen nicht zum Bruttoinlandsprodukt zu Marktpreisen.

Wenden wir uns nun der Entstehungsseite zu: Das Bruttoinlandsprodukt soll während der Periode im Inland erzeugt worden sein. Dabei ist der Ausdruck „erzeugt" abbreviativ gebraucht: nicht nur die Leistungen des warenproduzierenden Gewerbes sind gemeint, sondern auch die Handelsleistungen und die Dienstleistungen. Folglich muß man ausgehen von den Bruttoproduktionswerten *aller* inländischen Verkäufer von Enderzeugnissen: also dem Gesamtwert der Verkäufe inländischer Unternehmen an inländische Konsumenten und Investoren sowie an ausländische Kunden (+ Lagerveränderungen an eigenen Erzeugnissen bei allen Unternehmungen). Läßt sich indes von diesem Gesamtwert behaupten, er sei „im Inland" erzeugt? Insofern wohl, als es sich eben um die Bruttoproduktionswerte inländischer Unternehmen handelt. Und die Summe dieser Bruttoproduktionswerte mag durchaus in mancher

Hinsicht von Interesse sein. Indes: als Maß der Produktions*leistung* einer Volkswirtschaft läßt sich diese Summe kaum interpretieren, denn in sie gehen z. B. auch die Verkaufswerte von Gütern ein, die im Ausland fertig eingekauft wurden. Möchte man nun die „eigene" Produktionsleistung der Volkswirtschaft messen, so müssen offenbar die Vorleistungen aus dem Ausland ebenso berücksichtigt werden, wie bei der Bestimmung der eigenen Leistung eines Wirtschaftsbereiches die Vorleistungen anderer inländischer Wirtschaftsbereiche berücksichtigt werden. Solche Vorleistungen des Auslands sind alle Importe an Produkten (Rohprodukte, Halbwaren), die im Inland weiter verarbeitet werden, aber auch alle Fertigwaren, die von Importeuren im Ausland gekauft und im Inland weiter verkauft werden (Handelswaren).

Nicht zu den Vorleistungen darf man indessen die Konsumgüter rechnen, die aus dem Ausland unmittelbar an private Haushalte gehen, sowie jene Investitionsgüter, die der inländische Investor unmittelbar, also ohne Einschaltung eines Händlers, im Ausland kauft („Direktimporte" an Konsum- und Investitionsgütern). Denn erstere werden nicht Bestandteil irgend eines inländischen Bruttoproduktionswertes, letztere werden zwar bei der inländischen Leistungsherstellung gebraucht, jedoch nicht als Vorleistungen, sondern als Abschreibungen verrechnet. Um diese Direktimporte der Konsumenten und der Investoren — nennen wir sie Im_{dC} und Im_{dI} — unterscheidet sich offenbar der Gesamtwert der „überhaupt" im Inland verfügbaren Endprodukte von dem gesamten inländischen Bruttoproduktionswert an Enderzeugnissen (BPW_E). Es gilt:

$$BPW_E = (C - Im_{dC}) + (I - Im_{dI}) + (I_{Ers} - Im_{dI\,Ers}) + Ex$$

Dieser Bruttoproduktionswert ist, obgleich als Differenz formuliert, eine echte Gütergesamtheit mit eindeutigem Mengengerüst. Setzen wir nun von diesem Bruttoproduktionswert noch die Vorleistungen aus dem Ausland — d. h. aber: die restlichen Importe — ab, so erhalten wir genau jenes als Bruttoinlandsprodukt bezeichnete Aggregat.
Weil

$$Im_{dC} + Im_{dI} + I_{Ers} + Im_V = Im,$$

(worin Im_V = Importe mit Vorleistungscharakter),

so gilt:

$$\begin{aligned}
&BPW_E - Im_V = \\
&(C - Im_{dC}) + (I - Im_{dI}) + (I_{Ers} - Im_{dI\,Ers}) + Ex - Im_V = \\
&C + I + I_{Ers} + Ex - Im = \\
&Y_m
\end{aligned}$$

Das heißt aber: Das Bruttoinlandsprodukt ist in einer offenen Volkswirtschaft nichts anderes als ein „gesamtwirtschaftlicher Nettoproduktionswert". Jene eben geschriebene Gleichung für das Bruttoinlandsprodukt, die noch Im_V enthält, kann man auch in Form eines konsolidierten, gesamtwirtschaftlichen Produktionskontos darstellen, in dem sich alle inländischen Vorleistungen aufheben:

Soll	Haben
Im_V	BPW_E
Y_m	

Ein solcher gesamtwirtschaftlicher Nettoproduktionswert läßt sich aber offenbar genausowenig als Gesamtwert der im Inland erzeugten Endprodukte bezeichnen, wie man auch den Nettoproduktionswert der Automobilindustrie nicht wohl als Gesamtwert der produzierten Automobile (inkl. anderer hergestellter Güter) hinstellen darf.

Das Bruttoinlandsprodukt einer offenen Volkswirtschaft bedeutet keine echte Gütergesamtheit mit eindeutigem Mengengerüst, *es ist nicht als Summe von Marktpreisen darstellbar.* Denn die Vorleistungen aus dem Ausland gehen in das Bruttoinlandsprodukt so ein und in ihm auf, daß sie nicht mehr — wie die Direktimporte — gedanklich als Teilgütergesamtheit aussonderbar sind. Dieser Umstand ist aber nicht etwa nur bei Anlegung eines willkürlichen Maßstabes relevant: er hat erstens zur Folge, daß vielerorts gebrauchte Verbaldefinitionen zumindest mißverständlich sind, zweitens aber, daß das Bruttoinlandsprodukt nicht als Fonds angebotswirksamer Güter verstanden werden darf, die der monetären Nachfrage gegenüberstünden. Das heißt: das Bruttoinlandsprodukt kann infolge abnehmender Vorleistungsimporte zunehmen, ohne daß damit irgendeine Ausweitung des Angebotes an Enderzeugnissen im Inland oder aus dem Inland verbunden zu sein braucht. Dessen sollte man sich bei vielen Diskussionen wohl bewußt sein[31].

Den Begriff des Bruttoinlandsprodukts sollte man nicht ohne weiteres in das Kapitel „Güterrechnung" einweisen. Er stellt seinem Herkommen nach eine Durchgangsgröße bei der Volkseinkommensberechnung dar. Allein auf die Einkommensbestimmung kam es ja Keynes an, der diese Aggregatdefinition eingeführt hat. Für die Einkommensbestimmung hat es einen guten Sinn, den Außenhandelssaldo $(Ex - Im)$ gleichberechtigt neben Konsum und Investition zu stellen: Alle drei

[31] Alle diese Umstände sind auch dann zu bedenken, wenn für Regionen (Bundesländer, Städte) berechnete Sozialproduktszahlen interpretiert werden sollen.

Größen sind gleichermaßen Determinanten des Volkseinkommens. Eine Übertragung dieser arithmetischen Operation auf die güterwirtschaftliche Betrachtungsweise ist aber nicht erlaubt. Könnte man sich dazu verstehen, den gelegentlich gebrauchten Terminus „Bruttowertschöpfung" gutzuheißen und ihn im Sinne eines „Bruttoeinkommens vor Abzug der Abschreibungen" zu interpretieren, so träfe das noch am ehesten die wahre Bedeutung des Bruttoinlandsproduktes. Indes: Vor Abzug der Abschreibungen kann man eben von Wertschöpfung und Einkommen nicht sprechen, ohne den Sinn dieser Begriffe zu entstellen. Darum ist auch Ruggles zuzustimmen, wenn er auf die Mängel des Bruttoinlandsproduktes hinweist: es gebe nicht den Nettogewinn wieder, der im Produktionsprozeß der betreffenden Periode erzielt wird, ferner zeige es den Beitrag der laufenden Periode zur gesamten Werteschaffung nicht genau an und schließlich führe die Summe der Bruttoinlandsproduktswerte einer Reihe von Jahren zu keiner richtigen Gesamtziffer für die Produktion, da die Anlagegüter zweimal, als Ausstoß und als Kostenbestandteil, gezählt würden. Das Nettoinlandsprodukt habe alle diese Nachteile nicht[32, 33].

Daß trotzdem in den volkswirtschaftlichen Gesamtrechnungen allenthalben mit dem Bruttoinlandsprodukt gerechnet wird, dürfte nicht zuletzt praktische Gründe haben: die statistische Ermittlung der Abschreibungen ist mit so vielen theoretischen und praktischen Schwierigkeiten und Unsicherheiten verbunden, daß man es vorzieht, auf sicherem Boden, wenn auch nicht an gutem Ort, stehen zu bleiben.

Theoretisch, analytisch wäre ein makroökonomisches Begriffssystem überlegen, in dem Maßgrößen des Volkseinkommens, der für das Inland verfügbaren (bzw. im Inland überhaupt verfügbaren) Güter und der inländischen Bruttoproduktion an Enderzeugnissen[34] nebeneinander Ver-

---

[32] Vgl. *Ruggles*, Richard, Volkseinkommen und volkswirtschaftliche Gesamtrechnung, S. 89. Er definiert das Bruttosozialprodukt als den „Marktwert der Produktion, die in einem bestimmten Zeitabschnitt vor sich geht" (S. 99). In diesem Sinne auch *Hagen*, E. und *Budd*, E. in: Studies in Income and Wealth, Vol. 22, S. 245: „We believe with many other economists that net national product is conceptually a more meaningful measure of output than gross national product." Vgl. hierzu auch die weiteren Ausführungen in jenem Artikel.

[33] Andeutungsweise vermerkt sei noch eine nachteilige Eigenschaft des Bruttoinlandsproduktes. Es erfährt — wie in weit verstärktem Maße der gesamtwirtschaftliche Bruttoproduktionswert — eine endgültige rechnerische Veränderung, wenn sich gewisse Konzentrationsvorgänge abspielen. Gliedert sich eine Unternehmung ihren Investitionsgüterlieferanten an, so verringert sich dadurch in aller Regel das Bruttoinlandsprodukt endgültig um den Betrag des Gewinnes, den der Investitionsgüterproduzent als selbständiges Unternehmen aus den zukünftigen Geschäften mit der Mutterunternehmung erzielt hätte, während er nunmehr zu Herstellungskosten selbsterstellte Anlagen liefert.

[34] „Bereinigter Bruttoproduktionswert der Volkswirtschaft".

wendung fänden: also Einkommenssummen einerseits und Preissummen aus echten Gütergesamtheiten andererseits. Jedes dieser Aggregate ist für bestimmte Untersuchungszwecke besonders geeignet. Hicks hat diese drei Maßgrößen klar unterschieden und sie gegen die Sozialproduktsbegriffe abgesetzt[35]. Er hat überdies seinerzeit (1942) mit Befremden festgestellt, daß es für den Bruttobetrag der im Inland verfügbaren Güter und Dienste (Enderzeugnisse) keinen eigenen Ausdruck gebe, „obwohl diese Sache in vielen wirtschaftlichen Diskussionen gemeint ist“[36].

Nicht wenige Autoren argumentieren hingegen allein mit dem Bruttoinlandsprodukt und definieren es als Preissumme im Inland erzeugter Güter, ohne darauf hinzuweisen, daß diese Definition eine geschlossene Volkswirtschaft voraussetzt und daß die Keynes'schen Aggregatformeln zur Einkommensbestimmung geschaffen wurden und nicht auf die güterwirtschaftliche Betrachtungsweise übertragen werden können.

So formuliert Otto Kraus[37]: „Es (das Sozialprodukt, d. Verf.) besteht aus der Summe aller innerhalb einer Rechnungsperiode verbrauchten sowie an Selbstverbraucher abgesetzten dauerhaften Konsumgüter und aus der Investition dieses Zeitraumes.“ Die Definition Werners lautet[38]: „Das Bruttosozialprodukt zu Marktpreisen stellt den Gesamtwert aller im betrachteten Zeitraum erzeugten Produkte dar, die für eine endgültige Verwendung (privater Verbrauch, Investition usw.) zur Verfügung stehen.“ Schmedtje führt aus[39]: „Das Bruttosozialprodukt zu Marktpreisen ... umfaßt den ... Gesamtwert aller in dem zugrundeliegenden Zeitraum erzeugten Produkte, die in die letzte Verwendung, d. h. den Verbrauch, die Investition und in den Außenbeitrag gehen.“

Andere Autoren hingegen verzichten auf die trügerische Anschaulichkeit solcher Definitionen und bringen den eigentlichen Sinn des Bruttoinlandsprodukts dadurch klar zum Ausdruck. So formulieren Arndt - Chevallerie[40] schlicht: „Bruttoinlandsprodukt: Summe der im ‚Inland‘ ... von In- und Ausländern erzielten Nettoproduktionswerte, bewertet zu Marktpreisen.“

Das Statistische Amt der Vereinten Nationen formuliert korrekt, wenn auch nicht allzu eingängig: „Gross domestic product at market prices is the market value of the product, bevor deduction of provisions

[35] *Hicks*, J. R., Einführung in die Volkswirtschaftslehre (Social Framework, 1942), S. 172.
[36] Derselbe, l. c. S. 178 (Fußnote).
[37] *Kraus*, Otto, Sozialprodukt und Volkseinkommen, 1952, S. 18.
[38] *Werner*, Kurt, Die Industriestatistik in der Bundesrepublik Deutschland, 1958, S. 134.
[39] *Schmedtje*, Jochen, Sozialprodukt und Volkseinkommen, Wirtschaft und Statistik, Jg. 1952, Heft 12, S. 479.
[40] *Arndt*, K. S. und *de la Chevallerie*, O., Deutsches Institut für Wirtschaftsforschung Berlin: Volkswirtschaftliche Gesamtrechnung für die Bundesrepublik Deutschland, Berlin 1962, S. 17.

for the consumption of fixed capital, attributable to factor services rendered to resident producers of the given country[41]." Eine wörtlich übereinstimmende Definition wird im Standard System of National Accounts der OEEC v. 1958 gegeben (S. 32); allerdings wird an anderer Stelle dieser Veröffentlichung (S. 51) wiederum mißverständlich gesprochen von "Gross national product at market prices, that is the market value of the output of goods and services free of duplication produced by the nations' economy before deduction of depreciation and other operating provisions."

Schließlich wurde — in einem Aufsatz, der seinem Thema nach eine solche Erörterung nicht erwarten läßt — auch vom Statistischen Bundesamt der Bedeutungsgehalt des Bruttosozialprodukts bzw. des Bruttoinlandsprodukts unmißverständlich erläutert: „Das Sozialprodukt läßt sich ... von der Güterseite her nicht einfach als Summe von Waren und Dienstleistungen ausdrücken, sondern nur als Differenz zwischen zwei Warenkörben, nämlich der Gesamtheit der *letzlich verwendeten* Waren und Dienstleistungen einerseits und der *eingeführten* Waren und Dienstleistungen andererseits[42]."

Konstatieren wir ein Zwischenergebnis: Den Überlegungen des zurückliegenden Abschnittes war das Ziel gesetzt, von einer makroökonomisch-ganzheitlichen Bedeutung des Bruttoinlandsprodukts aus die Struktur des Beitrags zum Bruttoinlandsprodukt zu erklären. Spezieller: auf diesem Wege eine Begründung dafür zu finden, daß die Abschreibungen zu der Wertschöpfung und zu den Kostensteuern hinzugezählt werden. Überzeugend gelungen ist das nur unter der Annahme einer geschlossenen Volkswirtschaft. Für eine offene Wirtschaft hat sich keine Bedeutung des Bruttoinlandsprodukts finden lassen als die, eine Summe von Nettoproduktionswerten, zugleich aber selbst wieder ein Nettoproduktionswert zu sein. Nach der „sachlogischen Begründung" der Definition des Nettoproduktionswertes war aber gerade gefragt!

Nun ließe sich vielleicht so argumentieren: Um die inländische Bruttoproduktion an Enderzugnissen zu erhalten, braucht man nur die Importe mit Vorleistungscharakter zum Bruttoinlandsprodukt hinzuzuzählen. Die für das Inland verfügbaren Enderzeugnisse ergeben sich leicht, wenn man vom Bruttoinlandsprodukt einen Außenhandelsüberschuß abzieht, ein Defizit aber addiert. Zählt man die Exporte wieder hinzu, oder, was dasselbe ist, fügt man zum Bruttoinlandsprodukt alle Importe hinzu, so hat man den Gesamtbetrag der überhaupt verfügbaren Güter. Das heißt: das Bruttoinlandsprodukt ist zumindest eine

---

[41] „A System of National Accounts and Supporting Tables", Studies in Methods, Series F Nr. 2 1960, Stat. Office of the UN.

[42] *Bartels*, H., Preisindices in der Sozialproduktsberechnung, Wirtschaft und Statistik, Jg. 1963, S. 15.

Rechenbrücke zu jenen bevorzugten Gütergesamtheiten und schon deshalb berechnenswert. Wenigstens von der Entstehungsseite her, d. h. aus Beiträgen der ökonomischen Einheiten bzw. der Wirtschaftsbereiche, ist nämlich das Bruttoinlandsprodukt leichter zu ermitteln, als es die Werte jener „verfügbaren Gütergesamtheiten" wären. Um die Beiträge zu diesen Aggregaten zu erhalten, dürfte man nämlich vom Bruttoproduktionswert der ökonomischen Einheiten nur die Vorleistungen aus dem Inland, nicht aber die aus dem Ausland absetzen[43]. Und um direkt auf den Wert der für das Inland verfügbaren Güter zu kommen, dürften die Verkäufe an das Ausland nicht in die Bruttoproduktionswerte der Einheiten einbezogen weden. Derartige Differenzierungen machen in praxi einige Schwierigkeiten[44].

Nimmt man schließlich hinzu, daß die Nettoproduktionswerte und damit auch das Bruttoinlandsprodukt Ausgangswerte zur Volkseinkommensberechnung sind, so stellt sich das Bruttoinlandsprodukt als ein vielseitig verwendbares Zwischenergebnis sowohl der Einkommensrechnung als auch der „Güterrechnung" dar, als ein Schnittpunkt der Einkommensrechnung und der Güterechnung. In keiner von beiden aber hat es einen befriedigenden eigenständigen Informationswert. Um seiner Hilfsfunktion für beide Rechnungen willen wird, sofern in einer Volkswirtschaft eine ausgebaute Produktionsstatistik vorhanden ist, das Bruttoinlandsprodukt von seiner Entstehungsseite her mit Vorteil zu berechnen sein. Da es unter diesen Umständen völlig hinreichend als gesamtwirtschaftlicher Nettoproduktionswert definiert werden kann, ist auch klar, daß es aus einzelwirtschaftlichen Nettoproduktionswerten, d. h. unter Einschluß der Abschreibungen, additiv aufgebaut werden muß. Es steht eben unter der Bedingung, zusammen mit den Vorleistungen aus dem Ausland den gesamten Bruttoproduktionswert an Enderzeugnissen, bereinigt aber um die Abschreibungen jene einkommensverwandte Größe, nämlich das Nettoinlandsprodukt zu Marktpreisen, ergeben zu müssen.

II. Das Nettoinlandsprodukt zu Marktpreisen und zu Faktorkosten

Das Nettoinlandsprodukt zu Marktpreisen, so wird üblicherweise formuliert, geht aus dem Bruttoinlandsprodukt zu Marktpreisen hervor,

---

[43] Vgl. Die Berechnung eines bereinigten Bruttoproduktionswertes der Industrie.

[44] Freilich ließe sich hier einwenden, daß die verfügbaren Güter sinnvollerweise aus der Statistik der Bruttoproduktion von Konsum- und Investitionsgütern berechnet werden sollten und nicht aus abstrakten Beiträgen der Wirtschaftsbereiche. Die Beitragsrechnung ist eher zur Leistungsmessung, d. h. aber zur Einkommensbestimmung, geeignet. Eine solche Herleitung der verfügbaren Enderzeugnisse aus den Produktionswerten der einzelnen Warenarten würde die Angebotsstruktur erkennen lassen.

wenn man die Abschreibungen subtrahiert. Ruggles führt aus[45]: „Es wird zum Marktwerte angegeben, läßt sich jedoch nicht als eine Reihe von Gütern darstellen. Es ist das Ergebnis einer am Bruttonationalprodukt (steht für Bruttosozialprodukt, d. Verf.) vorgenommenen Berichtigung, in dem der geschätzte Wert der in der laufenden Zeitperiode verbrauchten Kapitalgüter abgezogen wird." Daß es sich nicht „als eine Reihe von bestimmten Gütern" darstellen läßt, hat es mit dem Bruttoinlandsprodukt gemein. Die Subtraktion auch des Wertes des Kapitalverzehrs bringt keinen höheren Grad von Entkörperlichung mit sich — nur sind die Wertansätze willkürlicher. Jedenfalls darf man sich nicht vorstellen, man könne eine gewisse Teilmenge der Ausrüstungsgüter, die zur Reinvestition benötigt wird, beiseitelegen, um im Rest die Nettoinvestition als Gütergesamtheit zu haben. Tatsächlich ist die Ersatzinvestition aus der Nettoinvestition physisch nicht zu isolieren: Es wird eben in aller Regel nicht ein ausgedientes Anlagegut durch ein gleichartiges ersetzt. Die Abschreibungen und deshalb auch die Ersatzinvestitionen sind eben nur als Werte, nicht als Mengen zu definieren. Die in der Sozialproduktsberechnung vorgenommene Gleichsetzung von Abschreibungen und Ersatzinvestitionen will nicht behaupten, daß eine Unternehmung in jeder Periode danach trachte, die verzehrten Anlagen realiter zu ersetzen. Sie stellt nur den gesamten Bruttozugang an Anlagewerten dem Abgang gegenüber, um so den Saldo zu ermitteln, der allein als Reinzugang bezeichnet werden kann.

Ist es aber so, daß das Nettoinlandsprodukt zu Marktpreisen nicht als eine Reihe von bestimmten Gütern verstanden werden kann, so ist der Ausdruck Nettoinlands*produkt* zu *Marktpreisen* etwas unglücklich und irreführend, denn wo von Marktpreisen die Rede ist, denkt man allemal an die zugehörigen Güter und Dienste.

Das sogenannte Nettoinlandsprodukt *zu Faktorkosten* erhält man, indem man vom Nettoinlandsprodukt zu Marktpreisen die Kostensteuern (abzüglich Subventionen) absetzt[46].

---

[45] *Ruggles*, Volkseinkommen und volkswirtschaftliche Gesamtrechnungen, S. 90.

[46] Der Ausdruck zu Faktor*kosten* ist nicht angemessen, denn die Gewinne sind nicht Kosten — nach gänzlich vorherrschender, wenn auch nicht ungeteilter Meinung. Gerade für die volkswirtschaftliche Analyse wäre es jedenfalls unzweckmäßig, die Gewinne als Kostenbestandteile zu interpretieren. Eher wäre von Faktorentgelten zu sprechen. Die Erklärung von *Kraus*, Otto (Sozialprodukt und Volkseinkommen, S. 37), überzeugt nicht: gewiß ist der Gewinn Kostenbestandteil der Käufer. Aber dort wird er gerade zur Berechnung des Nettoinlandsproduktes zu Faktorkosten nicht erfaßt. Es ist daher auch keine ganz korrekte Interpretation des Nettoinlandsprodukts zu Faktorkosten, die Ruggles (Volkseinkommen und volkswirtschaftliche Gesamtrechnungen, S. 92) vornimmt, wenn er es zunächst als eine spezifische Kostensumme ausgibt.

Es führt zu keiner neuen Anschauung vom Nettoinlandsprodukt zu Faktorkosten, wenn man es als Ergebnis einer weiteren Berichtigung des Bruttoinlandsproduktes kennzeichnet, wie es Ruggles tut[47]. Der umgekehrte Erklärungszusammenhang schiene noch nützlicher. Denn selbst wenn das Bruttoinlandsprodukt und dann das Nettoinlandsprodukt zu Marktpreisen eine echte Gütergesamtheit wäre, gäbe es keinen guten Sinn, diese „zu Faktorkosten zu bewerten". Man sieht das sehr deutlich, wenn man sich etwa eine Gütergesamtheit, bewertet zu Zinskosten, vorstellt. Was anderes wäre dieser Wert als eben der auf die Gütergesamtheit verrechnete Zinsaufwand? Deshalb ist auch das Nettoinlandsprodukt zu Faktorkosten nichts anderes als die Summe jener Einkommen, die bei der Produktion entstanden sind, also, wenn man so will, das Inlandseinkommen.

Es bedarf keiner weiteren Erläuterung, daß diese Nettoinlandsprodukte dann als Summe jener Beiträge darzustellen sind, die wir bei Beschreitung des ersten Weges schon erörtert haben.

Es sei deshalb geschlossen mit der zusammenfassenden Wiederholung der These, daß die beiden Nettoinlandsprodukte insofern reine Wertgrößen sind, als ihnen keine Mengenstruktur entspricht — sie sind nicht als Summe aus Produkten von Mengen und Werten darstellbar — und daß sie daher nur als Einkommens- bzw. Quasi-Einkommenssumme befriedigend gedeutet werden können.

[47] *Ruggles*, R., Volkseinkommen und Volkswirtschaftliche Gesamtrechnungen, S. 92.

II. Kapitel

Die Kostenartenstruktur in der Input-Output-Rechnung

A. Die theoretischen Grundlagen einer empirischen Input-Output-Rechnung:

Definitionen und Interpretationen in einem einfachen statischen offenen System, das eine evolutorische Wirtschaft beschreibt

„Die Input-Output-Methode ist eine Anwendung der neoklassischen Theorie des gesamtwirtschaftlichen Gleichgewichts auf die empirische Untersuchung der quantitativen Zusammenhänge zwischen einzelnen Wirtschaftseinheiten[48]." Diese recht allgemeine Begriffsfassung, die Leontief gibt, bringt zum Ausdruck, daß der formale Apparat der Input-Output-Rechnung, der ursprünglich zur „Messung der Beziehungen zwischen den verschiedenen Produktions- und Konsumptionsbereichen einer Volkswirtschaft entwickelt" wurde, auch zur Untersuchung etwa der Beziehungen zwischen Regionen innerhalb eines Landes oder zwischen mehreren Volkswirtschaften oder zwischen den verschiedenen Stufen eines Unternehmens angewandt werden kann und heute auch angewandt wird[49].

Hier soll nur die Input-Output-Rechnung in ihrem ursprünglichen engeren Sinn erörtert werden. Die Untersuchung der prinzipiellen Anforderungen der Input-Output-Rechnung an die Kostenstrukturstatistik wird etwas erschwert dadurch, daß sich eine feste Konvention über diese Aggregatstatistik noch nicht herausgebildet hat. In der amtlichen Statistik der europäischen Staaten sind diese Rechnungen noch im Ausbau, in den USA werden sie seit den dreißiger und vierziger Jahren aufgestellt.

Den einfachen Kerngedanken einer Input-Output-Tabelle erläutert Leontief an einer in drei Sektoren (Landwirtschaft, Industrie, Haushalte) aufgeteilten Volkswirtschaft: in einer Tabelle mit doppeltem Eingang wird dargestellt, wie der Output jedes Sektors als Input wiederum in die Sektoren eingeht. Die zunächst in Mengen ausgedrückten Ströme

---

48 *Leontief,* Wassily, Einsatz-Ausstoß-Analyse, in: Handwörterbuch der Sozialwissenschaften, Stuttgart usw., Band 3 1961, S. 83.

49 *Leontief,* Wassily, Einsatz-Ausstoß-Analyse, 1961, S. 83.

lassen sich in Geld bewerten. „Eine solche in Wertgrößen gegebene Input-Output-Tabelle kann als ein System der Volkswirtschaftlichen Gesamtrechnung aufgefaßt werden[50].“ In der Tat ist in den heute praktizierten Input-Output-Tabellen — etwa denen des Statistischen Amtes der Europäischen Gemeinschaften (SAEG)[51] — die Entstehungs- und die Verwendungsrechnung des Sozialprodukts enthalten[52]. Eine zusammenfassende Übersicht über die Tabelle (siehe S. 59) verdeutlicht das[53].

Die an die Zentraltabelle unten angesetzte Aufstellung enthält das Schema der Entstehungsrechnung des Sozialprodukts, das um die Importe erweitert ist, damit das „gesamte Aufkommen“ ausgewiesen wird. Vom gesamten Aufkommen abgesehen, sind alle Posten und Summen dieser Aufstellung im Abschnitt über die Entstehungsrechnung des Sozialprodukts erörtert worden. Der ökonomische Bedeutungsgehalt des gesamten Aufkommens wird durch seinen Hauptbestandteil, den inländischen gesamtwirtschaftlichen Bruttoproduktionswert bestimmt, der ebenfalls schon erörtert ist. Rechts an die Zentraltabelle angefügt ist das Schema der Verwendungsrechnung des Sozialprodukts (mit der Ausweitung zur „gesamten Verwendung“). Das Spezifische, das die Input-Output-Rechnung von der üblichen Volkswirtschaftlichen Gesamtrechnung unterscheidet und auch besondere statistische Vorkehrungen erfordert, ist die *Zentraltabelle,* auch Zentralmatrix genannt. Es handelt sich um eine Tabelle mit doppeltem Eingang: Ihre Kopfleiste und ihre Vorspalte teilen den Güter und Dienste erzeugenden Bereich der Volkswirtschaft in „Sektoren“ auf, die nach der Art der hervorgebrachten Güter und Dienste abgegrenzt sind[54]. Die Zahl der Spalten (aufnehmende Sektoren) ist üblicherweise gleich der Zahl der Zeilen (abgebende Sektoren). (Quadratische Matrix) Doch ist auch eine rechteckige Anlage möglich: dann sind etwa die abgebenden Sektoren tiefer untergliedert als die aufnehmenden. Setzen wir für einen Augenblick den „Zwischenverbrauch“ mit den schon bekannten Vorleistungen gleich, so bewirkt die Zentralstelle deren doppelte Aufgliederung: in senkrechter Richtung nach den Sektoren, denen sie entstammen, in waagerechter Richtung nach den Sektoren, in die sie eingehen. Die Zahl in jedem Feld der Zentraltabelle gibt an, welcher Output des Sektors i als Input vom Sektor k aufgenommen wird. Dieser Nachweis der intersektoriellen Ver-

---

[50] *Leontief,* Wassily, Einsatz-Ausstoß-Analyse, 1961, S. 84.

[51] Siehe SAEG, Input-Output-Tabellen für die Länder der Europäischen Wirtschaftsgemeinschaft (Zweite Fassung).

[52] Eine bestimmte methodische Ausgestaltung dieser Rechnungen wird hier noch nicht unterstellt.

[53] Es sind einige Posten zusammengefaßt und die bislang gebrauchte Terminologie benutzt.

[54] Es sei wiederholt, daß sich diese Untersuchung auf eine solche Sektorengliederung beschränkt.

Input-Output-Tabelle

an (Input) / von (Output)	Produktionsbereiche 1 … i … k … n	Zwischenverbrauch insgesamt	Konsum	Brutto-Anlage-Investition	Vorratsveränderungen	Exporte	Endnachfrage (Summe 2 bis 5)	Verwendung insges. (Summe 1 + 6)
		1	2	3	4	5	6	7
Produktionsbereiche 1 … i … k … n	Zentraltabelle							
1 Zwischenverbrauch insgesamt								
2 Lohn- und Gehaltseinkommen								
3 Sonstige Einkommen								
4 Abschreibungen								
5 Kostensteuern (min. Subvent.)								
6 Bruttoinlandsprod. zu Marktpreisen (Summe 2 bis 5)								
7 Bruttoproduktionswert (Summe 1 + 6)								
8 Importe								
9 Aufkommen insges. (Summe 7 + 8)								

flechtung ist das, was man sich von der Input-Output-Rechnung erwartet. Die Zentraltabelle ist das Hauptstück der gesamten Input-Output-Tabelle, von ihr aus sollte die anzuwendende Methodik entwickelt werden[55].

Der zweite Schritt der Leontief'schen Input-Output-Methode besteht darin, die in der Zentraltabelle für eine abgelaufene Periode festgestellte Verflechtung durch ein System linearer Gleichungen zu beschreiben. In ihrer einfachsten und zugleich üblichen Form setzt die Input-Output-Analyse Proportionalität zwischen dem gesamten Output eines Sektors und seinen verschiedenen Inputs voraus. Dann kann der in einem beliebigen Feld der Zentraltabelle stehende Wert (x_{ik}: Strom vom Sektor i zum Sektor k) als Produkt aus dem Output des aufnehmenden Sektors (k) und einem Proportionalitätsfaktor, einem „Inputkoeffizienten" $\left(a_{ik} = \frac{x_{ik}}{X_k}\right.$, wenn X_k der Gesamtoutput des aufnehmenden Sektors ist), ausgedrückt werden. Bezeichnen wir noch die Endnachfrage nach dem Gut des Sektors i mit y_i, so gilt in jeder Zeile folglich die lineare Gleichung:

$$\sum_{k=1}^{n} a_{ik} X_k + y_i = X_i$$

Das System der Proportionalitätsfaktoren a_{ik} beschreibt die Verflechtungsstruktur in der Zentraltabelle. Der Output des Sektors i (X_i) ist über die Inputkoeffizienten a_{ik} mit dem Output aller anderen Sektoren ($1 \ldots k \ldots n$) verbunden.

Welche materielle Aussage machen nun aber diese Inputkoeffizienten, welcher Art ist die so geschriebene Relation zwischen Input und Output? Offenbar müssen, bevor diese Frage beantwortet werden kann, zwei andere geklärt werden, die bisher in der Unbestimmtheit des formalen Modells geblieben sind:

(1) Welche ist die exakte und „operationale" Definition eines Sektors?

(2) Welcher Art sind die „Ströme" zwischen den Sektoren?

---

[55] Inwiefern die Input-Output-Rechnung als ein integrierender Bestandteil der jeweils praktizierten Volkswirtschaftlichen Gesamtrechnung oder als Ergänzungsrechnung zu ihr zu behandeln ist, stellt sich dann nachträglich heraus und hängt davon ab, ob die für zweckmäßig erachtete Methodik der Volkswirtschaftlichen Gesamtrechnung einerseits und die der Input-Output-Rechnung andererseits kompatibel sind. Es sei daher zunächst einmal dahingestellt, was die in der Zentraltabelle nachgewiesenen Inputs genau bedeuten. An der Gleichsetzung des Zwischenverbrauchs mit den Vorleistungen wird nicht festgehalten. Sie diente nur der Demonstation der formalen Verwandtschaft der Input-Output-Tabelle mit dem Schema der Sozialproduktsberechnung.

Diese beiden Fragen führen von der formalen Theorie der Input-Output-Analyse, auf die die Literatur sehr viel Gewicht legt, weiter zur *empirischen* Problematik und damit unmittelbar zur statistischen Methodik. Aus der Erörterung der ersten Frage wird sich die Antwort auf die zweite von selbst ergeben.

Leontief spricht von den Sektoren als von *„industries"*. Sie sind abgegrenzt nach den erzeugten Gütern und Diensten und sollen in dieser Hinsicht möglichst homogen sein. "According to the abstract theoretical scheme, all production enterprises should be segragated into severall homogeneous industrial groups, homogeneity being defined in terms of (a) identity of products and (b) qualitative and quantitative similarity of the cost structure of the firms within each group ... Actually, neither of these desiderata can be achieved[56]."

Die Sektoren sind demnach „institutionell" definiert, d. h. sie sind Gruppen von wirtschaftlichen Institutionen, von Unternehmen, streng homogen hinsichtlich ihres Produktionsprogramms und ihrer Produktionsverfahren[57]. Doch gibt Leontief zu, daß diese Forderungen nicht erfüllt werden können. Daß er praktische Einschränkungen in Kauf nimmt und größtmögliche Homogenität der Sektoren nicht als ein Essentiale der Input-Output-Analyse betrachtet, geht wohl auch daraus hervor, daß er die Berechnung der Inputkoeffizienten am Beispiel von drei überaus weiten Sektoren (Landwirtschaft, Industrie, Haushalte) demonstriert. Er befürwortet zwar eine möglichst tiefe Untergliederung, läßt aber auch die Berechnung von Input-Output-Tabellen mit sehr weiten Sektoren zu[58].

Wie aber sind unter diesen Umständen die Inputkoeffizienten noch hinreichend eindeutig zu interpretieren? Lassen doch die im theoretischen Konzept aufgestellten Homogenitätsforderungen erkennen, als was diese Koeffizienten eigentlich gemeint sind: als „Produktionskoeffizienten", als „technische Koeffizienten"[59]. Für die hier erörterte Frage

---

[56] *Leontief*, Wassily, The Structure of American Economy, 1919—1939, New York 1951, S. 20.

[57] Diese Interpretation der Sektoren wird auch in der Sekundärliteratur vertreten. So spricht auch Platt, der sich besonders um die ökonomische Deutung der Input-Output-Rechnung bemüht, von „Gruppen" (s. *Platt*, Heinz, Input-Output-Analyse, Meisenheim 1957, S. 92). Allerdings ist die Ausdrucksweise — insbesondere auch bei Leontief — etwas fließend: er spricht an anderer Stelle von „a system of mutually interrelated industries or — if one prefers a more abstract term — interdependent economic activities" (*Leontief*, Wassily, Studies in the Structure of the American Economy, New York 1953, S. 8). Der Unterschied zwischen beiden Definitionen liegt wohl nicht nur im Abstraktionsgrad.

[58] Siehe *Leontief*, Wassily, Einsatz-Ausstoß-Analyse, 1961, S. 90.

[59] Allerdings bezeichnet Leontief auch die Koeffizienten aus Tabellen mit recht weitgefaßten Sektoren (z. B. Chemikalien; oder Kohle, Gas, Strom) als „vorwiegend technisch bestimmt". Siehe *Leontief*, Wassily, Die Methode der Input-Output-Analyse, in: Allgemeines Statistisches Archiv, 1952, S. 153.

ist wichtig, hinzuzufügen, daß die Input-Output-Analyse bei der Matrix jener beschriebenen Inputkoeffizienten, die die *direkte, unmittelbare* Verflechtung der Sektoren wiedergeben, nicht stehen bleibt. Ein Beispiel: Bei der Stahlerzeugung wird unter anderem Erz, Kohle und elektrische Energie verbraucht. Die entsprechenden Inputkoeffizienten beschreiben wohl die direkte Beziehung zwischen diesen Sektoren, bringen aber nicht zum Ausdruck, daß auch im Erz- und Kohlebergbau elektrische Energie verbraucht wird, desgleichen in jenen Sektoren, die ihren Output an den Kohlenbergbau und den Erzbergbau abgeben, so daß der zusätzliche Bedarf an elektrischer Energie, der bei der Vermehrung der Stahlerzeugung um eine Einheit entsteht, größer ist, als der ursprüngliche Inputkoeffizient angibt. Das System der ursprünglichen Koeffizienten kann nun so umgeformt werden, daß neue Koeffizienten entstehen, die die Relation zwischen dem jeweiligen Output eines Sektors und den gesamten, direkt und indirekt beanspruchten Inputs angeben. Offenbar sind diese Koeffizienten — vor allem für Planungsaufgaben — besonders instruktiv. Leontief verspricht sich gerade von diesen Koeffizienten die meisten Anwendungsmöglichkeiten[60].

Der hier entscheidende Gedanke ist nun der: dieses zuletzt erhaltene Ergebnis ist — auch rein gedanklich — *nicht ableitbar,* wenn die Sektoren *institutionell* definiert sind — *wie homogen* sie auch sein mögen und welche Institution (Unternehmen, Betrieb usw.) man auch benutzen mag. Denn: Der Stromverbrauch der Kohlebergwerke kann nicht wohl als Lieferung von Strom an die Stahlindustrie ausgewiesen werden. In die Produktionsfunktion der Institution „Stahlindustrie" können nur die Inputs eben der Stahlindustrie, nicht die anderer Industrien eingehen. Diese logische Klemme ist beseitigt, wenn die Sektoren nicht institutionell, sondern *funktionell* definiert werden: dann meint der entsprechende Sektor „das Gut Stahl"; in der Spalte wird die Herstellung von Stahl, wo sie sich auch abspielen mag, beschrieben, in der Zeile die Verwendung[61]. Homogene, lineare Produktionsfunktionen unterstellt,

---

[60] Vgl. *Leontief,* Wassily, Die Methoden der Input-Output-Analyse, in: Allgemeines Statistisches Archiv, 1952, S. 158.

[61] Die Frage, was unter einem „Gut" in diesem Zusammenhang zu verstehen sei, welchen Produkten — „Endprodukten", „Zwischenprodukten" — ein eigener Sektor eingeräumt werden solle, stellt sich sehr fatal, wenn man daran geht, eine Input-Output-Tabelle mit funktionell definierten Sektoren empirisch aufzustellen. Für die Input-Output-*Theorie* wird diese Schwierigkeit durch die Homogenitätsbedingung ausgeschaltet: man kann fordern, daß ein Sektor so eng definiert sei, daß alle im Produktionsprozeß verbrauchten Einsatzgüter eigene Sektoren bilden. Das läuft auf die Annahme einstufiger Produktion hinaus. Macht man diese Annahme nicht, dann gelingt es kaum mehr zu bestimmen, was ein Sektor an eigenen Produkten verbraucht und was folglich auch als Produktionswert dieses Sektors gebucht werden muß: Welcher Wert an chemischen Produkten wird bei der Herstellung chemischer Produkte verbraucht?

bietet es nun keine logischen Schwierigkeiten, den totalen Output an Stahl mit einem Koeffizienten zu verbinden der den insgesamt — direkt und indirekt — benötigten Input an elektrischer Energie oder irgendeinem anderen Gute erkennen läßt. In der Produktionsfunktion „der Stahlerzeugung" können nun alle, wo auch immer anfallenden, Inputs an Gütern bestimmter Art hineingenommen werden.

In der Tat werden die Sektoren der Input-Output-Tabelle häufig mit der Bezeichnung für Güter gekennzeichnet, nicht mit solchen für Industrien. Zur Vermeidung von Mißverständnissen sollte — wenn man das eigentliche Modell der Input-Output-Analyse meint — nur so formuliert, nicht von Industrien oder Wirtschaftsbereichen gesprochen werden. Das Statistische Amt der Europäischen Gemeinschaft bringt ganz besonders klar zum Ausdruck, daß die Sektoren seiner Tabelle funktionell gemeint sind[62].

Damit ist auch die zweite oben gestellte Frage schon beantwortet: Die Ströme zwischen den Sektoren können nur *Verbrauchs*werte — also Kosten — nicht Bezüge oder Käufe sein. Vom abgebenden Sektor aus gesehen handelt es sich entsprechend um Produktionswerte, nicht um Lieferungen oder Verkäufe. Kann doch der Produktion einer bestimmten Menge Stahl, wenn man auf technische Koeffizienten hinaus will, nur die dabei *verbrauchte* Erzmenge bzw. deren Wert, nicht die in der laufenden Periode *gelieferte* gegenübergestellt werden. „Lieferungen" und „Käufe" haben im System funktionell definierter Sektoren keinen Platz. Sie sind immer auf Institutionen bezogen[63].

---

[62] *Junior,* Gerold, Zum Aussagewert von Input-Output-Tabellen, dargestellt am System des Statistischen Amtes der Europäischen Gemeinschaften, in: Statistische Information, Statistisches Amt der Europäischen Gemeinschaften, 1964 Nr. 2, S. 8. — *Schumacher,* H., Das Input-Output-System des Statistischen Amtes der Europäischen Gemeinschaften, in: Statistische Information, Statistisches Amt der Europäischen Gemeinschaften, 1964 Nr. 2, S. 13.

[63] An dieser Stelle ist zweier Besonderheiten Erwähnung zu tun. Erstens: Handelsleistungen. Die funktionelle Definition der Sektoren und die Darstellung der direkten und indirekten Verflechtung bringt es mit sich, daß vom *Handel* gekaufte und in die Produktion eingehende Güter nicht in Höhe ihres Wertes als Output des Handels betrachtet werden dürfen: sollen doch alle verbrauchten Güter einer bestimmten Art (etwa Papier) *einem* erzeugenden Sektor zugeordnet werden können. Der Output des Handels entspricht daher nur dem Wert der Handelsleistung (der Handelsspanne). Der Verbrauch von aus dem Handel bezogenem Papier wird also in zwei Ströme aufgeteilt: in „Papierverbrauch" und in „Handelsleistungsverbrauch". Zweitens: Importe. Da die Input-Output-Tabelle zeilenweise die gesamte Verwendung von Gütern nachweist, müssen Importe ebenso unter den Inputs erscheinen wie heimische Produkte. Schlägt man sie aber der heimischen Produktion hinzu, so erscheinen sie zugleich als heimischer Output, was nicht gerechtfertigt ist. Die SAEG-Tabelle weist daher in jeder Zeile die Verwendung heimischer und importierter Produkte gesondert aus. Um die Zeilen- und Spaltensummen in Übereinstimmung zu bringen, müssen dann die Importe auch als Primärinput erscheinen.

Eine solche Definition der Sektoren und Ströme ist eine wesentliche Voraussetzung der *Interpretation der Inputkoeffizienten* als Parameter von Produktionsfunktionen. Außer jener und der Homogenität[64] werden freilich noch einige weitere gemacht: es müssen homogene[65] lineare Produktionsfunktionen[66] bestehen und zwar auch zwischen dem Output und solchen Inputs wie Dienstleistungen, Handelsleistungen usw., obwohl in solchen Fällen eine technisch bedingte Proportionalität sicher nicht angenommen werden kann. Von den Produktionsfunktionen wird weiter angenommen, daß sie unverbundene Produktionsprozesse beschreiben. Schließlich ist zu bedenken, daß „technische Koeffizienten" eigentlich am ehesten aus Mengenausdrücken zu berechnen wären. Nun muß aber die Input-Output-Analyse mit Wertbeträgen arbeiten. Unverminderte Aussagekraft haben die so erhaltenen Koeffizienten nur dann, wenn die Preise sich im Laufe der Rechnungsperiode nicht ändern und wenn sie im übrigen für alle angefallenen Mengeneinheiten einer Güterart gleich sind.

Von den unter dieser Annahme errechneten Inputkoeffizienten wird erwartet, daß sie eine hinreichende Konstanz in der Zeit besitzen, um als Grundlage für die — wenn auch nicht allzu langfristige — Wirtschaftsprognose und Wirtschaftsplanung zu dienen.

Die recht strengen Annahmen, die gemacht werden, um die Inputkoeffizienten als „technische Koeffizienten" erscheinen zu lassen, haben zur Folge, daß empirisch aufgestellte Input-Output-Tabellen kaum je mit einiger Zuverlässigkeit jener analytischen Auswertung unterzogen werden können, die das formale Instrumentarium der Input-Output-Analyse zu ermöglichen scheint.

Der Primärinput

Über die Berechnung der Inputkoeffizienten darf nicht in Vergessenheit geraten, daß die bislang allein erörterte Zentraltabelle zwar das Herzstück der Input-Output-Rechnung ist, daß aber die nach unten angesetzte Tabelle des Primärinputs existiert, die sowohl input-output-

[64] Die Homogenität der Sektoren nicht nur hinsichtlich der Güterarten, sondern auch des Produktionsverfahrens kann dadurch hergestellt werden, daß für jede Güterart mehrere Zeilen und Spalten vorgesehen werden: Jedes Produktionsverfahren mit spezifischer Inputstruktur wird eigens nachgewiesen. Siehe *Krelle*, Wilhelm, Volkswirtschaftliche Gesamtrechnung, Berlin 1959, S. 120.

[65] Homogenität der Produktionsfunktionen bedeutet, daß fixe oder stufenfixe Kosten des Stoffverbrauches nicht existieren. Es ist zu beachten, daß sich die Inputkoeffizienten der Zentralmatrix nur auf den „laufenden Verbrauch" an Einsatzstoffen, nicht auf den Kapitalverzehr beziehen.

[66] Die Linearität der Produktionsfunktion ist mit der klassischen Produktionstheorie nicht vereinbar. Allerdings ist dieser Funktionstyp keine unabdingbare Voraussetzung der Input-Output-Analyse überhaupt: ihr können auch andere Produktionsfunktionen zugrunde gelegt werden. Vgl. *Platt*, H., Input-Output-Analyse, S. 61.

theoretische als auch statistische Fragen eigener Art aufwirft — und zwar deshalb, weil die enthaltenen Nachweisungen zum Teil nicht recht mit der funktionellen Definition der Sektoren zusammenstimmen. Diese Unstimmigkeit besteht am wenigsten bei den Importen und den Löhnen — sie sind bestimmten Produkten relativ gut zuzurechnen. Sie besteht in höherem Maße für die Abschreibungen und die Kostensteuern. Indes: Zurechnungsschwierigkeiten ergeben sich in der Zentralmatrix auch. Während jedoch zur Darstellung der Inputströme in der Zentraltabelle und wohl auch der Primärinputs Löhne, Abschreibungen und Importe die funktionelle Sektorgliederung die theoretisch angemessene ist — Produktionsfunktionen beschreiben eben den Zusammenhang zwischen dem Ausstoß und dem notwendigen Einsatz — muß bezweifelt werden, ob für den Ausweis der „übrigen Einkommen", d. h. also vor allem der Gewinne, aber auch der Zinsen und schließlich des Sozialprodukts die funktionelle Sektorgliederung besonders sinnvoll ist. Der in einer Marktwirtschaft anfallende Residualgewinn ist nicht der Wert eines Produktionsfaktors, der zur Erzeugung von Gütern eingesetzt werden müßte. Der tatsächliche „ausschüttbare" Gewinn ist auch nicht die Summe der kalkulatorischen „Stückgewinne", sondern ein Betrag, der bezogen auf eine Institution berechnet wird und auch nur bezogen auf diese Institution wirklichen Sinn hat. Das geht auch daraus hervor, daß eine Verwendung der Gewinne der funktionell definierten Sektoren nicht gezeigt werden kann — und zwar aus der Logik der Sache nicht. „Verwendet" werden eben die den wirtschaftlich selbständigen Institutionen zuwachsenden Gewinne, und sie werden *durch* diese Institutionen verwendet[67].

Institutionell und funktionell definierte Sektoren haben eben ihren spezifischen Aussagegehalt. Daher ist es gerechtfertigt, die Volkswirtschaftliche Gesamtrechnung, die sowohl die Entstehung als auch die Verteilung und Verwendung des Sozialprodukts nachweist, institutionell zu gliedern, die Input-Output-Rechnung, die ihrem theoretischen Konzept nach die technisch bedingte Verflechtung darstellt, aber funktionell. Allerdings gelingt dann die Integration der Input-Output-Rechnung in die volkswirtschaftliche Gesamtrechnung nicht ohne weiteres, obwohl sie doch so nahe zu liegen scheint, weil die Input-Output-Tabelle ja nichts anderes ist als ein differenziertes Produktionskonto.

---

[67] Eine ganz ähnliche Implikation der funktionellen Gliederung zeigt sich bei der Endnachfrage: „die Bruttoanlageinvestition" z. B. des Sektors Gießereierzeugnisse ist *nicht* identisch mit den Investitionen, die die Gießereien zum Ausbau ihres Produktionsapparates vorgenommen haben, sondern mit jenen Gießereierzeugnissen, die irgendwo in der Volkswirtschaft investiert worden sind. Entsprechend sind die Vorratsveränderungen des Sektors Gießereierzeugnisse nicht Vorratsveränderungen bei den Gießereien, sondern die an Gießereierzeugnissen irgendwo in der Volkswirtschaft.

Von den Konsequenzen, die man aus der Diskrepanz der Kriterien der Sektorbildung ziehen kann, sei hier nur die gezogen: für die einzelnen Sektoren der Input-Output-Rechnung sollten als Posten des Primärinputs die Löhne und Gehälter, die Arbeitgeberbeiträge zur Sozialversicherung, die Abschreibungen und die Kostensteuern ausgewiesen, der Rest aber, der zum Wert der Summe aller Verwendungen fehlt, als ein bloß rechnerischer Posten behandelt werden. Daß man nämlich auch aus anderen Gründen, die nicht unmittelbar mit der Sektordefinition zu tun haben, z. B. gewisser Bewertungsregeln wegen, in einer konsequent angelegten Input-Output-Tabelle nicht zu dem Bruttosozialprodukt der Entstehungsrechnung kommt, wird im Laufe dieser Untersuchung noch erläutert.

B. Die statistische Adäquation des theoretischen Modells der Input-Output-Rechnung

Der Statistiker, dem die Aufgabe gestellt ist, eine Input-Output-Tabelle aus empirischen Zahlen zu berechnen, sieht sich, wie so oft, wenn wirtschaftstheoretische Konstruktionen empirisch nachvollzogen werden sollen, gezwungen, gewisse Modifikationen der verwendeten Begriffe und auch eine Vergröberung und auch Vereinfachung des ursprünglichen Modells vorzunehmen.

Eine erste und wichtige Modifikation betrifft die Definition der Sektoren. Den input-output-theoretischen Vorzügen einer funktionellen Sektorendefinition steht die Tatsache gegenüber, daß eine unmittelbare empirische Erfassung der Input- und Outputströme solcher Sektoren nicht möglich ist: die Statistik muß ihre Erhebung stets an den produzierenden Institutionen ansetzen. Unproblematisch wäre die Erhebungsarbeit dann, wenn alle Institutionen nur ein einziges homogenes Gut nach ein und demselben Produktionsverfahren herstellten: dann wäre die Inputstruktur der Institutionen identisch mit der der in ihnen vorgehenden Produktionsprozesse. In der Wirklichkeit sind aber die Institutionen in der Überzahl, die verschiedenartige Güter produzieren bzw. verschiedenartige Dienstleistungen erbringen. Wollte man unter diesen Umständen die empirische Prozedur von Anfang an auf eine Input-Output-Tabelle zurichten, die einerseits funktionell definierte, andererseits weitgehend homogene Sektoren enthält, so stieße man dabei nicht nur auf prinzipielle Hindernisse, es wäre vielmehr auch ein enormer statistischer Aufwand erforderlich. Müßten doch in allen Mehrproduktinstitutionen die Produktionsprozesse — hinsichtlich der Kosten und der Leistungen — isoliert, die Kostenstrukturen der einzelnen Kostenträger berechnet werden. Die Addition der Kosten und Produktionswerte der unterschiedenen Güterarten ergäbe dann die Sektorenwerte.

Zumindest in einer privatwirtschaftlich organisierten Volkswirtschaft dürfte dieses Verfahren undurchführbar sein.

Einer empirischen Input-Output-Rechnung bleibt daher nichts anderes übrig, als die Institutionen nach der Zusammensetzung ihres Einsatzes und ihres Ausstoßes *insgesamt* zu fragen und die Sektoren auf die Weise zu bilden, daß man Institutionen, die ausschließlich oder doch überwiegend ein homogenes Gut oder eine Gruppe nah verwandter Güter herstellen, zusammenfaßt, aggregiert. Damit erscheinen die *Sektoren* nun als *Gruppen von Institutionen*. Die methodische Problematik, die nun hier auftritt, ist die der statistischen Einheit. Darüber wird im Zweiten Teil ausführlich gehandelt. Hier genügt der Hinweis, daß die Homogenität der Produktion ein wesentliches Kriterium auch für die Wahl der statistischen Einheit ist. Hinsichtlich ihres Outputs sehr heterogene Einheiten sind die Unternehmungen: in ihnen können außerordentlich unterschiedliche Produktionssparten vereint sein. Wollte man die Sektoren der Input-Output-Tabelle aus Unternehmungen aufbauen — durch Zuordnung nach dem „Schwerpunkt" — so wären folglich auch diese Sektoren sehr heterogen. Gelingt es hingegen, Einheiten zu finden, die einerseits relativ homogen sind, andererseits aber nicht allzu viele der oben beschriebenen Unternehmungsaufspaltungen voraussetzen, so wird man auch dem Ideal der homogenen Sektoren näherkommen. Jedenfalls ist man bei einer solchen institutionellen Gliederung in der Abgrenzung der Sektoren nicht mehr frei: die Zahl der Produktionsstufen innerhalb der gewählten Einheit und die Heterogenität ihres Produktionsprogramms setzt der Aufspaltung in immer engere Sektoren eine Grenze.

Wie aber sind die *Ströme* zu definieren, die zwischen diesen Sektoren fließen?

Da eine Approximation an das theoretische Input-Output-Modell angestrebt wird, müssen offenbar — wie immer im übrigen auch aufgegliedert werden mag — der *Verbrauch* an Einsatzgütern einerseits und der *Ausstoß* andererseits nachgewiesen werden. Die Input- und Outputströme sind also nicht mit *Bezügen* und *Lieferungen* der Institutionen identisch. Eine theoretisch und praktisch gleichermaßen folgenreiche Entscheidung ist nun die, ob unter Verbrauch und Ausstoß der *Gesamt*verbrauch und der *Gesamt*ausstoß verstanden werden sollen, die in einer Institution bzw. in einem Sektor stattfinden, oder aber lediglich der Verbrauch an *bezogenen* Einsatzstoffen (Vorleistungen) und die zur *Lieferung* an eine andere Institution bestimmte Produktion. Dem theoretischen Konzept angemessen ist ohne Zweifel die weitere Definition: kann man doch aus Lieferströmen bzw. Marktströmen sicher keine technischen Koeffizienten berechnen. Andererseits ist die Erfassung des Gesamtverbrauchs und des Gesamtausstoßes in den meisten

Wirtschaftsbereichen sehr schwierig. Einmal deshalb, weil ja zunächst definiert werden müßte, welche von jenen Halbfabrikaten und Zubehörteilen, die in einer Institution hergestellt und schließlich auf das Endprodukt verwendet werden, als eigene Produkte gelten sollen. Das gelingt relativ gut für die wichtigsten Grundstoffe (Koks aus eigener Kokerei, Schwefelsäure aus eigener Produktion) und auch für solche Produkte, die als Fertigerzeugnisse empfunden werden (ein Konfektionsunternehmen stellt die verarbeiteten Knöpfe selber her). Das gelingt aber kaum für zahllose Halbfabrikate (etwa die Bestandteile eines Kraftfahrzeuges oder die Stoffe, die in der chemischen Industrie anfallen). Würde man es dennoch versuchen, so wäre die Folge eine außerordentliche Aufblähung des Bruttoproduktionswertes der Institutionen, das Feld der Input-Output-Tabelle „von Sektor k an Sektor k" würde — stets institutionell definierte Sektoren unterstellt — in manchen Branchen sehr hohe Werte aufweisen, den Institutionen und Sektoren wäre damit neben ihrer „horizontalen" auch noch eine beträchtliche „vertikale" Heterogenität zugeschrieben. Die Inputstruktur wäre dann weitgehend davon bestimmt, welche der Halbfabrikate als verselbständigte Produkte erfaßt werden. Abhilfe könnte allenfalls so geschaffen werden, daß dekretiert wird, was ein „Gut" ist und was nicht. Ob eine solche „Liste der Güter" praktikabel sein würde, bleibe dahingestellt. Den Behelf, zu dem die Statistik tatsächlich greift, gewährt die institutionelle Definition der Sektoren: es wird als Input nur der Verbrauch an bezogenen Gütern erfaßt, an solchen also, die nicht in der Institution selbst hergestellte worden sind (ursprüngliche Stoffkosten im Sinne der Betriebswirtschaftslehre). Der in der Zentraltabelle nachgewiesene Input ist damit begrifflich den „Vorleistungen" gleichgesetzt. Entsprechend erscheinen jene Güter, die in der Institution selbst weiterverarbeitet worden sind, nicht als Output. Je nach der verwendeten Einheit wird also nur der Verbrauch „bezogener" oder — noch enger — „gekaufter" Güter erfaßt[68]. In diesem Sinn sollen in den weiteren Erörterungen die empirisch erfaßten Input- und Outputströme verstanden werden.

---

[68] So geht die Input-Output-Rechnung des SAEG grundsätzlich von *Marktströmen* aus, erfaßt jedoch — wie die Produktionsstatistik der Bundesrepublik Deutschland — für bestimmte Güter (insbesondere Grundstoffe und Energie) die Gesamtproduktion und den Gesamtverbrauch. Schumacher bezeichnet dieses Verfahren als einen „guten Kompromiß" und mißt den Einwänden gegen das Rechnen in Marktströmen eher „grundsätzliche theoretische" als praktische Bedeutung zu. Er weist freilich darauf hin, daß das theoretische Konzept an sich den Nachweis des Gesamtverbrauches und der Gesamtproduktion erheischt. (*Schumacher*, H., Das Input-Output-System des Statistischen Amtes der Europäischen Gemeinschaften ... S. 18.) Gewiß: Die vorhandenen Statistiken mögen zu einem solchen Kompromiß zwingen. Aber er beeinträchtigt doch ganz wesentlich die „funktionelle" Interpretation der Tabelle. Von der anschließenden Berechnung „technischer Koeffizienten" kann unter diesen Umständen sicher keine Rede mehr sein.

Die *Aufgliederung* des so definierten gesamten *Input* nach Sektoren hätte, würde man sich der Logik der institutionellen Gliederung überlassen, nach der Sektorzugehörigkeit jener Institution zu erfolgen, die die verbrauchten Güter geliefert hat. Der Strom etwa von der elektrotechnischen Industrie zum Fahrzeugbau bestünde aus dem Verbrauch jener Güter, die — ihrem Schwerpunkt nach — dem Sektor Fahrzeugbau zugeordnete Institutionen von den dem Sektor Elektrotechnische Industrie zugeordneten Institutionen bezogen haben. Diese Ströme wären hinsichtlich der Güterarten ebenso heterogen wie die Sektoren. Die direkte Ermittlung dieser Ströme ist — falls nicht nur sehr wenige und typische Sektoren gebildet werden — nicht möglich, da die Institutionen des Fahrzeugbaues normalerweise nicht darüber Auskunft geben können, welchen Sektoren ihre Lieferanten dem Schwerpunkt nach zugehören. Was aber die Institutionen anzugeben wissen, ist die Zusammensetzung ihres Verbrauches und ihrer Produktion nach *Güterarten*. Aus diesen Angaben können die von Sektor zu Sektor fließenden Ströme geschätzt werden — nicht allzu zuverlässig zwar, aber doch um so besser, je homogener die Institutionen sind. Indes lieferte eine solche Schätzung nicht die beste Adäquation an die theoretische Vorlage einer Input-Output-Tabelle. Vielmehr erlaubt die Kenntnis der Zusammensetzung von Input und Output nach Güterarten eine quasi funktionelle Korrektur der für institutionell definierte Sektoren ermittelten Werte. Sie sei am eingeführten Beispiel erläutert. Die vom Sektor Fahrzeugbau bezogenen und eingebauten Elektromotoren stammen überwiegend, aber nicht notwendigerweise ausschließlich, aus dem Sektor Elektrotechnische Industrie. Bucht man sie trotzdem insgesamt als Inputstrom aus der elektrotechnischen Industrie (allgemein gesprochen: bucht man den Verbrauch aller Güterarten ganz als Inputstrom aus dem entsprechenden „Schwerpunktssektor"), so hat man die Eigenschaft der funktionell aufgebauten Tabelle übernommen, daß jede Güterart einem Sektor nur in *einem* Inputstrom zufließt. Diese Abweichung vom institutionellen Schema hat notwendigerweise eine rechnerische Diskrepanz zur Folge: der von der Elektrotechnischen Industrie gemeldete gesamte Output ist nun kleiner als die gesamte nachgewiesene Verwendung von Produkten dieses Sektors: nämlich um den Wert der vom Fahrzeugbau aus *anderen* Sektoren (z. B. Maschinenbau) bezogenen Elektromotoren. Die ex definitione erforderte Gleichheit von Input und Output ist rechnerisch wiederhergestellt, wenn der Wert jener in anderen Sektoren hergestellten Elektromotoren — zusammen mit dem geschätzten entsprechenden Input — auf den Sektor Elektrotechnische Industrie „umgesetzt" wird.

Auf diese Weise ist nun zwar eine Abstimmung zwischen der Verwendung von Elektromotoren im Sektor Fahrzeugbau und dem Output des Sektors Elektrotechnische Industrie hergestellt. Noch *nicht* nachgewiesen ist damit selbstverständlich die gesamte Verwendung von bezogenen Elektromotoren bei der Herstellung von Fahrzeugen überhaupt. Man kann nun noch einen zweiten Schritt in Richtung auf die Darstellung der funktionellen Verflechtung tun, indem man aus allen anderen Sektoren den Wert der dort gebauten Fahrzeuge — samt den zugehörigen geschätzten Inputs, inklusive Elektromotoren — auf den Sektor Fahrzeugbau ebenfalls umbucht.

Derlei Umsetzungen oder Umbuchungen sind ein Notbehelf, der theoretisch ganz sicher und praktisch wohl häufig sehr angreifbar ist. Insbesondere die Schätzung der den umgesetzten Produktionswerten entsprechenden Kostenstrukturen ist äußerst problematisch, ganz besonders wenn Kostenverbundenheit zwischen mehreren Produkten besteht. Häufig ist man auf Fiktionen angewiesen. Entspricht der umgebuchte Output hinreichend gut dem Produktionsprogramm des Sektors, auf den umgebucht wird, so kann man dessen Kostenstruktur auch den umgesetzten Produktionswerten zuordnen. Andernfalls muß, falls keine besseren Informationen zur Verfügung stehen, sogar angenommen werden, die Kostenstruktur der umgebuchten Produktionswerte sei die desjenigen Sektors, aus dem ausgebucht wird[69]. Zahl und Umfang jener notwendig werdenden Umsetzungen ist um so größer, je *heterogener die statistische Einheit und je enger die Sektoren* sind, und umgekehrt: je homogenere Einheiten man der Tabelle zugrunde legen kann, in desto geringerem Ausmaß wird man zu solchen Umrechnungen gezwungen sein, desto bessere Anhaltspunkte wird man auch für die Schätzung der Kostenstruktur der umgesetzten Produktionswerte haben.

Die Tabelle, die nach derartigen Korrekturen übrig bleibt, enthält Sektoren, über deren eigentlichen Charakter man sich streiten kann: sie sind insofern institutionell definiert, als die ihnen zugeordneten Ströme Verbrauchswerte von bezogenen und Produktionswerte von gelieferten (bzw. im Lager investierten) Gütern sind. Andererseits sind die Institutionen nach funktionellen Gesichtspunkten „zurechtgehauen" — um so mehr, je heterogener sie von Anfang an waren. Jedenfalls wird die so entstandene Input-Output-Tabelle als eine funktionell ausgestaltete *behandelt:* auf sie werden die input-output-analytischen Methoden angewendet. Freilich, als „technisch bestimmt" wird man die daraus berechneten Inputkoeffizienten nicht interpretieren dürfen, sind sie doch, der möglichen „horizontalen und vertikalen" Homogenität der Sektoren wegen, Durchschnitte aus Inputkoeffizienten recht verschiedener Güter, die in den Sektoren zusammengefaßt sind. Die Zusammensetzung der Sektoren und die vertikale Organisation der Wirtschaft bestimmen über die Koeffizienten in gleichem Maße wie die Produk-

[69] Vgl. *Bartels*, Hildegard, Möglichkeiten und Grenzen der Berechnung von Input-Output-Tabellen für die Bundesrepublik Deutschland, in: Wirtschaft und Statistik 1965, S. 76.

tionsfunktionen der einzelnen Produktionsprozesse. Man kann versuchen, den Einfluß der Heterogenität der Sektoren zu begrenzen, indem man tunlichst solche Güter zusammenfaßt — und kräftige Zusammenfassungen werden bei faßt allen der schon berechneten Tabellen vorgenommen[70] —, die ähnliche Inputstrukturen besitzen. Auch kann man davon ausgehen, daß sich auf kürzere Frist gesehen die Zusammensetzung der Sektoren nur wenig ändert.

Es ist leichter, die empirischen Inputkoeffizienten so zu interpretieren, daß man ihren Sinn im theoretischen Modell angibt und dann Einschränkungen hinzufügt, als positiv zu präzisieren, was ihre Aussage unter den Verhältnissen der Realität ist[71].

Mit den gleichen Vorbehalten sind jene Werte zu verstehen, die als Primärinput der Sektoren ausgewiesen werden.

Der *Beitrag,* den die *Kostenstrukturstatistik* zur Aufstellung einer Input-Output-Tabelle zu leisten hat, ist ganz offenbar der: es müssen für Institutionen geeigneter Definition — und diese Definition zu finden, ist ein erster Gegenstand methodologischer Untersuchung — Angaben erhoben werden, die es erlauben, die intermediären Input- und Outputströme, den Primärinput und die Vorratsveränderungen zu *schätzen.* Wie die Beiträge der Wirtschaftsbereiche zum Sozialprodukt nicht für jedes Jahr erhoben werden können, so kann auch die Input-Output-Rechnung nicht für jede Periode die einzelnen Ströme unmittelbar erfassen, sondern muß sie, durch Kombination laufend anfallender Indikatorwerte einerseits und in größeren Zeitabständen gewonnener Strukturzahlen andererseits, mittelbar ableiten. Da die Inputstruktur nur für Institutionen in Erfahrung zu bringen ist, kann diese mittelbare Ableitung nur so erfolgen, daß in der Erhebungsperiode für jeden Sektor aus dem Output und den Inputs, d. h. zufolge unserer Definition der Ströme: aus den Kosten und dem Produktionswert, „Quoten" berechnet, über einige Zeit hin beibehalten und auf die Produktionswerte der folgenden Jahre angewandt werden. Die Sozialproduktsberechnung bezieht für sie verwertbare Outputzahlen aus den Umsatzstatistiken. Ob die Umsatzstatistiken auch für die Input-Output-Rechnung in Frage kommen, hängt davon ab, für welche Einheit man sich entscheidet, ob man sich auf die Erfassung der Marktströme beschränken will. Das wird noch zu erörtern sein.

Die charakteristische Anforderung der Input-Output-Rechnung an die Kostenstrukturstatistik besteht darin, daß Quoten für die einzelnen Vorleistungsarten, bzw. Gruppen von Vorleistungsarten, ermittelt werden müssen.

---

[70] In den USA sind allerdings auch Tabellen mit 500 Bereichen aufgestellt worden. Vgl. *Evans,* W. D./*Hoffenberg,* M., The Interindustry Relations Study for 1947, in: The Rev. of Econ. and Statistics, 1952, S. 97.

[71] Vgl. *Junior,* Gerold, Zum Aussagewert ..., l. c., S. 8.

Zusammenfassung

Um die Anforderungen einer empirischen Input-Output-Rechnung an die Kostenstrukturstatistik erkennbar werden zu lassen, waren insbesondere zwei Fragen zu klären. Erstens: Wie sind die Sektoren definiert? Zweitens: Welcher Art sind die Ströme, die zwischen diesen Sektoren fließen? Der formale, mathematische Apparat der Input-Output-Analyse ist hingegen für unsere Zwecke weniger von Belang.

Dem theoretischen Modell, so wurde festgestellt, sind funktionell definierte Sektoren (Herstellung und Verwendung von Sachgütern und Dienstleistungen) adäquat. Die Ströme sind entsprechend Verbrauchsströme — nicht Lieferströme. Es wird eine Geldrechnung vorgenommen, aber erforscht werden soll eigentlich nicht ein Geflecht von Wertübertragungen, sondern eines aus produktionsbedingtem Güterverzehr und Güterausstoß, das am ehesten mit dem Attribut „technisch" zu kennzeichnen ist, obwohl nicht alle Sektoren wirklich technisch verknüpft sind.

Das theoretische Modell kann statistisch nicht unmittelbar und schließlich auch nicht recht befriedigend realisiert werden. Denn die Sektoren müssen für die statistische Prozedur als Gruppen von Institutionen definiert werden. Deren Kostenartenstruktur — damit aber auch die Struktur des Vorleistungsverbrauches — sowie deren Produktionswert und seine Zusammensetzung aus den Gütern und Diensten verschiedener Art muß ermittelt werden. Durch nachträgliche Korrekturen, die die Homogenität der Sektoren verbessern sollen, kommt ein funktionelles Moment ins Spiel. Die in der Zentralmatrix nachgewiesenen Ströme können zwar auch in der empirischen Tabelle als Verbrauchswerte von Gütern bestimmter Art bzw. bestimmter Gruppe definiert werden, aber nur als Verbrauchswerte jener Mengen, die von einer Institution in eine andere wandern[72]. Nur in Ausnahmefällen ist es praktikabel, den Gesamtverbrauch der Gesamtproduktion eines Gutes gegenüberzustellen. Trotz dieser institutionellen Merkmale der Sektoren und Ströme wird die Tabelle schließlich „funktionell" gedeutet. Dieser Schritt ist notwendig, wenn die Tabelle so „umgekehrt" werden soll, daß der Zusammenhang zwischen der „Endnachfrage" an Gütern und allen unmittelbar und mittelbar beteiligten Sektoren dargestellt werden kann.

Gerade diese funktionelle Deutung aber behindert eine an sich naheliegende Integration der Input-Output-Tabelle in die übliche volkswirtschaftliche Gesamtrechnung. Wie die statistische Erhebungsprozedur im einzelnen auszusehen hat, um die bestmögliche Adäquation an das theoretische Idealbild einer Input-Output-Tabelle zu gewährleisten, das wird in den folgenden Kapiteln erörtert werden.

---

[72] Ausnahme: Lagerverminderung an selbsterstellten Halbfabrikaten.

III. Kapitel

Schlußbemerkung zum ersten Teil

Damit sind die Erörterungen des ersten Teiles abgeschlossen. Es war ihm eine doppelte Aufgabe gestellt: Einmal jene Erkenntnisziele zu markieren und zu verdeutlichen, um deretwillen eine Statistik der Kostenstruktur im hier eingegrenzten Sinn, d. h. eine Statistik der Kostenartenstruktur, betrieben wird. Die Kostenartenstruktur erscheint danach nun nicht mehr nur in jenem Licht, in dem man sie zu sehen gewohnt ist, wenn man allein an die Gewinn- und Verlustrechnung oder das betriebliche Kalkulationsschema denkt. Zum anderen aber galten diese Ausführungen dem Thema Kostenstruktur in der Wirtschaft *unmittelbar,* nicht nur vorbereitend. Denn jene Strukturen des Bruttoproduktionswertes, die im Zusammenhang mit der Sozialproduktsberechnung bzw. der Input-Output-Analyse eine Rolle spielen, sind durchaus Kostenstrukturen im strengen Sinne, nur eben übergeordnete Strukturen, die durch Oberbegriffe (Wertschöpfung, Vorleistungen) beschrieben werden, unter denen die geläufigen Kostenarten zu möglichst bedeutungshomogenen Gruppen zusammengefaßt werden. Diese Oberbegriffe müssen aus einem theoretischen Zusammenhang vorgegeben sein, bevor man sich an die praktische Erhebungsarbeit machen kann. Denn es wäre zweifellos ein höchst unbefriedigendes Verfahren, ohne eigentliches theoretischen Konzept Unternehmungen oder Betriebe nach ihren Buchhaltungsergebnissen zu befragen, in der Hoffnung, das Material dann nachträglich schon in eine vernünftige Ordnung bringen zu können.

Zweiter Teil

Methodologische Probleme der Statistik der Kostenstruktur

I. Kapitel

Die wichtigsten Teilfragen des Erhebungsverfahrens einer Primärstatistik der Kostenstruktur

A. Eine Vorschau

Der zweite Teil dieser Arbeit ist ganz den statistischen Methoden einer Kostenstrukturstatistik gewidmet. Es soll von nun an ausschließlich darum gehen, welche statistischen Wege beschritten und wie diese ausgebaut werden können und müssen, um alle jene Zahlen zu gewinnen, von denen bisher im Ersten Teil die Rede war. Die empirische Prozedur steht also nun zur Debatte. Jene empirische Prozedur, die ein statistisches Bild der gesamtwirtschaftlichen Kostenstruktur in zweierlei Facon vermittelt. Für die *Entstehungsrechnung* des *Sozialprodukts* — als *Wert*entstehungsrechnung, genauer: als Einkommensrechnung verstanden — und für die *Input-Output-Rechnung* — vor allem als Approximation an eine technologische Verflechtungsanalyse verstanden: für beide Aggregatstatistiken soll die Kostenstrukturstatistik Grundstein sein.

Eine solche methodologische Untersuchung kann und will nicht in einen jedes praktische Detail regelnden Erhebungs- und Aufbereitungsplan, wie ihn ein statistisches Amt aufstellt, ausmünden. Ein derartiger Versuch müßte scheitern, denn sein Gelingen setzte eine intime Kenntnis des Datenkranzes voraus, auf den eine praktische Erhebung Rücksicht zu nehmen hat. Was eine praxisferne methodologische Untersuchung aber dennoch wagen kann, ist ein anderer Versuch, der nämlich, jene Denkweisen zu beschreiben, die geeignet sind, aus gegebenen Erkenntniszielen — ihnen galt der Erste Teil —, aus der Eigenart einer bestimmten, nicht abänderbaren Verfassung der wirtschaftlichen Wirklichkeit und aus einer Reihe teils vorgefundener, teils neu zu entwickelnder formal-statistischer Verfahrensweisen eben eine empirische Prozedur zu entwickeln, die wenigstens in ihren Prinzipien, wenn auch nicht in der jeweiligen praktischen Verwirklichung, den ihr gestellten Aufgaben so gut es geht gerecht wird. Dieser Versuch gilt also, kurz gesagt, einer theoretischen Wirtschaftsstatistik, wenn auch nicht einer „allgemeinen", so doch einem ihrer Kapitel.

Die weiteren Untersuchungen werden den folgenden Verlauf nehmen: Das erste Kapitel des Zweiten Teiles hat das *Erhebungsverfahren* zum Gegenstand. Es wird davon ausgegangen, daß eine Primärstatistik eingerichtet werden soll. Einer ausführlichen Abhandlung bedürfen die Wahl der statistischen Einheit, die Auswahl der zu befragenden Einheiten für den Fall, daß eine Teilerhebung geplant ist, und schließlich das Frageprogramm. Im zweiten Kapitel werden die Möglichkeiten und Grenzen einer *Sekundärstatistik* der Kostenstruktur untersucht. Das dritte Kapitel ist der *Aufbereitung* des gewonnenen Zahlenmaterials gewidmet. Erörtert werden die Klassifikation der Einheiten, die Aggregation ihrer Merkmalswerte, die adäquaten Maßzahlen der Kostenstruktur. Schließlich werden Hinweise auf die Weiterverarbeitung kostenstrukturstatistischer Ergebnisse bei der Aufstellung der Aggregatstatistiken selbst gegeben. Es werden dabei, zur Exemplifizierung oder zum kritischen Vergleich, Ergebnisse der amtlichen Kostenstrukturstatistik herangezogen.

B. Die statistische Einheit in den Kostenstrukturerhebungen

I. Einige Vorüberlegungen zur Orientierung

1. Die in der Wirtschaftsstatistik gebräuchlichen einzelwirtschaftlichen Einheiten

Gesamtwirtschaftliche Kostenstrukturen nachzuweisen ist das Ziel. Zu diesem Ziel stehen prinzipiell zwei Wege offen. Der eine ist der, die makroökonomische Kostenstruktur durch Aggregation aus mikroökonomischen Kostenstrukturen abzuleiten. Der empirische Zugriff müßte also auf die adäquat definierten Kostenstrukturen der Einzelwirtschaften gerichtet sein. Der zweite Weg wäre der, die makroökonomischen Kostenstrukturen aus makroökonomischen Kostenartensummen zu berechnen. So können etwa die Summe der Löhne und Gehälter aus der Lohnstatistik, die Summe der Bankzinsen aus der Bankenstatistik entnommen werden; Umsatzsummen erhielte man aus den Umsatzstatistiken und so fort. Aus diesen Zahlen ließen sich ebenfalls gesamtwirtschaftliche Kostenstrukturen berechnen. Ein Analogon: Die gesamtwirtschaftliche Konsumquote ermittelt man nicht als gewogenes arithmetisches Mittel aus den Konsumquoten der einzelnen Haushalte, sondern als Quotient aus gesamtwirtschaftlichem Konsum und gesamtem Einkommen. Indes hätte ein solches Verfahren der Herleitung makroökonomischer Kostenstrukturen beträchtliche Nachteile hinsichtlich der Definition der Merkmale und der Gruppenbildung. Man wird daher nur ersatzweise davon Gebrauch machen. Das zwar bedeutend aufwendigere Verfahren, jenes über die einzelwirtschaftlichen Kostenstrukturen kann unvergleichlich bessere Ergebnisse liefern, so daß es sicher den Vorzug verdient. Damit aber stellt sich die Frage, wie denn die einzelwirtschaftlichen Elementareinheiten, für die die mikroökonomischen Kostenstrukturen erhoben werden sollen, zu definieren seien. Es sind in der Wirtschaftsstatistik verschiedene solcher Einheiten gebildet und gebraucht worden. Diese verschiedenen Einheiten müssen daraufhin untersucht werden, wie sie sich speziell für eine Kostenstrukturstatistik eignen. Bei der Prüfung kann sich auch eine Modifikation einer dieser Einheiten als empfehlenswert heraustellen. Da diese Prüfung sich naturgemäß auf die Eigenschaften dieser verschiedenen Einheiten beziehen muß, ist es unumgänglich, sie zunächst in Kürze, lediglich beschreibend, aufzuzählen[1].

a) Die Unternehmung

Eine dem Alltagsdenken besonders vertraute Einheit ist *die Unternehmung*. Und doch ist ihre genaue Begriffsfassung nicht ganz unproblematisch. In der deutschen amtlichen Statistik versteht man unter der Unternehmung jene (kleinste) Einheit, die auf Grund rechtlicher Vorschriften Bücher führen und Rechnungsabschlüsse vornehmen muß (kleinste bilanzierende Einheit). So verstanden ist sie die „juristische Einheit": sie tritt im Rechtsverkehr selbständig auf („Firma"). Allerdings ist diese rechtliche Einheit lange nicht immer auch eine wirtschaftlich selbständige Einheit: Eine Unternehmung kann von einer anderen wirtschaftlich abhängig sein (Unternehmenszusammenschlüsse).

---

[1] Vgl. zum Folgenden: *Blind*, Adolf, Die Abgrenzung der Arbeitsstätten in der Wirtschaftstatistik, in: Festgabe für Rolf Wagenführ, 1967, S. 63 ff. — *Fürst*, Gerhard, Unternehmen, fachliche Unternehmensteile und örtliche Einheiten als Grundlage für die statistische Darstellung wirtschaftlicher Tatbestände, Wirtschaft und Statistik, Jg. 1957, Heft 12, S. 648. — *Herrmann*, Walter, Das Unternehmen als Objekt der Statistik, Allgemeines Statistisches Archiv, Jg. 1958, S. 310. — *Dennukat*, Gerhard, Über die Einheiten zur statistischen Beobachtung von Arbeitsstätten und der mit diesen verbundenen Tatbeständen und Merkmale, Allgemeines Statistisches Archiv, Jg. 1957, S. 1. — *Werner*, Kurt, Die Industriestatistik der Bundesrepublik Deutschland, 2. Auflage, Berlin 1966, S. 42. — Veröffentlichungen des Statistical Office of the UN: Studies in Methods: Industrial censuses and related inquiries, S. N 4, New York 1953, Vol. I und Vol. II; International Standard Industrial Classification of All Economic Activities, Statistical Papers S. M N. 4, New York 1958; International Recommendations in Basic Industrial Statistics, Statistical Papers S. M N. 17, New York 1960.

Daher ist die Bezeichnung „wirtschaftliche Einheit“ für die Unternehmung nicht immer treffend. Die wirtschaftlich selbständigen Unternehmungen allerdings sind in der Tat Einheiten mit einer wichtigen Eigenschaft: Sie sind in einem marktwirtschaftlichen System die eigentlichen Träger des tauschbestimmten Wirtschaftsprozesses.

b) Die örtliche Einheit

Eine zweite in der deutschen amtlichen Statistik viel gebrauchte Einheit ist die *örtliche Einheit* (oft auch genannt „Betrieb“). Ihre präzise Definition ist von Erhebung zu Erhebung nicht immer ganz einheitlich. Prinzipiell umfaßt sie alle Einrichtungen *einer* Unternehmung, die auf einem Grundstück, in einem zusammenhängenden Gebäudekomplex untergebracht sind.

c) Das establishment

Eine in den angelsächsischen Ländern übliche und neuerdings auch in der deutschen Literatur stärker beachtete wirtschaftsstatistische Einheit ist das „establishment“. Es besitzt folgende Begriffsmerkmale:

es ist eine örtliche Einheit oder ein Teil davon;

es umschließt einen Komplex solcher Tätigkeiten (Funktionen), die unmittelbar oder mittelbar zur Produktion eng verwandter Erzeugnisse oder zur Darbietung eng verwandter Dienstleistungen beitragen;

es ist eine organisatorische Einheit; es steht unter einheitlicher Leitung;

es besitzt insoweit organisatorische Selbständigkeit, als gesonderte Aufzeichnungen vorgenommen werden müssen (oder doch begründete Schätzungen möglich sein müssen) über den Materialverbrauch, die Arbeitskräfte und die übrigen wichtigen in die Produktion eingehenden Kostenbestandteile.

Das materiell entscheidende Begriffsmerkmal ist das an zweiter Stelle genannte: die möglichst weitgehende Homogenität der hervorgebrachten Güter und Dienste. Es unterscheidet erst das establishment von der örtlichen Einheit.

Als deutsche Bezeichnung für diese Einheit ist — insbesondere in Anwendung auf das warenproduzierende Gewerbe — der Ausdruck „Produktionseinheit“ eingeführt worden (A. Blind)[2]. Will man das establishment auf die gesamte gewerbliche Wirtschaft anwenden und möchte man den Begriff der Produktion nicht so weit ausdehnen, wie es zuweilen geschieht — nämlich auf alle wirtschaftliche Tätigkeit überhaupt — so könnte man verallgemeinernd und zugleich ausführlicher

---

[2] Vgl. *Blind*, Adolf, Die Abgrenzung der Arbeitsstätten in der Wirtschaftsstatistik, S. 79.

charakterisierend von „leistungshomogener Betriebseinheit" sprechen. Das Attribut „leistungshomogen" soll auf die Homogenität der erzeugten Produkte bzw. der geleisteten Dienste usw. hinweisen, während das Wort „Betriebs"einheit darauf hindeuten soll, daß ein Gebilde von gewisser Geschlossenheit und Selbständigkeit gemeint ist.

Die leistungshomogene Betriebseinheit wird von der Statistischen Kommission der Vereinten Nationen den nationalen statistischen Ämtern als statistische Einheit besonders empfohlen. Definiert wird dort so: „The establishment is, ideally, an economic unit which engages, under a single ownership or control, in one, or predominantly one, kind of economic activity at a single physical location-e. g., an individual farm, mine, factory, workshop, store or office[3]." Die sehr allgemeine Formulierung „engages in ... economic activity ..." wird konkretisiert: „The activities of the establishment should be determined from the products sold or handled or the services rendered to others by the unit[4]."

d) Die Betriebs t e i l einheiten

Diese Betriebseinheit kann nun noch weiter unterteilt werden. Die so entstehenden Teilkomplexe sind dann allerdings meist nicht mehr institutionell, als organisatorisch eigenständiges Gebilde abgrenzbar, interessieren aber auch überwiegend hinsichtlich der Funktionen, die in ihnen ausgeübt werden. Am bedeutsamsten sind folgende zwei Unterteilungen: eine weitergehende Unterteilung nach der *Art der hervorgebrachten Leistung* (Betriebsteile, die z. B. aus einem Produktbündel ein ganz bestimmtes Produkt herstellen oder in denen eine bestimmte Phase des Betriebsprozesses statthaft, z. B. Herstellung bestimmter Halberzeugnisse) und eine Unterteilung nach der darin *verrichteten* Tätigkeit (Fräsen, Lackieren; Verkaufen, Kunden beraten) bzw. nach der *Art* des Betriebs*prozesses,* der darin stattfindet (z. B. bei automatischer Fertigung oder bei Fertigung durch chemische Prozesse). Diese betriebsunterteilenden Einheiten kamen und kommen in der Literatur in wechselnden Definitionen und unter wechselnden Namen vor: als „fachliche" Einheit, als „funktionelle" Einheit, als „technische" Einheit. Die aktuellsten[5] Begriffsfassungen sind die folgenden:

---

[3] International Standard Industrial Classification, 1958, S. 2; vgl. auch Intern. Recommendations, 1960, S. 7.

[4] International Standard Industrial Classification, 1958, S. 3; vgl. auch Intern. Recommendations, 1960, S. 9.

[5] Die „technische Werkeinheit", wie man sie bei dem deutschen Produktionszensus für 1936 verwendet hat, war eine Betriebsabteilung, die sich mit der Produktion einer recht homogenen Erzeugnisgruppe befaßte und deren Produktionsapparat auch darauf eingestellt war. (Vgl. Reichsamt für wehrwirtschaftliche Planung, Die deutsche Industrie ..., S. 13.)

Jene Einheit, die man als *tätigkeitshomogene* bzw. *prozeßhomogene* Betriebsteileinheit bezeichnen könnte, war in den ersten Empfehlungen des Statistischen Amtes der Vereinten Nationen als „operational unit" bezeichnet[6].

Neuerdings wurde diese Einheit unter der Bezeichnung „fachliche Einheit" für gewisse Zwecke von Blind empfohlen[7]. Später kam dann in den Veröffentlichungen des Statistischen Amtes der UN der Ausdruck „technical unit" vor, womit eine leistungshomogene Betriebsteileinheit gemeint war. Schließlich wurden in den Schriften dieses Amtes beide Einheiten aufgegeben und nur noch eine Unterart der „technical unit", die „ancillary unit" empfohlen (Hilfsstellen, wie etwa ein Kraftwerk oder die Verwaltungsstellen)[8].

e) Die horizontal aggregierte leistungshomogene Einheit

Auch diese Einheit — eine besondere Variante der von Fürst sogenannten „fachlichen Unternehmensteile" — soll eine Aufteilung einer wirtschaftenden Einheit nach der Art der Leistung bewerkstelligen. In den International Recommendations wird sie als „kind-of-activity unit" bezeichnet und so definiert: „The kind of activity unit, as its name implies, comprises a single class of industrial activities carried on under a single ownership or control; it differs from the establishment in that nothing is said about the location of those activities[9]."

2. Die methodologische Funktion der statistischen Einheit

Nach dieser Bestandsaufnahme soll nun eine kritische Prüfung der einzelnen Einheiten auf ihre Eignung für eine Kostenstrukturstatistik erfolgen.

Diese Prüfung muß davon ausgehen, daß eine statistische Einheit sich zwei grundsätzlichen Erfordernissen gegenüber bewähren muß, die einander nicht selten widerstreiten. Die statistische Einheit muß nämlich einerseits Trägerin jener *begriffsbildenden Merkmale* sein, die zusammen die sachlogische Bedeutung der definierten Einheit ausmachen, die zugleich auch ganz bestimmte statistische Massen definieren. Diese begriffsbildenden Merkmale sollen an der Einheit in möglichst reiner Ausprägung vorhanden sein, sie also eindeutig als einer Masse vorgegebener Bedeutung zugehörig ausweisen. Andererseits aber muß die

---

[6] Vgl. International Recommendations, 1960, S. 11.

[7] *Blind*, Adolf, Die Abgrenzung der Arbeitsstätten in der Wirtschaftsstatistik, S. 86.

[8] International Recommendations, 1960, S. 11.

[9] International Recommendations 1960, S. 7.

statistische Einheit ebenfalls geeignet sein, als Trägerin solcher (variabler) *Untersuchungsmerkmale* zu fungieren, die der Statistiker an der gebildeten Masse beschreiben will. Die Untersuchungsmerkmale sollen ebenfalls an der Einheit möglichst eindeutig erkennbar verwirklicht, ihr möglichst exakt zurechenbar sein. Man darf nicht eine der beiden Anforderungen einseitig überbetonen oder vernachlässigen. Dieser Dualismus verdient vor allem dann Aufmerksamkeit, wenn — wie bei der Kostenstrukturstatistik — beide Erfordernisse in Konflikt geraten. Ein Beispiel: Die Input-Output-Rechnung soll darstellen, wie die einzelnen Produktionssparten über Input und Output miteinander verknüpft sind. Die Inputs der Herstellung bestimmter Güter kann man aber statistisch nur so fassen, daß man die herstellenden Institutionen befragt: u. a. nach ihren Produktionskosten. An welcher Art von Institutionen, d. h. also: an welchen Einheiten aber soll man anpacken? Befragt man etwa Unternehmungen nach ihren Produktionswerten und Produktionskosten, so erhält man zwar ohne große Schwierigkeiten die erwünschten Angaben. Jedoch: Die Produktionsprogramme dieser Einheiten sind häufig sehr heterogen, erstrecken sich über gänzlich verschiedene Produktarten und über eine unterschiedliche Zahl von Produktionsstufen. Inputs und Outputs für Produktionssparten, für die Herstellung von bestimmten Produkten oder Produktgruppen erhält man auf diese Weise nicht. Die gewünschte Massenbildung ist nicht einmal mit leidlicher Genauigkeit möglich. Erhebt man statt dessen die Inputs und Outputs von leistungshomogenen Betriebseinheiten oder gar von leistungshomogenen Betriebsteileinheiten, so ist — ex definitione — die Leistungsheterogenität weitgehend beseitigt, die Einheiten lassen sich recht exakt in Massen der gewünschten Definition zusammenfassen. Indes: Diese Einheiten bestehen aus Unternehmensteilen und daher gelingt die Zurechnung der Kosten und Leistungen auf sie allzu häufig nicht eindeutig, nicht ohne Willkür. Offenbar wird bei einer Unternehmensbefragung gegen das erste, bei einer Befragung von establishments gegen das zweite Erfordernis verstoßen.

In den folgenden Abschnitten wird untersucht, wie sich die einzelnen Einheiten in diesem Widerstreit der Anforderungen bewähren. Diese Analyse nötigt allerdings dazu, den Begriff der statistischen Einheit entsprechend den verschiedenen Rollen, die die Einheiten im Laufe der statistischen Prozedur von der Erhebung bis zur Aufbereitung spielt, aufzufächern[10].

Entsprechend den beiden aufgestellten Grunderfordernissen wird die statistische Einheit vor allem in zwei ihrer Rollen von Interesse sein:

[10] Zu dem in der Literatur und in der praktischen Statistik üblichen Begriffsapparat vgl. insbesondere: Statistisches Bundesamt, Stichproben in der amtlichen Statistik, S. 26.

als jene Einheit, *über* die Angaben eingeholt werden, *über* die die Befragten also berichten — sie soll „Berichtseinheit“ heißen — und als jene Einheit, *für* die bei der Aufbereitung die statistischen Ergebnisse nachgewiesen werden („Darstellungseinheit“). Berichtseinheit und Darstellungseinheit können identisch sein und sind es auch meist. Freilich ist es denkbar, daß die Darstellungseinheit von größerem Umfang ist als die Berichtseinheit: dann wird sie erst bei der Aufbereitung aus mehreren Berichtseinheiten aufgebaut. Sind Berichtseinheit und Darstellungseinheit identisch — wird etwa beide Male die Unternehmung verwendet — so kennzeichnen doch die beiden funktionellen Unterbegriffe die verschiedenen Aspekte, unter denen die Einheit gesehen werden muß: Eine beliebige Einheit ist dann eine „gute Berichtseinheit“, wenn sie eine exakte Zurechnung der Untersuchungsmerkmale erlaubt und sie ist eine „gute Darstellungseinheit“, wenn sie die Bildung hinreichend homogener Massen und Teilmassen vorgegebener Bedeutung gestattet.

Die nun folgende Diskussion der verschiedenen Einheiten wird nach ihren beiden wichtigsten Rollen gegliedert. Um Wiederholungen zu vermeiden, soll die Berichtseinheit an den Anfang gestellt sein. Daß diese Gliederung, nicht die nach den Verwendungszwecken der Kostenstrukturstatistik — Sozialproduktsberechnung und Input-Output-Rechnung — gewählt wird, hat seinen Grund darin, daß so am besten jene objektiven Eigenarten, die Kosten und Leistungen im Verhältnis zu einer auf sie gerichteten Statistik besitzen, deutlich gemacht werden können. Zum Schluß wird eine synoptische Gesamtwürdigung der Einheiten und ihrer Vorzüge und Nachteile als Berichts- *und* Darstellungseinheit stattfinden. Das Ergebnis wird sein, daß eine Modifikation zweier der üblichen Einheiten in Erwägung gezogen wird.

II. Die Berichts- und die Darstellungseinheit in einer Statistik der Kostenstruktur

1. Die Berichtseinheit
Die Zurechnung der Kosten und Leistungen

a) Die Unternehmung als Berichtseinheit
Die wirtschaftende Einheit

Daß Kosten und Leistungen ebenso wie Aufwand und Ertrag — beides im betriebswirtschaftlichen Sinne verstanden — der Unternehmung als Einheit eindeutig zuzurechnen sind, das scheint auf den ersten Blick ganz außer Zweifel zu stehen. Denn Aufwendungen sind ja gerade so definiert, daß sie Aufwendungen für eine Unternehmung, Erträge so, daß sie Erträge für eine Unternehmung sind. Ob die ausgewiesenen Werte dabei die „wahren“ halbwegs treffen oder ob das Rechnungswesen zu unvollkommen ist, um eine genaue Erfolgsrechnung — was immer das sein mag — zu erlauben, spielt dabei keine prinzipielle Rolle.

Indessen besteht diese Eindeutigkeit nur unter gewissen Voraussetzungen. Die erste ist, daß Aufwendungen nicht generell als Werteverzehr verstanden werden dürfen. Nur der Verzehr an unternehmenseigenen bzw. der Unternehmung gegen Entgelt überlassenen Werten darf gemeint sein, der also, der letztlich zu Ausgaben führt. Ein Verzehr von Werten, die der Unternehmung unentgeltlich zur Verfügung stehen, findet zwar im Laufe des Produktionsprozesses ständig statt, kann aber der Einzelunternehmung nicht verläßlich zugerechnet werden. Es handelt sich dabei um die sogenannten „volkswirtschaftlichen Kosten“, die „social costs“. Soviel Beachtung diese aus der Wirtschaftstätigkeit entstehenden Abnutzungen und Schäden auch im Rahmen einer vollständigen Analyse der gesamtwirtschaftlichen Aufwendungen verdiente, im Zusammenhang dieser Untersuchung bleiben sie außer Betracht.

Die zweite Voraussetzung ist einschneidender. Die zunächst formal hergestellte Zurechnung verliert ihre Legitimität, wenn die rechnungsführende Einheit gar keine selbständig wirtschaftende Unternehmung, sondern abhängiges Glied eines Unternehmenszusammenschlusses ist. Der statistischen Einheit Unternehmung werden doch gerade deshalb besondere analytische Qualitäten zugeschrieben, weil eben diese Unternehmung die eigentliche Zelle der Marktwirtschaft sei. Für eine selbständig wirtschaftende Unternehmung trifft das auch zu. Ihre Aufwendungen sind auf sie in dreifacher Hinsicht bezogen: Sie ist nach außen Käufer und Schuldner des Kaufpreises für alle Aufwandsgüter; sie ist auch Steuerschuldner. Nach innen ist sie Disponent der Aufwendungen bzw. setzt sie ihr Eigentum dem notwendigen Verzehr aus. Die eindeutige Bewertung der Aufwandsgüter kommt schließlich beim Kauf am Markt zustande. Diesem letzten Umstand kommt ausschlaggebende Bedeutung zu. In ganz analoger Weise sind auch die Erträge auf die selbständige Unternehmung bezogen.

Um dieser Eigenschaften der wirtschaftlich selbständigen Unternehmung willen wird nicht zuletzt von der deutschen amtlichen Statistik dieser Einheit bis jetzt ein bevorzugter Platz eingeräumt[11]. Freilich kommt hinzu auch ein anderer Vorteil, den nicht alle der oben definierten Einheiten besitzen: das Unternehmen ist in allen Branchen des Unternehmenssektors eine zwanglos anwendbare Einheit. Es ist recht allgemein und doch auch ökonomisch recht merkmalsreich definiert.

[11] Vgl. *Fürst*, Gerhard und Mitarbeiter, Unternehmen, fachliche Unternehmensteile und örtliche Einheiten als Grundlage für die statistische Darstellung wirtschaftlicher Tatbestände, in: Wirtschaft und Statistik 1957, Heft 12, S. 668.

Nun besteht kein Zweifel, daß die große Mehrzahl der Unternehmungen durchaus als „wirtschaftlich selbständig" gelten dürfen. Jedoch: fast in allen Wirtschaftsbereichen gibt es zwischen einem Teil der Unternehmungen Beziehungen, die geeignet sind, die wirtschaftliche Selbständigkeit einzuschränken oder aufzuheben. Dieses Phänomen hat in der Wirtschaft deshalb so enorme Bedeutung, weil es gerade die Großunternehmungen sind, die zu Konzernen zusammengeschlossen sind, mit der Wirkung, daß ihnen die wirtschaftliche Unabhängigkeit in aller Regel mehr oder weniger stark beschnitten ist. Wenn man die Unternehmung als statistische Einheit so pointiert um ihrer Rolle willen verteidigt, die sie in der Marktwirtschaft, im Tauschverkehr spielt, wie dies etwa Fürst tut, so muß man doch einmal ernstlich überprüfen, ob die Unternehmung, definiert als kleinste bilanzierende Einheit, tatsächlich in unserer heutigen Wirtschaft auch jene Funktion des eigenen Wirtschaftens mit allen Konsequenzen ausübt.

Es gibt eine ganze Intensitätsskala der wirtschaftlichen Unselbständigkeit, in der sich eine „rechtliche Einheit" befinden kann. Die vielleicht mildeste Form ist der Zusammenschluß zu Genossenschaften, der aber schon mit einer gewissen Zentralisation von Unternehmensfunktionen einhergehen kann. Enger wird die Bindung schon bei den freiwilligen Ketten des Handels. Die bedeutendste, zugleich aber besonders elastische Organisationsform von Unternehmenszusammenschlüssen ist der Konzern. Die Bindung wird hergestellt durch Beteiligung am Eigenkapital, durch personalpolitische Verflechtung und/oder durch vertragliche Bindung — in verschiedenen Kombinationen dieser Elemente. Hinsichtlich der Kostenstruktur ist eine wichtige Gruppierung der Konzerne die in horizontale und vertikale.

Die Zentralisation von Funktionen bei der Unternehmensspitze und der Einfluß der letzteren auf die Entscheidungen der Gliedunternehmen können ein solches Ausmaß erreichen, daß von selbständigem Wirtschaften der Konzernmitglieder nicht mehr die Rede sein kann. Es entstehen aktive und passive Konzernwirkungen, die gerade die Kostenstruktur stark berühren[12].

Erstens kann die Kostenstruktur der beteiligten Unternehmungen durch rein buchhalterische Manipulationen verzerrt werden. Insbesondere in Vertikalkonzernen besteht häufig das Bestreben, durch geeigneten Ansatz von Verrechnungspreisen für Leistungen zwischen den Konzernmitgliedern eine Gewinnverschiebung zu bewirken. Aber selbst dann, wenn eine solche Absicht fehlt, kann über die Tatsache nicht hinweg gesehen werden, daß das den Marktgesetzen gehorchende Verhal-

---

[12] Vgl. *Moxter*, Adolf, Offene Probleme der Rechnungslegung bei Konzernunternehmungen, Zeitschrift für handelswissenschaftliche Forschung, Jg. 1961, S. 641 ff.

ten von Anbietern und Nachfragern aufgehoben ist. Das Verhältnis der Konzernunternehmen untereinander ist dann dem von vertikal angeordneten Unternehmensteilen sehr ähnlich. Eine weitere buchhalterische Deformation der „wahren Kostenstruktur" kann darin bestehen, daß die Konzernmutter den Töchtern Regieleistungen in Rechnung stellt, die in diesem Umfang nicht erbracht worden sind.

Zweitens können zwischen Konzernunternehmen reale Verflechtungen von einer Art eintreten, wie sie zwischen unabhängigen Firmen nicht üblich sind: Es werden Funktionen (Verwaltung, Werbung, Forschung) zentralisiert. Eine entsprechende Belastung der Gliedunternehmen, bei denen klarerweise Aufwendungen entfallen, kann in recht willkürlichem, sicher aber kaum je in verursachungsgerechtem Ausmaß vorgenommen werden.

Akzeptiert man, daß solcherart zusammengeschlossene Unternehmungen nicht als selbständige wirtschaftende Einheiten, sondern eher so wie Unternehmensteile behandelt werden sollten, da ihre Kostenstrukturen entsprechend deformiert und interdependent sind, so steht man vor der schwierigen Frage, wie jener kritische Grad der Abhängigkeit theoretisch definiert und statistisch adäquiert werden soll, bei dem die statistische Fiktion der Unabhängigkeit nicht mehr aufrecht erhalten werden kann — mit der Konsequenz, daß von der Unternehmung auf eine „größere" Einheit „Unternehmenszusammenschluß" übergegangen werden muß. Obendrein soll ein äußerliches, leicht feststellbares Kriterium gefunden werden, da es für den Statistiker nicht möglich ist, in jedem Einzelfall eine eindringende Untersuchung anzustellen. Ein solches Kriterium bietet sich für die deutsche Statistik in der steuerrechtlichen Konstruktion des *Organschaftsverhältnisses* an. Die Organschaft kann nur bei Vorliegen einer recht weitgehenden und auch ökonomisch wirksamen Integration erklärt werden: Das untergeordnete Unternehmen (Organ) muß wirtschaftlich, organisatorisch und finanziell[13] so fest in den Organkreis eingegliedert sein, daß es keinen eigenen Willen mehr hat. Insbesondere die Einschmelzung in den betrieblichen Prozeß ist ein wichtiges Indiz dafür, daß die Kostenstrukturen der beteiligten Unternehmungen als verbunden betrachtet werden müssen[14]. Es darf erwar-

[13] Wirtschaftliche Eingliederung bedeutet Eingliederung in den betrieblichen Prozeß. Organisatorische Eingliederung setzt Personalunion in den wichtigsten Leitungsfunktionen voraus. Finanzielle Eingliederung verlangt, daß der Organträger mehr als 75 % der Anteile der beherrschten Gesellschaft besitzt und über mehr als 75 % der Stimmrechte verfügt.

[14] Insofern ist wohl die steuerrechtliche Organschaft besser geeignet, einen kostenstrukturell zusammengehörigen Unternehmenskomplex zu definieren als der Konzernbegriff des neuen Aktiengesetzes 1965. Hierin wird vor allem auf die einheitliche Leitung abgestellt. Durch einen bloßen Beherrschungsvertrag kommt deshalb schon ein Konzern zustande. Eine wirkliche Eingliederung in den Betriebsprozeß ist dafür nicht Bedingung. Allerdings bleibt

tet werden, daß die Organschaft dort, wo ihre Voraussetzungen gegeben sind, auch erklärt wird, denn die Innenumsätze zwischen den Mitgliedern eines Organkreises unterliegen nicht der Umsatzbesteuerung. Ob die nötigen Voraussetzungen tatsächlich vorliegen wird von den Steuerbehörden kontrolliert. Alle diese Merkmale lassen das Organverhältnis als ein Adäquationskriterium geeignet erscheinen. Demnach wäre der Organkreis als die eigentliche *wirtschaftende* Einheit aufzufassen und als Berichtseinheit zu verwenden. Eine einzelne Unternehmung gälte dann und nur dann als eigene wirtschaftende Einheit, wenn sie nicht Bestandteil eines Organkreises ist. Unter diesem Terminus der „wirtschaftenden Einheit“ soll hinfort die ökonomisch selbständige Unternehmung und der Organkreis subsumiert sein[15].

Daß aber so enge Unternehmenszusammenschlüsse, wie die Organschaft sie voraussetzt, in der gegenwärtigen Wirtschaft der Bundesrepublik Deutschland eine zwar nicht der Zahl, wohl aber dem Gewicht nach beträchtliche Rolle spielen, läßt sich aus der Umsatzsteuerstatistik ablesen[16].

Von den steuerbaren Umsätzen aller Wirtschaftsbereiche im Jahre 1962 entfielen rund 25 % auf die *Außenumsätze* von Organkreisen. Besonders hoch ist der Anteil in der Industrie: 44 % aller steuerbaren Industrieumsätze sind Erlöse für Güter und Dienste, die einen Organkreis verlassen. Sehr ausgeprägt ist die so gemessene Unternehmenskonzentration im Steinkohlenbergbau (mit Kokereien): 80 %; in der der Eisen- und NE-Metall-Erzeugung (inkl. Gießereien und Stahlformung): 70 %; in der chemischen Industrie und der Mineralölverarbeitung: 65 %; in der elektrotechnischen, feinmechanischen und optischen Industrie: knapp 50 %. Selbst im Handel haben Organschaften an Bedeutung gewonnen: die Zahl für den Großhandel beträgt knapp 20 %, für den Einzelhandel gut 10 %. Diese Anteile haben in den letzten Jahren laufend zugenommen, und zwar allein schon dadurch, daß die Umsatzsteigerun-

abzuwarten, ob sich die Steuergesetzgebung nicht dem neuen Aktienrecht anpaßt.

[15] Mit dem Konzern als möglicher statistischer Einheit befaßte sich auch das Statistische Amt der Vereinten Nationen. In den International Recommendations (von 1960, S. 12) werden zwei solche Einheiten definiert. Die erste umfaßt die Gruppe solcher Unternehmungen, deren Eigenkapital zu mehr als 50 % in den Händen der übrigen Mitglieder dieser Gruppe ist und die überdies eine konsolidierte Konzernbilanz aufstellen. Eine derartige Einheit könnte in der deutschen amtlichen Statistik in Zukunft durchaus eine Rolle spielen, da das Aktiengesetz von 1965 konsolidierte Konzernabschlüsse erstmals vorschreibt. Die zweite Einheit ist sehr weit definiert: setzt keine Konzernbilanz voraus und erstreckt sich über alle Unternehmen, auf die der Konzern kontrollierenden Einfluß ausübt.

[16] Vgl. Statistisches Bundesamt Fachserie L Reihe 7: Umsatzsteuer 1962, herausgegeben vom Statistischen Bundesamt, Wiesbaden. — Die angegebenen Prozentzahlen sind zum Teil in dieser Veröffentlichung wiedergegeben, zum Teil wurden sie aus den darin enthaltenen Umsatzzahlen berechnet.

gen von Jahr zu Jahr bei den Organkreisen merklich stärker ausfallen als bei den übrigen Unternehmungen.

Resümierend sei festgestellt, daß Unternehmenszusammenschlüsse in der heutigen Wirtschaft eine so mächtige Bedeutung erlangt haben, daß man auch für statistische Zwecke nicht die Fiktion aufrecht erhalten kann, die als kleinste bilanzierende Einheit definierte Unternehmung sei die eigentlich wirtschaftende Einheit, nach außen Tauschpartner und nach innen Disponent. Freilich gibt es viele Abstufungen jener Bindungen, die eine Unternehmung eingehen kann. Die Existenz eines Organschaftsverhältnisses zeigt indes eine so weitgehende Einschmelzung der einzelnen Unternehmung in den Konzern an, daß selbständige Kostenstrukturen nicht mehr angenommen werden dürfen, zumal bekannt ist, daß Verschiebungen in den Kosten- und Ertragsstrukturen typische und angestrebte Konzernwirkungen sind[17].

b) Unternehmensteile als Berichtseinheiten

Die außer der Unternehmung in einem früheren Abschnitt noch aufgezählten statistischen Einheiten — örtliche Einheit, leistungshomogene Betriebseinheit, Betriebsteileinheiten — bedürfen einer kritischen Begutachtung allein für die Fälle, in denen sie nicht mit einer selbständigen Unternehmung zusammenfallen, identisch sind, sondern nur Teilbereiche einer Unternehmung umfassen und statistisch aussondern. Wie gut sich jene Einheiten als Berichtseinheiten einer Kostenstrukturstatistik eignen, soll nun in zwei Schritten untersucht werden: im ersten wird geprüft, ob jene Einheiten überhaupt in der realen Wirtschaft definitionsgemäß vorfindbar bzw. abgrenzbar sind — und zwar durchgängig, für alle Wirtschaftsbereiche, auf die sich eine Kostenstrukturstatistik erstrecken soll; im zweiten wird dann — und erst dann — zugesehen werden, mit welcher Genauigkeit auf diese Einheiten für den Fall, daß sie überhaupt definitionsgemäß abgrenzbar sind, die interessierenden Merkmalswerte zurechenbar sind.

---

[17] Kann man sich aber doch nicht entschließen, die Unternehmung üblicher Definition als Berichtseinheit durch die de facto wirtschaftende Einheit abzulösen, dann mag ein Behelfsverfahren in Erwägung gezogen werden. Melden die einem Organkreis angehörenden Unternehmungen ihre Lieferungen und Bezüge unterteilt in konzerninterne und konzernexterne Ströme, und geben sie zugleich an, welchem Organkreis sie zugehören, so kann das statistische Amt eine nachträgliche Zusammenfassung des Organkreises vornehmen. Allerding müßten neben den Lieferungen noch eine Reihe anderer Konzernleistungen berücksichtigt werden, damit schließlich die Konsolidierung der von den Unternehmungen erstatteten Meldungen die Kostenstruktur des Organkreises insgesamt zutreffend wiedergäbe. Damit wäre aber in der Tat die Haupteinwendung gegen die Unternehmung als Einheit hinfällig. Denn: wie die internen Verrechnungspreise auch angesetzt sein mögen, wie die Kostenverteilung innerhalb des Konzerns auch geregelt ist, für den Organkreis insgesamt heben sich diese Posten gegenseitig auf.

Unternehmensaufspaltende Berichtseinheiten und Unternehmensorganisation

Von jedenfalls hinreichender Allgemeinheit und deshalb stets vorfindbar und definitionsgemäß abgrenzbar ist von allen unternehmensaufspaltenden Einheiten nur die *örtliche* Einheit. Jede wirtschaftende Einheit muß aus räumlich abgegrenzten Teilkomplexen bestehen, falls sie nicht selbst eine örtliche Einheit ist. Die übrigen unternehmensaufspaltenden Einheiten sind aus einer Reihe von Merkmalen definiert, die durchaus nicht in jedem empirischen Falle derart kompatibel zu sein brauchen, daß eine gedachte Einheit auch verwirklicht vorgefunden werden kann. Da es sich um Begriffe handelt, die ursprünglich aus der Industriestatistik stammen und von da aus auf andere Wirtschaftszweige übertragen worden sind bzw. werden müßten, sei zunächst ihre Eignung für eine industrielle Kostenstrukturstastik geprüft.

Die *leistungshomogene Betriebseinheit* soll sowohl funktionell hinreichend homogen (Homogenität der hergestellten Produkte) als auch institutionell, organisatorisch einheitlich und zusammenhängend sein. Offenbar kann man nicht das eine unabhängig von dem anderen vorgeben, wenn man in der Wirklichkeit solche Einheiten abgrenzen will. Die Forderung homogener Produkte kann nicht beliebig weit getrieben werden. Und Homogenität kann nicht hinsichtlich eines beliebigen Merkmales verlangt werden (z. B. Homogenität hinsichtlich des Produktionsverfahrens, der Rohstoffe, der Verwendung). Vergißt man diese Einschränkung, so findet man keine organisatorisch hinreichend einheitlichen Komplexe, in denen die definierte Gütergruppe hergestellt wird. Das heißt aber: die Definition des establishment liegt im Grunde materiell noch gar nicht fest. Die geeignete Definition homogener Gütergruppen, mit anderen Worten: die zugehörige Produktsystematik, kann nur aus einer empirischen Untersuchung der jeweils vorliegenden Produktionsstruktur einer Volkswirtschaft hervorgehen. Je geringer das Ausmaß der „Produktionsverbundenheit" in der Erzeugung der einzelnen Produktarten ist, desto leichter sind Produktionseinheiten zu definieren. Tatsächlich aber haben wir es häufig mit sehr inniger Produktionsverbundenheit zu tun. Beispiel: aus ein und demselben Halbfabrikat werden mehrere recht verschiedene Fertigfabrikate hergestellt. In diesen Fällen muß die Homogenitätsforderung weit ausgelegt werden. Abstrakte Regeln lassen sich für die konkrete Abgrenzung der Produktgruppen schwer aufstellen: der Hinweis auf die Maßgeblichkeit der Produktsystematik hilft nicht weiter, da die Problematik so nur verschoben wird. Das praktische Arbeiten mit der leistungshomogenen Betriebseinheit ist nicht ganz einfach, es sei denn, man vergröbert ihren Begriffsinhalt und nähert sich wieder der örtlichen Einheit[18].

[18] Vgl. International Recommendations 1960, S. 8.

Die *Betriebsteileinheit*, die leistungshomogene und die tätigkeitshomogene, wird von diesen Einschränkungen noch schärfer betroffen — wenn auch an die organisatorische Selbständigkeit dieser Einheiten geringere Anforderungen gestellt werden.

Die leistungshomogene Betriebsteileinheit ist nur dann von Nutzen, wenn die Produktionseinheiten eines bestimmten Wirtschaftszweiges in typischer und vergleichbarer Weise untergliedert sind: in vertikal angeordnete Produktionsstufen oder in parallel laufende, später zusammentreffende Produktionsstränge. Die Organisation des Produktionsablaufs ist aber von Unternehmung zu Unternehmung sehr verschieden. Produktionsverbundenheiten, wie sie bei „Werkstattfertigung" üblich sind, vereiteln die Aufgliederung in leistungshomogene Betriebsteileinheiten ohnehin.

Häufiger wird man eine typische Aufgliederung des Betriebes in *tätigkeitshomogene Betriebsteileinheiten* vorfinden: bei der eben genannten Werkstattfertigung nämlich. Betriebe mit Reihenfertigung aber sind einer solchen Aufspaltung unzugänglich.

Insgesamt wird man die beiden Betriebsteileinheiten als für eine umfassende und allgemeine Kostenstrukturstatistik auch im industriellen Bereich nicht geeignet bezeichnen müssen. Sie treten zwar im Fertigungsbereich bestimmter Betriebstypen durchaus deutlich in Erscheinung, andere Betriebstypen jedoch haben Strukturen, die nicht aus derartig definierten Einheiten aufgebaut sind.

Die Anwendung des establishment und der Betriebsteileinheiten in den *nichtindustriellen Bereichen* setzt zunächst einmal voraus, daß ihre Definition etwas allgemeiner gefaßt wird als sie gemeinhin ist. Es muß nun auf die Homogenität der produzierten oder verkauften Güter bzw. der geleisteten Dienste abgestellt werden. Indes ist auch diese Formulierung noch zu speziell: sie leistet etwa nicht die Differenzierung zwischen Einzel- und Großhandel oder zwischen den verschiedenen Geschäftssparten eines Versicherungsunternehmens. Die Forderung „funktioneller" Homogenität wäre zwar allgemein genug, hat aber den Nachteil, nicht zwischen Homogenität hinsichtlich des Ergebnisses einerseits und der Art und Weise der Wirtschaftstätigkeit andererseits zu unterscheiden.

Eine Aufteilung örtlicher Einheiten in establishments hat im nichtindustriellen Bereich nur geringe Bedeutung. Denn sehr große und doch sehr heterogene örtliche Einheiten kommen hier nicht entfernt so häufig vor wie in der Industrie. Am ehesten lassen sich Geschäftssparten vielleicht bei großen Versicherungsunternehmen verselbständigen. Doch ist es fraglich, ob man nicht auch ihnen jenen hohen Grad von Eigenständigkeit absprechen muß, der einem typischen establishment eigen ist. Eher werden den Betriebsteileinheiten entsprechende Komplexe unterschieden werden können: so die Verkaufsabteilungen eines Warenhauses. Man darf annehmen, daß eine derartige Abgrenzung im Handel und im Dienstleistungsgewerbe nach typischeren Merkmalen geschehen kann als in der Industrie.

Der Übertragung der leistungshomogenen Betriebseinheit und der leistungshomogenen Betriebsteileinheit auf die nichtindustriellen Bereiche steht also grundsätzlich nichts im Wege, wenn man die Definition analog verallgemeinert. Die praktische Bedeutung dieser Übertragung dürfte indes nur darin bestehen, daß man viele wirtschaftende Einheiten und die allermeisten örtlichen Einheiten zugleich als leistungshomogene Betriebseinheiten apostrophieren kann, wenn man mit diesen Einheiten um ihrer Vorzüge im industriellen Bereich wegen arbeiten will.

Die Zurechnung der Kosten und Leistungen auf die als Berichtseinheiten fungierenden Teile einer wirtschaftenden Einheit

Die nun anstehende Prüfung wird sich auf die örtliche Einheit und die leistungshomogene Betriebseinheit beschränken, weil die Betriebsteileinheiten sich — unbeschadet ihrer Vorzüge für Spezialuntersuchungen — für eine allgemeine Kostenstrukturstatistik als ungeeignet herausgestellt haben[19]. Die Zweifelsfrage, ob Aufwendungen und Erträge bzw. Kosten und Leistungen nicht nur auf die wirtschaftende Einheit insgesamt, sondern auch auf die örtlichen Einheiten und die leistungshomogenen Betriebseinheiten, sofern sie Teile einer wirtschaftenden Einheit sind, mit hinreichender Genauigkeit und Endeutigkeit bezogen werden können, ist in der Betriebswirtschaftslehre als Zurechnungsproblem der Kostenstellenrechnung bzw. der Kostenträgerrechnung sattsam bekannt. Eine auch angemessene Aufschlüsselung und Zurechnung kann entweder mißlingen, weil sie schon gedanklich, theoretisch unmöglich ist, oder aber weil das betriebliche Rechnungswesen unvollkommen ausgebaut ist. Grundsätzliches Interesse verdient der kosten- und ertragstheoretische Aspekt.

In jeder Abteilung einer wirtschaftenden Einheit — und als solche sind auch die örtliche Einheit und die leistungshomogene Einheit anzusehen, falls sie nicht selbst wirtschaftende Einheit sind — entstehen Kosten und Leistungen. Ein Teil der Kosten sind insofern ursprüngliche, als es sich um einen Verbrauch an Gütern und Diensten handelt, die unmittelbar vom Markt bezogen sind. Ein Teil der Leistungen wird von der wirtschaftenden Einheit unmittelbar an den Markt abgegeben. Ein

---

[19] Es liegt aber auf der Hand, daß jene Zurechnungsschwierigkeiten, die, wie im folgenden ausgeführt wird, beim Arbeiten mit der örtlichen Einheit und mit establishments auftreten, sich noch verschärft bemerkbar machen, wenn man in der Aufspaltung einer wirtschaftenden Einheit bis zu den Betriebsteileinheiten fortschreiten wollte.

beträchtlicher Teil der in der wirtschaftenden Einheit entstehenden Kosten besteht aber im Verbrauch von Leistungen aus Abteilungen der gleichen wirtschaftenden Einheit (innerbetriebliche Leistungen). Et vice versa. Solche innerbetrieblichen Leistungen können Zwischenfabrikate sein (so bei vertikaler Anordnung der Abteilungen im Produktionsprozeß) oder aber Leistungen von zentralisierten Hilfsstellen (Verwaltungsabteilungen, Lager, Entwicklungs-, Werbungs-, Vertriebs-, Einkaufsabteilung, Fuhrparks). Wenn nun die Kosten- und Leistungsrechnung innerhalb der wirtschaftenden Einheit mangelhaft ist, ist der Aussagewert der Kostenstruktur ihrer Teile, ihrer Abteilungen, höchst fragwürdig. In praxi wird diese interne Kosten- und Leistungsverrechnung unternehmenspolitischen Zielen folgen. Insofern kann sie völlig befriedigend sein — trotz der prinzipiellen Unlösbarkeit des Zurechnungsproblems. Solche unternehmenspolitischen Zweckmäßigkeitserwägungen sind aber für eine Kostenstrukturstatistik irrelevant, die letztlich einer möglichst exakten Wertrechnung im Sinne einer Wertschöpfungs-, Einkommensrechnung bzw. einer quasi technisch orientierten Verflechtungsrechnung dienen soll. Eine solche gesamtwirtschaftliche Kostenstrukturstatistik wird den Versuch nicht aufgeben dürfen, die Kosten „nach ihrer Verursachung" zuzurechnen und die Leistungen auch „nach ihrer Entstehung" zu lokalisieren. Die Erfassung und Zurechnung der Kosten und Leistungen wird immer dann, wenn letztere ein Mengengerüst besitzen, an den verbrauchten bzw. hervorgebrachten physischen Mengen ansetzen. In der Tat ist diese mengenmäßige Zurechnung in vielen Fällen der vertikalen Anordnung von Teilen einer wirtschaftenden Einheit wenig problematisch: so, wenn eine Einheit an eine andere Halbfabrikate oder Handelsware oder selbsterstellte Anlagen liefert, wenn quantifizierbare Dienstleistungen erbracht werden. Selbst Finanzierungsvorgänge zwischen der Zentrale und den Abteilungen der wirtschaftenden Einheit können so gedeutet werden. Daneben gibt es aber typische *nicht quantifizierbare interne Leistungen*. Hierzu gehören alle Verwaltungs-, Dispositions- und Organisationsleistungen, die Leistungen der Vertriebs-, Rechts- und Entwicklungsabteilung usw. In großen Unternehmungen und in großen Konzernen sind diese Funktionen gewöhnlich ausgegliedert und zentralisiert. Da nun die Leistungen, die diese Zentralabteilungen erbringen und die anderen Abteilungen zugute kommen, nicht zu quantifizieren und als Lieferungen zu verrechnen sind, können in den begünstigten Abteilungen adäquate Kosten-Leistungs-Relationen nur so errechnet werden, daß unmittelbar die Kosten, die in diesen Zentralabteilungen anfallen, irgendwie auf die verschiedenen begünstigten örtlichen Einheiten bzw. leistungshomogenen Betriebseinheiten aufgeschlüsselt werden — es sei denn, man wollte die ausgegliederten zentralen Hilfsstellen zu eigenen Einheiten verselbständigen, was aber zu gewaltsamen

Fiktionen nötigen würde, da dann ja ein Bruttoproduktionswert dieser Einheiten bestimmt werden müßte. Das kleinere Übel ist sicher die Schlüsselung der Kosten, ihre Verteilung auf die begünstigten Hauptstellen[20]. Freilich bleibt eine solche Aufteilung stets ein theoretisch kaum zu begründender Willkürakt und *das um so mehr, je kleiner jene Einheiten definiert werden,* auf die die Kosten der Zentralabteilungen umgelegt werden müssen[21, 22]. Deshalb werden auch verhältnismäßig geringe Zurechnungsschwierigkeiten dieser Art auftreten, wenn mit der örtlichen Einheit gearbeitet wird. Geht man indes auf die leistungshomogene Betriebseinheit zurück und faßt sie überdies eng, so kann der Anteil der Kosten und Leistungen, der willkürlich zugerechnet werden muß, bedenklich ansteigen.

Der zweite Schritt der Erfassung und Zurechnung der Kosten und Leistungen mit Mengengerüst ist die *Bewertung der verbrauchten bzw. hervorgebrachten Mengen.* Die Wertansätze in der Kostenrechnung hängen nun nicht etwa nur in Zusammenhang mit einer Kostenstrukturstatistik, sondern auch im betrieblichen Rechnungswesen sehr weitgehend vom Rechnungszweck ab. Für die *Gewinn- und Verlustrechnung* —und damit für jene Unternehmensrechnung, die in ihren Prinzipien der Sozialproduktsberechnung nahesteht—wird man soweit als möglich mit effektiven Marktwerten rechnen. Nur sie gestatten die Bestimmung des im Markt erzielten Gewinnes. Nun gibt es aber für unternehmensinterne Lieferungen streng genommen niemals Marktwerte: weil es sich eben dabei nicht um Marktvorgänge handelt. Es werden aber

[20] Hinsichtlich der Zurechnung zu den Teilen der wirtschaftenden Einheit stehen den nichtquantifizierbaren internen Leistungen der Zentralabteilungen gewisse Aufwendungen gleich, die sie für Vorleistungen fremder Unternehmungen (Werbeagenturen, Versicherungen usw.) bzw. zur Tilgung von Steuerschulden (Kostensteuern) machen. Steuerschuldner ist im allgemeinen die rechtliche Einheit. Die rechnerische Umlegung von Kostensteuern auf Teile einer wirtschaftenden Einheit ist teils gut vertretbar (Lohnsummensteuer, Grundsteuer), teils prinzipiell sinnwidrig (Umsatzsteuer).

[21] Auf eine Schlüsselung zu verzichten und eine Teilkostenrechnung, etwa die Riebel'sche Deckungsbeitragsrechnung, anzustreben, kommt offenbar für den vorliegenden Rechnungszweck nicht in Betracht. So bestechend diese Rechensysteme für einzelwirtschaftliche Zwecke sind, so schwer die theoretischen Einwendungen gegen die übliche Vollkostenrechnung auch wiegen, für makroökonomische Kostenstrukturerhebungen sind Teilkostenrechnungen zumindest so lange nicht verwertbar, als Unternehmensorganisation und Kostenrechnungssystem nicht innerhalb eines Wirtschaftszweiges standardisiert sind. Eine solche Standardisierung ist kaum vorstellbar (vgl. *Riebel,* Paul, Das Rechnen mit Einzelkosten und Deckungsbeiträgen, in: ZfhF, Jg. 1959, S. 213).

[22] Üblicherweise gibt es keine verläßlichen und allgemein zugänglichen Statistiken, die über das relative Gewicht der Kosten solcher Hilfsstellen Auskunft geben. Über die Struktur der Kosten nach Kosten*stellen* ist auf gesamtwirtschaftlicher Ebene allzuwenig bekannt. Praktiker sprechen davon, daß die Kosten der Verwaltung (ohne Kosten der Fertigungshilfsstellen) in Industrieunternehmungen etwa 10 bis 15 % der Gesamtkosten ausmachen.

nicht selten von einer Abteilung einer wirtschaftenden Einheit zur anderen solche Halbfabrikate geliefert, die auch marktgängig sind, die also einen arteigenen Marktpreis haben. Das gilt insbesondere für Grundstoffe und Handelswaren (Beispiel: Kohle wird von der Grube an die eigene Kokerei geliefert). In diesen Fällen ist es technisch möglich, die internen Lieferungen zu Marktpreisen zu bewerten. Man darf sich aber nicht darüber hinwegtäuschen, daß auf diese Fiktion nicht eine Gewinn- und Verlustrechnung aufgebaut werden kann, wie sie für die wirtschaftende Einheit möglich ist. Häufig entstehen ja Kostenvorteile gerade dadurch, daß die vertikal angeordneten Teile einer wirtschaftenden Einheit eben integriert sind. Welcher Stufe des Produktionsprozesses sollen diese Vorteile zugerechnet werden? Im übrigen existieren ja selbst für völlig homogene Güter keine starren Marktpreise: letztere sind stets durch Mengenrabatte, Skonti, Boni usw. modifiziert. Solche Korrekturen können im internen Verkehr nicht simuliert werden. Selbst so geringe Zu- oder Abschläge vom Preis der Vorprodukte können aber zu beträchtlichen Variationen der kalkulatorisch ermittelten „Gewinne" führen.

Über alledem darf man auch nicht vergessen, daß es die Ausnahme, nicht die Regel ist, daß für interne von Abteilung zu Abteilung gelieferte Zwischenprodukte passende Marktpreise existieren. Die Halbwaren der verarbeitenden Industrie haben allermeist keine Marktpreise. Dann müssen die internen Leistungen zu kalkulierten Preisen, etwa zu Herstellungskosten oder — im Verkehr zwischen verschiedenen örtlichen Einheiten — zu Selbstkosten oder gar zu Selbstkosten plus Betriebsgewinnzuschlag weiterverrechnet werden. Ganz sicher wird dadurch eine Gewinn- und Verlustrechnung für Teile einer wirtschaftenden Einheit nicht legitimer.

Eines nachdrücklichen Hinweises bedarf der Umstand, daß die Bewertungsproblematik im Zusammenhang mit der Gewinnermittlung aufs äußerste zugespitzt auftritt im Verhältnis von Konzernunternehmungen untereinander. Hier ist nicht nur die Unmöglichkeit einer adäquaten Bewertung, sondern eine vorsätzliche und systematische Unter- oder Überbewertung zu besorgen, die eine unternehmenspolitisch gewünschte Gewinnverschiebung bewirkt. Das Beispiel eines Automobilwerkes, das Karosserien, Motoren, Sitze, Lenkräder usw. fertig von „fremden" Unternehmungen bezieht, die aber in Abhängigkeit von dem Mutterunternehmen, dem Automobilwerk, stehen, illustriert die beträchtliche Elastizität der Kosten- und Leistungsverrechnung in Konzernen.

Nun ist aber das Gewinn- und Verlustkonto nicht die einzige Rechnung, in die Werte von Kosten und Leistungen eingehen. Die interne Kosten- und Leistungsverrechnung dient nicht zuletzt als Instrument der Betriebskontrolle (Plankostenrechnung). Das Rechnen mit festen Verrechnungspreisen — unabhängig vom tatsächlichen Marktpreis — soll die Kontrolle der „technischen Effizienz“ der Betriebsabläufe ermöglichen. Eine Gewinnermittlung wird auf diese Weise erklärtermaßen nicht angestrebt. In gewisser Analogie zu solchen einzelwirtschaftlichen Rechnungsarten steht die Input-Output-Rechnung. Auch sie versucht eine quasi technische Analyse der Produktionsprozesse. Am adäquatesten wäre hier eine Bewertung, die eine Proportionalität von Menge und Wert herstellen würde. Eine legitime Gewinnberechnung ist nicht ihr Anliegen. Darum ist auch für diese Zwecke ein möglichst allgemeiner Ansatz von Marktwerten wünschenswert. Denn gesamtwirtschaftlich gesehen sind Marktwerte noch am ehesten geeignet, bewertungshomogene Aggregate zu schaffen.

Doch sei wiederholt: In vielen Fällen existieren keine Marktwerte für Lieferungen zwischen Teilbereichen wirtschaftender Einheiten. Dann müssen kalkulierte Werte eingesetzt werden. Sie sind auch für die Input-Output-Rechnung keine ideale Grundlage.

Zusammenfassung und Definition einer prozeßintegralen Einheit

Das Ergebnis der kritischen Prüfung der Möglichkeiten und Grenzen der Zurechnung von Kosten und Leistungen auf Teile einer wirtschaftenden Einheit sei resümiert: Die Zurechnung von Kosten und Leistungen auf Teile einer wirtschaftenden Einheit — d. h. aber die Ermittlung der Kostenstruktur solcher Teile einer wirtschaftenden Einheit — ist zweier Umstände wegen nur auf höchst unvollkommene Weise möglich: Erstens sind die Leistungen von ausgegliederten Zentralabteilungen meist nicht quantifizierbar, so daß eine Belastung der begünstigten Stellen nur durch eine recht willkürliche Aufschlüsselung der Kosten dieser Zentralabteilungen möglich ist. Zweitens scheitert eine adäquate Zurechnung der Kosten und Leistungen auch in den Fällen, in denen die interne Leistungsverflechtung in physischen Mengen beschrieben werden kann, denn die Bewertung dieser innerbetrieblichen Leistungen stößt auf theoretisch unüberwindliche und auch praktisch schwerwiegende Hindernisse. Beide Umstände wirken dahin, daß Teile einer wirtschaftenden Einheit als Berichtseinheiten einer Kostenstrukturstatistik wesentliche Mängel haben — ob die Kostenstrukturstatistik nun der Sozialproduktsberechnung oder der Input-Output-Rechnung dienen soll. Am unsichersten wäre die Wertschöpfung dieser Einheiten zu ermitteln. Gesamtwirtschaftlich kaum sinnvoll ist eine Berechnung der Gewinne von Unternehmensteilen: deswegen, weil jene als relativ kleine Salden aus großen Aufwands- und Ertragssummen hervorgehen, so daß schon geringe Fehlbewertungen zu drastischen Verzerrungen der Gewinne führen können. Aber auch unter der andersartigen Fragestellung der Input-Output-Rechnung können die Zurechnungsunbestimmtheiten keinesfalls vernachlässigt werden.

Am meisten betroffen sind von diesen theoretischen und rechnerischen Unschärfen naturgemäß die „kleinsten" Einheiten, jene also, die die wirtschaftende Einheit am stärksten aufspalten. Am wenigsten gelten entsprechend die erörterten Einwände gegen die örtliche Einheit: ausgegliederte Zentralabteilungen, die für mehrere örtliche Einheiten zuständig sind, kommen zwar durchaus vor, sind aber noch lange nicht von gleicher Bedeutung wie jene Hilfsstellen, die innerhalb einer örtlichen Einheit ausgegliedert sind und deren Abteilungen gemeinsam bedienen. Allerdings spricht nichts gegen die Möglichkeit, daß auch örtliche Einheiten Glieder vertikaler Kombinationen sind.

In welchem Ausmaß die beschriebenen Mängel bei der leistungshomogenen Betriebseinheit wirksam sind, läßt sich pauschal kaum beurteilen, weil diese Einheit je nach der konkreten Situation sehr unterschiedlich gehandhabt werden kann. Was die vertikalen Kombinationen angeht, so empfiehlt die statistische Kommission der Vereinten Nationen, großzügig zu verfahren: für den Fall, daß infolge großer Produktionstiefe die innerhalb eines establishment insgesamt erzeugten Güter mehreren Positionen der systematischen Klassifikation angehören und nur die „letzten" Produkte verkauft werden, soll diese leistungshomogene Betriebseinheit gemäß den verkauften Produkten klassifiziert werden[23]. D. h.: Es wird eine beträchtliche „vertikale Heterogenität" des establishment zugelassen[24]. Diese Weitherzigkeit ist vom Standpunkt der Kostenzurechnung aus zu begrüßen. Im Zusammenhang mit einer güterwirtschaftlich orientierten Produktionsstatistik ist sie dagegen bedenklich. Denn: sie löst den eigentlichen Begriff des establishment nachträglich weitgehend auf. Insbesondere ist nicht einzusehen, weshalb unter diesen Umständen eine vertikale Kombination von mehreren örtlichen Einheiten anderes behandelt werden sollte als eine einzige örtliche Einheit, auf deren Boden mehrere Produktionsstufen vereint sind. Ist doch das establishment um seiner funktionellen Elemente wegen so geschätzt; die institutionelle Seite wird hingegen als sekundär betrachtet werden müssen. Für eine Kostenstrukturstatistik hat aber der funktionelle Ansatz seine Konsequenz, die dazu zwingt, die institutionellen Merkmale weiter zurücktreten zu lassen. Denn die Funktion, die eine Kostenstrukturstatistik darstellen soll, ist nicht Ausstoß von Gütern bestimmter Art, sondern: Kombination von Produktionsmitteln zur Erzeugung von Gütern bestimmter Art. Daher muß eine adäquate funktionell definierte Einheit so abgegrenzt sein, daß sie jenen eng zusammenhängenden und

---

[23] International Standard Industrial Classification 1958, S. 4.

[24] Dann, wenn die Zwischenprodukte zu einem Teil auch verkauft werden, wird man wohl diese Lösung beibehalten wollen.

verzahnten Kombinationsprozeß, d. h.: Produktionsprozeß, umschließt, in toto erfaßt, aus dem die als Enderzeugnis verstandenen Güter hervorgehen. Reicht dieser eng zusammengehörige Produktionsprozeß über die Erzeugung und Weiterverarbeitung mehrerer Zwischenprodukte hinweg, so ist in diesem Umstande eben ein funktionelles Merkmal dieses Produktionsprozesses zu sehen, genau wie in der Art des erzeugten Produktes. Die Kostenstrukturstatistik erfaßt also die Produktion als Produktionsprozeß und nicht nur als Ausstoß, als plötzlich in Erscheinung tretende Gütermenge, ohne Ansehen des Wie und Woher.

Eine solche auf den Produktionsprozeß bezogene Einheit hätte also weiter zu sein als die wohlverstandene leistungshomogene Betriebseinheit, sie dürfte nicht an gewisse institutionelle Merkmale gebunden sein: ob sich ein vertikal integrierter Produktionsprozeß auf einer einzigen örtlichen Einheit abspielt oder auf mehrere verteilt ist, ist vom funktionellen Standpunkt aus gleichgültig. Und es kann auch keine Rolle spielen, ob die einzelnen Produktionsstufen innerhalb *einer* örtlichen Einheit räumlich — technisch unmittelbar aneinander gekoppelt oder aber organisatorisch so weit von einander getrennt, selbständig sind, daß man sie als selbständige leistungshomogene Betriebseinheiten ansehen könnte.

Eine in diesem Sinne erweiterte Einheit soll hier *prozeßintegrale Einheit* genannt sein. Sie soll also innerhalb der wirtschaftenden Einheit jenen möglichst einheitlichen, eng verzahnten Produktionsprozeß einerseits ausschneiden[25], andererseits zusammenfassen, aus dem die Enderzeugnisse hervorgehen — einerlei wo und wie sich dieser Produktionsprozeß abspielt.

Diese Definition ist ganz offenbar solange noch unbestimmt, als nicht festgelegt ist, was Enderzeugnisse sind. Je nachdem, wie darüber entschieden wird, läßt sich eine engere und eine weitere Variante der prozeßintegralen Einheit unterscheiden. Bestimmt man die Endprodukte allein von der Rolle einer individuellen Einheit im Markt her, so sind sie identisch mit den für den Verkauf, für den Absatz bestimmten Produkten. Eine solche Definition der Einheit wäre kompatibel mit der Produktionsstatistik des Statistischen Bundesamtes (Vierteljährliche Produktionsstatistik), die im allgemeinen nur die zum Absatz bestimmte Produktion erfaßt. Insbesondere für grundstoffnahe Branchen kann man aber auch die Kovention treffen, daß alle jene Güter, die standardisiert, homogen, genau bezeichenbar und überdies in der Regel marktgängig sind, als eigene Enderzeugnisse gelten sollen, gleichgültig wie sie nach ihrer Erzeugung verwendet werden: zum Verkauf oder zur Weiterver-

---

[25] Parallel geschaltete Produktionsabteilungen können und sollen zu eigenen Einheiten erklärt werden.

arbeitung. Solche Güter sind etwa Rohstahl, Koks, Schwefelsäure, elektrische Energie. Eine Produktionsabteilung in der ein solches Gut erzeugt wird, könnte demnach als eigene prozeßintegrale Einheit (engerer Fassung) behandelt werden. Diese Definition ist vorzuziehen, wenn der Versuch gemacht werden soll, prinzipiell oder nur für bestimmte Güterarten die Gesamtproduktion in einer Input-Output-Tabelle darzustellen. Beide Varianten haben den Vorzug, daß der größte Teil der Kosten und Leistungen nun zu Marktpreisen bewertet werden kann[26].

Das bedeutet nun freilich nicht, daß die prozeßintegrale Einheit dadurch die Eignung erhielte, der Sozialproduktsberechnung zugrunde gelegt zu werden. Denn eine Gewinn- und Verlustrechnung kann auch für solche prozeßintegrale Einheiten nicht sinnvoll aufgemacht werden. Für die Input-Output-Rechnung indes dürfte die prozeßintegrale Einheit praktikabel und auch prinzipiell eher befriedigend als die streng verstandene leistungshomogene Betriebseinheit sein. Man darf vermuten, daß die leistungshomogene Betriebseinheit in praxi nicht selten so gefaßt wird, daß sie eine prozeßintegrale Einheit engerer Fassung ist — freilich unter Ausschluß anderer örtlicher Einheiten. Wenn dem aber so ist, sollte das auch in der theoretischen Definition berücksichtigt werden.

Unzulänglichkeiten des Rechnungswesens

Die Möglichkeiten und Grenzen eines Nachweises der Kostenstruktur für diverse Berichtseinheiten wurden bislang überwiegend unter kostentheoretischen Gesichtspunkten abgehandelt, also der Frage folgend: Welche Nachweisungen können geführt bzw. nicht geführt werden, wenn bzw. selbst wenn ein bestmöglich ausgestaltetes *Rechnungswesen* vorhanden ist. Die praktische Statistik trifft nun aber keineswegs stets auf wunschgerecht geführte Buchhaltungen. Große Unternehmungen unterhalten zwar in der Regel ein gut ausgebautes Rechnungswesen, doch ist dessen Organisation und damit dessen Aussagefähigkeit von Fall zu Fall unterschiedlich, überwiegend auf die Bedürfnisse des Unternehmens abgestellt. Halbwegs einheitliche Gliederung haben zwar die Gewinn- und Verlustrechnungen, sie sind für Aktiengesellschaften gesetzlich vorgeschrieben. Diese aktienrechtliche Gliederung ist mit gewissen Variationen auch bei größeren Personalunternehmungen verwirklicht. Einen wesentlichen Beitrag zur Vereinheitlichung des Rechnungswesens leisten auch die genormten Kontenrahmen. In der Betriebsbuchhaltung und der Kostenrechnung jedoch schalten und walten

[26] Daß die Abgrenzung dieser Einheit in der konkreten Situation nicht leicht und eindeutig möglich ist, hat sie durchaus mit der leistungshomogenen Einheit gemeinsam: auch sie darf man sich keineswegs stets als augenfällige Einheit vorstellen.

die Unternehmungen nach eigenem Dafürhalten: sowohl für die Einteilung der Unternehmung in Kostenstellen als auch für die Kostenträgerrechnung gibt es eine Reihe recht divergierender Gestaltungsmöglichkeiten und kaum überbetriebliche Richtlinien oder Usancen. Besonders massiv wirkt sich für eine Kostenrechnung die Entscheidung zwischen Vollkostenrechnung und Teilkostenrechnung (direct costing, Deckungsbeitragsrechnung) aus. Außerdem sind die Kostenstellenrechnungen und die Kalkulation als ausgebautes Rechnungssystem vorzugsweise in der Industrie üblich, teilweise wohl auch im Handel, sehr selten aber im Dienstleistungssektor.

Kleinere Unternehmen verfügen meist über keine Kostenstellenrechnung, sondern nur über eine sehr einfache Betriebsbuchhaltung und eine einfache Kalkulation. Allerdings dürfte das im Zusammenhang mit der Kostenstrukturstatistik nicht allzu schädlich sein: solche kleinen Unternehmungen sind im allgemeinen mit einer prozeßintegralen Einheit bzw. einer leistungshomogenen Betriebseinheit identisch; allenfalls der Versuch, die Kostenstruktur von Betriebsteileinheiten zu bestimmen, würde hier am Fehlen entsprechender Zahlen der Buchhaltung scheitern.

Insgesamt sind die praktischen Hemmnisse, die durch Unzulänglichkeiten des üblichen Rechnungswesens dem Statistiker entstehen, nicht pauschal und allgemein abzuschätzen. Daher kann Detaillierteres an dieser Stelle nicht gesagt werden. Aber man irrt wohl nicht, wenn man sich auf beträchtliche Schwierigkeiten einstellt, die naturgemäß um so größer sind, je weiter die Unternehmung unterteilt werden soll und je mehr sich der Statistiker mit der Abgrenzung seiner Einheiten von der betriebswirtschaftlichen Wirklichkeit entfernt. Ihrer quantitativen Auswirkung nach stehen sie *sicher den theoretischen Zurechnungsproblemen nicht nach.*

2. Die Darstellungseinheiten und ihre Klassifikation in einer Kostenstrukturstatistik

a) Die Aufgabe einer Darstellungseinheit

Die möglichst exakte Zurechnung der Bestandteile des Bruttoproduktionswertes und der Aufwendungen zu den Berichtseinheiten, der die Überlegungen des letzten Abschnittes galten, ist eine wichtige Teiloperation in der statistischen Prozedur, aber keineswegs die über den Aussagewert des Ergebnisses allein entscheidende. Denn das Charakteristische statistischer Erkenntnis ist ja, daß sie stets auf Massenerscheinungen ausgeht, auf Aggregate aus Einheiten, nicht auf die individuellen Einheiten selbst. Eben deshalb ist die Problematik der Einheit für den Statistiker viel verwickelter als für den Betriebswirt, der etwa eine einzige Unternehmung studiert und sie organisatorisch oder bloß rechnerisch so gliedert, wie es unternehmenspolitisch am zweckmäßigsten ist.

Die Kostenstrukturstatistik muß Aussagen über jene Teilbereiche der Volkswirtschaft machen, für die Beiträge zum Sozialprodukt berechnet werden und für die die Input-Output-Rechnung nachgewiesen werden soll. Eine optimale statistische Einheit ist erst dann gefunden, wenn die Kostenstruktur dieser Wirtschaftssektoren, d. h. aber: ganz bestimmter Gruppen von wirtschaftenden Institutionen, befriedigend nachgewiesen werden kann. Die statistische Einheit hat sich nun insofern als *Darstellungseinheit* zu bewähren, als sie die Bildung von Gruppen, Massen mit vorgegebenen Eigenschaften erlauben muß. D. h.: die Einheiten sollen eindeutig oder doch mit hinreichender Trennschärfe nach vorgegebenen gruppenbildenden Merkmalen zu klassifizieren sein.

Die wichtigsten Klassifikationen — die häufig kombiniert werden — sind die nach dem Wirtschaftszweig (nach der Branche), nach der Größe der Institution und nach der geographischen Lage.

Die Klassifikation nach Wirtschaftszweigen ist, vor allem für die volkswirtschaftliche Gesamtrechnung und die Input-Output-Rechnung, die weitaus bedeutendste. Das Bedürfnis, die Institutionen in Systematiken dieser Art einzuordnen, besteht in der Wirtschaftsstatistik ganz allgemein, ist also einer Kostenstrukturstatistik nicht spezifisch. Allerdings sind die Zugehörigkeit zu einem Wirtschaftszweig und die Größe der wirtschaftenden Institutionen zugleich wesentliche Determinanten der Kostenstruktur, so daß eine Kostenstrukturstatistik, die ihre Einheiten nach diesen Merkmalen gruppiert, nicht nur einer vorgegebenen Systematik gehorcht, sondern zugleich eine Art Ursachenforschung betreibt. Eine spezifisch kostenstrukturstatistische Problematik taucht nun aber deshalb auf, weil Einheiten, die sich als gute Berichtseinheiten erwiesen haben, ernste Nachteile erkennen lassen, sobald man sie als Darstellungseinheiten verwenden, sie also klassifizieren will. So besteht etwa keinerlei Gewähr dafür, daß man die wirtschaftenden Einheiten nach ihrer geographischen Lage — etwa nach Bundesländern — gruppieren kann, denn ein räumliches Merkmal ist in der Definition der wirtschaftenden Einheit nicht enthalten: die verschiedenen örtlichen Niederlassungen einer wirtschaftenden Einheit können etwa über das ganze Bundesgebiet verstreut sein. Ebenso verhält es sich mit der Klassifikation der wirtschaftenden Einheiten nach Wirtschaftsbereichen. Da in der Definition der wirtschaftenden Einheit eine Homogenitätsbedingung — den Wirtschaftszweig betreffend — nicht enthalten ist, kann sich eine solche Einheit über höchst unterschiedliche Branchen hin erstrecken, was denn auch nur allzu häufig vorkommt.

Für diese Untersuchung besteht kein Anlaß, die Problematik der Darstellungseinheit ebenso ausführlich abzuhandeln wie die der Berichtseinheit. Denn die Klassifikationsunschärfen rühren nicht aus Besonderheiten der Kostenstrukturstatistik her. Trotzdem ist eine kurze Prüfung der Tauglichkeit der wichtigsten Einheiten geboten.

b) Die relevanten Klassifikationskriterien

Eine *Systematik der Wirtschaftszweige* im hier gemeinten Sinne wird prinzipiell eine Systematik von Institutionen sein müssen, denn ihr sollen Institutionen mit ihren Merkmalen zugeordnet werden[27]. Theoretisch ist es freilich möglich, trotzdem funktionelle Klassifikationskriterien gelten zu lassen: man wird dann versuchen, ökonomiche Funktionen bestimmter Art dadurch zu isolieren, daß man die institutionellen Träger dieser Funktionen isoliert und entsprechend gruppiert. Solche Funktionen können etwa sein: die Erzeugung jeweils ganz bestimmter Güterarten bzw. Gütergruppen oder aber die Verrichtung jeweils ganz bestimmter Tätigkeiten. Im ersten Falle — dem praktisch wichtigeren — müßten also Gruppen von Institutionen gebildet werden, die ausschließlich oder doch ganz überwiegend auf die Produktion ganz bestimmter Güter oder die Leistung ganz bestimmter Dienste spezialisiert sind. Mit anderen Worten: Die Systematik der Institutionen müßte in Analogie zu einer Warensystematik gebildet werden. Eine so geartete Systematik der Institutionen wäre die ideale Ausgangsbasis für eine Input-Output-Rechnung. Freilich stellt sich sofort die Zweifelsfrage ein, ob es möglich, ja ob es legitim ist, eine Warensystematik unbesehen in eine Systematik der Hersteller dieser Waren umzudeuten. Denn unsere heutige Wirtschaft ist in zunehmendem Maße durch Produktionsverbundenheiten charakterisiert. Der Anstoß zur Kombination von Produktionsprozessen kann rein wirtschaftlicher Art sein; häufig liegt es aber auch in der technischen Natur der Produktionsprozesse, daß sehr verschiedene Güter in ihnen entstehen (Beispiel: Kuppelproduktion). Dieser technisch-wirtschaftliche Umstand von offenbar weittragender Bedeutung — nicht zuletzt für die Kostenstruktur der Produktion — würde ignoriert, wenn man ausschließlich auf einer Systematik der Institutionen bestünde, die einer Warensystematik nachgebildet ist. Diesen Sachverhalt, daß die Produktion von Waren bestimmter Art in reinen und in kombinierten Institutionen stattfindet, wird man statistisch gerecht, wenn man konsequent von der vorgefundenen institutionel-

[27] Vgl. zu folgendem: *Blind*, Adolf, Die Abgrenzung der Arbeitsstätten in der Wirtschaftsstatistik, in: Festgabe für Rolf Wagenführ, Berlin 1967, S. 63 ff.

len Produktionsstruktur ausgeht, die wirtschaftenden Institutionen als solche ins Auge faßt, sie nach ihren wichtigsten Merkmalen gruppiert und beschreibt. Zu diesen Merkmalen zählt dann nicht zuletzt das Produktionsprogramm, sei es homogen oder heterogen. In typischer Weise kombinierte Institutionen sind dann als eigene Gruppen zu behandeln. In dieser Sicht tritt also das institutionelle Element viel stärker in den Vordergrund als im Falle einer Klassifikation, die mit einer Warensystematik kongruent ist. Freilich: auch eine Systematik mit Kombinationspositionen kann in mancher Hinsicht funktionell interpretiert werden, denn die Art des Produktionsprozesses ist ebenso ein funktionelles Kriterium wie die Art des Produktionsergebnisses.

Die Systematik der Wirtschaftszweige von 1961 des Statistischen Bundesamtes ist eine Systematik für Institutionen, die weitgehend an eine Warensystematik angelehnt ist. Sie enthält — bis jetzt — keine Kombinationspositionen und unterscheidet sich insofern von der Systematik der Arbeitsstätten von 1950. Eine solche Systematik in Verbindung mit der statistischen Einheit „Unternehmung“ muß eine Reihe ernster Unverträglichkeiten aufwerfen, die noch zu erörtern sind.

Die *Klassifikation nach der Größe* der Institutionen wird im allgemeinen innerhalb der nach Wirtschaftszweigen vorgenommen. Gelegentlich ist freilich die Größenklassensystematik die übergeordnete.

Nun äußert man sich aber höchst unbestimmt, wenn man von „Unternehmensgröße“, „Betriebsgröße“ spricht. Welches Merkmal soll maßgeblich sein: der Umsatz, der Bruttoproduktionswert, die Beschäftigtenzahl, die Bilanzsumme? Zweifellos wird von Branche zu Branche ein anderes Merkmal adäquat sein, wenn es etwa darum geht, den Beitrag, den „die Großunternehmen“ zum Inlandsprodukt leisten, gesondert nachzuweisen. Wenn aber — und so verhält es sich in der Tat — die Größe der Institutionen insbesondere als Schichtungsmerkmal dient, mit deren Hilfe die Schätzung des Beitrags zum Inlandsprodukt aus Umsatzstatistiken verbessert werden soll, dann wird eine durchgängige Größenklassenbildung nach dem Umsatz bzw. dem Bruttoproduktionswert am Platze sein.

Die *Klassifikation nach der geographischen Lage* der Einheiten (nach Bundesländern, Kreisen, Gemeinden) hat in neuerer Zeit mehr und mehr Interesse gefunden („Regionalstatistik“). Sozialproduktsberechnungen werden für Bundesländer und Kreise, ja für Städte angestellt. Das Instrumentarium der Input-Output-Analyse wird eingesetzt zur Darstellung der interregionalen Verflechtung. Das bedeutet für die Kostenstrukturstatistik, daß entweder auch regionale Kostenstrukturzahlen zur Verfügung gestellt werden müssen oder daß nachgewiesen werden muß, daß ernstliche Unterschiede in der Kostenstruktur von Region zu Region nicht bestehen.

c) Die einzelnen Darstellungseinheiten und die Klassifikationskriterien

Die wirtschaftende Einheit

Daß die wirtschaftende Einheit und eine Klassifikation nach Wirtschaftszweigen begrifflich nicht aufeinander bezogen sind, ist offensichtlich; von der konkreten in einer Volkswirtschaft vorgefundenen Produktionsstruktur hängt es ab, ob die wirtschaftenden Einheiten in eine Branchenklassifikation halbwegs zuverlässig einzuordnen sind oder ob viele wirtschaftende Einheiten mit so heterogenem Produktionsprogramm bzw. Warensortiment bestehen, daß die Wirtschaftszweigsystematik sich auf wenige unsinnig weite Gruppen beschränken muß oder aber in allzu vielen Fällen gesprengt wird. Insbesondere die Großunternehmungen moderner Volkswirtschaften haben nun in der Tat einen außerordentlich hohen Grad von „Diversifikation": das einzelwirtschaftliche Wachstum impliziert häufig ein Ausgreifen auf neue Produkte, neue Sortimente. Dieser Umstand muß als Ergebnis einer historischen Entwicklung verstanden werden: in den ersten Stadien der Industrialisierung, erst recht in noch früheren Zeiten, waren die wirtschaftenden Einheiten viel zuverlässiger in eine Systematik der Wirtschaftszweige einzureihen. In einem Wirtschaftszweig, nämlich dem Einzelhandel, haben wir uns mittlerweise daran gewöhnt, daß es Großunternehmen gibt, die es auf eine Zusammenfassung aller möglicher Branchen anlegen: die Kaufhäuser. Sie werden als eigene Kategorie behandelt und das wohl zu recht. Eine ähnliche Auffassung kann sich auch im industriellen Bereich Bahn brechen.

Die amtliche Statistik, die zwar nicht die wirtschaftende Einheit, aber doch das Unternehmen als Einheit verwendet, hat sich indes nicht entmutigen lassen, sondern entwickelte eine Wirtschaftszweigsystematik von beachtlicher Gliederungstiefe. Sollen Unternehmungen und wirtschaftende Einheiten nach einer solchen Systematik gruppiert werden, so gibt es prinzipiell zwei Versuche, die bestehende Kluft zu überbrücken: die Zuordnung kann — wie in der deutschen amtlichen Statistik — nach dem Schwerpunkt geschehen: gemischte Institutionen werden dem Wirtschaftszweig zugeordnet, in dem sie überwiegend tätig sind. Es bedarf dann eines Maßstabes für die Bestimmung des Schwerpunktes. Eine andere Möglichkeit ist die, neben reinen Positionen gemischte zu bilden. Das kann so geschehen, daß jede Gruppe neben den reinen Untergruppen auch eine Sammelposition zugeteilt bekommt, die alle Einheiten aufnimmt, welche zwar eindeutig zu der betreffenden Gruppe, aber zu keiner der reinen Untergruppen gehört. Oder aber es werden genau bezeichnete Kombinationspositionen eingeführt (z. B. Gastwirtschaft mit Metzgerei). Schließlich können auch Sammelpositionen und Kombinationspositionen nebeneinander vorkommen.

Eine theoretisch vorhandene dritte Möglichkeit, nämlich Gruppen aller der wirtschaftenden Einheiten zu bilden, die überhaupt an einem bestimmten Wirtschaftszweig (etwa dem Maschinenbau) beteiligt sind, sei es überwiegend, sei es nebenbei, führte für eine Kostenstrukturstatistik sicher nicht zu verwertbaren Ergebnissen.

Aber auch die zuerst genannten beiden Verfahrensweisen bieten nur wenig befriedigende Lösungen. Die Schwerpunktzuordnung führt ganz sicher nicht zu Gruppen, die homogen genug wären, als daß sie einer Input-Output-Rechnung zugrunde gelegt werden könnten. Eine Klassifikation mit Kombinationspositionen hingegen kann zwar Gruppen gewährleisten, die entweder rein oder in genau beschriebenem Verhältnis gemischt sind. Dann aber entsteht ein Gewirr aus Kombinationspositionen und der üblichen Input-Output-Rechnung wird doch nicht geholfen: sie verlangt ja, daß der gesamte Output einer Güterart aus einem einzigen Sektor hervorgeht. Daraus folgt aber, daß die wirtschaftende Einheit für die Input-Output-Rechnung überhaupt unbrauchbar ist: sie erlaubt auch nicht in Annäherung eine funktionelle Analyse der Produktionsprozesse. Von der volkswirtschaftlichen Gesamtrechnung und der Entstehungsrechnung wird hingegen nicht verlangt, daß sie quasi technische Relationen zutage fördere. D. h. aber: die Bedingung der Homogenität der hergestellten Produkte ist nicht zwingend. Freilich: Eine Disaggregierung nach Wirtschaftszweigen ist auch für sie erwünscht. Aber für die Vorzüge der wirtschaftenden Einheit als Berichtseinheit kann ein Preis bezahlt werden: es kann auf eine allzu tiefe Aufgliederung verzichtet werden. Je weniger tief man aber gliedert, desto mehr verlieren die Grenzüberschreitungen an Gewicht. Unter dieser Bedingung wird aber die Schwerpunktszuordnung diskutabel — allerdings mit einer Modifikation, die erst in Zusammenhang mit der Aufbereitung besprochen werden soll. Hier geht es ja allererst um die Auswahl der verwendenden Einheiten.

Freilich spricht prinzipiell auch nichts dagegen, die Schwerpunktzuordnung einzuschränken und mit einer Systematik zu arbeiten, die Kombinationspositionen enthält: dann würden Beiträge zum Inlandsprodukt für differenziertere Gruppen von Institutionen nachgewiesen als wir es gewohnt sind. Praktisch stößt allerdings der Versuch solcher Nachweisungen auf große Schwierigkeiten.

Was die *Klassifikation nach der Größe* der wirtschaftenden Einheiten angeht, bestehen keinerlei Schwierigkeiten: sämtliche maßstäblichen Merkmale stehen zur Verfügung.

Die Gruppierung nach *geographischen* Merkmalen mißlingt in ganz ähnlicher Weise wie die nach Wirtschaftszweigen. Insbesondere die Großunternehmungen bestehen oft aus weitverstreuten örtlichen Niederlassungen. Die übliche Behelfslösung ist die, Unternehmungen in toto jener Region zuzurechnen, in der die Hauptverwaltung liegt. Diese Regelung ist offenbar noch viel mangelhafter als die Schwerpunktszuordnung zu den Wirtschaftszweigen, da am Ort der Hauptverwaltung keineswegs zugleich der Großteil der Wirtschaftstätigkeit stattfinden muß.

Die leistungshomogene Betriebseinheit und die prozeßintegrale Einheit

Die leistungshomogenen Betriebseinheiten sind nach einer Wirtschaftszweigsystematik ex definitione ohne große Schwierigkeiten zu klassifizieren: ist doch die Systematik geradezu ein Bestandteil der Definition dieser Einheit. Gewiß wird es in concreto immer wieder vorkommen, daß einzelne leistungshomogene Betriebseinheiten ein anders zusammengesetztes Produktionsprogramm haben als die auf die Klassifikation bezogene Definition es vorsieht, so daß auch diese Einheit in nicht wenigen Fällen ihrem Schwerpunkt nach zugeordnet werden muß. Aber: wenn es überhaupt gelingt, das Konzept der leistungshomogenen Betriebseinheit zu verwirklichen, dann ist mit der Abgrenzung dieser Einheiten auch ihre Klassifikation schon hergestellt.

Auch die regionale Gruppierung dieser Einheiten — die ja stets zugleich örtliche Einheiten oder Teile von solchen sind — ist in jeder praktisch benötigten Feinheit möglich.

Hingegen fehlt es an einer wirklichen Eindeutigkeit der Messung der Größe dieser Einheiten: der Umsatz scheidet als maßstäbliches Merkmal naturgemäß aus; er muß durch den Wert der Lieferungen oder aber durch den Bruttoproduktionswert ersetzt werden. Die Bemessung beider Wertgrößen ist aber bei der leistungshomogenen Betriebseinheit ohne Willkür oft nicht möglich. Nicht anders verhält es sich mit der Beschäftigtenzahl: immer dann nämlich, wenn innerhalb einer örtlichen Einheit mehrere establishments unterschieden werden, aber ausgegliederte Zentralabteilungen vorhanden sind. Interessanterweise führen also die Zurechnungsschwierigkeiten, die bei der Kostenzurechnung so gravierend aufgetreten sind, auch zu Unschärfen der Klassifikation, weil sie nämlich auch jene Begriffsmerkmale betreffen, durch die Gruppen festgelegt werden.

Die Ausweitung der leistungshomogenen Betriebseinheit zur *prozeßintegralen Einheit* schlägt mit Vor- und Nachteilen für die Qualität der Darstellungseinheit zu Buch.

Nachteilig wirkt sich aus, daß die prozeßintegrale Einheit einen etwas höheren Grad von vertikaler Heterogenität und möglicherweise — infolge sich verzweigender Produktionsstränge — auch horizontaler Heterogenität zuläßt. Als Nachteil wird man es auch empfinden, daß die prozeßintegrale Einheit mehrere örtliche Einheiten enthalten kann, so daß eine regionale Klassifikation fragwürdigere Ergebnisse liefert.

Was allerdings den Nachteil größerer Leistungsheterogenität angeht, so wurde bereits die Vermutung geäußert, daß innerhalb ein und derselben örtlichen Einheit in praxi nicht selten die establishments weiter gefaßt werden dürften, als es ihrer Idee entspricht, so daß schließlich — definitionswidrig — so etwas wie prozeßintegrale Einheiten entstehen.

Als Vorteil der prozeßintegralen Einheit ist zu bemerken, daß die maßstäblichen Merkmale, die zur Größenklassenbildung dienen, nun eindeutiger zu beobachten sind: der Bruttoproduktionswert ist in der Regel zu Marktpreisen bewertet, die relative Häufigkeit ausgegliederter Zentralabteilungen hat wohl etwas abgenommen. Schließlich aber erlaubt die prozeßintegrale Einheit innerhalb der Wirtschaftszweige eine zusätzliche Aufgliederung nach der Art der Produktionsprozesse — rein oder vertikal kombiniert —, die für die Input-Output-Rechnung durchaus von Bedeutung ist. Hierauf wird zurückzukommen sein.

Die örtliche Einheit

Die örtliche Einheit hat als Darstellungseinheit kaum Vorzüge, dank derer sie anderen Einheiten überlegen wäre. Sie steht in mancher Hinsicht zwischen der wirtschaftenden Einheit und der leistungshomogenen Betriebseinheit. Daß sie bemerkenswert leistungshomogen sei, darf man nicht erwarten. Viele örtliche Einheiten sind nicht minder kombiniert als wirtschaftende Einheiten. Regional beliebig klassifizierbar ist sie wohl, aber das ist das establishment auch. Die Größe örtlicher Einheiten läßt sich am Umsatz nicht messen, denn viele örtliche Einheiten sind Unternehmensteile; am Bruttoproduktionswert und am Wert der Lieferungen so gut und so schlecht wie das establishment; an der Zahl der Beschäftigten jedoch zufriedenstellend.

Betriebsteileinheiten

Auf eine ausführliche Untersuchung soll verzichtet werden, da die Betriebsteileinheiten aus dem Kreis der für eine allgemeine Kostenstrukturstatistik diskutablen Einheiten schon ausgeschieden wurden.

Was über sie als Darstellungseinheit zu sagen wäre, ergibt sich aus dem Abchnitt über die leistungshomogene Betriebseinheit. Daß leistungshomogene Betriebsteileinheiten einer Systematik der Wirtschaftszweige gut zuordenbar wären, ergibt sich schon aus ihrer Definition. Tätigkeitshomogene oder prozeßhomogene Betriebsteileinheiten freilich bedürften einer prinzipiell anderen Systematik.

3. Zusammenfassende Schlußfolgerungen zur statistischen Einheit der erörterten Kostenstrukturstatistik

In den vorangegangenen Abschnitten wurden aus heuristischen Gründen die statistische Einheit in ihren zwei wesentlichen Rollen — als Berichtseinheit und als Darstellungseinheit — isoliert betrachtet. Abschließend müssen nun beide Aspekte zusammengeführt werden. Negativ formuliert ist das wesentliche Ergebnis, daß keine der untersuchten Einheiten sowohl als Berichtseinheit als auch als Darstellungseinheit den an sie gestellten Anforderungen gut entspricht. Die wirtschaftende Einheit, d. h. das wirtschaftlich selbständige Unternehmen bzw. das unternehmensähnliche Gebilde des vollintegrierten Konzerns (aus Gründen der Adäquation mit dem Organkreis gleichgesetzt) ist vom theoretischen und vom praktischen Standpunkt aus als Berichtseinheit einer Kostenstrukturstatistik unbedingt vorzuziehen. Aber die für die individuelle Einheit erreichbare Genauigkeit der Angaben nützt noch nichts: erst die Qualität der *Massenaussage* macht die Güte einer Statistik aus. Die Präzision einer Massenaussage aber hängt zu gleichen Teilen ab von der Präzision der Maßzahlen für die individuellen Einheiten und der Präzision, mit der — durch die Klassifikation — die *gemeinte* Masse und die tatsächlich *gebildete* übereinstimmen. Eine solche Übereinstimmung ist aber nicht befriedigend herstellbar, wenn wirtschaftende Einheiten einer Wirtschaftszweigsystematik zugeordnet werden sollen, die nach Produktionssparten, also in Anlehnung an eine Warenklassifikation, gegliedert ist. Denn viele wirtschaftende Einheiten, und gerade die großen, haben ein sehr heterogenes Produktionsprogramm bzw. Sortiment. Auch die regionale Gruppierung der wirtschaftenden Einheiten kann zu sehr fragwürdigen Ergebnissen führen. Hingegen sind jene nach der Größe, darüber hinaus nach einer ganzen Reihe anderer institutioneller Merkmale (etwa Rechtsform, Kapitalstruktur) gut klassifizierbar.

Anders verhält es sich mit dem establishment und der prozeßintegralen Einheit. Sie sind darauf hin konstruiert, in eine Wirtschaftszweigsystematik relativ zwanglos einordenbar zu sein. Das establishment ist zugleich für eine Regionalstatistik gut gegeinet; weniger allerdings die prozeßintegrale Einheit. Die Größenklassenbildung gelingt befriedigend. Jedoch: sowohl vom Standpunkt der Kostentheorie als auch von dem der praktischen Kostenrechnung sind beides problematische Berichtseinheiten.

Würdigt man diese Vor- und Nachteile und prüft man, wie sie im Hinblick auf die *Verwendung der kostenstrukturstatistischen Ergebnisse*, also im Hinblick auf die Sozialproduktsberechnung und die Input-Output-Rechnung ins Gewicht fallen, so wird man zu dem Schluß kommen, daß man sich nicht mit ein und derselben Einheit für beide Zwecke begnügen, sondern zwei Einheiten parallel verwenden sollte.

Für die *Sozialproduktsberechnung* und damit auch für eine der Sozialproduktsberechnung dienende Kostenstrukturstatistik verdient die wirtschaftende Einheit den Vorzug. Der erste und wichtigste Grund ist der, daß die Sozialproduktsberechnung insbesondere auf die Erfassung der Wertschöpfung, der entstandenen Einkommen, damit aber nicht zuletzt der Unternehmensgewinne, gerichtet ist. Eine hieb- und stichfeste Wertrechnung, vor allem eine unter gesamtwirtschaftlichem Aspekt legitime Gewinnberechnung, ist für Unternehmensteile bzw. für Teile einer wirtschaftenden Einheit nicht möglich.

Zweitens haben jene „Wirtschaftszweige", die aus wirtschaftenden Einheiten bestehen, den Vorteil, echte „Gruppen" im ökonomisch-soziologischen Sinne zu sein, Gruppen aus selbständig disponierenden Wirtschaftssubjekten, die über die Gewinne, die für sie berechnet werden, auch wirklich verfügen, die die Nachfrage, die sie entfalten, und das Angebot, das von ihnen ausgeht, manipulieren können. Dieser Umstand ist bei vielen Analysen des wirtschaftlichen Verhaltens von großer Bedeutung. Daß diese Gruppen freilich nach Wirtschaftszweigen nur grob zu bilden und zu benennen sind, dessen muß man stets eingedenk sein. Es wäre daher sinnlos, sehr tief gliedern zu wollen: weiter als bis zu den „Gruppen" im Sinne der amtlichen Wirtschaftszweigsystematik (dreistellige Position) sollten die wirtschaftenden Einheiten der Industrie keinesfalls zugeordnet werden. Bei den übrigen Wirtschaftsbereichen besteht diese Problematik ja längst nicht in gleichem Ausmaß.

Drittens kann auch die Verteilung der Beiträge der Wirtschaftsbereiche zum Inlandsprodukt und die Verwendung der Gewinne (z. B. Investitionen) nur dann nachgewiesen werden, wenn eben diese Wirtschaftsbereiche aus wirtschaftenden Einheiten bestehen. Für Teile von wirtschaftenden Einheiten ist diese Nachweisung schon aus sachlogischen Gründen nicht möglich. Will man schließlich im Rahmen der Kostenstrukturstatistik auch Finanzierungsvorgänge erfassen (Gewinnabführungen, Fremdkapitalzinsen) und schließlich eine Verbindung zwischen volkswirtschaftlicher Gesamtrechnung herkömmlicher Art und Finanzierungsrechnung herstellen, so wird man ohnehin keine andere Wahl haben als die wirtschaftende Einheit, mindestens aber das Unternehmen, zur statistischen Einheit zu machen[28].

---

[28] Nach der wirtschaftenden Einheit im hier gemeinten Sinne als Einheit der Kostenstrukturstatistik verlangt schließlich auch der Umstand, daß dieselbe Einheit auch der Umsatzsteuerstatistik zugrunde liegt, also einer für die Sozialproduktsberechnung fundamentalen Umsatzstatistik. Denn: Umsatzsteuerpflichtig sind selbständige Unternehmen und Organkreise. Innenum-

Alle diese Argumente für die wirtschaftende Einheit hängen letztlich damit zusammen, daß in der Sozialproduktsberechnung herkömmlicher Art das institutionelle Moment stark ausgeprägt ist.

Sobald hingegen das Interesse auf — wie präzis oder wie vage auch immer gedachte — Produktionsfunktionen geht, ist die wirtschaftende Einheit unbrauchbar — eben ihrer potentiell enormen Heterogenität wegen. Darum wird auch der *Input-Output-Rechnung* mit Kostenstrukturzahlen, die für Gruppen aus wirtschaftenden Einheiten gelten, nicht gedient sein. Einschränkend sei freilich hinzugefügt: wenn die Input-Output-Rechnung mit so wenigen und so großen Sektoren arbeitet, daß doch die verschiedenartigsten Produkte in ein und demselben Sektor zusammengefaßt sind, dann verliert auch die Forderung nach homogenen Einheiten an Überzeugungskraft. Ihrem theoretischen Konzept nach verlangt die Input-Output-Rechnung nach möglichst homogenen Sektoren — also auch nach möglichst homogenen statistischen Einheiten. Erleichternd wirkt nun der Umstand, daß die Input-Output-Rechnung nicht so sehr auf eine exakte Einkommens- und Gewinnermittlung angesetzt ist, sondern vor allem auf die Verflechtung über den intermediären Verbrauch. Die Bewertung der Inputs und Outputs sollte demnach eher möglichst einheitlich als werttheoretisch exakt sein. Für diesen Zweck soll die prozeßintegrale Einheit empfohlen sein — und zwar in der engeren Fassung, welche aber auch gewährleistet, daß die aufgenommenen und abgegebenen Leistungen überwiegend zu Marktpreisen bewertet werden. Diesen Vorzug hätte das establishment nicht. Wie dargetan wurde, ist das establishment eine Einheit, die für eine reine Produktionsstatistik sicher ohne Einschränkung geeignet ist, einer adäquaten Erfassung der produktionsprozeßspezifischen Kosten aber in manchen Fällen nicht förderlich ist.

Es wird also vorgeschlagen, die wirtschaftende und die prozeßintegrale Einheit nebeneinander als statistische Einheit in Betracht zu ziehen. Befragt werden sollte allemal die Spitze der wirtschaftenden Einheit: sie hätte Angaben zu machen sowohl über die gesamte wirtschaf-

sätze von Organkreisen sind nicht steuerbar. Der gesamte Außenumsatz eines Organkreises wird in der Umsatzsteuerstatistik jenem Sektor zugerechnet, in den der Organträger gehört. In dieser wichtigen, neuerdings leider nur zweijährig aufgestellten Statistik, wird also — wenn auch gezwungenermaßen — der Organkreis als statistische Einheit behandelt. Da die Organtöchter mit ihren Merkmalen wohl von der laufenden Kostenstrukturstatistik des Statistischen Bundesamtes, nicht aber von der Umsatzsteuerstatistik in ihrem jeweiligen Wirtschaftszweig gezählt werden, „passen" beide Statistiken nicht aufeinander: es ist nicht korrekt, die Kostenquoten aus der Kostenstrukturstatistik des Statistischen Bundesamtes auf die Umsätze lt. Umsatzsteuerstatistik anzuwenden. Dieses Argument verliert allerdings durch die bevorstehende Umsatzsteuerreform seine Gültigkeit.

tende Einheit als auch über die in ihr enthaltenen verselbständigten prozeßintegralen Einheiten[29].

4. Der Einfluß unterschiedlicher Einheiten auf die Ergebnisse von Kostenstrukturstatistiken Anhaltspunkte aus der amtlichen Statistik

Der praktische Statistiker wird den zusätzlichen Aufwand, den eine Erhebung für zwei verschiedene Einheiten mit sich bringt, nicht gern in Kauf nehmen wollen, ohne sich vorher ein Bild davon zu machen, welche Unterschiede in den Ergebnissen denn zu erwarten sind. Zahlenmäßige Anhaltspunkte gibt die amtliche Statistik nur sehr spärlich her. Von unerheblichen Ausnahmen abgesehen arbeitet die deutsche amtliche Statistik nur mit der örtlichen Einheit (Betrieb) und dem Unternehmen. Für diese beiden Einheiten haben sich allerdings in letzter Zeit Parallel-Rechnungen immer mehr durchgesetzt. In den Erhebungen der fünfziger Jahre, die sich mit der Kostenstruktur befaßten, verwandte man, je nach dem Zweck der Erhebung, entweder die örtliche Einheit — so bei den Zusatzerhebungen zum Industriebericht, die insbesondere der Berechnung des Index der industriellen Nettoproduktion dienten — oder die Unternehmung — so bei der Jahreserhebung über die Nettoleistung der Industrie von 1954, die vor allem Aufschluß über die Zusammensetzung der Vorleistungen der Industrien liefern und dadurch der Sozialproduktsberechnung zu festen Preisen zugute kommen sollte, und bei der Kostenstrukturerhebung von 1950 sowie der laufenden Kostenstrukturstatistik ab 1958. Diese Erhebungen, die ebenfalls ganz überwiegend um der Sozialproduktsberechnung willen durchgeführt werden, haben prinzipiell das Gesamtunternehmen zur Einheit[30]. Die in vielen Branchen überaus weit getriebene Wirtschaftszweiggliederung — bis zu „Unterklassen" — mutet daher vor allem im industriellen Bereich etwas überzogen an. Daß es auch in Zukunft bei einer reinen Unternehmensstatistik über die Kostenstruktur bleiben wird, ist nicht anzunehmen. Ausschlaggebend für die zukünftig zu verwendenden Einheiten dürften nicht zuletzt die Erfahrungen sein, die

---

[29] Der Nachteil, daß eine exakte regionale Kostenstruktur mit beiden Einheiten nicht zu erzielen ist, sollte nicht zu wichtig genommen werden. Denn einmal sind die Umsatzstatistiken, denen die Kostenstrukturstatistik gegenübergestellt wird, auch nicht gut regional abgegrenzt. Zum anderen dürften bedeutende regionale Kostenstrukturunterschiede die Ausnahme sein. Sollen gerade sie studiert werden, gibt es eine gute Behelfslösung: man erhebt jene wirtschaftenden Einheiten bzw. prozeßintegralen Einheiten, die ausschließlich in der interessierenden Region arbeiten, gesondert.

[30] Nur in einigen Wirtschaftssektoren werden daneben auch Angaben über Unternehmensteile (Energie- und Wasserversorgung) bzw. über größere Gebilde (Arbeitsgemeinschaften in der Bauindustrie) eingeholt.

man mit einem Dualismus der Einheiten in einigen neueren Erhebungen gemacht hat und machen wird.

In der Handels- und Gaststättenzählung von 1960 wurden grundsätzlich Unternehmen erhoben. Diese hatten allerdings zusätzliche Angaben über örtlich getrennte Niederlassungen zu machen. Kostenstrukturmerkmale wurden nur für die Unternehmungen erfragt.

Umgekehrt wurde bei der Arbeitsstättenzählung von 1961 verfahren: befragt wurden örtliche Einheiten, jedoch auch darüber, ob sie Haupt- oder Zweigniederlassung seien. Hauptniederlassungen hatten alle Zweigniederlassungen zu benennen, so daß die zusammengehörigen örtlichen Einheiten zusammengefaßt und als Gesamtunternehmen nachgewiesen werden konnten. Diese Darstellungseinheit entstand also durch Aggregation der Berichtseinheiten. Über Kostenstrukturmerkmale ist aus der Arbeitsstättenzählung nichts zu erfahren. Bemerkenswert im erörterten Zusammenhang sind aber doch die folgenden Zahlen[31]: von 10 Unternehmen mit 10 und mehr Beschäftigten bestehen, so kann man schließen, 4 aus mehreren örtlichen Niederlassungen. Die Zahl der örtlichen Einheiten, die nicht zugleich Unternehmungen sind, ist also ganz beträchtlich. Ferner ist es aufschlußreich, daß 37 % aller Mehrbetriebsunternehmen mindestens eine örtliche Einheit unterhalten, die in einer anderen Wirtschafts*gruppe* als das dem Schwerpunkt nach zugeordnete Gesamtunternehmen gehört. Würde weiter als bis zu den „Gruppen" unterteilt — vgl. die laufende Kostenstrukturstatistik! — so würden diese Prozentsätze gewiß stark anwachsen.

Am meisten Interesse verdienen die Ergebnisse des Zensus im Produzierenden Gewerbe 1962 („Industriezensus")[32], bei dem erstmals innerhalb ein und derselben fast totalen Erhebung Nettoproduktionswerte und Nettoquoten der Industriezweige für Unternehmungen und örtliche Einheiten nebeneinander ermittelt wurden. Unternehmungen und örtliche Einheiten figurierten als „befragte", als Berichts- und als Darstellungseinheiten. Industrieunternehmen berichteten über das Gesamtunternehmen und gesondert über ihre einzelnen industriellen Betriebe. Industriebetriebe jedoch, die zu nichtindustriellen Unternehmen gehören, wurden direkt befragt.

Die Ergebnistabellen lassen im allgemeinen keinen sehr starken Effekt der unterschiedlichen Definition der Einheiten erkennen. Es ist allerdings zu beachten, daß die Nettoquoten in der Regel nur für die

[31] Vgl. Wirtschaft und Statistik, Jg. 1965, S. 223, Unternehmen und Beschäftigte.

[32] Vgl. Statistisches Bundesamt Fachserie D, Industrie und Handwerk: Zensus im Produzierenden Gewerbe 1962, Hefte 1 bis 3 (D - IZ 1962/Heft 1, 2, 3) und: *Kupka*, Günther, Methoden und erste Ergebnisse des Industriezensus 1963, Wirtschaft und Statistik, Jg. 1965, S. 359.

dreistelligen Positionen der Systematik der Wirtschaftszweige („Gruppen") ausgewiesen werden. Ergebnisse dieser Art sind vertrauenserweckender als die der laufenden Kostenstrukturstatistik — einer Teilerhebung! — in der sogar die Klassen (fünfstellige Positionen) noch weiter aufgespalten werden.

Drastische Unterschiede zwischen den Nettoquoten der aus Unternehmen bzw. örtlichen Einheiten bestehenden Gruppen gibt es dieser Tabelle zufolge[33] nur — aber doch immerhin! — im Bergbau, in der Eisenschaffenden Industrie und in der Ölmühlen- und Margarineindustrie. In den übrigen Industrien differieren die Quoten nur selten um mehr als 2 Prozentpunkte[34].

Nettoquoten (ohne Handelsware) ausgewählter Gruppen von Unternehmungen und Betrieben (örtliche Einheiten)
(Industriezensus 1962)

Sektor	Nettoquote	
	aller Unternehmungen	aller Betriebe
Steinkohlenbergbau	74,8	67,1
Braunkohlen- und Pechkohlenbergbau	81,4	60,1
Eisenerzbergbau	66,2	50,7
Erdöl- und Erdgasgewinnung	60,7	86,7
Eisenschaffende Industrie	47,5	40,1
Ölmühlen- und Margarineindustrie	28,3	19,0

Die Ergebnistabellen des Industriezensus legen den Schluß nahe, daß Strukturzahlen für Unternehmen und örtliche Einheiten in den meisten Bereichen recht weitgehend übereinstimmen, in manchen Sektoren aber doch drastisch differieren. Die beobachtete Übereinstimmung darf aber nicht als Hinweis auf einen hohen Grad von Homogenität auch der Unternehmungen gedeutet werden, sondern eher als ein Zeichen dafür, daß schon die örtlichen Einheiten häufig recht gemischt sind, daß sie

[33] Vgl. Statistisches Bundesamt Fachserie D, Industrie und Handwerk, Zensus im Produzierenden Gewerbe 1962, Heft 2, S. 61 ff., S. 124 ff.

[34] Daß diese geringen Abweichungen zu einem wesentlichen Teil nicht auf eine andere Abgrenzung *innerhalb* der Industrie, sondern darauf zurückgehen, daß in den Unternehmensnachweisungen manche Industriebetriebe fehlen, dafür aber nichtindustrielle Betriebe enthalten sind, geht daraus hervor, daß auch für die gesamte Industrie eine Differenz der Nettoquoten besteht: 52,1 % für Unternehmungen, 50,9 % für örtliche Einheiten. Natürlich sind auch bewertungsbedingte Spielräume in Rechnung zu stellen.

als Ersatz für leistungshomogene Betriebseinheiten bzw. prozeßhomogene Einheiten nicht tauglich sind. Daß schon Betriebe häufig kombinierte Gebilde sind, hat das Statistische Bundesamt selbst wiederholt festgestellt. Dieser Umstand ist auch aus einer Sonderaufbereitung der Produktionsstatistik für das Jahr 1954 zu erkennen, die im Zusammenhang mit der Jahreserhebung über die Nettoleistung der Industrie vorgenommen wurde[35]. Eine ähnliche Berechnung soll demnächst wieder angestellt werden. Damals wurde die zum Absatz bestimmte Produktion der aus Betrieben einerseits, Unternehmen andererseits bestehenden Industriezweige (dreistellige Ziffer der Systematik für den Industriebericht) nach branchentypischen und branchenfremden Erzeugnissen aufgegliedert. Nur in einem Drittel aller 78 aufgeführten Industriezweige lag der Prozentsatz der branchentypischen Erzeugnisse in der Gliederung nach Betrieben um wenigstens einen Punkt über dem bei den Unternehmungen. In einem Fünftel der Zweige war der Prozentsatz bei den Betrieben sogar kleiner als der bei den Unternehmungen. Der Anteil der branchenfremden Produkte hielt sich allerdings im allgemeinen in engen Grenzen: nur in einem guten Zehntel aller Zweige lag er über 20 %. In Einzelfällen hatten die branchenfremden Erzeugnisse aber doch beträchtliches Gewicht (Erdöl- und Erdgasgewinnung, Schmiede-, Preß- und Hammerwerke, Margarineindustrie)[36]. Es dürfte aber die „Diversifikation" seit 1954 merklich zugenommen haben.

Aus allen diesen Zahlen können zwar keine sehr apodiktischen Schlüsse gezogen werden, wohl aber solche, die im Umgang mit statistischen Einheiten zu mehr Vorsicht mahnen, als man sie häufig walten läßt. Man muß freilich zugeben, daß diese Vorsicht insbesondere im industriellen Sektor geboten ist.

Aus den Zahlen der amtlichen Statistik können nur Vergleiche zwischen Ergebnissen für Unternehmungen und für örtliche Einheiten gezogen werden — für Einheiten also, die weniger weit auseinanderliegen als die wirtschaftende Einheit und die prozeßintegrale Einheit. Der Effekt unterschiedlicher Einheiten ebenso wie der Anteil gruppenfremder Wirtschaftstätigkeiten hängt selbstverständlich ganz entscheidend

---

[35] Statistisches Bundesamt, Die Industrie der Bundesrepublik Deutschland, Reihe 4, Heft 29: Industrielle Erzeugung und Industriezweige 1954.

[36] Eine ähnliche Kontrollrechnung wurde vom Statistischen Bundesamt für das Jahr 1950 aufgestellt (vgl. *Werner*, Kurt, Nettoproduktionswerte der Industrie im Jahre 1950, in: Wirtschaft und Statistik, Jg. 1953, S. 544). Es wurden aus den Ergebnissen der Zusatzerhebung zum Industriebericht Nettoquoten für Industriegruppen (im Sinne der Systematik zum Industriebericht) aus örtlichen Einheiten und für Erzeugnisgruppen, d. h. aber: für ausschließlich reine oder überwiegend (70 %) reine Betriebe, berechnet. Die Vergleichswerte lagen meist recht nahe beisammen. Das hatte allerdings einen wesentlichen Grund darin, daß — unter anderem der nicht sehr tiefen Gliederung wegen — überhaupt nur sehr wenige Betriebe als „nicht rein" behandelt wurden.

von der Art der Systematik ab: eine auf Homogenität konstruierte Einheit kann sich nicht auswirken, wenn die Gliederungstiefe sehr gering ist, so daß doch recht unterschiedliche Produktionssparten in einer Position zusammengefaßt werden. Es ist dann gleichgültig, ob in sich homogene Einheiten aus verschiedenen Produktionssparten zusammengeworfen werden oder ob schon die Einheiten in sich wenig homogen sind. Bei geringer Gliederungstiefe hat man — ziemlich unabhängig von der gewählten Einheit — eine gute Chance, hohe Maßzahlen der relativen Branchenreinheit zu finden. Andererseits können Positionen mit hohen branchenfremden Anteilen dadurch entstehen, daß die Einheiten falsch, d. h. inadäquat abgegrenzt werden.

Die weitere Entwicklung der Input-Output-Rechnung wird Bedarf nach einer möglichst tiefen Klassifikation schaffen, für die dann solide statistische Ergebnisse vorhanden sein sollten.

Berücksichtigt man all das, dann wird man aus dem Vergleich, den die amtliche Statistik erlaubt, durchaus die Notwendigkeit eines Pluralismus der Einheiten herauslesen dürfen, auch die der Unterscheidung zwischen örtlicher Einheit und Unternehmung, solange man an diesen Einheiten festhält. Indes sollte man nicht darauf verzichten, von diesen beiden üblichen Einheiten aus zur umfassenderen wirtschaftenden Einheit und zur homogeneren prozeßintegralen Einheit überzugehen und gleichzeitig zu prüfen, welche Modifikationen der Systematik sich dann empfehlen, damit die Vorzüge dieser Einheiten voll genutzt werden können.

C. Erhebungsart und Auswahlverfahren

Was die Erhebungsart und das Auswahlverfahren angeht, stellen Sozialproduktsberechnung und Input-Output-Rechnung keine unterschiedlichen Anforderungen an die Kostenstrukturstatistik. Beiden Aggregatstatistiken ist gemeinsam, daß sie Merkmalssummen für vorgegebene Sektoren der Volkswirtschaft nachweisen. Der Beitrag, den die Kostenstrukturstatistik dann zu leisten hat, ist von vornherein fest umschrieben und insofern beschränkt. Für stark differenzierende Kostenstrukturvergleiche zwischen einer Vielzahl wirtschafts- und gesellschaftspolitisch relevanter Gruppen und Schichten braucht also im hier erörterten Zusammenhang nicht Vorsorge getroffen zu werden.

I. Die Erhebungsart

Grundsätzlich können Kostenstrukturerhebungen Vollerhebungen oder Teilerhebungen sein. Da eine Vollerhebung der Kostenstruktur in der Wirtschaft es mit einer sehr großen Zahl von Einheiten zu tun hätte, deren Auskunftsfähigkeit zudem sehr unterschiedlich ist, könnte diese Erhebungsart nur unter zwei Bedingungen realisiert werden: erstens müßte das Frageprogramm in bescheidenen Grenzen gehalten werden, und zweitens könnten die Erhebungen nur in größeren Zeitabständen erfolgen.

In der Tat gibt es seit eh und je Großzählungen, die für bestimmte Wirtschaftsbereiche (insbesondere die Industrie, aber auch den Handel) wichtige Stücke der Kostenstruktur erheben — neben anderen Merkmalen, wie Zahl der Beschäftigten, Rechtsform, Art der Leistung, Ausstattung mit Produktionsmitteln usw. Es handelt sich dabei um die Erhebungen nach der Zensusmethode, wie sie vor allem in den angelsächsischen Ländern seit der Jahrhundertwende — in Amerika seit Beginn des 19. Jahrhunderts — stattfinden[37]. So waren und sind etwa die industriellen Zensuserhebungen in den angelsächsischen Ländern Zählungen der Institutionen und zugleich Erhebungen über die Produktionsleistung, die Produktionsstruktur und den Produktionsaufwand (Löhne und Gehälter, Materialverbrauch, Lohnarbeiten, Miete)[38]. Doch waren und sind diese Kostenstrukturuntersuchungen im wesentlichen nur auf die Nettoproduktionswerte gerichtet. Heute finden Zensuserhebungen etwa in den USA oder in England alle 4—5 Jahre statt.

Solche Vollerhebungen — mit gewissen Aussparungen der Kleinstbetriebe, wie sie auch bei den ausländischen Zensuserhebungen üblich sind — waren in Deutschland auf dem industriellen Sektor die Produktionserhebungen von 1936, die Zusatzerhebungen zum Industriebericht und die Jahreserhebung über die Nettoleistung der Industrie 1954[39].

In neuester Zeit wurde — im Rahmen des industrie-statistischen Weltprogrammes — für 1962 ein „Industriezensus" durchgeführt, und zwar in Form einer Kombination aus Vollerhebung und Teilerhebung. Die Vollerhebung erstreckt sich auf alle Unternehmen und Betriebe des Bergbaus und der verarbeitenden Industrie mit mehr als 10 Beschäftigten, alle Unternehmungen der Bauindustrie und alle Betriebe des produzierenden Handwerks. Der kostenstrukturstatistische Teil des Frageprogramms ist wiederum auf die Ermittlung der Nettoproduktionswerte ausgerichtet.

Eine zensusartige Erhebung war schließlich auch die Handels- und Gaststättenzählung für 1960, die — der Konzeption nach — aus einer totalen Grunderhebung und einer repräsentativen Ergänzungserhebung

---

[37] Vgl. Studies in Methods: Industrial Censuses and related inquiries (S. F. N. 4, Statistical Office of the UN 1953, Vol. 2, S. 3 ff.).

[38] Vgl. *Meerwarth*, Rudolf, Einleitung in die Wirtschaftsstatistik, S. 132. In der Terminologie von Esenwein-Rothe ließe sich sagen: Zensuserhebungen sind Struktur- und Prozeßstatistik in einem.

[39] Ausgenommen sind Industriebetriebe mit weniger als 10 Beschäftigten.

bestand. Es wurden in der Grunderhebung eine Vielzahl von Merkmalen erfaßt, darunter die meisten zur Zählung, Charakterisierung und Gruppierung der Institutionen. Aber auch die Umsätze und deren Zusammensetzung sowie der Rohertrag (entsprechend dem Nettoproduktionswert in der Industrie) und die Löhne und Gehälter wurden erhoben.

Vollerhebungen nach der Zensusmethode sind der Natur nach immer dann unumgänglich, wenn die Zahl der bestehenden Institutionen und die absoluten Werte der Bruttoproduktion und der Nettoproduktion sowie vielleicht der Löhne und Gehälter usw. direkt ermittelt werden sollen. Aus solchen Statistiken sind dann natürlich auch die entsprechenden Strukturen (Verhältniszahlen) zu errechnen: die Nettoquote etwa oder Anteile bestimmter Kostenarten. Umgekehrt ist aber die Ermittlung solcher Strukturen nicht an Großzählungen gebunden: auch aus Teilerhebungen sind gute Näherungswerte zu erhalten — und zwar viel zuverlässiger, als man Bestandszahlen aus Teilerhebungen (etwa aus einer Flächenstichprobe) schätzen könnte. Allerdings setzen solche Teilerhebungen das Vorhandensein von Auswahlgrundlagen voraus, die zu schaffen häufig Aufgabe von Vollerhebungen ist. Eine Alternative zu den Zensuserhebungen, die Bestandszahlen, Totalwerte von Produktion und Umsatz sowie Strukturzahlen zugleich erbringen, ist es daher, diese Informationen aus verschiedenen Erhebungen zu beziehen, die teilweise Vollerhebungen sein müssen (Arbeitsstättenzählung), teilweise einer Vollerhebung nahekommen sollten (etwa die Statistik der Umsätze), teilweise aber auch mit den typischen Methoden der Teilerhebung arbeiten können (z. B. Kostenstrukturstatistik). Zusammengeführt ergeben diese Statistiken dann grundsätzlich die gleichen Informationen wie eine umfassende Zensuserhebung. Ein solches wohlkomponiertes System aus Vollerhebungen und Teilerhebungen ist der Methode der umfassenden Zensuserhebungen nicht etwa von vornherein unterlegen. Der bloße Umstand, daß allen Betroffenen Fragebogen vorgelegt werden, ist noch keine Garantie für eine zuverlässige Statistik. Hinzu kommt, daß Teilerhebungen aktueller und elastischer sein können als Vollerhebungen, zu einer sorgfältigeren Analyse des Einzelfalles Gelegenheit geben. Und schließlich sind Teilerhebungen immer dann von Vorteil, wenn die gewünschten Informationen schwierig zu erfragen sind. Das trifft aber für die Kostenstruktur durchaus zu. Zwar sind Fragen nach dem Umsatz, der Produktion, den Beschäftigten, den Löhnen und dem Materialverbrauch leicht gestellt, für die meisten Unternehmungen leicht zu beantworten und schließlich auch leicht auszuwerten. Unter den heutigen Umständen soll eine Kostenstrukturstatistik jedoch mehr erbringen als die Nettoproduktionswerte im traditionellen Sinne (bzw. den Rohertrag im Handel) und die daraus berechneten Nettoquoten. Ein stark differenzierendes Frageprogramm aber kann schon aus Gründen der Wirtschaftlichkeit in einer Vollerhebung nicht verwirklicht werden.

Indes ist dieser Umstand nicht weiter bedrückend: Sehen wir einmal von den Bedürfnissen der Zentralplanwirtschaften und der Kriegswirtschaften ab und setzen wir ein marktwirtschaftliches System voraus, so dürfte der erforderliche Genauigkeitsgrad wohl auch durch Teilerhebungen zu erreichen sein. Insbesondere — oder besser: allein deshalb, weil sich diese Erhebungen ja nicht auf unbekanntem Gelände bewegen, sondern in anderen Statistiken (z. B. Arbeitsstättenzählung, Steuerstatistik) oder in anderweitigen Unterlagen (Handwerksrolle, Unternehmenskartei, Unterlagen der Finanzämter) jener Bezugsrahmen gegeben ist, ohne den Teilerhebungen keine guten Ergebnisse liefern können.

II. Das Auswahlverfahren

Zwei grundsätzlich verschiedene Arten von Teilerhebungen kommen für eine Kostenstrukturstatistik in Frage: die Teilerhebung nach dem Konzentrationsprinzip und die Repräsentativerhebung (die Stichprobenerhebung).

Die Teilerhebung nach dem Konzentrationsprinzip verlangt nicht, daß ein bestimmter *Teil aller Einheiten der Grundgesamtheit* einbezogen wird, sondern daß ein bestimmter und möglichst großer *Teil der interessierenden Merkmalssumme der Grundgesamtheit* in die Erhebung eingeht. In der konsequentesten Form geht das Verfahren streng nach dem Anordnungsprinzip vor: man ordnet die Einheiten nach der Größe eines mit dem interessierenden verwandten Markmals — etwa nach dem Umsatz — und erfaßt — beginnend mit der umsatzstärksten und dann fortfahrend mit der nächstkleineren — so viele Einheiten, daß ein vorgegebener Prozentsatz des gesamten Umsatzes jenes Wirtschaftszweiges erreicht wird. Man kann freilich auch weniger systematisch vorgehen und nur prinzipiell bemüht sein, überwiegend große Einheiten auszuwählen. Offenbar ist dieses Verfahren sehr naheliegend, wenn man Kostenstrukturstatistik für die volkswirtschaftliche Gesamtrechnung oder die Input-Output-Rechnung betreibt. Haben nämlich wenige große Einheiten etwa schon 90 % des Umsatzes — und damit ungefähr auch des Bruttoproduktionswertes — dieses Wirtschaftszweiges, so genügt es, deren Kostenstruktur genau zu ermitteln und die übrigen Einheiten sehr kursorisch zu behandeln. Diese vielleicht sehr zahlreichen Kleinbetriebe sind von untergeordnetem Interesse, denn selbst wenn ihre Kostenstruktur beträchtlich von der der Großen abweicht, wird das den Beitrag dieses Wirtschaftszweiges zum Inlandsprodukt kaum beeinflussen.

Nun ist aber dieses Auswahlprinzip von so bestechender Wirksamkeit nur dann, wenn ein hoher Grad an „relativer Konzentration" besteht, wenn also ein hoher Anteil der Merkmalssumme auf eine kleine Anzahl von großen Einheiten entfällt, so daß die vielen Kleinen nur der Zahl, nicht dem Gewicht nach von Bedeutung sind. Solche Verhältnisse herrschen in der Tat in vielen Industriezweigen. Daneben gibt es aber eine große Zahl von Wirtschaftszweigen, in denen ein geringer Grad relativer Konzentration herrscht. Zu ihnen gehört insbesondere das Handwerk, überwiegend auch der Handel. Existieren darüber hinaus in diesen Wirtschaftszweigen noch sehr viele Einheiten, so müßte auch eine große Anzahl von ihnen in die Erhebung einbezogen werden, wenn ein festgelegter, hoher Anteil an der gesamten Merkmalssumme erreicht werden soll. Unter diesen Umständen leistet das Konzentrationsprinzip keine nennenswerte Hilfe mehr. Man wird daher in solchen Fällen auf dieses Auswahlprinzip entweder ganz verzichten oder nur partiell von ihm Gebrauch machen: eine begrenzte Anzahl großer Einheiten wird voll erhoben, aber aus der großen Zahl der übrigen wird zusätzlich ein Teil ausgewählt und ebenfalls befragt.

Bei der Auswahl dieses Teiles wird ein Verfahren zu Hilfe genommen, das dem nach dem Konzentrationsprinzip gegenübersteht: Es ist darauf hin angelegt, ein möglichst wirklichkeitstreues Abbild der kostenstrukturellen Verhältnisse in einem Wirtschaftszweig zu geben, also Einheiten aller vorkommenden Größenordnungen, aller vorkommenden Arten in die Erhebung zu bekommen.

Offenbar hängt die Güte der Repräsentation unter anderem von der *Anzahl* der einbezogenen Einheiten ab. In diesem Verfahren sind in aller Regel zwei Auswahlprinzipien kombiniert: das *Anordnungsprinzip* und das *Zufallsprinzip*[40]. Ein sehr gutes Abbild des gesamten Wirtschaftszweiges hinsichtlich eines bestimmten Merkmals erhielte man, wenn man alle Einheiten des Wirtschaftszweiges nach dem Werte dieses Merkmals[41] — etwa wiederum des Umsatzes — *ordnete* und aus dieser Reihe jede k-te Einheit aussuchte. In praxi ist eine so strenge Anordnung meist nicht erreichbar. Zudem müßte man genau genommen eine ganze Reihe weiterer Anordnungsmerkmale berücksichtigen, es sei denn, man gehe davon aus, daß zwischen mehreren interessierenden Merkmalen (z. B. den Kostenarten) und dem — leicht zu handhabenden

[40] Vgl. *Blind*, Adolf, Prinzipien und Wege zur Gewinnung repräsentativer Stichproben aus realen Grundgesamtheiten, in: Allgemeines Statistisches Archiv 1965, Heft 4, S. 337.

[41] In der Praxis kann natürlich nach dem interessierenden Merkmal selbst nicht angeordnet werden, da es ja unbekannt ist und erst erhoben werden soll. Die Vorstellung, man würde nach dem interessierenden Merkmal selbst anordnen, läßt aber den Vorteil, den das Anordnungsprinzip mit sich bringt, sehr deutlich werden. Diese Vorstellung ist auch zugelassen, denn sie schafft das genaue Analogon zum Fall des „direkten Schlusses" bei Zufallstichproben.

— Anordnungsmerkmal eine genügend enge Beziehung besteht, so daß die gedachten Anordnungen nach allen diesen Merkmalen weitgehend übereinstimmen. Man begnügt sich in der Regel damit, durch Gruppenbildung (Schichtenbildung) eine grobe, stufenförmige Anordnung herzustellen und innerhalb der Schichten das *Zufallsprinzip* zu Hilfe zu nehmen, das allerdings grundsätzlich ein weniger gutes Abbild der Grundgesamtheit liefert als das Anordnungsprinzip. Dem Extrem strenger Anordnung entspricht das Extrem strenger Zufallsauswahl — wenn etwa aus einer numerierten Kartei eine Stichprobe mittels Zufallszahlen entnommen wird. Eingeschränkte Zufallsauswahl — ohne Schichtenbildung — erhielte man, wenn man, beginnend mit einer ausgelosten Startzahl, einer Kartei, in der eine beliebige Reihenfolge herrscht, jede 10. Einheit entnähme.

Zwar braucht eine Kostenstrukturstatistik, die auf die Bedürfnisse der Sozialproduktsberechnung und der Input-Output-Rechnung eingerichtet ist, grundsätzlich kein in jeder Hinsicht repräsentatives Abbild der Wirklichkeit zu liefern: es genügt, wenn für alle letztlich in diesen Aggregatstatistiken gebildeten Gruppen zuverlässige Kostenstrukturzahlen geliefert werden. Auch unter dieser Einschränkung ist aber auf das Verfahren der Repräsentativerhebung für die erörterte Kostenstrukturstatistik nicht zu verzichten. In der statistischen Praxis werden beide Arten von Teilerhebungen — die Teilerhebung nach dem Konzentrationsprinzip und die repräsentative Teilerhebung — in aller Regel kombiniert angewandt.

Ein betrachtenswertes Beispiel dafür ist die Ergänzungserhebung zur Jahreserhebung über die Nettoleistung der Industrie von 1954, in der ein Bild der artenmäßigen Zusammensetzung des Materialbezuges gewonnen werden sollte. Diese Informationen sollten der Berechnung der Wertschöpfung zu konstanten Preisen zugute kommen und außerdem die Marktverflechtung der Industriezweige untereinander und mit anderen Bereichen erkennen lassen, so daß es also insbesondere darauf ankam, einen möglichst großen Teil der *Merkmalssummen* zu erfassen. Es mußte also nach dem Konzentrationsprinzip verfahren werden. Würde man aber ausschließlich nach ihm verfahren haben, so hätte man — vor allem in Zweigen mit vielen Unternehmungen und geringer „relativer Konzentration" — entweder sehr viele Einheiten befragen oder beträchtliche Prozentsätze des gesamten Materialeinganges gänzlich außer Betracht lassen müssen. Man verfuhr daher so[42]: Die Unternehmungen wurden nach Industriezweigen und Größenklassen gruppiert. Nun stand freilich als Anordnungsmerkmal nicht der Wert des Materialeinganges,

---

[42] Vgl. W. *Flöter* und K.-A. *Schäffer*, Jahreserhebung über die Nettoleistung der Industrie 1954, in: Stichproben in der amtlichen Statistik, S. 319 ff. Herausgeg. vom Statistischen Bundesamt, Wiesbaden.

sondern nur die Zahl der Beschäftigten zur Verfügung[43]. Nach Maßgabe der Beschäftigtenzahl wurden so zwei Schichten gebildet: bis herab zu einer bestimmten Grenzzahl sollte jene Schicht reichen, die total erhoben wurde, während die restlichen Unternehmungen den „Auswahlbereich" bildeten[44].

Die Unternehmungen des „Totalbereiches" sollten eigentlich einen vorgegebenen Mindestanteil am gesamten Materialeingang des Zweiges haben[45]. Und zwar wurden die Mindestanteile unterschiedlich festgesetzt, je nach dem Grad der geschätzten Homogenität des Materialverbrauches: in der verbrauchshomogenen Gruppe (z. B. Sägewerk) betrug er 30 %, in der Gruppe mit sehr verschiedenartigem Materialverbrauch (z. B. elektrotechnische Industrie) betrug er 70 % und bei der Mittelgruppe (z. B. Maschinenbau) 50 %. Diese sehr nützliche Differenzierung konnte in jener Erhebung leicht vorgenommen werden, weil eben nur ein einziger Kostenbestandteil untersucht werden mußte[46].

Es hat sich schließlich herausgestellt, daß in den so abgegrenzten Totalbereichen die Mindestanteile am Materialeingang fast durchweg beträchtlich überschritten worden sind. Das Statistische Bundesamt erklärt das einerseits damit, daß die nach der Beschäftigtenzahl gebildeten Größenklassen nicht geteilt wurden — es wurde nämlich die gesamte Einfallgruppe dem Totalbereich zugeschlagen — und andererseits damit, daß die Totalbereiche nach Betrieben abgegrenzt werden mußten. Nicht erwähnt wird jedoch der in die gleiche Richtung wirkende Umstand, daß in der überwiegenden Anzahl von Industriezweigen die Nettoquote mit zunehmender Umsatzgröße fällt, die Vorleistungsquote also steigt, sodaß, wenn man, mit den Großen beginnend, so lange weitere Unternehmungen einbezieht, bis 50 % des *Zweigumsatzes* erreicht sind, eben mehr als 50 % des gesamten *Materialbezuges* gedeckt sind. Da aber in diesem Fall *angeordnet* wurde nicht nach Umsätzen, sondern nach der Zahl der Beschäftigten, so ist weiter zu beachten, daß Gesamtleistung (d. h. auch Umsatz) und Nettoproduktionswert

---

[43] Aus der Unternehmenskartei zur Industrieberichterstattung.

[44] Einige Zweige mit relativ wenigen Unternehmungen wurden von vornherein voll erhoben.

[45] Es wurde zusätzlich nach Bundesländern geschichtet.

[46] Da bei der Planung der Erhebung der Materialeingang nicht bekannt war, mußten die Beschäftigten-Grenzpunkte nach Mindestanteilen einer Ersatzvariablen bestimmt werden. Als solche benutzte man nicht wiederum die Zahl der Beschäftigten, sondern die Umsätze, obwohl diese — aus der Industrieberichterstattung — nur für Betriebe, nicht für Unternehmungen bekannt waren, sodaß die Abgrenzung insofern nur näherungsweise erfolgen konnte. Wohlgemerkt: das Anordnungsmerkmal war die Beschäftigtenzahl, nur sie war ja für Unternehmungen gegeben, sodaß der gesuchte, den Totalbereich bestimmende Beschäftigten-Grenzpunkt ein Ersatzwert zweiten Grades war: er war Ersatz für den Umsatzgrenzpunkt, dieser wiederum ein Schätzwert des Materialeingangsgrenzpunktes.

pro beschäftigte Person mit zunehmender Umsatzgröße allermeist beträchtlich steigen, und zwar erstere stärker als letztere — was unmittelbar mit der eben erwähnten Tendenz der Nettoquoten zusammenhängt — so daß die Differenz aus beiden, der Materialverbrauch pro Person, stärker steigt als die Gesamtleistung pro Kopf. Diese Tendenz ist so ausgeprägt, daß sie ohne Zweifel erhalten bliebe, wenn nach Beschäftigtenzahlen klassifiziert würde, zumal *innerhalb* eines Industriezweiges sich die Reihenfolgen nach Beschäftigtenzahl und Umsatzgröße ziemlich entsprechen dürften. Das hat zur Konsequenz: Beginnt man mit der größten Unternehmung und fährt man nach abnehmender Beschäftigtenzahl fort, Unternehmungen in den Totalbereich einzubegreifen, bis man x % der Beschäftigten des ganzen Zweiges erreicht hat, so sind damit y % des Umsatzes (etwa zugleich des Bruttoproduktionswertes) und z % des Materialverbrauches gedeckt, wobei $z > y > x$. Dieser Sachverhalt kann von praktischer Bedeutung sein, wenn wohl Beschäftigtenzahlen, aber keine Umsatzzahlen zur Verfügung stehen, wie etwa in den Ergebnissen der Arbeitsstättenzählung von 1961.

Aus dem *Auswahlbereich* wurde jeweils eine „Stichprobe" von Unternehmungen gezogen. Da in den Beschäftigtenzahlen ein wirksames Anordnungsmerkmal gegeben war, konnte auf eine Zufallsauswahl verzichtet werden. Aus dem nach Zweigen und nach der Beschäftigtenzahl geordneten Material wurde bei einer Besetzungszahl von 40 bis unter 80 Unternehmungen je Zweig jede 2., 4., 6., . . ., bei einer solchen von 80 bis unter 200 jede 2., 6., 10 . . . und bei größeren Besetzungszahlen jede 5., 15., 25., 35. . . . Unternehmung ausgewählt. War die Zahl der Unternehmungen im Auswahlbereich eines Zweiges kleiner als 40, so wurde voll erhoben. Der Stichprobenumfang betrug demnach in allen Zweigen mit weniger als 200 Unternehmungen im Auswahlbereich zwischen 20 und 40, nur in 18 Zweigen über 50. Unterschiede in der Variabilität des Materialaufwandes waren unbekannt und konnten daher nicht berücksichtigt werden.

Aus der Stichprobe wurde für jede Materialart ihr Anteil am Eingang von allen Materialien berechnet und auf den Materialeingang des gesamten Auswahlbereichs übertragen. Der Materialbezug insgesamt war für jeden Industriezweig aus der Grunderhebung bekannt.

Schließlich wurde folgende Fehlerrechnung durchgeführt: Die in die Stichprobe einbezogenen Unternehmungen eines Zweiges wurden nach Ländern und, innerhalb eines Landes, nach der Größe geordnet und darauf systematisch in 4 Teilstichproben zerlegt:

Serie 1: 1., 5., 9. . . . Unternehmung,
Serie 2: 2., 6., 10. . . . Unternehmung,
Serie 3: 3., 7., 11. . . . Unternehmung,
Serie 4: 4., 8., 12. . . . Unternehmung.

Aus jeder dieser Teilstichproben — die allerdings häufig von recht kleinem Umfang gewesen sein dürften, insbesondere der länderweisen Gliederung wegen — wurden Schätzwerte für die Summen der einzelnen Materialarten im ganzen Auswahlbereich gebildet und aus diesen vier Werten das einfache arithmetische Mittel und dessen mittlerer Fehler berechnet. Dieser mittlere Fehler wurde nun zum *Gesamtwert* einer Materialart im betreffenden Industriezweig ins Verhältnis gesetzt und so der „relative Standardfehler" bestimmt.

Es war wohl wert, das Auswahlverfahren der Ergänzungserhebung von 1954 darzustellen, weil es in die Richtung weist, in der eine optimale Methode einer Teilerhebung zu kostenstrukturstatistischen Zwecken zu suchen ist.

Wesentliche Punkte sind dabei die Kombination des Konzentrazionsprinzips mit dem Repräsentationsprinzip und die bestmögliche Ausnutzung von positiven Anordnungseffekten. Die Anordnungsmerkmale ergeben sich zum Teil aus den Zielen der Statistik (insbesondere die qualitativen: Wirtschaftszweige; auch die räumlichen), zum Teil sind sie von vornherein dafür bekannt, homogenere Gruppen zu schaffen (z. B. Unternehmens- und Betriebsgröße). Wie derartige Erhebungspläne im einzelnen auszusehen haben, hängt zu sehr von der Ausgangslage ab, als daß es Sinn hätte, hier Modelle entwickeln zu wollen. Es soll aber doch nicht versäumt werden, zu prüfen, ob jene *Auswahlgrundlagen verfügbar* sind oder verfügbar gemacht werden können, die Voraussetzung des erörterten Auswahlverfahrens sind. Diese Prüfung ist insbesondere deshalb notwendig, weil für die Kostenstrukturstatistik zwei statistische Einheiten vorgeschlagen worden sind, die nicht ohne weiteres greifbar in Erscheinung treten. Die gesuchten Auswahlgrundlagen müssen einerseits die Anschrift der Einheiten, andererseits die gewünschten Anordnungsmerkmale (Wirtschaftszweig, Umsatzhöhe oder Beschäftigtenzahl) erkennen lassen.

Diese Auswahlgrundlagen können entweder von primären Totalerhebungen geliefert werden (Arbeitsstättenzählung, Industriezensus, Handelszensus) oder aber es müssen für andere Zwecke eingerichtete Karteien und Verzeichnisse benutzt werden (solche der Finanzämter, der berufsständischen Kammern usw.).

Zunächst: die *wirtschaftende Einheit*. In zukünftigen Totalerhebungen, mögen sie nun auf örtliche Einheiten oder auf Unternehmungen gerichtet sein, kann leicht die Frage eingeführt werden, ob die befragte Unternehmung oder Arbeitsstätte wirtschaftlich selbständig (eine wirtschaftende Einheit) oder aber Mitglied eines Organkreises ist. Die selbständigen Unternehmungen hätten dann ihre Beschäftigtenzahl und ihren Umsatz anzugeben. Aus den Mitgliedern der Organkreise wären die Organträger auszusondern und ebenfalls nach der Beschäftigtenzahl und dem Außenumsatz des Organkreises zu befragen. Auf diese Weise entstünde eine Kartei der wirtschaftenden Einheiten. Besonders mühelos ließe sich ein solches Verzeichnis für den industriellen Sektor herstellen: die nötigen Informationen können gelegentlich der Industrieberichterstattung eingeholt werden. Auf sekundärstatistischem Wege wäre eine Auswahlgrundlage wohl am einfachsten mit Hilfe der Finanzämter zu gewinnen. Stammt doch auch das Adressenmaterial zum Handelszensus von den Finanzämtern. Da ja die wirtschaftenden Einheiten weitgehend identisch mit den Umsatzsteuerpflichtigen sind — Differenzen ergeben sich durch die Befreiung von der Umsatzsteuer kleiner Unternehmungen und die „Unternehmereinheiten" — und ohnehin alle 2 Jahre eine Umsatzsteuerstatistik stattfindet, ließe sich als deren Nebenprodukt leicht die gewünschte Auswahlgrundlage gewinnen. Anordnungsmerkmal könnte die gezahlte Umsatzsteuer oder der steuerliche Umsatz sein.

Problematischer ist — hinsichtlich der Auswahlgrundlage — die *prozeßintegrale Einheit*, denn sie wird nirgends als solche geführt, muß vielmehr erst für die Statistik abgegrenzt werden. Das einfachste, wenn auch kaum befriedigende Verfahren, bestünde darin, die prozeßintegrale Einheit gar nicht eigens auszuwählen, sondern als Auswahleinheit nur die wirtschaftende Einheit heranzuziehen. Diese würden dann angewiesen, für die prozeßintegralen Einheiten, in die sie gegebenenfalls zu zerlegen sind, gesondert zu berichten.

Eine zwar perfekte, aber zugleich aufwendige Lösung wäre die Herstellung einer eigenen Kartei der prozeßintegralen Einheiten. Sie könnte so zustandekommen, daß zunächst alle wirtschaftenden Einheiten ermittelt und dann nach den in ihnen enthaltenen prozeßintegralen Einheiten befragt werden. Die Prozedur könnte zweiphasig sein — die aus den Unterlagen der Finanzämter bekannten wirtschaftenden Einheiten werden angeschrieben — oder aber einphasig: bei einer primären Vollerhebung müssen alle Einheiten, die zugleich wirtschaftende Einheiten bzw. Spitzen von wirtschaftenden Einheiten sind, darüber Auskunft geben, ob sie aus verschiedenen prozeßintegralen Einheiten bestehen. Letztere wären gegebenenfalls näher zu bezeichnen. Hingewiesen sei noch darauf, daß die Auswahl bedeutend erleichtert würde, wenn man auf die Ausnützung von positiven Anordnungseffekten ganz verzichtete oder sich mit einer mehr oder weniger groben Schichtung begnügte. Doch sollte man diesen Ausweg nur im Notfall beschreiten.

Zum Schluß sei noch ein für Teilerhebungen wesentliches Prinzip dargelegt: das des lückenlosen Vollzugs des Erhebungsplanes. Die amtliche Kostenstrukturstatistik ist ein gutes Beispiel für eine Verletzung dieses Prinzips.

Entzieht sich ein merklicher Anteil der Befragten der Erhebung, indem er die Fragebogen nicht ausfüllt oder mündliche Antworten verweigert, so bedeutet das in aller Regel nicht nur, daß eine etwa geplante 10 %ige Teilerhebung zu einer 5 %igen wird, sondern vielmehr, daß eine *nicht repräsentative* 5 %ige Erhebung übrig bleibt. Hohe Raten der Antwortverweigerung verzerren allermeist systematisch das Ergebnis, sei es, daß ein Kreis zu Antworten Unfähiger oder aber Nicht-Williger ausfällt. Deshalb besteht für wichtige Großzählungen (Volkszählung, Arbeitsstättenzählung) gesetzliche Pflicht zur Mitwirkung. Dafür sind dann auch Fragen vermieden, von deren Beantwortung die Betroffenen Nachteile befürchten könnten. In der laufenden Kostenstrukturstatistik des Statistischen Bundesamtes, die u. a. auch Abschreibungen, Zinsen und Gewinne ermitteln will, werden aber Fragen gestellt, die viele Unternehmer zumindest in Deutschland als ein Eindringen in die Geheimsphäre der Unternehmung empfinden und deren wahrheitsgemäße Beantwortung die Gefahr des Mißbrauchs zu bergen scheint: sei es, daß die Steuerbehörden oder die Konkurrenten oder die Gläubiger oder die Öffentlichkeit schlechthin Einblicke gewinnen könnten, die ihnen die Unternehmungen lieber vorenthalten möchten. Aus diesem Grunde gibt es keine gesetzliche Pflicht zur Teilnahme an der Kostenstrukturstatistik des Statistischen Bundesamtes. Auch die Mitwirkung an der Ergänzungserhebung zur Zusatzerhebung zum Industriebericht von 1958 war freiwillig. Zur freiwiligen Teilnahme sind aber zumeist nur solche Unternehmungen zu bewegen, deren Rechnungswesen die geforderten Auskünfte ohne zusätzliche Mühe hergibt: d. h. die gut geführten und gut organisierten. Jedoch auch jene Unternehmungen, die sich zur Mitwirkung bereit erklären, liefern nicht vollzählig verwertbare Fragebögen und könne nicht nachhaltig zu zweckdienlichen Auskünften angehalten werden.

Es ist aufschlußreich, sich die bei der laufenden Kostenstrukturstatistik des Statistischen Bundesamtes gewonnenen Erfahrungen zu vergegenwärtigen.

Für die Erhebung des Großhandels, der Handelsvertreter und Handelsmakler 1960 wurde nach den Unterlagen für die Handels- und Gaststättenzählung ein mathematischer Stichprobenplan ausgearbeitet. Wieviele der daraufhin versandten Fragebogen *erst gar nicht ausgefüllt wurden,* teilt das Statistische Bundesamt nicht mit. Von den aus dem Großhandel eingegangenen 13 180 Bögen konnten 20 % nicht verwertet werden, weil sie entweder unvollständig ausgefüllt waren und auch Rückfragen nicht zur Klarheit führten, oder weil der Schwerpunkt der Unternehmung in einem anderen Wirtschaftsbereich lag. Auch beim Verlagswesen waren rd. 20 % der Erhebungsbögen unbrauchbar. 30 % betrug die Ausfallquote beim gewerblichen Güterfernverkehr, für den — auf der Grundlage der Bestandskartei des Kraftfahrt-Bundesamtes — eine echte Zufallsstichprobe gewonnen worden war.

In anderen Wirtschaftsbereichen war es dem Statistischen Amt erst gar nicht möglich, nach einem eigenen Erhebungsplan vorzugehen. So heißt es im Veröffentlichungsband zur Industrieerhebung 1958 (Fachreihe C 1/I, S. 8): „Die *Auswahl* der Firmen sowie die *Versendung* und *Einziehung* übernahmen im allgemeinen die beteiligten Wirtschaftsverbände. Diese waren bemüht, einen für die einzelnen Fachbereiche repräsentativen Ausschnitt von Unternehmungen zur Mitarbeit zu gewinnen, was auch in den meisten Fällen gelungen sein dürfte." Das Statistische Bundesamt erhielt die Bogen unter einer Kennummer, aber ohne Anschrift der Unternehmungen und konnte auch Rückfragen nur über die Verbände an die Firmen leiten. Einige wichtige Industriezweige beteiligten sich nur per „Sammelmeldung", d. h. es wurde jeweils nur eine zusammengefaßte Meldung für die 54 Unternehmungen des Kohlebergbaus, die 34 Unternehmungen der eisenschaffenden Industrie, die 216 Unternehmungen der elektrotechnischen Industrie, für 6 Unternehmungen der Mineralölverarbeitung, 351 der chemischen Industrie und 13 der Teppichindustrie erstattet. Einzelmeldungen gingen 5937 ein. 12 % davon mußten ausgeschaltet werden[47].

Es ist sicher, daß damit im wichtigsten Wirtschaftsbereich ein wenig verläßliches Auswahlverfahren zur Anwendung kam, das der Erhebung den Anschein des Improvisierten gibt. Gerade in der Industriestatistik wären die Voraussetzungen für eine wirklich repräsentative Erhebung ohne weiteres gegeben. Jedoch hat sich das praktizierte Auswahlverfahren, das allein auf Widerstände aus der Industrie gegen ein angemesseneres zurückgehen dürfte, von 1950 bis 1962 gehalten.

Ähnlich zu beurteilen ist das bei den freien Berufen angewandte Verfahren: Die Auswahl der zu befragenden Ärzte übernahmen die Landesärztekammern; die befragten Rechtsanwälte und Notare wurden aus den Mitgliederlisten der Rechtsanwaltskammern ausgesucht.

Im Handwerk wurden die zu befragenden Betriebe von den Statistischen Landesämtern bestimmt, jedoch offenbar ebenfalls ohne eigentlichen Erhebungsplan: „Sie waren bemüht, einen für die einzelnen Handwerkszweige repräsentativen Ausschnitt von Unternehmungen zur Mitarbeit zu gewinnen[48]." Von den 13 168 eingehenden Erhebungsbögen konnten 37 % nicht verwertet werden.

Es stellt sich die Frage, ob unter diesen Umständen nicht eine gesetzliche Beteiligungspflicht vorzuziehen wäre, trotz der möglichen Einwände. Gewiß würde harter Zwang schon deshalb wenig ausrichten,

---

[47] Es ist bezeichnend, daß die Quote von 12 % nur etwa halb so groß ist wie die in den eben erwähnten Wirtschaftsbereichen, in denen immerhin die Bögen nach einem Stichprobenplan versandt wurden, nach der Bereitschaft zur Mitwirkung also nicht vorher gefragt wurde.

[48] Vgl. Statistisches Bundesamt Fachreihe C 1/II — 58, S. 8.

weil ja niemand die Unternehmungen daran hindern kann, vorsätzlich falsche Auskünfte zu erteilen oder doch ohne alle Sorgfalt zu Werk zu gehen. Und ebenso gewiß wäre bei Unternehmungen mit schlechtem Rechnungswesen auch durch einen Auskunftszwang nichts zu holen, so daß eine Kostenstrukturstatistik immer auf eine gewisse positive Auslese angewiesen ist.

Aber andererseits stünden dem gewichtige Vorteile gegenüber. Das Auswahlverfahren könnte erheblich verbessert werden, eine willkürlich tendenziöse Auswahl wäre verhindert. Klärende Rückfragen könnten stets direkt an die betreffende Unternehmung gerichtet werden, wodurch sich die jetzt sehr langwierige Bearbeitung beschleunigen ließe. Auch ist anzunehmen, daß dadurch der Prozentsatz der unverwertbaren Meldungen herabzudrücken wäre. Befürchtungen der Großunternehmen, daß ihre betriebswirtschaftliche Struktur erkennbar offenbart würde, müßten berücksichtigt werden. Die Gefahr der Indiskretion durch die Steuerbehörden schließlich wäre beseitigt, wenn sich die Kostenstrukturermittlung mehr an die steuerlichen Abschlüsse anlehnten als das heute geschieht.

III. Der Umfang der Teilerhebung

Auf die Entscheidung für eine Erhebung nach dem Konzentrations- oder nach dem Repräsentationsprinzip oder nach einer Kombination aus beiden hat die Entscheidung über den nötigen Umfang der Teilerhebung, d. h. über die Erhebungs*quoten* bzw. den absoluten Umfang der Stichprobe zu folgen.

Bei einer Erhebung nach dem Konzentrationsprinzip ist vorzugeben der Anteil an der Merkmalssumme der Grundgesamtheit, der in die Teilerhebung einbezogen werden soll. Bei der repräsentativen Stichprobenerhebung ist — wenn, wie in der Praxis allein üblich, ohne Zurücklegen gezogen wird — der Stichprobenumfang (Zahl der einbezogenen Einheiten) *und* der Auswahlsatz (Quotient aus Stichprobenumfang und Umfang der Grundgesamtheit) festzulegen[49].

Die nötige Quote einer Erhebung rein nach dem Konzentrationsprinzip hängt — außer von der Genauigkeitsanforderung, die man an die Untersuchung stellt — allgemein gesprochen davon ab, wie weit der Zusammenhang zwischen dem Anordnungsmerkmal, z. B. dem Umsatz, und den Untersuchungsmerkmalen, z. B. den Kostenarten, innerhalb

[49] Oft werden die beiden Anteilsätze „Repräsentationsgrad — nach der Merkmalssumme der Einheiten bzw. nach der Zahl" genannt. Doch ist der Ausdruck inkonsequent, wenn man vorher zwischen Erhebungen nach dem Konzentrationsprinzip und nach dem Repräsentationsprinzip unterschieden hat.

eines Wirtschaftszweiges von der Proportionalität entfernt ist. Der Fall völliger Proportionalität ist trivial: er schließt jede Variabilität der Kostenstruktur innerhalb eines Wirtschaftszweiges aus. An einer einzigen Einheit könnte man die Kostenstruktur aller Einheiten ablesen und jene Unternehmungen, die etwa 80 % des Umsatzes hätten, würden auch 80 % der einzelnen Kostenartensummen auf sich vereinigen. Abweichungen von der Proportionalität können nun verschiedene Gründe haben.

Erstens kann eine Beziehung zwischen dem Anordnungsmerkmal — allgemeiner: zwischen dem bekannten Merkmal, nach dem die Erhebungsquote bemessen wird — und den Untersuchungsmerkmalen überhaupt nicht bestehen. Dann ist das Konzentrationsprinzip in Bezug auf die Untersuchungsmerkmale unwirksam. Die Erhebung kann aber trotzdem zu brauchbaren Ergebnissen führen. Ist die Quote der in einem Zweig erfaßten Umsätze am gesamten Zweigumsatz sehr hoch, so kann, wie schon gezeigt, der Beitrag dieses Wirtschaftszweiges zum Sozialprodukt durch den nicht untersuchten Rest nicht entscheidend beeinflußt werden, selbst wenn die Nettoquoten der kleinen Unternehmungen erheblich anders sind als die der großen. Freilich kann man extreme Zahlenbeispiele konstruieren, die das Gegenteil demonstrieren. Mit so extremen Unterschieden der Kostenstrukturen braucht man aber *innerhalb* eines Wirtschaftszweiges nicht zu rechnen. Die vorherige Gruppierung nach Wirtschaftszweigen, damit auch in gewisser Annäherung nach der Art der Kostenstruktur, ist also für die Erhebung nach dem Konzentrationsprinzip wichtig.

Zweitens kann die Abweichung von der Proportionalität daher rühren, daß zwar eine Beziehung besteht, aber keine lineare: So nehmen die Nettoquoten in aller Regel mit steigenden Umsatzgrößen ab. X % der Umsätze eines Zweiges entsprechen dann weniger als X % des gesamten Nettoproduktionswertes. Diese Degression kann pauschal in Ansatz gebracht werden, wenn man sich in einer Voruntersuchung Informationen über die ungefähre Tendenz verschafft hat. Im umgekehrten Fall — Progression — befindet man sich ohnehin immer auf der sicheren Seite.

Drittens kann zwischen dem Anordnungsmerkmal und den Untersuchungsmerkmalen zwar eine Beziehung bestehen, jedoch durch Variationen der Untersuchungsmerkmale gelockert sein. Je größer diese Variabilität ist, desto größer muß die Erhebungsquote, bemessen nach dem Anordnungsmerkmal, sein, um zu gewährleisten, daß auch ein genügend großer Anteil der Untersuchungsmerkmale — des Nettoproduktionswertes des Wirtschaftszweiges z. B. — eingeschlossen wird. Hinzu kommt in diesem Falle ein weiterer Bestimmungsgrund der Erhebungsquote: die Differenzierung der Untersuchungsmerkmale. Wünscht man nicht nur den Nettoproduktionswert bzw. die Nettoquote — also einen recht umfangreichen Block aus der Kostenstruktur — sondern auch die Beträge und Anteile weiter differenzierter Kostenarten — die der einzelnen Materialarten, der Miete, der Angestelltengehälter — so muß man in Rechnung stellen, daß solche detaillierten Kostenbestandteile zumindestens potentiell besonders starken Schwankungen von Einheit zu Einheit unterworfen sein können. Daher hat die Erhebungsquote auch um so höher zu sein, je tiefer die Gesamtkosten untergliedert werden sollen. Wie berichtet, trug die Ergänzungserhebung zur Jahreserhebung 1954 dem auch dadurch Rechnung, daß die Totalbereiche je nach der Heterogenität des Materialverbrauchs verschieden bemessen wurden.

Wird hingegen eine *repräsentative Stichprobenerhebung* durchgeführt, so hängen Auswahlsatz und Stichprobenumfang zunächst ebenfalls vom Grad der Differenzierung der zu ermittelnden Kostenstruktur und von der Variabilität der Kostenquoten in den Zweigen ab. Denn wiederum ist damit zu rechnen, daß unbedeutendere, seltenere Kostenarten von Einheit zu Einheit eine relativ höhere Variabilität aufweisen als die gewichtigen oder gar als Zusammenfassungen verschiedener Kostenarten. Daß schließlich eine allgemein hohe Variabilität der Merkmale bei gegebener Genauigkeitsanforderung einen entsprechend höheren Stichprobenumfang erfordert, lehrt die elementare Stichprobentheorie.

Eine dritte Determinante des Stichprobenumfangs ist die Tiefe der systematischen Klassifikation der Einheiten. Bei gegebenem Stichprobenumfang für die Gesamtheit aller Einheiten entfallen offenbar auf die letzte, kleinste Gruppe der Klassifikation (etwa eine bestimmte Größenklasse einer Wirtschaftsklasse, die vielleicht auch noch regional unterteilt ist) um so weniger Einheiten der Stichprobe, je mehr solcher Gruppen es gibt. Da aber nun jede dieser Gruppen als eigene Grundgesamtheit figuriert, über deren Kostenstruktur geurteilt werden soll, so muß auch jede so gut repräsentiert werden, daß ein hinreichender Zufallsausgleich stattfindet, also eine Einheit mit ausgeprägten Sonderverhältnissen nicht ein irreführendes Bild der gesamten Gruppe herbeiführen kann.

Werden nun, wie es naheliegt, in einer Kostenstrukturstatistik das Konzentrationsprinzip und das Repräsentationsprinzip *kombiniert,* so gilt auch eine Kombination dieser Anforderungen an den Umfang der Teilerhebung. Sie läuft darauf hinaus, daß — nach Maßgabe der Differenzierung der erfragten Merkmale, deren Variabilität und der Tiefe der Klassifikation — ein doppeltes Minimum gewährleistet werden muß: Anzustreben ist, daß in jeder „kleinsten Gruppe“ sowohl ein gewisser Mindestanteil an der Merkmalssumme als auch eine Mindestzahl an Einheiten erfaßt wird. Zuweilen wird man versucht sein, eine dieser beiden Mindestanforderungen zu vernachlässigen. Sind in einem Wirtschaftszweig sehr viele Unternehmungen mit kleinem Marktanteil tätig, wie etwa im Handwerk, so ergibt auch eine beträchtliche absolute Zahl von erfaßten Einheiten nur eine geringe Erhebungsquote nach dem Umsatz und auch bloß einen bescheidenen Auswahlsatz. Demgegenüber erreicht man in Wirtschaftszweigen mit starker „relativer Konzentration" schon mit wenigen Großunternehmungen eine hohe Erhebungsquote nach dem Umsatz. Doch sollte man sich allein mit diesem hohen Umsatzanteil nicht zufrieden geben. Zunächst sollten möglichst alle Großunternehmungen in die Erhebung einbezogen werden; denn jede von ihnen bestimmt die Kostenstruktur des Wirtschaftszweiges maßgeblich mit. Wird ein Wirtschaftszweig (z. B. die Automobilbranche) von nur sehr wenigen, aber großen Oligopolisten gebildet, so ist die Bestimmung dessen Kostenstruktur stets ein problematisches Unterfangen, selbst bei vollständiger Erfassung der Umsätze und aller Einheiten; dies zumindest dann, wenn die Unternehmung oder der Konzern als Erhebungseinheit dient. Denn solche Großunternehmen haben oft zweigfremde Betriebe eingegliedert oder aber sie geraten selbst in Abhängigkeit von zweigfremden Unternehmungen, verschwinden also der Schwerpunktzuordnung wegen möglicherweise sogar aus dem Wirtschaftszweig. Daher ist die Typik und die Konstanz der Kostenstruktur in solchen Zweigen etwas fragwürdig.

Der sogenannte Repräsentationsgrad in der laufenden Kostenstrukturstatistik des Statistischen Bundesamtes

Die entwickelten Grundsätze sind in der laufenden Kostenstrukturstatistik seit 1958 mehr oder weniger konsequent verwirklicht worden. Das Auswahlverfahren läuft, trotz oder vielleicht gerade infolge seiner wenig planmäßigen Ausgestaltung, auf eine Kombination einer Erhebung nach dem Konzentrationsprinzip und einer solchen nach dem Repräsentationsprinzip — wenngleich mit empfindlichen Einschränkungen — hinaus. Denn weil hauptsächlich größere Unternehmungen über das nötige Rechnungswesen verfügen und daher auch bevorzugt teilgenommen haben, ist der „Repräsentationsgrad nach dem Umsatz" weit größer als der „Repräsentationsgrad nach der Zahl der Unternehmungen[50]". Andererseits wurde nicht systematisch im Sinne des Anordnungsprinzips verfahren, d. h.: es wurden nicht nur Großunternehmungen befragt, vielmehr wurden, je nach der Bereitwilligkeit und Eignung, auch kleinere Firmen einbezogen, so daß im allgemeinen die Skala der Unternehmensgrößen mehr oder weniger gut repräsentiert ist. Das Sta-

[50] Terminologie des Statistischen Bundesamtes.

tistische Bundesamt weist in seinen Veröffentlichungen für die erfaßten Wirtschaftsklassen nach, wieviel Prozent der Unternehmungen und wieviel Prozent des gesamten Umsatzes der Klasse in die Erhebung einbezogen worden sind. Diese Quoten wurden im allgemeinen nach der Umsatzsteuerstatistik berechnet. Zu der Industrieerhebung von 1958 wird für die *untersuchten* Industriezweige ein Repräsentationsgrad nach der Zahl der Unternehmungen von 8,1 % und ein Repräsentationsgrad nach dem steuerlichen Umsatz von 49,0 % angegeben. Da aber nicht alle Industriezweige in die Erhebung hineingenommen worden sind, fallen die entsprechenden Anteilszahlen, bezogen auf die Gesamtzahl aller zur Umsatzsteuer veranlagten Unternehmungen, etwas kleiner aus (7,4 % bzw. 45,5 %). Von Industriezweig zu Industriezweig schwanken diese Quoten sehr stark:

Erhebungsquoten, Umsätze und Zahl der erfaßten Unternehmungen in ausgewählten Industriezweigen 1958 (Bundesgebiet ohne Saarland und Berlin)

Industriezweig	Unternehmen			steuerlicher Umsatz		
	lt. Umsatzsteuerstatistik 1958	v. d. KSS erfaßt	2 in % von 1	lt. Umsatzsteuerstatistik 1958	von der Kostenstrukturstatistik erfaßt	5 in % von 4
	Anzahl		%	1000 DM		%
	1	2	3	4	5	6
Schiffbau	170	60	35,3	2 695 640	1 943 276	72,1
Kali- und Stein-Salzbergbau ...	6	3	50,0	901 176	259 162	28,2
Erdölverarbeitung	55	6	10,9	5 838 997	5 110 489	87,5
Herstellung von Tapeten	46	4	8,7	162 513	22 830	14,0
Buch-, Flach- und Tiefdruckereien	5284	230	4,4	3 862 444	773 985	20,0

Der Vergleich zwischen dem Salzbergbau und den Druckereien zeigt deutlich, wie extrem der Repräsentationsgrad nach der Zahl der Einheiten und die Zahl der erfaßten Einheiten selbst divergieren können. Ohne Zweifel ist — vernünftige Auswahl vorausgesetzt — auf das Ergebnis für die Druckereien mehr zu vertrauen als auf das für die Salzbergwerke, obwohl die beiden Repräsentationsgrade beim Salzbergbau größer sind. Es besagt eben nicht viel, daß 50 % aller Unternehmungen ausgewählt wurden, wenn es an Zahl nur 3 sind, zudem die kleinen, so daß der Anteil der erfaßten Umsätze recht bescheiden bleibt. Auch eine Größenklassenbildung ist nur möglich, wenn die Zahl der erfaßten Unternehmungen hinreichend groß ist, ohne Rücksicht auf den Anteil an der Gesamtzahl. Dieses Beispiel belegt eindringlich, daß dem Repräsentationsgrad nach der Zahl der Einheiten nicht die gleiche Bedeutung zukommt wie dem Repräsentationsgrad nach der Merkmalssumme. Denn nur für letzteren ist das Konzentrationsprinzip relevant. Auch die Erdölverarbeitung ist nur mit einer geringen Zahl von Unternehmen vertreten, aber es wird damit ein so hoher Umsatzanteil erreicht, daß das Ergebnis zumindest für Zwecke der Sozialproduktsberechnung als befriedigend zu betrachten ist. Außerordentlich günstig liegen die Verhältnisse im Schiffbau. Es wurden eine relativ große Zahl von Unternehmungen befragt, so daß auch Größenklassen gebildet werden können. Außerdem ist damit ein beträchtlicher Auswahlsatz und eine hohe Umsatzquote erreicht. In jeder Hinsicht mangelhaft erfaßt sind die Tapetenhersteller. Die absolute Zahl ist sehr gering und obendrein ist der Anteil an der Gesamtzahl der Unternehmung auch nur durchschnittlich, so daß — wäre die Kostenstrukturerhebung eine Stichprobenerhebung — auch der Korrekturfaktor im Stichprobenfehler nicht wesentlich zu einer Erhöhung der Zuverlässigkeit des Ergebnisses beitragen würde.

Bis jetzt wurde der Umstand verschwiegen, daß diese Zahlen zwar gut zur Demonstration des in verschiedener Hinsicht variierenden Erhebungsumfanges geeignet sind, nur mit vielen Vorbehalten aber tatsächlich als Maß der Repräsentation zu gebrauchen sind. Das liegt daran, daß die Erhebungseinheit der Kostenstrukturstatistik die juristische Einheit (Unternehmung) ist, während in die Umsatzsteuerstatistik „die Umsatzsteuerpflichtigen" eingehen. Da im Jahre 1958 bereits die Organschaftsbesteuerung zugelassen war, erscheinen die in einem Organkreis zusammengefaßten Unternehmen in der Umsatzsteuerstatistik als eine Einheit. Ferner fehlen darin die Innenumsätze der Organkreise. Die Zahl der Einheiten und die Umsatzsummen sind also in der Umsatzsteuerstatistik geringer als sie in einer Totalstatistik der Unternehmen wären. Es ist demnach unkorrekt und irreführend, wenn in dem Veröffentlichungsband zur Kostenstrukturstatistik von den „Unternehmen lt. Umsatzsteuerstatistik" die Rede ist. Hinzu kommt eine strukturelle Verzerrung: Die Außenumsätze einer Organtochter werden der Organmutter zugerechnet und in deren Wirtschaftszweig aufgeführt.

Die Folge von alledem ist, daß der Repräsentationsgrad nach der Zahl der Unternehmen *insgesamt* sowie in den *einzelnen Wirtschaftszweigen* und der Repräsentationsgrad nach dem Umsatz *insgesamt* höher ausgewiesen wird als er tatsächlich ist. In den einzelnen Wirtschaftszweigen kann der wahre Repräsentationsgrad nach dem Umsatz größer oder kleiner sein als der berechnete, je nachdem, ob die Zuordnung der Organkreise eine Verminderung oder Erhöhung der für die betreffenden Zweige ausgewiesenen steuerlichen Umsätze bewirkt hat. Auf diesen Umstand ist in der Veröffentlichung der Ergebnisse von 1958 hingewiesen worden. Bei der Industrieerhebung für 1962 wurde dann auch die Konsequenz gezogen: Auf die Berechnung derartiger Repräsentationsgrade aus den Zahlen der Umsatzsteuerstatistik ist verzichtet worden. Zur ungefähren Orientierung wurden der Anzahl der 1962 erfaßten Unternehmen und deren Gesamtproduktion die Zahl und die steuerlichen Umsätze der 1958 erfaßten Unternehmungen sowie die damals ermittelten Repräsentationsgrade gegenübergestellt. Zwar wurden 1962 etwas mehr Unternehmungen erfaßt als 1958, doch bezieht sich diese letzte Erhebung auf das Bundesgebiet einschließlich Saarland und Berlin, während die von 1958 nur im Bundesgebiet ohne Saarland und Berlin durchgeführt wurde. Im übrigen ist diese vergleichende Angabe der Zahlen von 1958 auch deshalb von zweifelhaftem Wert, weil damals die Berechnung des Repräsentationsgrades aus der Umsatzsteuerstatistik nicht viel weniger fragwürdig war als 1962: Der Anteil der Außenumsätze der Organkreise am gesamten steuerbaren Umsatz der Industrie betrug 1962 44 %, 1958 38,8 %.

In den *nichtindustriellen Wirtschaftsbereichen* hatten die Erhebungsquoten kennzeichnend andere Werte. Im Handwerk (1958) gaben Organschaften keinen Anlaß, auf einen Vergleich mit den Ergebnissen der Umsatzsteuer zu verzichten. Freilich wirkte sich störend aus, daß für eine Reihe von Handwerkszweigen aus der Umsatzsteuerstatistik keine Daten vorliegen. Insgesamt wurden 1,9 % der von der Umsatzsteuerstatistik 1958 in den untersuchten Zweigen nachgewiesenen Betrieben erfaßt, die 5,1 % des steuerlichen Umsatzes auf sich vereinigten. Handwerkszweige, aus denen weniger als 30 Unternehmungen befragt wurden, sind selten. Es konnte daher auch eine recht tiefe Größenklassengliederung vorgenommen werden, zumal die Betriebe eines Handwerkszweiges ihrer Struktur nach *relativ wenig* voneinander abweichen — viel weniger jedenfalls als Industriebetriebe. Aus diesem Grunde kann auch für die Zwecke der Sozialproduktsberechnung mit einer kleinen Erhebungsquote nach dem Umsatz vorlieb genommen werden.

Ganz ähnlich verhält es sich mit der Repräsentation im Einzelhandel. Die Prozentzahlen sind zwar bescheiden, doch die absoluten Zahlen der in den einzelnen Zweigen erfaßten Unternehmungen sind recht ansehnlich.

Die Erhebungsquoten im Großhandel wurden ausnahmsweise nicht an den Ergebnissen der Umsatzsteuerstatistik gemessen, sondern an denen der Handels- und Gaststättenzählung 1960. Das ist insofern von Vorteil, als der Handelszensus Zahlen für die rechtlichen Einheiten, die

Unternehmungen, ergab, so daß Vergleichsstörungen durch Organschaften entfielen. Auch konnten nun die ökonomisch eher interessierenden wirtschaftlichen Umsätze verglichen werden. Andererseits beziehen sich die Zahlen der Handelszählung auf 1959, die der Kostenstrukturerhebung auf 1960, so daß wegen der allgemeinen Umsatzsteigerung der entsprechende Repräsentationsgrad etwas zu hoch ausgewiesen wird. In den *untersuchten* Großhandelszweigen betrug der Anteil der erfaßten Unternehmungen an der Gesamtzahl 9,9 %, der der damit gedeckten Umsätze 32,1 %. Bezogen auf alle in dem Handelszensus erhobenen Großhandelsunternehmen lauten die Anteile 9,1 % und 29 %. Bedeutsam ist wiederum, daß die absolute Anzahl der in den einzelnen Klassen erhobenen Unternehmungen recht hoch ist, in der ganz überwiegenden Mehrzahl über 50 liegt, häufig beträchtlich darüber (Großhandel mit Gemüsen, Obst, Früchten und Gewürzen 339!). So war auch im Großhandel eine tiefe Gliederung nach der Größe der Gesamtleistung möglich: Es wurden bis zu 8 Größenklassen gebildet.

Vergleicht man demnach die Erhebungsquoten und den absoluten Erhebungsumfang in den 3 erörterten Wirtschaftsbereichen, so gewinnt man den Eindruck, daß gerade im gewichtigsten, der Industrie, die Erhebung einer breiteren Basis bedarf als sie 1958 hatte. Das kommt weniger in den Quoten, dafür um so mehr in den absoluten Zahlen der pro Zweig erfaßten Unternehmen zum Ausdruck. Allzu häufig mußte deswegen auf eine an sich nötige Größenklassenbildung verzichtet werden. In der Erhebung 1962 ist dann auch die Zahl der befragten Unternehmen merklich erhöht worden.

IV. Zusammenfassung

Eine laufend durchgeführte Kostenstrukturstatistik, die beträchtlich tiefer in die Kostenstruktur der gesamten Wirtschaft eindringen soll als bis zur Berechnung von Nettoquoten, wird eine Teilerhebung sein müssen, aber auch sein können. Totalerhebungen sind zu diesem Zweck zu schwerfällig und zu aufwendig. Freilich wird das Auswahlverfahren erst dann optimal ausgestaltet werden können, wenn gelegentliche Vollerhebungen eine sichere Auswahlgrundlage schaffen, es sei denn, eine solche sei sekundärstatistisch zu gewinnen. Erhebungen, die auf freiwillige Teilnahme der Unternehmungen angewiesen sind, müssen nach Lage der Dinge als Notbehelf betrachtet werden; denn ihre Ergebnisse sind mit einem kaum kontrollierbaren systematischen Fehler behaftet. Das Auswahlverfahren sollte durch eine vorausgeplante und wohl abgewogene Kombination des Konzentrationsprinzips und des Repräsentationsprinzips geprägt sein. Der repräsentativ-statistische Teil des Erhebungsverfahrens wird infolge der weitgehenden Kenntnisse, die man aus den Großzählungen über die wichtigsten Wirtschaftsbereiche besitzt, auf einen übermäßigen Einsatz von Zufallsziehungen verzichten und dafür mehr von Anordnungseffekten Gebrauch machen können. Die repräsentative Ergänzungserhebung über den Materialbezug von 1954 dürfte da in vieler Hinsicht richtungsweisend sein.

Bei der Bemessung des Umfangs der Teilerhebung sollte nicht zu sehr auf die Erhebungsquoten, sondern — um die Möglichkeit von Gruppenbildungen nicht allzusehr zu beschneiden — auch auf eine Mindestanzahl an Einheiten in den Klassen gesehen werden. Der sogenannte Repräsentationsgrad nach der Zahl der Einheiten, der im Gesetz über Kostenstrukturstatistik (§ 5,2) mit 5 % zur Auflage gemacht wird, dürfte jedenfalls die geringste Bedeutung haben, zumal wenn, wie das Gesetz ebenfalls vorschreibt, „für die einzelnen Wirtschaftszweige repräsentative Gesamtergebnisse“ erlangt werden sollen. Wichtig ist es vielmehr, im Interesse der Sozialproduktsberechnung eine hinreichend hohe Erhebungsquote nach dem Umsatz zu erreichen — insbesondere durch Einbeziehung aller Großunternehmen — und daneben die Zahl der Einheiten in den einzelnen Wirtschaftszweigen so hoch anzusetzen, daß auch in den zu bildenden Größenklassen ein genügender Ausgleich erfolgen kann. Die bisherigen kostenstrukturstatistischen Erfahrungen sollten es mit der Zeit auch ermöglichen, die Variabilität der Kostenstruktur in den verschiedenen Zweigen zu berücksichtigen, d. h. gegebenenfalls sehr heterogene Zweige einer umfassenderen Untersuchung zu unterziehen.

D. Das Frageprogramm

Der hier erörterten Kostenstrukturstatistik ist die Aufgabe gestellt, bei den nun definierten Einheiten jene Tatbestände zu erheben, die zur Aufstellung der Produktionskonten der Sozialproduktsberechnung und zu der der Input-Output-Tabelle benötigt werden.

Diese Tatbestände müssen einerseits in einer dem Rechnungszweck möglichst adäquaten Definition — also in bestimmter Differenzierung, Gruppierung und Bewertung — erfragt werden, andererseits aber kann der Statistiker nicht unbeschränkt Auskünfte fordern: das Rechnungswesen der Betriebswirtschaften setzt deren Auskunftsfähigkeit Grenzen. Diesem Teilkomplex der statistischen Prozedur gilt der folgende Abschnitt.

I. Die Abstimmung des Frageprogramms auf die verschiedenen Wirtschaftsbereiche

Das Frageprogramm einer Kostenstrukturstatistik kann entweder in so allgemeiner Form entworfen werden, daß es — wenn auch mit einer Vielzahl konkretisierender Erläuterungen — ohne Unterschied den Einheiten aller Wirtschaftsbereiche vorgelegt werden kann; es ist aber auch möglich, es zu differenzieren, es den Besonderheiten der einzelnen Wirtschaftszweige anzupassen. Die allgemeine Form ist vor allem dann realisierbar, wenn man die Erhebung auf einen eindeutigen Zweck abstellt, wie etwa die Entstehungsrechnung des Sozialprodukts, so daß die Fragen einerseits so allgemein gefaßt, andererseits aber so präzisiert werden können, daß eben — um ein Beispiel zu nennen — in einer Position alle „Vorleistungen" erfaßt werden, seien es nun die Fertigungsstoffe in der Industrie oder im Handwerk, sei es der Wareneinsatz im Handel, seien es die medizinisch-technischen Materialien, die in der zahnärztlichen Praxis verarbeitet werden. Der unbestreitbare technische Vorteil eines solchen allgemein verbindlichen Programms wäre es, daß die Auswertung auf Datenverarbeitungsmaschinen dadurch wesentlich erleichtert würde.

Allerdings wird man unterschiedliche Auskunftsfähigkeit in Rechnung stellen müssen: an die Buchführung eines Handwerksbetriebes oder gar der freien Berufe kann man üblicherweise nicht die gleichen Anforderungen stellen wie an die von Industriebetrieben. Auch empfiehlt es sich im Frageprogramm jene besonderen Begriffe zu verwenden, die in den einzelnen Wirtschaftsbereichen üblich sind. Hat in einem Wirtschaftszweig — wie etwa in der Industrie — ein gemeinsamer Kontenrahmen oder Kontenplan verbreitete Anwendung gefunden, so muß das Frageprogramm sich darauf einstellen: Kostenarten, die einem solchen Kontenplan zufolge auf einem einzigen Konto zusammengefaßt sind, dürften schwerlich isoliert zu erfragen sein. Andererseits sind die Unterschiede zwischen den Frageprogrammen der 18 verschiedenen Erhebungsbogen, mit denen die laufende Kostenstrukturstatistik arbeitet[51], nicht sehr erheblich. Sicher ließe sich das Frageprogramm in seinem Kern weitgehend vereinheitlichen. Speziell auf die einzelnen Wirtschaftsbereiche zugeschnitten werden könnten allerdings die Ausfüllungsrichtlinien und eventuelle Zusatzfragebogen. Es ist anzunehmen, daß das die Aufbereitung beschleunigen würde, was wünschenswert wäre.

II. Die Abstimmung des Frageprogramms auf die statistischen Einheiten

Es wird hier davon ausgegangen, daß als statistische Einheiten nebeneinander die wirtschaftende Einheit und die prozeßintegrale Einheit

---

[51] Es werden für folgende Wirtschaftszweige eigene Erhebungsbogen verwendet: Industrie, Bauindustrie, Handwerk, Bauhandwerk, Energie- und Wasserversorgung, Großhandel, Einzelhandel, Verlagswesen, gewerblicher Güterkraftverkehr, öffentlicher Personenverkehr, Eisenbahnen, Binnenschiffahrt, Seeschiffahrt, Ärzte, Zahnärzte, Rechtsanwälte und Notare, Handelsvertreter und Handelsmakler, prüfende sowie wirtschafts- und steuerberatende Berufe.

dienen soll. Die Verwendung dieser beiden Einheiten anstelle der Unternehmung macht die Erhebung zweifellos beschwerlicher. Möglicherweise wird es sich als notwendig herausstellen, in einer begrenzten Zahl komplizierter Fälle sachkundiges Erhebungspersonal die Einheiten aufsuchen zu lassen, anstatt per Post Fragebogen zu verschicken.

Der Umstand, daß nun über zwei verschiedene Einheiten berichtet werden muß, nötigt zur Entscheidung darüber, ob etwa auf beide Einheiten das gleiche Frageprogramm Anwendung finden soll. So wurden im Industriezensus 1962 die Nettoproduktionswerte für rechtliche und örtliche Einheiten in gleicher Weise ermittelt. Eine solche Identität der Frageprogramme stieße aber einerseits leicht auf theoretische und praktische Zurechnungsprobleme — über die prozeßintegralen Einheiten sind im wesentlichen nur Daten der unterschiedlich ausgestalteten Betriebsbuchhaltung zu erhalten — und würde andererseits auch den Anforderungen der Erkenntnisziele nicht gerecht. Soll doch die wirtschaftende Einheit zuverlässige Daten über die Wertentstehung und den Wertverbrauch liefern, die in die Entstehungsrechnung eingehen, während die prozeßintegrale Einheit für die ja anders orientierte Input-Output-Analyse solche Zahlen herzugeben bestimmt ist, die, obschon in Währungseinheiten ausgedrückt, doch eher die Realprozesse der Produktion und des Verbrauches, die physischen Vorgänge, zum Ausdruck bringen. In den folgenden Abschnitten wird bei der Behandlung der einzelnen Aufwandsarten und Ertragsarten jeweils untersucht, in welcher Form sie für die wirtschaftliche Einheit bzw. die prozeßintegrale Einheit zu erfragen sind. Nun sind aber in der Mehrzahl der Fälle beide Einheiten identisch. Immer dann werden dieser einzigen Einheit beide Frageprogramme vorgelegt.

III. Der Inhalt des Frageprogramms

1. *Allgemeine Fragen zur Charakterisierung der Berichtseinheiten*

Vorweg sind eine Reihe allgemeiner Angaben über solche Merkmale der Einheiten notwendig, nach denen klassifiziert wird oder die der Hochrechnung von Teilerhebungsergebnissen dienen. So ist erstens festzustellen, ob die wirtschaftende Einheit eine Einzelunternehmung oder ein Unternehmenszusammenschluß ist, ob sie aus einer oder aus mehreren prozeßintegralen Einheiten besteht. Zweitens ist die Stellung der Einheiten — und zwar jeweils sowohl der wirtschaftenden als auch der prozeßintegralen — in der Systematik der Wirtschaftszweige zu ermitteln: Anhand der Systematik muß der Schwerpunkt der Wirtschaftstätigkeit dieser Einheiten festgelegt, zugleich aber für die prozeßintegrale Einheit noch erfragt werden, in welchen verschiedenen Wirtschaftszweigen die Einheit daneben tätig ist und über welche Positionen der Klassifikation sich die Produktionstiefe erstreckt. Die Bestimmung des Schwerpunkts kann man zwar der Selbsteinschätzung überlassen, doch sollte darüber hinaus zur Kontrolle angegeben werden, auf welchen Wirtschaftszweig die meisten Beschäftigten, auf welchen der größte Bruttoproduktionswert entfallen. Eine bestimmte Art differenzierender Klassifikation setzt voraus, daß im Falle „gemischter Einheiten" auch Angaben darüber eingeholt werden, zu welchen Teilen die Umsätze bzw. die Bruttoproduktionswerte auf die verschiedenen beteiligten Wirtschaftszweige entfallen. Drittens ist die Zahl der beschäftigten Personen von Interesse. Die Zahl der Beschäftigten wird üblicherweise weiter aufgegliedert. Viertens schließlich gehört noch die Frage nach der zeitlichen Lage des Geschäftsjahres und nach der Rechtsform der wirtschaftenden Einheit in diesen allgemeinen Teil.

2. Die Fragen nach der Kostenstruktur: Gesamtergebnis, Betriebsergebnis, neutrales Ergebnis

An diesem Punkt der Untersuchung muß nun die präzise Unterscheidung zwischen „Kosten" und „Aufwand" wieder aufgegriffen werden: Soll der Gegenstand der Untersuchung das Gesamtergebnis mit all seinen Bestandteilen (das hieße also u. a.: dem Aufwand) oder das Betriebsergebnis, das kalkulatorische Ergebnis (das hieße also u. a.: die Kosten) sein? Nun ist die Zerlegung des Gesamtergebnisses einer Unternehmung in ein Betriebsergebnis und ein neutrales Ergebnis eine betriebswirtschaftliche Konstruktion, die für eine gesamtwirtschaftliche Analyse nicht ohne weiteres relevant ist[52]. Die erörterte Kostenstrukturstatistik könnte sich die „Aufwandsrechnung" schon deshalb nicht uneingeschränkt zu eigen machen, weil das neutrale Ergebnis zumindest hinsichtlich wesentlicher Posten nur für die Unternehmung insgesamt berechenbar ist, nicht aber für Unternehmensteile.

Vor allem aber bedarf es erst der Prüfung, inwiefern das Gesamtergebnis bzw. das Betriebsergebnis im betriebswirtschaftlichen Sinne Begriffe sind, die für die verfolgten Erkenntniszwecke mit Nutzen anzuwenden sind.

Wenn man die Aufgabe der Entstehungsrechnung des Sozialprodukts darin sieht, das Leistungseinkommen dort, wo es entsteht, nachzuweisen, so wird man die an die wirtschaftenden Einheiten gestellten Fragen eben so abfassen müssen, daß aus den Antworten die Wertschöpfung geschätzt werden kann, und diese muß den in der jeweiligen Einheit

[52] Vgl. *Raabe*, K. H., Der Zusammenhang zwischen dem betrieblichen Rechnungswesen ... Wirtschaft und Statistik Jg. 1953, S. 399. Der Terminus Betriebsergebnis wird dort nicht im engen betriebswirtschaftlichen Sinn gebraucht.

erwirtschafteten vollen Gewinn enthalten. Freilich kommt der Begriff des Periodengewinns immer durch Konvention zustande. Es besteht aber kein Anlaß, in das Volkseinkommen nicht ebenfalls jene Gewinne einzurechnen, die die Unternehmungen in ihrer Handelsbilanz ausweisen oder zumindest ausweisen sollten. Aus diesem Gewinn — damit aus dem Gesamtergebnis — sind lediglich jene Posten zu eliminieren, die bereits eine Gewinnverwendung, also Einkommensübertragung, ausdrücken: so etwa die Erträge aus der Beteiligung am Eigenkapital einer anderen wirtschaftenden Einheit, so etwa empfangene oder hingegebene Schenkungen[53].

Mit diesen Einschränkungen wird sich daher das Frageprogramm auf die Aufwandsseite des Verlust- und Gewinnkontos, nicht auf die des Betriebsergebniskontos zu richten haben. Das Betriebsergebniskonto hat als Saldo den kalkulatorischen Gewinn. Der ist aber nicht auf exakte und vollständige Gewinnermittlung hin berechnet. Die Betriebsbuchhaltung dient überwiegend anderen Zwecken.

Sieht man allerdings in der Entstehungsrechnung des Sozialprodukts nicht eine Einkommensrechnung, so entfallen diese Argumente für eine Erhebung des Gesamtergebnisses. Die im ersten Teil[54] angedeutete zweite Konzeption einer Entstehungsrechnung, die die „produktive Verflechtung der Einheiten“ nachzeichnet, soll indes hier nicht aufgegriffen werden, denn sie erübrigt sich, wenn eine gesonderte Input-Output-Rechnung aufgemacht wird: In der Tat wird nämlich diese zweite Leitvorstellung einer Entstehungsrechnung in der Input-Output-Rechnung dominant.

Das Frageprogramm, das der prozeßintegralen Einheit vorgelegt wird, kann einerseits, wie schon erwähnt, oft gar nicht an eine Gewinn- und Verlustrechnung anknüpfen[55], andererseits ist es der Input-Output-Analyse auch gar nicht primär um die vollständige Erfassung der Wertschöpfung zu tun.

Hat man als letztes Ziel dieser Rechnung die Ermittlung von strukturell möglichst konstanten Produktionskoeffizienten vor Augen, so wird man in jedem Falle die Aufwendungen und Erträge, die mit der eigentlichen Betriebsfunktion zusammenhängen, isolieren müssen. Betriebsfremde Aufwendungen, die gleichwohl auf eine Leistungserstellung ge-

---

[53] Ein weiterer Bestandteil des neutralen Ergebnisses, der unter Umständen außer acht zu lassen ist, sind die periodenfremden Aufwendungen und Erträge (z. B. Steuernachzahlungen, Auflösung einer überflüssigen Prozeßrückstellung). Werden Kostenstrukturerhebungen in Zeitabständen von einigen Jahren durchgeführt, so wirken solche Aufwendungen und Erträge, die eigentlich andere Perioden oder überhaupt keine bestimmte Periode betreffen, verzerrend auf das Kostengefüge.

[54] Vgl. Erster Teil II, Kapitel C.

[55] Dann nämlich, wenn die prozeßintegrale Einheit nur Teil einer Unternehmung ist.

richtet sind, könnten, weil sie auch eine intersektorielle Verflechtung bewirken und nicht ignoriert werden dürfen, wenn die Summe aller Inputs gleich der aller Outputs sein soll, gesondert erfaßt werden. Jedoch können die betriebsbedingten Kosten nicht ohne weiteres der Betriebsbuchhaltung entnommen werden. Die Kostenarten der Betriebsbuchhaltung enthalten vermischt aufwandsgleiche Kosten und kalkulatorische Kosten, die nicht Aufwand sind: Eigenkapitalzins, den Mietwert eigener Gebäude, außerdem möglicherweise Wertansätze für gekaufte Kostengüter, die nicht mit den tatsächlichen Preisen übereinstimmen.

Die Quintessenz dieser Überlegungen ist, daß die betriebswirtschaftliche Unterscheidung zwischen Kosten und Aufwand zwar einen brauchbaren Ansatzpunkt der Prüfung abgibt, daß aber den Anforderungen der hier erörterten Erkenntnisziele mit diesem Begriffsschema nicht Genüge getan werden kann. Zugleich zeichnet sich ab, daß der Dualismus der statistischen Einheiten auch einen Dualismus der Frageprogramme im Gefolge hat. Das wird bei der Erörterung der einzelnen Kosten- und Ertragsarten noch deutlicher.

3. Die Fragen nach der Kostenstruktur: Der Bruttoproduktionswert

Die Fragen nach den einzelnen Aufwendungen und Erträgen sollen in jener Gruppierung abgehandelt werden, die aus dem Produktionskonto schon bekannt ist. Demnach werden zunächst die Fragen nach dem Bruttoproduktionswert, dann die nach den Vorleistungen, Abschreibungen, Steuern und nach der Wertschöpfung an die Reihe kommen.

Der Bruttoproduktionswert, der Wert der „Gesamtleistung" in der üblichen Begriffsfassung, ist ganz für die Zwecke der Sozialproduktsberechnung definiert und auf die Unternehmung als Einheit bezogen, sowohl was die einbegriffenen Bestandteile als auch was die Bewertung betrifft. Die Definition „Bruttoproduktionswert = wirtschaftlicher Umsatz + Bestandsveränderungen an eigenen Erzeugnissen + selbsterstellte Anlagen" will grundsätzlich die gesamte Wertenstehung in einer Unternehmung erfassen; allerdings wird man je nachdem, was man unter wirtschaftlichem Umsatz versteht, Erlöse aus betriebsfremden Leistungen ein- oder ausschließen können. Wie aber ist diese Definition auf Einheiten anwendbar, die Teile einer Unternehmung sind und ihre Leistungen an andere Unternehmensteile bewirken? Dann kann nicht von Umsätzen, sondern nur von Lieferungen die Rede sein. Außerdem hat diese gebräuchliche Definition der Gesamtleistung den Nachteil, auch insofern nicht hinreichend allgemein zu sein, als sie zusehr auf das warenproduzierende Gewerbe, den Handel und gewisse Dienstleistungen verkaufende Branchen zugeschnitten ist. Für Banken und Versicherungen ist sie nicht brauchbar. Der Betriebserfolg einer Bank wird gespeist aus Provisionseinnahmen und der Differenz zwischen den Soll- und Habenzinsen. Der Ausdruck Umsatz paßt nicht auf diesen Sachverhalt.

Da indes in dieser Untersuchung hauptsächlich auf die Verhältnisse in der Industrie, im Handel und im Handwerk Rücksicht genommen wird, soll auf den durchaus plastischen Begriff der Gesamtleistung und seine Bestimmung aus den drei Summanden nicht verzichtet werden.

a) Der Umsatz

Der Umsatz einer Einheit kann entweder gemessen werden als Gesamtwert der in dieser Periode abgerechneten, fakturierten *Leistungen* oder als Summe der in dieser Periode vereinnahmten *Entgelte*. Die zahlenmäßige Differenz zwischen beiden Maßgrößen ist von Branche zu Branche sehr verschieden groß: Praktisch gleich Null beim Barverkauf (z. B. Einzelhandel), möglicherweise beträchtlich in Branchen mit langen Zahlungszielen (insbesondere bei der Schwerindustrie im Auslandsgeschäft).

Die Summe der abgerechneten Leistungen nennt man den wirtschaftlichen Umsatz; er drückt die tatsächliche Leistung *für den Markt* unmittelbar aus. Ein Umsatzakt in diesem Sinne gilt als abgeschlossen, wenn die Rechnung ausgestellt ist[56]. Vom wirtschaftlichen Umsatz sind demnach gewährte Skonti nicht abgesetzt, wohl aber Rabatte, Preisnachlässe usw. Diese unterschiedliche Behandlung ist auch gerechtfertigt: Skonti stehen Zinsaufwendungen näher als Preisnachlässen. Andererseits sind aber auch Skonti Erlösschmälerungen und müssen daher entweder als solche oder aber als Aufwendungen irgendwo erfaßt werden. Zu beachten ist jedoch, daß im laufenden Jahr ausgenutzte Skonti sich nicht alle auf den wirtschaftlichen Umsatz dieses Jahres zu beziehen brauchen.

Die Summe der vereinnahmten Entgelte — der steuerliche Umsatz wird überwiegend so ermittelt — läßt die Marktbedeutung der Einheit in dieser Periode nur erkennen, wenn zusätzlich die Veränderung der Außenstände angegeben wird. Die Summe der vereinnahmten Entgelte ist um die Skonti bereits gekürzt.

---

[56] Gelegentlich liest man, entscheidend sei der Zeitpunkt des Entstehens von Forderungen und Verbindlichkeiten. Das ist nicht korrekt. Denn Forderungen und Verbindlichkeiten entstehen schon bei Vertragsabschluß, also vor der Bewirkung einer Leistung. Zutreffender wäre es, den Zeitpunkt des Fälligwerdens der Forderung auf Entgelt maßgeblich sein zu lassen. Im allgemeinen wird die Forderung des Verkäufers auf Zahlung des Kaufpreises fällig mit der Ausstellung der Rechnung. Allerdings kann auf der Rechnung auch eine spätere Fälligkeit vermerkt sein.

Für alle wesentlichen Zwecke einer Kostenstrukturstatistik ist es vorzuziehen, mit dem wirtschaftlichen Umsatz zu arbeiten. Die Summe der vereinnahmten Entgelte spielt nur insofern eine statistisch-technische Rolle, als die meist so berechneten steuerlichen Umsätze (Umsatzsteuerstatistik!) ja vielfach Ausgangswerte für die Schätzung des Bruttoproduktionswertes sind. Einerseits um Schlüsselzahlen für diese Umrechnung zu gewinnen, andererseits zum Zwecke der Hochrechnung der Teilerhebungsergebnisse werden in der laufenden Kostenstrukturstatistik die Unternehmungen nach ihrem wirtschaftlichen und ihrem steuerlichen Umsatz befragt. Der steuerliche Umsatz schließt auch neutrale Erträge ein und ist immer auf das Kalenderjahr bezogen.

Der wirtschaftliche Umsatz kann zweifach unterteilt werden. Einmal danach, für welche betrieblichen Funktionen die Entgelte bezogen werden. So ist der Umsatz im warenproduzierenden Gewerbe aufzugliedern in die Umsätze aus eigenen Erzeugnissen bzw. Dienstleistungen (bestehend aus den Umsätzen an Haupterzeugnissen und Nebenerzeugnissen), die Handelsumsätze und ggf. Umsätze aus sonstigen, nicht betriebstypischen Leistungen (Erlöse aus dem Verkauf von Anlagegegenständen, aus Lizenzverträgen).

Zweitens wäre es aber von Nutzen, den Umsatz nach Warengruppen aufgegliedert zu erhalten — analog zur Aufgliederung des Stoffverbrauchs nach Stoffarten.

Was nun die Besonderheiten der Frageprogramme angeht, die den beiden statistischen Einheiten vorzulegen sind, gilt folgendes: Für die wirtschaftende Einheit ist der wirtschaftliche Gesamtumsatz („Außenumsatz") interessant. Erlöse aus betriebsfremden Leistungen sollten einbezogen werden. Eine Untergliederung des Umsatzes nach Haupt- und Nebenerzeugnissen usw. ist überflüssig, wichtig ist aber die Erfragung der Umsatzstruktur nach Warengruppen, allgemein: nach Leistungsgruppen. Diese Strukturdaten sind unentbehrlich, wenn die Beiträge der Wirtschaftszweige zum Sozialprodukt bewertet zu festen Preisen auf dem Wege der Deflationierung berechnet werden sollen. Daneben sind auch die steuerlichen Umsätze zu erfragen.

Problematischer ist die Erhebung der „Umsätze" bei den prozeßintegralen Einheiten. Denn diese geben ihre Leistungen ja nicht durchwegs an den Markt ab, sondern auch — falls sie Bestandteil einer wirtschaftenden Einheit sind — an andere prozeßintegrale Einheiten derselben Unternehmung bzw. desselben Organkreises. Diese internen Lieferungen sind zu Verrechnungspreisen bewertet, sie sind nicht „Umsätze". Als Bestandteil der Gesamtleistung stehen sie aber den Umsätzen gleich. Die prozeßintegrale Einheit ist so definiert, daß solche internen Lieferungen in größerem Umfang nur dort vorkommen, wo sie halbwegs eindeutig zu Marktpreisen zu bewerten sind, wo es sich also um marktgängige, normierbare Produkte handelt. Daneben werden aber auch kleinere Posten an zwischenbetrieblichen Lieferungen vorkommen, für die keine Marktpreise bestehen, die also zu kalkulierten Verrechnungspreisen bewertet werden müssen. Der Gesamtwert der Lieferungen der prozßintegralen Einheit ist demnach eine Summe aus den Umsätzen am Markt, den internen Lieferungen, auf die Marktpreise übertragen werden, und den internen Lieferungen, die zu Verrechnungspreisen bewertet sind[57]. Häufig wird der zweite und/oder der dritte Summand Null sein.

Dieser Gesamtwert ist zunächst in der angedeuteten zweifachen Weise aufzugliedern: Erstens nach Hauptumsätzen und Nebenumsätzen an eigenen Leistungen, Handelsumsätzen und Erlösen aus nicht betriebstypischen Leistungen. Diese Dreiteilung ist unerläßlich. Denn in einer Input-Output-Rechnung, die die Homogenitätsbedingung ernst nimmt, können die Handelsumsätze und die Erlöse aus betriebsfremden Leistungen nicht zum Output einer warenproduzierenden Einheit gerechnet werden. Die Handelsumsätze können behelfsweise auf den Sektor Handel umgebucht werden. Für Handelsbetriebe gilt Entsprechendes. Jedenfalls ist es angebracht, im Frageprogramm einer Kostenstrukturstatistik Vorsorge zu treffen, daß entsprechende Strukturzahlen für die Umsätze zur Verfügung stehen.

Unterteilt man die Haupt- und Nebenumsätze aus eigenen Leistungen sowie die Handelsumsätze schließlich weiter nach Leistungsgruppen, so ist man den Anforderungen der Input-Output-Rechnung weitgehend nachgekommen. Freilich sind damit noch nicht alle Voraussetzungen einer verläßlichen Berechnung von Input-Output-Koeffizienten erfüllt. Denn erstens kommt die Produktionstiefe der Einheiten in den Werten der Lieferungen und der Gesamtleistung nicht zum Ausdruck. Diesem Mangel könnte man nur dadurch abzuhelfen versuchen, daß man den (nach Leistungsgruppen gegliederten) Produktionswert nicht nur an den Lieferungen mißt, sondern auch alle die Erzeugnisse einbegreift, die in derselben Einheit hergestellt und weiterverarbeitet werden.

Ferner ist zu beachten, daß aus der Kenntnis dessen, was verkauft wird, noch nicht mit Sicherheit zu schließen ist, an wen verkauft wird. Auch aus der Gegenüberstellung aller nach Leistungsgruppen unterteilten Bruttoproduktionswerte und Vorleistungen ist die Lieferverflechtung zwischen den Sektoren nicht abzuleiten. Zusätzlich müssen vielmehr Angaben über benutzte Absatz- (und Beschaffungs-) wege ver-

---

[57] Damit umfaßt dieser Bestandteil des Bruttoproduktionswertes der prozeßintegralen Einheit mehr als der Produktionswert in der Definition der Produktionsstatistik, demzufolge nur die zum Absatz bestimmte Produktion der örtlichen Einheit zählt.

fügbar sein. Eine relativ leicht zu beantwortende Frage dieser Art ist die auch in der laufenden Kostenstrukturstatistik an den Großhandel gestellte, wie sich der gesamte Umsatz an Handelswaren zusammensetzt aus Großhandelsumsätzen und Einzelhandelsumsätzen. Aufs Ganze gesehen ist es aber eher praktikabel, eine derartige Analyse der Güterströme an der Aufwandsseite anzusetzen. Es wird daher auf den Abschnitt über Vorleistungen verwiesen.

Eine weitere Aufspaltung, die insbesondere dann sehr nützlich ist, wenn neben einer auf Input-Output-Koeffizienten gerichteten Rechnung auch eine Analyse der Marktverflechtungen vorgenommen werden soll, macht keine besonderen Schwierigkeiten. Aus den schon nach Leistungsgruppen aufgegliederten Lieferungen können noch die internen ausgegliedert werden. Diese Zahlen fallen zum großen Teil ohnehin an, wenn die entsprechenden Außenumsätze der wirtschaftenden Einheiten berechnet werden.

Ein vergleichender Blick auf die amtlichen Kostenstrukturstatistiken zeigt, daß ein solches Frageprogramm in Ansätzen und Bruchstücken, verteilt auf mehrere Erhebungen, schon verwirklicht ist. Die laufende Kostenstrukturstatistik seit 1958 erfragt den gesamten wirtschaftlichen Umsatz der Unternehmungen (abzüglich Rabatte, Retouren, Boni, nicht aber Skonti) und unterteilt ihn in allen Wirtschaftsbereichen mehrfach. Bei der Industrie z. B. so: Umsatz aus eigenen Erzeugnissen (Lohnarbeiten ausgegliedert); Handelsumsatz; Nebenumsatz (z. B. Erlöse aus Abfallprodukten, aus den Geschäften der Kantine, aus Vermietung betrieblicher Anlagen; aber *ohne* Erlöse aus dem Verkauf von Anlagegegenständen, Zinserträge und sonstige neutrale Erträge); Ausfuhr- und Ausfuhrhändlervergütung.

Neutrale Erträge bleiben grundsätzlich — überwiegend aus psychologischen Gründen — ausgeschlossen.

Diese Aufgliederung des Umsatzes in der Kostenstrukturstatistik von 1958 entspricht nicht ganz der oben geforderten. So kann z. B. der Gesamtumsatz an eigenen Erzeugnissen (Haupterzeugnisse und Nebenerzeugnisse) dem Fragebogen nicht entnommen werden. Die Position „Nebenumsätze“ ist vielmehr ein recht heterogenes Gemisch.

Die Struktur des Umsatzes nach Leistungsgruppen wird in der laufenden Kostenstrukturstatistik nicht ermittelt, wohl aber im Industriebericht (Umsätze nach beteiligten Industriezweigen).

Im Industriezensus 1962 werden einzelne örtliche Einheiten einer Unternehmung sowohl nach ihren Marktumsätzen (direkte Lieferungen an Kunden) als auch — gesondert — nach ihren internen Lieferungen befragt. Letztere sollen zu Werkverrechnungspreisen bewertet werden.

b) Bestandsveränderungen an eigenen Erzeugnissen

Der zweite Bestandteil der Gesamtleistung ist jener, der dadurch entstanden ist, daß Betriebsleistungen erbracht worden sind, die auf zum Absatz bestimmte Güter und Dienste gerichtet sind, ohne daß der Absatz schon stattgefunden hätte. Dieser Posten hat demnach im wesentlichen für das warenproduzierende Gewerbe Bedeutung. Es kann sich bei solchen Werten um Fertigerzeugnisse handeln, die auf Lager produziert worden sind, aber auch um Halberzeugnisse oder angefangene Arbeiten. Sie müssen ohne Unterschied zu der Gesamtleistung gerechnet werden, da es nicht gerechtfertigt wäre, die auf sie verwandten Produktionskosten den umgesetzten Leistungen anzulasten. Während eine Zunahme der Bestände ein positiver Bestandteil der Gesamtleistung ist, bedeutet eine Bestandsverminderung, daß in dieser Periode mehr abgesetzt als erzeugt worden ist. Folglich muß der wirtschaftliche Umsatz um den Wert der Bestandsabnahme vermindert werden, damit wieder die Produktionsleistung der Periode nachgewiesen wird. Während nun diese Abstimmung zwischen der internen Produktionsleistung und dem Umsatz nirgends versäumt wird, finden ganz analoge Vorgänge keine Beachtung, wenn nicht die eigentliche Produktion, sondern die Lagerhaltung, nicht zuletzt die im Handel, betroffen wird. Der hier eigentlich anstehende ökonomische Sachverhalt ist etwas allgemeiner als der Ausdruck „eigene Erzeugnisse“ erkennen läßt. Zuweilen stellt die Lagerung eine Vorstufe zur Produktion (Beispiel: Eine Möbelfabrik oder ein Geigenbauer kauft frisches Holz und lagert es zur Trocknung ein; es gewinnt dabei beträchtlich an Wert) oder sogar selbst eine Art Produktion dar (Beispiel: Ein Weinhändler kauft jungen Wein und lagert ihn einige Jahre). Die Güter verändern dabei ihre Beschaffenheit und gewinnen an Wert. Dieser Wertzuwachs ist ohne Zweifel ein Bestandteil der Gesamtleistung der betreffenden Unternehmung. In anderen Fällen ist die Lagerung trotz unveränderter Qualität der Güter eine eigenständige wirtschaftliche Leistung, die beträchtlichen Aufwand erfordern, dafür aber gegebenenfalls Spekulationsgewinne einbringen kann (z. B. Einlagerung in Kühlhäuser). Kurzum: Die so krasse Unterscheidung zwischen gekauften, „nur“ gelagerten und „schon“ — wenn auch minimal — bearbeiteten Gütern hinsichtlich ihrer Zurechnung zum Bruttoproduktionswert ist theoretisch nicht ganz einleuchtend, praktisch aber deshalb so verbreitet, weil der bei der Lagerung den Gütern hinzugefügte Wert in den meisten Fällen sehr gering ist.

Im übrigen sind die Bestandsveränderungen an eigenen Erzeugnissen problematisch nur hinsichtlich ihrer Bewertung, darin aber ein prägnantes Beispiel für zweckbezogene Verfahrensweisen.

Für Zwecke der Sozialproduktsberechnung, d. h. bei den wirtschaftenden Einheiten, können die Bestandsveränderungen an eigenen Erzeugnissen en bloc erhoben werden. Die Bedingungen, unter denen ihre Bewertung steht, richten sich danach, welche Variante der Entstehungsrechnung bzw. der volkswirtschaftlichen Gesamtrechnung man anstrebt. Zielt man auf eine nominelle Einkommensrechnung ab, auf eine also, die in ihren wesentlichen Grundsätzen mit der einzelwirtschaftlichen Erfolgsrechnung übereinstimmt, so gelten für die Bewertung der Bestandsveränderungen an eigenen Erzeugnissen folgende Überlegungen:

Eine Bestands*vermehrung* soll sich einerseits nicht in unrealisierten Gewinnen niederschlagen, andererseits müssen *mindestens* für alle auf die gelagerten Produkte verwendeten variablen Kosten Gegenposten im Ertrag gebucht werden, weil sonst infolge der Lageraufstockung der Gewinn sinken bzw. der Verlust steigen würde. Mit anderen Worten: Die Lageraufstockung ist zu Herstellungskosten[58] zu bewerten. Diese Regel gilt nicht, wenn der Verkaufspreis (Tageswert) der Produkte unter die Herstellungskosten gefallen ist. Dann nämlich ist der niedrigere Tageswert anzusetzen (Niederstwertprinzip). Nun ist aber die Feststellung der Bestandsvermehrung nur über eine Inventur zu erreichen, d. h.: Bewertet werden muß der gesamte Endbestand. Die Differenz zum Anfangsbestand ergibt dann die Bestandsveränderung. Häufig ist eine Einzelbewertung des Endbestandes nicht möglich, es muß eine Sammelbewertung vorgenommen werden. Haben sich nun infolge von Preisänderungen bei den Kostengütern die Herstellungskosten im Laufe des Jahres geändert, so muß — genau wie bei den Eingangslagern — eine Unterstellung über den Zu- und Abgang zum und vom Lager gemacht werden: Solche Unterstellungen liegen den Bewertungsregeln „Lifo", „Hifo", „Fifo" zugrunde. Es kann freilich auch zu gewogenen Durchschnittspreisen bzw. Durchschnittskosten bewertet werden. In allen Fällen muß jedoch das Niederstwertprinzip gewahrt bleiben. Die Wertansätze in der Steuerbilanz haben zusätzlich der Bedingung zu genügen, daß die durchschnittlichen Anschaffungspreise nur dann unterschritten werden dürfen, wenn der Tageswert entsprechend gesunken ist. Deshalb sind die Methoden Lifo und Hifo bei steigenden Preisen steuerlich im allgemeinen unzulässig. Die Bewertung zu durchschnittlichen Anschaffungspreisen findet, falls das Niederstwertprinzip beachtet wird, steuerrechtlich uneingeschränkt Anerkennung.

---

[58] Zwischen den Herstellungskosten nach Handelsrecht und denen nach Steuerrecht bestehen geringfügige Differenzen hinsichtlich der Einrechnung der Verwaltungsgemeinkosten. Nach Steuerrecht werden nur die Einzelkosten, die Fertigungsgemeinkosten und die Gemeinkosten der Fertigungsverwaltung aktiviert. In den Herstellkosten der Kalkulation sind auch kalkulatorische Kosten enthalten, jedoch keine Verwaltungsgemeinkosten.

Zur Auswirkung einer Bestands*verminderung* sei zunächst festgehalten, daß sie, falls sie zu Herstellungskosten bewertet wird, nicht, wie die Bestandsvermehrung, den Gewinn aus der *Produktion dieses Jahres* unberührt läßt. Vielmehr enthalten die vereinnahmten Erlöse — aus Verkäufen der Produkte früherer Perioden — auch einen Gewinnzuschlag. Wenn diesen Erlösen aber nur die Herstellungskosten gegenübergestellt werden, steigt der Gesamtgewinn der laufenden Periode.

Der nominellen Gewinnberechnung herkömmlicher Art entspricht die Bewertung der Bestandsverminderungen zu Herstellungskosten. Diese Herstellungskosten werden vergleichsweise niedrig angesetzt, wenn bei steigenden Preisen das Lifo-Verfahren zur Anwendung kommt. Niedrig bewertete Vorratsverminderungen bedeuten nun aber niedrig bewerteten Aufwand.

Die übliche Sozialproduktsberechnung und die kontenmäßige volkswirtschaftliche Gesamtrechnung verfährt allerdings *nicht* nach diesen Bewertungsregeln. Sie macht nämlich keine nominelle Gewinnrechnung auf. Ihre Gewinnermitlung geht andererseits aber auch nicht von der Forderung der „realen Kapitalerhaltung" oder der „Substanzerhaltung" aus. Man hat vielmehr eine nicht sehr überzeugende und wohl aus der Not geborene Zwischenlösung gewählt[59]: Das *Sachvermögen* soll „real" erhalten bleiben. Das heißt: Ein Abgang von Sachvermögen (Bestandsverminderung an eigenen Erzeugnissen und Vorprodukten, Abschreibungen) ist auf der Sollseite des Produktionskontos bewertet zu „laufenden Preisen" (exakt: Wiederbeschaffungspreisen) bzw. zu gegenwärtigen Reproduktionskosten zu buchen, so daß ein solcher Betrag einbehalten und nicht als Gewinn ausgeschüttet wird, daß die Ersatzbeschaffung ermöglicht wird. Für die Lagerveränderungen an eigenen Erzeugnissen bedeutet das, daß ein Lagerabbau zu *gegenwärtigen Reproduktionskosten* (d. h. solchen am Bilanzstichtag), nicht zu tatsächlichen Herstellungskosten, zu bewerten ist. Rechnet man vereinfachend mit den Durchschnittskosten pro Periode, so sind jene der laufenden Periode anzusetzen. Ein Mehrbestand hingegen darf bei steigenden Preisen nicht zu Reproduktionskosten am Bilanzstichtag berechnet werden, da sonst

---

[59] Vgl. A System of National Accounts and Supporting Tables. Studies in Methods No. 2, New York 1960, Statistical Office of the UN. Die deutsche Übersetzung davon heißt: Ein System volkswirtschaftlicher Gesamtrechnungen und Ergänzungstabellen. Herausgegeben vom Institut für international vergleichende Wirtschafts- und Sozialstatistik an der Universität Heidelberg. Siehe in beiden Ausgaben Abschnitt 67. Vgl. auch *Bartels,* H.: Das Kontensystem für die volkswirtschaftlichen Gesamtrechnungen der Bundesrepublik Deutschland, Erster Teil, Wirtschaft und Statistik 1960, H. 6, S. 327. Vgl. auch *Bartels, Raabe, Schörry,* Mitarbeiter: Das Kontensystem für die volkswirtschaftlichen Gesamtrechnungen der Bundesrepublik Deutschland, Zweiter Teil, Wirtschaft und Statistik 1960, H. 10, S. 573.

unrealisierte Gewinne ausgewiesen und die reale Sachvermögenserhaltung nicht gewährleistet wäre. Rechnet man wieder mit Durchschnittskosten und Durchschnittspreisen der Periode, so heben sich die Herstellungskosten der laufenden Periode auf der Sollseite und die aktivierten Herstellungskosten ebenfalls zu Preisen der laufenden Periode gegenseitig auf. Die Bewertung zu Durchschnittspreisen bzw. Durchschnittskosten der laufenden Periode kann also gleichermaßen auf Bestandsvermehrung wie auch auf Bestandsverminderung angewandt werden, liefert dafür aber nur eine Annäherung an die eigentlich adäquaten Wertansätze[60].

Aus dem betrieblichen Rechnungswesen sind zu Wiederbeschaffungspreisen bzw. gegenwärtigen Reproduktionskosten bewertete Bestandsverminderungen auf Grund der geltenden steuerlichen Bestimmungen überhaupt nicht zu erhalten. Eine behelfsmäßige Lösung besteht darin, daß man die erfragten Bestandsveränderungen pauschal auf Durchschnittspreise bzw. Durchschnittskosten der laufenden Periode umrechnet. Unterstellt man, daß den Meldungen der befragten Einheiten Herstellungskosten zugrunde liegen, so kann man Mehrbestände unverändert in die Gesamtrechnung übernehmen, denn sie sind automatisch zu Reproduktionskosten dieser Periode bewertet. Bestandsverminderungen jedoch müssen mit einem Preis- oder Kostenindex auf das Niveau der Preise und Kosten der laufenden Periode angehoben werden. Das fällt bei Halb- und Fertigfabrikaten schwerer als bei Vorprodukten. Erfragt werden kann jedenfalls nur jene Wertsumme, die die Unternehmungen bilanzieren. Und diese besteht aus angenäherten Herstellungskosten der Erzeugnisse.

Im Frageprogramm für die *prozeßintegrale* Einheit empfiehlt es sich zunächst, die Halberzeugnisse von den Fertigerzeugnissen abzusondern und letztere nach Möglichkeit wie die Umsätze nach Haupt- und Nebenerzeugnissen sowie nach Warengruppen aufzugliedern. Eine Bewertung zu Herstellungskosten wäre jedoch der Input-Output-Rechnung inadäquat. Will man nämlich mit dem Bruttoproduktionswert einer Einheit deren Produktionsvolumen kennzeichnen, um dieses zum Volumen der eingesetzten Produktionsfaktoren ins Verhältnis zu setzen oder um nachzuweisen, welche Entwicklung das Ausstoßvolumen überhaupt genommen hat, verwendet man also den Bruttoproduktionswert als Surrogat

---

[60] Etwas mißverständlich sind die in der letzten Fußnote zitierten Textstellen in Wirtschaft und Statistik. Dort wird die Bewertung zu „Wiederbeschaffungspreisen" gefordert, und zwar einmal die der „Vorratsveränderungen", ein andermal die der „Vorräte". Allgemein von Vorratsveränderungen darf man aber in diesem Zusammenhang nur sprechen, wenn man klarstellt, daß unter Wiederbeschaffungspreis der Durchschnittspreis der laufenden Periode verstanden ist. Geht man von den Vorrats*beständen* aus, so müßten Anfangs- und Endbestände zu Durchschnittspreisen der laufenden Periode bewertet werden.

für einen Mengenausdruck, so dürfen die Lagerveränderungen — insbesondere die an Fertigwaren — nicht anders bewertet werden als die verkauften Güter, nämlich zu Marktpreisen. Allein durch eine solche Einheitlichkeit der Bewertung kommt man der Proportionalität zwischen Wert und Volumen näher — um so näher, je weniger sich die Struktur des Sortimentes ändert. Ein Einwand der unrealisierten Gewinne zieht hier nicht: Haben wir es doch gar nicht mit einer Wertentstehungs- und Einkommensrechnung zu tun. Eine solche Bewertung der unverkauften Güter zu Marktpreisen wäre kein Novum, sie war in der älteren Produktionsstatistik sogar die Regel. In der deutschen Montanstatistik vor dem 1. Weltkrieg sollten die Lagerbestände zu den Durchschnittspreisen der tatsächlich verkauften Waren bewertet werden — ein Behelf, der auch für eine heutige Statistik annehmbar wäre. Desgleichen waren den an eigene Werke gelieferten Gütern Marktpreise beizulegen[61]. Auch in den amerikanischen[62] und den englischen[63] Produktionszensen sollten die fertiggestellten, aber nicht abgesetzten Güter zu Verkaufspreisen gemeldet werden. Bemerkenswerterweise wurden die „Zwischenprodukte" (Halbfabrikate) in den amerikanischen Erhebungen im allgemeinen nicht erfaßt. Die Halbfabrikate sind es nämlich, für die in der Mehrzahl der Fälle Marktpreise nicht existieren. Aber selbst wenn sie verfügbar wären, würde eine Summe aus den Werten von Halbfabrikaten und Fertigwaren ein nicht zu identifizierendes Gemisch ergeben, und zwar auch in einer sehr leistungshomogenen Einheit. Es bleiben also nur die Herstellungskosten als praktikable Lösung übrig. Doch handelt es sich hier um Beträge, die nicht ins Gewicht fallen: Die Schwankungen der Lagerbestände an Halberzeugnissen dürften sich in viel engeren Grenzen halten als die an Fertigerzeugnissen.

Aufs Ganze gesehen muß man sich bei der Würdigung dieses Bestandteils der Gesamtleistung bewußt sein, daß nur die *Veränderungen* des Lagerbestandes zur Debatte stehen, die im allgemeinen nur einen kleinen Anteil an der Gesamtleistung ausmachen. In einzelnen Branchen freilich und in Jahren konjunktureller Umbrüche können solche Bestandsveränderungen auch beträchtlicheren Umfang annehmen[64]. Daran muß man insbesondere dann denken, wenn Erhebungen in größeren Zeitabständen stattfinden und zwischendurch die erhaltenen Ergebnisse als Schätzwerte verwendet werden.

---

[61] *Meerwarth*, Rudolf: Nationalökonomie und Statistik, 1925, S. 239.

[62] *Meerwarth*, Rudolf: Nationalökonomie und Statistik, 1925, S. 205.

[63] Derselbe, l. c., S. 219.

[64] Die Lagerbestände des Braun- und Steinkohlebergbaus haben im Laufe des Jahres 1958 um 290 % zugenommen. Aber auch diese starke Veränderung machte nur knapp 5 % des Bruttoproduktionswertes aus. In den meisten anderen Branchen sind die Anteilssätze noch weit niedriger. (Vgl. Fachreihe C/1/I: Die Kostenstruktur in der Wirtschaft: Industrie- und Energiewirtschaft 1958, S. 19.)

c) Selbsterstellte Anlagen und andere aktivierte interne Leistungen

Dieser letzte Bestandteil der Gesamtleistung spielt in den allermeisten Wirtschaftszweigen, auch in den allermeisten Industriezweigen, eine sehr untergeordnete Rolle. Allerdings darf man nicht verkennen, daß das Gewicht dieses Postens zunimmt, je mehr man die statistische Einheit ausweitet. Unter den selbsterstellten Anlagen sind Gebäude, Maschinen, maschinelle Anlagen, Werkzeuge usw. zu verstehen, die von eigenen Arbeitskräften im eigenen Betrieb zur eigenen Nutzung hergestellt werden. Sofern solche Leistungen von größerem Umfang sind, werden sie aktiviert und abgeschrieben. In dieser Hinsicht stehen den selbsterstellten Anlagen auch immaterielle aktivierte Leistungen wie eigene Patente, Versuche, Forschungsarbeiten gleich, soweit sie von eigenen Kräften besorgt wurden.

Die Behandlung dieses Teiles der Gesamtleistung in einer Kostenstrukturstatistik hängt noch strikter von dem Untersuchungsziel ab als die der bisher besprochenen. In der Sozialproduktsberechnung müssen diese selbst durchgeführten Investitionen genauso behandelt werden wie die eben erörterten Lagerinvestitionen. Selbsterstellte Anlagen sind in den wirtschaftenden Einheiten entstandene Werte und müssen daher mit ihren Herstellungswerten zum Bruttoproduktionswert gerechnet werden. Die Bewertung zu Herstellungskosten bietet sich ohne weiteres an, wenn etwa eine Anlage in einer örtlichen Einheit von deren Arbeitskräften und in deren Regie gebaut wird. Liefert allerdings ein Organunternehmen einem anderen Investitionsgüter, so kann sehr wohl zu einem Preis abgerechnet werden, der über den Herstellungskosten liegt, obwohl doch, für die wirtschaftende Einheit insgesamt, ebenfalls die Errichtung einer selbsterstellten Anlage vorliegt, die exakter Bestimmung des Beitrags zum Inlandsprodukt wegen zu Herstellungskosten erfaßt werden muß. Derartige Fälle dürften nicht so häufig sein, daß eine, wenn auch geschätzte, Korrektur nicht möglich wäre. Anzumerken ist noch, daß bis zum Jahresende aufgelaufene Abschreibungen auf selbsterstellte Anlagen nicht vom Herstellungswert abgesetzt werden dürfen[65]. Denn der Wert dieser Anlagen interessiert nicht als Vermögensgegenstand, sondern als Produktionswert. Genau wie gekaufte Investitionsgüter doppelt ins Sozialprodukt eingehen, als Produktionswert der Hersteller und als Abschreibungssumme bei den Investoren, so müssen auch selbsterstellte Anlagen zweimal komplett zu Buche schlagen.

Wie sind nun aber die selbsterstellten Anlagen bei der prozeßintegralen Einheit zu behandeln? Die Frage heißt konkret: Welche Behand-

---

[65] Darauf wird auch im Erhebungsformular der laufenden Kostenstrukturstatistik hingewiesen.

lung verdienen sie angesichts der Homogenitätsforderungen der Input-Output-Rechnung?

Offenbar muß folgende Unterscheidung vorgenommen werden: Handelt es sich bei der betreffenden prozeßintegralen Einheit um einen Investitionsgüterhersteller, etwa eine Büromöbelfabrik oder ein Bauunternehmen, und verwendet eine solche Einheit einen Teil ihrer Produktion für eigene Zwecke, richtet also der Büromöbelhersteller seine Geschäftsräume aus eigener Produktion neu ein oder baut sich die Baufirma eine Lagerhalle, so wirken sich diese Eigeninvestitionen aus dem Bruttoproduktionswert der Einheiten nicht anders aus, als wären die Leistungen auf dem Markt an Kunden erbracht worden. Es handelt sich um reguläre Betriebsleistungen und als solche sind sie — auch hier gelten die Bewertungsregeln, die für die Bestandsveränderungen aufgestellt wurden! — zu Marktpreisen zu bewerten und dem Bruttoproduktionswert zuzurechnen.

Steht jedoch die Erstellung von Anlagen in keinerlei Zusammenhang mit der regulären Betriebstätigkeit, wie etwa dann, wenn eine Unternehmung der chemischen Industrie Betriebsgebäude selbst errichtet[66], so besteht theoretisch weder Anlaß noch Rechtfertigung, den Wert dieser Leistungen zu dem des regulären Produkts hinzuzuzählen. Täte man es, so würde man die Input-Output-Koeffizienten verfälschen.

Andererseits dürfen diese irregulären Produktionswerte nicht einfach ignoriert werden, *wenn* die Input-Output-Tabelle den volkswirtschaftlichen Prozeß in einem geschlossenen System darstellen will. Man kann deshalb derartige Bestandteile des Output außerhalb des Bruttoproduktionswertes i. e. S. erfassen und sie als Lieferung an einen besonderen Sektor oder — nach dem Kriterium der Funktion — dem Output der Institutionen mit ähnlichen Leistungen zuschlagen. Das empfiehlt auch das Statistische Amt der Europäischen Gemeinschaften: Baut eine Maschinenfabrik mit eigenen Kräften ein Fabrikgebäude, so sollen Kosten und Leistungen dem Bausektor zugerechnet werden. Systematisch ist daran freilich unbefriedigend, daß auf diese Weise vom Prinzip der Klassifikation von Institutionen abgegangen wird.

Resümierend muß wieder eingeräumt werden, daß diese Überlegungen mehr von theoretischem Interesse, kaum von gravierendem praktischem Belang sind. Die selbsterstellten Anlagen sind allermeist Kleinbetragsfälle, wenngleich in Rechnung zu stellen ist, daß sie bezogen auf die wirtschaftende Einheit vielleicht etwas mehr ins Gewicht fallen

[66] Nach den Ergebnissen der Kostenstrukturstatistik von 1958 beträgt in der chemischen Industrie der Anteil des Wertes der selbsterstellten Anlagen am Bruttoproduktionswert 2,8 %. Das ist der zweitgrößte Anteil in der gesamten Industrie. Der höchste wurde bei der Erdölgewinnung festgestellt: 6,7 %. Im übrigen sind die Prozentsätze merklich kleiner.

als es nach der Kostenstrukturstatistik seit 1958 den Anschein hat. Darin werden sie, mit dem in der Verlust- und Gewinnrechnung angesetzten Wert, für die Unternehmung erfragt und in den Wert der Gesamtproduktion eingerechnet.

d) Der Bruttoproduktionswert insgesamt

Es sind nebeneinander zwei verschiedene Begriffe von Gesamtleistung entwickelt worden: Einer — in Bezug auf die wirtschaftende Einheit —, der dem Erkenntnisziel der Sozialproduktsberechnung gerecht werden, also die gesamte Wertentstehung in der Einheit ausdrücken soll, folglich auf die Einkommensmessung zugeschnitten ist; und einer — in Bezug auf die prozeßintegrale Einheit —, welcher der theoretischen Konzeption der Input-Output-Analyse besonders angepaßt sein soll und in dem daher der in Geld bemessene Wert die Rolle eines Maßausdruckes für das Produktionsvolumen spielt. Dieser zweite Begriff kann nur bedingt als wirkliche Gesamtleistung bezeichnet werden, er will nicht die Gesamtheit wirtschaftlicher Leitsungen überhaupt decken, sondern trifft eine qualitative Auswahl. Er ist insofern klarer zu durchschauen als er — mit einer einzigen Einschränkung — bewertungshomogenen ist: er umfaßt alle Enderzeugnisse, die eine prozeßintegrale Einheit während einer Periode im Rahmen ihres regulären Produktionsprogramms fertiggestellt hat, gleichgültig ob sie verkauft wurden, den Lagerbestand vergrößert haben oder im eigenen Betrieb investiert wurden. Diese Enderzeugnisse sind bewertet zu Verkaufspreisen: Die umgesetzten Güter ohnehin, die gelagerten oder selbst investierten zu durchschnittlichen Verkaufspreisen. Der so bestimmte Gesamtwert ist in guter Annäherung proportional zur Produktmenge, falls die Zusammensetzung nach Produktarten halbwegs konstant geblieben ist und im Laufe der Periode keine bedeutenden Preisänderungen eingetreten sind. Proportionalitätsfaktor ist das mit den Produktmengen gewogene arithmetische Mittel der Güterpreise. Je homogener das Produktionsprogramm, desto klarer und leichter zu handhaben ist das Verhältnis von Wert und Volumen. Dies aber ist ein großer Vorzug bei allen produktionstechnischen und volumenorientierten Analysen.

Der zuerst genannte Begriff der Gesamtleistung — jener auf die Sozialproduktsberechnung zugerichtete — ist demgegenüber ausgeprägt bewertungsheterogen: Ein Gemisch aus Marktpreisen und Herstellungskosten von unbestimmtem Mischungsverhältnis. Es ist schwer, mit dem Bruttoproduktionswert in diesem Sinne eine eigene konkrete Vorstellung zu verbinden. Er hat geringen Informationswert, auch wenn die Preise der enthaltenen Güter bekannt sind. Er ist eben nur eine Durchgangsgröße bei der Berechnung des Beitrags zum Sozialprodukt. Ihm ist eine eindeutige Bestimmtheit nur aus diesem Rechnungszusammenhang beizulegen. Denn was soll heißen, er messe die gesamte wirtschaftliche Leistung? Meinte man mit „Leistung“ die Kombination von Produktionsfaktoren, die sich im realisierten Aufwand ausdrückt, dann stören die im Umsatz enthaltenen Gewinne. Meinte man die „Leistung für den Markt“, dann dürften die Lagerveränderungen und die selbsterstellten Anlagen nicht enthalten sein. Meinte man das Hervorbringen von Gütern und Diensten überhaupt, ohne Rücksicht auf deren Verwendung, so müßte einheitlich bewertet werden.

Nach alledem hat es zumindest in einer theoretisch-methodologischen Untersuchung schon gute Gründe, mit zwei unterschiedlichen Begriffsfassungen des Bruttoproduktionswertes zu arbeiten, auch wenn die statistischen Ergebnisse in praxi keine spektakulären Differenzen zeigen.

4. Die Fragen nach der Kostenstruktur: Die Kosten

a) Die Vorleistungen: Stoff- und Energieverbrauch, umgesetzte Handelsware usw.

Die verbrauchten Stoffe, die verbrauchte Energie sowie die umgesetzte Handelgsware werden nicht nur in der Sozialproduktsberechnung, sondern auch in der Input-Output-Rechnung als „Vorleistungsverbrauch“ bezeichnet, obwohl das eine abgekürzte und ungenaue Ausdrucksweise ist. Denn wiederum stoßen wir auf die zwei alternativen Aspekte, unter denen man die Aktivität der Unternehmungen, beispielshalber die Produktionsleistung im Industrieunternehmen, betrachten kann: Stoffverbrauch bedeutet einerseits physischen Aufwand, der zur betrieblichen Leistungserstellung notwendig ist, zu einem Vorgang also, der ganz aus dem innerbetrieblichen Prozeß zu verstehen ist. Welcher Herkunft die dabei verbrauchten Stoffe sind, ist ganz gleichgültig. So wäre der Stoffverbrauch zu definieren, wenn technische Produktionskoeffizienten im strengen Sinne berechnet werden sollten. Stoffverbrauch als Vorleistungsverbrauch umfaßt indes nur einen Teil des eben definierten: nämlich nur jene Stoffe bzw. Waren, die von anderen Einheiten bezogen sind. In der Terminologie der Kostentheorie: nur insofern es sich um „ursprüngliche“ Stoffkosten handelt, darf man von Vorleistungen sprechen. Die „abgeleiteten“ Stoffkosten und Energiekosten — Strom aus eigenem Kraftwerk, Stahl aus eigenem Stahlwerk — sind für die Sozialproduktsberechnung und die Berechnung des Nettoproduktionswertes irrelevant. Der Wert dieser Aufwendungen wird natürlich trotzdem erfaßt: in Form jener ursprünglichen Kosten nämlich, die bei der innerbetrieblichen Herstellung des elektrischen Stromes, des Stahles usw. angefallen sind. Konsequenterweise werden auch in der laufenden Kostenstrukturstatistik nur die ursprünglichen Kosten, u. a. also nur der Verbrauch an bezogenen Stoffen und bezogener Energie, erhoben. Auf die ursprünglichen Kosten sollen sich auch die Überlegungen in dieser Arbeit beschränken. Eine Einbeziehung der abgeleiteten Kosten würde nicht nur jenes Problem aufwerfen, an dem auch die Einrichtung einer analogen Produktionsstatistik immer wieder scheitert, nämlich das der Bestimmung jener Zwischenprodukte, die als Ertrags- und Aufwandsbestandteile verselbständigt werden sollen. Die Notwendigkeit, diese zu bewerten, würde auch wieder jene oben schon ausführlich erörterten Bewertungsschwierigkeiten ins Spiel bringen. Die „Gesamtproduktion" und der „Gesamtverbrauch" (Umsatz + betriebsinterner Verbrauch) sollten nur — wie es ja auch tatsächlich geschieht — für eine begrenzte Anzahl von Produkten (Grundstoffe, Energie), und für diese in physischen Mengen ermittelt werden. Schließlich gibt es in den marktwirtschaftlichen Systemen zur Zeit auch keine eigentliche Nachfrage nach Daten über die Gesamtproduktion aller nur denklichen Produkte. Die Input-Output-Rechnungen, die vom Statistischen Amt der Europäischen Gemeinschaften projektiert sind, beziehen sich ebenfalls auf die Marktproduktion und die Vorleistungen.

Eine *Aufgliederung* des Verbrauches an bezogenen Stoffen, bezogener Energie und bezogenen Handelswaren kann wiederum nach einer Reihe von Kriterien erfolgen.

Im Frageprogramm für die wirtschaftenden Einheiten ist eine Aufgliederung nach der Art der Güter notwendig, aber im allgemeinen auch hinreichend. Sie erfolgt, damit die Beiträge zum Inlandsprodukt deflationiert, zu festen Preisen errechnet werden können. Entfällt jedoch ein beträchtlicher Teil des Umsatzes einer Produktionsunternehmung auf Handelsumsätze, so ist es, der möglicherweise unterschiedlichen Preisentwicklung wegen, von Vorteil, doch wenigstens den Wert der umgesetzten Handelswaren zu erfragen.

Eine weitergehende Auffächerung der Vorleistungen ist bei der prozeßintegralen Einheit vonnöten. Zunächst kann man nicht verzichten auf die gesonderte Erfragung der Handelswaren einerseits und der in die Produktion eingehenden Güter andererseits.

Eine in der Betriebswirtschaftslehre übliche, im Frageprogramm der laufenden Kostenstrukturstatistik auch vorgenommene, analytisch aber nicht besonders fruchtbare Aufgliederung der in die Produktion eingehenden Vorleistungen ist jene in Fertigungsstoffe oder Einsatzstoffe (incl. bezogene Halb- und Fertigerzeugnisse, die in eigene Produkte eingebaut werden), Hilfs- und Betriebsstoffe, vergebene Lohnarbeiten sowie einen Restposten, der nicht aktivierte Werkzeuge, Kleinmaschinen usw. enthält. Hinzuzufügen wären hier noch die Reparatur- und Instandhaltungskosten (für fremde Leistungen), die allerdings von der laufenden Kostenstrukturstatistik und der Sozialproduktsberechnung unter die sonstigen Vorleistungen eingereiht werden. Weshalb sollten — nicht aktivierte — Reparaturen aber anders behandelt werden als etwa nicht aktivierte Kleinmaschinen und vergebene Lohnarbeiten?

Betriebswirtschaftliche Analysen mögen aus diesen Zahlen durchaus Nutzen ziehen, für die Input-Output-Rechnung sind sie aber entbehrlich. Im Industriezensus ist auf diese Art von Zerlegung auch verzichtet worden, obwohl sie aus dem betrieblichen Rechnungswesen müheloser abzuleiten ist als andere Arten.

Als separater Posten neben dem Stoffverbrauch bei der unmittelbaren Produktion sollte jedoch ein Kostenbestandteil Platz finden, der eigentümlicherweise in der üblichen Praxis nicht zum engeren Vorleistungsverbrauch gerechnet wird, der aber ohne Zweifel hinzugehört: Alle jene Materialien und Geräte (geringwertige Wirtschaftsgüter), die in den Büros, der Verwaltung, der Werbeabteilung usw. verbraucht werden. Da allerdings dieser Verbrauch häufig in Zentralabteilungen stattfindet, kann es bei der prozeßintegralen Einheit zu Zurechnungsschwierigkeiten kommen. Der Vorleistungsverbrauch der Unternehmungs- oder Konzernspitze muß im Zweifel auf die zugehörigen prozeßintegralen Einheiten aufgeteilt werden[67, 68].

Bedeutend wesentlicher ist die Erhebung der Zusammensetzung der in die Produktion eingehenden Güter einerseits und der Handelswaren andererseits nach Warenarten, bzw. Warengruppen. Der Nachweis der Abhängigkeit der einzelnen Produktionsrichtungen von den Zulieferungen anderer Produktionsbereiche ist ja gerade das Hauptanliegen der Input-Output-Rechnung und dieser Nachweis kann mit hinreichender Genauigkeit nur gelingen, wenn die Kostenstrukturstatistik die Zusammensetzung der Vorleistungen der Sektoren nach Arten ermittelt.

Freilch dürften nur die wenigsten Einheiten ihr Rechnungswesen darauf eingestellt haben, Auskünfte über die artenmäßige Zusammensetzung des Materialverbrauchs und der umgesetzten Handelswaren zu geben. Eher werden schon die Material- und Waren*eingänge* derart aufzugliedern sein. Ganz überwiegend an dieser technischen Schwierigkeit

[67] Die zweite notwendige Ausgliederung dieser Art ist für den Fall, daß selbsterstellte Anlagen nicht in den eigentlichen Bruttoproduktionswert der prozeßintegralen Einheit eingerechnet werden, die des Stoffverbrauches, der bei der Errichtung jener Anlagen entstanden ist. Die laufende Kostenstrukturstatistik verlangt ebenfalls eine Auslösung des Stoffverbrauches für interne Leistungen aus dem regulären. Doch wird jener mit den Hilfs- und Betriebsstoffen zusammengefaßt, was diese Summe ziemlich nichtssagend werden läßt.

[68] Zins- und Mietkosten, die in Teil I dieser Arbeit ebenfalls unter einem bestimmten Vorleistungsbegriff subsumiert wurden, werden im Abschnitt „Wertschöpfung“ abgehandelt. Doch wird dort auf ihren Vorleistungscharakter nochmals eingegangen.

dürfte es auch liegen, daß solche Erhebungen sehr selten durchgeführt werden: Die deutsche amtliche Statistik greift heute noch auf die Ergebnisse der Nettoleistungserhebung der Industrie von 1954 zurück, in der die Zusammensetzung des Materialeinganges nachgewiesen wurde. Für das Jahr 1959 hat eine repräsentative Zusatzerhebung zum Handelszensus die artenmäßige Zusammensetzung des Wareneinganges im Handel ermittelt. Anderweitige Erhebungen dieser Art gibt es kaum; allenfalls einzelne Posten, wie etwa der Verbrauch an Brenn- und Treibstoffen sowie an Energie, werden erfragt (Industriebericht, Industriezensus).

Technisch kann die Erhebung der Struktur der Vorleistungen nur so bewerkstelligt werden, daß den Befragten Materiallisten oder Warenlisten vorgelegt werden, die eine systematische Klassifikation der Materialien enthalten. Es brauchen dann nur die Werte unter vorgegebenen Positionen eingetragen zu werden. Eine Schwierigkeit liegt nun darin, daß jene Listen einerseits in ihrem Aufbau mit den Verhältnissen in den einzelnen Wirtschaftsbereichen verträglich sein müssen, daß aber andererseits einer individuellen Gestaltung insofern eine Grenze gesetzt ist, als letztlich über den ganzen Wirtschaftsbereich hin die Summation des Verbrauches an einzelnen Materialarten möglich sein muß. Vor einer allzu tiefen Gliederung wird man sich zu hüten haben, weil sonst sowohl der Widerstand der Befragten als auch die stichprobentheoretisch bedingte Unzuverlässigkeit der Ergebnisse schnell wächst. Maßgeblich für die benötigte Differenzierung ist die Zahl der Sektoren, die die Input-Output-Tabelle enthält.

Relativ einfach aufgebaut ist in dieser Hinsicht das Frageprogramm der erwähnten repräsentativen Ergänzungserhebung zur Handelszählung. Dem gesamten Groß- und Außenhandel bzw. dem gesamten Einzelhandel wird jeweils ein- und derselbe Fragebogen vorgelegt. Der Großhandelsbogen enthält 136 Positionen der Art nach bezeichneter Warenarten (plus eine Position „sonstige Waren") (z. B. Oberbekleidung, elektrische Leuchten), die nach Gruppen geordnet sind (z. B. „Meterware, Bekleidung, Heimtextilien und Schuhe). Im Einzelhandel sind 93 Warenarten aufgeführt. Für die einzelnen Handelszweige resultiert daraus keine Nötigung zu allzu feiner Aufgliederung, so daß eine solche Erhebung — zumal als Teilerhebung — durchaus mit befriedigenden Ergebnissen realisierbar sein sollte[69].

Nun bringt aber die Kenntnis der artenmäßigen Zusammensetzung der Vorleistungen für die Input-Output-Rechnung in der eben angedeuteten Variante noch keine erschöpfende Information. Wenn man die in-

---

[69] Zur Jahreserhebung der Nettoleistung der Industrie 1954 vgl. Abschnitt C III des Zweiten Teils.

dustriellen Sektoren aus ihren Produkten definiert („kind-of-activity-units") und die Importe über die inländischen Produktionsbereiche leitet, wird man durch die Kenntnis der artenmäßigen Zusammensetzung der Bruttoproduktionswerte und Vorleistungen zwar in den Stand versetzt, die Verflechtung zwischen den industriellen Sektoren darzustellen, noch nicht aber die zwischen der Industrie und anderen Wirtschaftsbereichen, insbesondere dem Handel. Es läßt sich der Aufwandssumme einer beliebigen Materialart nicht ansehen, welcher Teil davon Handelsleistungen abgilt und welcher Teil davon unmittelbar von ausländischen Lieferanten stammt. Diese Unbestimmtheit könnte behoben werden, wenn an alle Wirtschaftsbereiche die Frage gestellt würde, wie sich die verbrauchten Materialarten aus (direkten) Lieferungen der Industrie, des Handels oder des Auslands zusammensetzen. Nun ist aber diese Feststellung für die *verbrauchten* Materialien praktisch unmöglich, sie kann allenfalls für den Material- und Waren*eingang* einer Periode verlangt werden. Aus diesem Grunde wird man sich mit den geschätzten Anteilen am Material- und Wareneingang zufrieden geben und diese auf den Verbrauch der Periode übertragen müssen.

Auch für eine solche Strukturanalyse liefert die repräsentative Ergänzungserhebung zur Handels- und Gaststättenzählung 1960 ein praktisches Beispiel aus der amtlichen Statistik. Die diesbezügliche Aufgliederung des Wareneingangs im Großhandel und im Einzelhandel ist ziemlich weit getrieben. Der Großhandel hat zunächst seine Warenbezüge aufzuteilen in solche aus dem Bundesgebiet, aus der Sowjetischen Besatzungszone und aus dem Ausland. Ferner wurde erfragt, welche Beträge des Wareneingangs aus dem Bundesgebiet auf folgende Lieferbereiche entfallen: a) Einfuhrhandel (ohne Genossenschaften), b) andere Großhandelsunternehmen (ohne Genossenschaften), c) Ein- und Verkaufsgenossenschaften und -vereinigungen, d) Industrie und Handwerk, e) sonstige Lieferanten. Vom Einzelhandel wurde eine Aufteilung in Bezüge vom Großhandel (freiwillige Ketten ausgegliedert), von Genossenschaften, von der Industrie und dem Handwerk und von sonstigen Lieferanten verlangt. Diese Aufgliederungen erfordern von den Befragten viel „betriebsfremden Aufwand", aber sie sind unter Benutzung der Lieferantenrechnungen und gegebenenfalls der Creditorenkartei zu bewerkstelligen[70].

[70] Viel schwerer, ja nahezu unmöglich dürfte es den befragten Handelsunternehmen sein, ihre *Umsätze* so weit nach Abnehmerkreisen aufzugliedern, wie es das Frageprogramm der Ergänzungserhebung verlangt. So soll z. B. der Einzelhandel seine Umsätze in 9 Positionen zerlegen (Umsätze an private Letztverbraucher, an Händler, an Gaststätten, an Industrie- und Handwerksbetriebe, an landwirtschaftliche Betriebe, an Krankenhäuser, an Krankenkassen und an Behörden). Ähnlich sieht das Frageprogramm für den Großhandel aus. Um diese Auskünfte geben zu können, muß im Einzelhandel

Eine letzte Frage in diesem Zusammenhang betrifft den Bezug der prozeßintegralen Einheit an Materialien und Waren von anderen prozeßintegralen Einheiten derselben wirtschaftenden Einheit. Diese Angabe läßt das Ausmaß der Intergration der prozeßintegralen Einheiten in die wirtschaftenden Einheiten erkennen.

Was die *Bewertung* des Vorleistungsverbrauches angeht, besteht ein gewisses Mißverhältnis zwischen den Anforderungen der maßgeblichen Rechnungszwecke und der Auskunftsfähigkeit des betrieblichen Rechnungswesens. Die zweckmäßigen Wertansätze für Güter und Dienste bedürfen grundsätzlich in dreifacher Hinsicht einer Bestimmung: Soll es sich um Marktwerte oder um irgendwie definierte Kostenwerte handeln? Wie werden in einer Zeitraumrechnung zeitliche Veränderungen der Preise oder Kosten berücksichtigt? Wo soll der „Preisschnitt" erfolgen bzw. welche Kostenbestandteile (z. B. Transportkosten) sollen außer den „ab Werk" berechneten Kosten noch einbezogen werden?

Zur ersten Frage: Die Vorleistungen sollen sicher zu Marktpreisen erfaßt werden. Die Erfragung des Vorleistungsverbrauches etwa zu Faktorkosten (der Lieferanten) bei den Beziehern ist garnicht vorstellbar. Überdies arbeiten auch alle volkswirtschaftlichen Aggregatstatistiken mit Marktpreisen, sofern solche verfügbar sind. Das Gesagte gilt freilich für die prozeßintegrale Einheit nur mit Einschränkungen. Viele prozeßintegrale Einheiten beziehen nämlich auch von anderen prozeßintegralen Einheiten derselben wirtschaftenden Einheit. Die Belastung erfolgt zu innerbetrieblichen Verrechnungspreisen. Soweit die gelieferten Güter eindeutig mit Marktpreisen zu bewerten sind, soll das geschehen. In anderen Fällen bleiben nur die innerbetrieblichen Verrechnungspreise übrig.

Bedeutend weniger schnell kommt man mit der zweiten Frage, der nach der kostenrechnerischen Reaktion auf Preisveränderungen im Zeitablauf, zurande. Einer konsequenten Wertrechnung stehen zwei alternative Wertansätze für verbrauchte Güter und Dienste zur Verfügung: Der Anschaffungspreis, d. h. jener Preis, der beim Kauf der Güter entrichtet wurde, und der Wiederbeschaffungspreis, der jedoch sogleich differenziert werden muß: Gemeint sein kann jener Preis, der am Verkaufstage oder der, der am Tage des Umsatzes des hergestellten Produktes oder der, der am Tage der Rechnungslegung (Bilanzstichtag) zur Wiederbeschaffung der verbrauchten Kostengüter aufgewendet werden muß.

---

auf jedem Kassenzettel die Zugehörigkeit des Kunden zu einem dieser Abnehmerkreise vermerkt werden. Der Großhandel, der meist eine Debitorenkartei führt, hat es etwas leichter. Jedenfalls dürften die Befragten hier bedeutend öfter zu Schätzungen greifen als bei der Aufschlüsselung der Bezüge.

Daneben ist noch die Bewertung des Stoffverbrauches einer bestimmten Periode zu Durchschnittspreisen dieser Periode möglich. Falls die Gesamtmenge an Kostengütern mit einem gewogenen Mittel aus den Preisen (Anschaffungspreisen oder Wiederbeschaffungspreise) diese Periode bewertet wird und die Gewichte exakt mit den zu den variierenden Preisen gehörenden Mengen übereinstimmen, führt diese Sammelbewertung zum selben Ergebnis wie eine Einzelbewertung zu den jeweils zutreffenden Preisen. Diese Bedingung ist aber in der Praxis so gut wie nie erfüllt: Die Durchschnittspreise können zwar als gewogene Mittel geschätzt werden; die Schätzung bleibt aber meist roh. Deshalb ist diese Bewertung von Gütergesamtheiten oder Gütereinheiten eine Ersatzlösung mangels exakter Informationen. Nun muß freilich zugegeben werden, daß Preisveränderungen der Materialien usw. innerhalb eines Jahres im allgemeinen nicht allzusehr ins Gewicht fallen. Die Entscheidung zwischen Anschaffungspreis, Wiederbeschaffungspreis und Durchschnittspreis hat bei dieser Kostenart nicht entfernt die Tragweite, die ihr bei den Abschreibungen langlebiger Investitionsgüter zukommt. Aber immerhin gibt es insbesondere bei importierten Rohstoffen und bei landwirtschaftlichen Erzeugnissen, vor allem dann, wenn die Produktion oder die Käufe starken saisonalen Schwankungen unterworfen sind, durchaus kräftige Preisbewegungen innerhalb eines Jahres. Wo die Überseefrachten ins Gewicht fallen, können auch von dieser Seite her kurzfristig merkliche Preisschwankungen auftreten. Ferner wird es auch bei einem stetigen Preisauftrieb von 3—4 Prozent durchaus zu Buch schlagen, ob ein Unternehmen sich in großen Posten zu Beginn oder zu Ende des Jahres oder aber in laufenden Raten eindeckt. Die Differenz zwischen Anschaffungs- und Wiederbeschaffungspreis wird dann um so größer sein, je geringer die Umschlagsgeschwindigkeit des Warenlagers ist. Am augenfälligsten wird die Relevanz dieser Bewertungsfrage aber dann, wenn von Jahresbeginn zu Jahresende im größeren Ausmaß ein Abbau der Eingangsläger stattfindet. Dann werden Materialien früherer Perioden mit entsprechend abweichenden Anschaffungspreisen verarbeitet. Insgesamt sollte man also auch bei dieser Kostenart eine theoretisch begründete Entscheidung über die Wahl des Wertansatzes treffen.

Welcher dieser Wertansätze ist nun den unsere Überlegungen leitenden Aggregatstatistiken am ehesten adäquat? Eine gewisse Variante der *Sozialproduktsberechnung* — nicht die tatsächlich praktizierte —, die konsequent auf die nominelle Einkommensbestimmung gerichtet wäre, also in einer Aggregierung der einzelwirtschaftlichen Erfolgsrechnungen bestünde, würde automatisch die Vorleistungen zu *Anschaffungspreisen* rechnen, denn dieser Wert ist sowohl nach Handels- als auch nach Steuerrecht der betriebswirtschaftlichen Erfolgsrechnung vorgeschrieben. In der betriebswirtschaftlichen Literatur wird zwar mit starken Gründen dafür plädiert, die Bewertung des Stoffverbrauches zu Wiederbeschaffungspreisen in der betriebswirtschaftlichen Erfolgsrechnung zuzulassen und unter gewissen Voraussetzungen vorzunehmen[71].

Für die Praxis durchgesetzt hat sich diese Forderung aber bislang nicht, so daß das betriebliche Rechnungswesen den Vorleistungsverbrauch stets zu Anschaffungspreisen ausweist; eine Berechnung des nominellen Einkommens der Wirtschaftsbereiche hätte diese Ansätze zu übernehmen.

Würde sich indes eine Bewertung der Vorleistungen zu *Wiederbeschaffungspreisen* am Umsatztage bzw. am Bilanzstichtag in der Bilanz durchsetzen, so könnte auch dieser Posten der Gewinn- und Verlustrechnung in eine Sozialproduktsberechnung übernommen werden, die dann eben eine gesamtwirtschaftliche Erhaltung des Realkapitals bzw. der Substanz zur Voraussetzung erheben würde.

Aber auch unter einem anderen, rein makroökonomischen Aspekt ließe sich eine sinnvolle gesamtwirtschaftliche Erfolgsrechnung aufmachen, in der die in die Erzeugung eingehenden Produktionsfaktoren zu Zeitwerten, präzis: zu Wiederbeschaffungswerten am Verbrauchstag, gerechnet werden. Sieht man nämlich in der Volkswirtschaft ein von den Preisen gesteuertes System, in dem jedes Gut dort eingesetzt werden soll, wo seine „Grenzproduktivität" am größten ist, so kann man von einer volkswirtschaftlichen Wertentstehung in der Tat nur sprechen, wenn der Verkaufspreis eines Gutes den gegenwärtigen Wert der eingegangenen Produktionsfaktoren abdeckt: in theoretisch strengem Sinne muß die Verarbeitung eines Rohstoffes zu einem bestimmten Produkt in dem Augenblick aufhören, in dem durch ungleiche Preisentwicklungen im Tageswert des Produktes nicht mehr die Tageswerte der Kostenträger abgegolten werden. Denn offenbar wird dieser Rohstoff an anderer Stelle auf eine Weise verwendet, die vom Markt höher honoriert wird. Die Bewertung des Materialverbrauches zu (niedrigen) Anschaffungspreisen kann indes noch Gewinne erscheinen lassen, was dann zu einer Verzögerung der Marktanpassung führt.

Wenden wir nun den Blick von bloß potentiellen Berechnungsweisen des makroökonomischen Wirtschaftsergebnisses zur tatsächlich praktizierten Sozialproduktsberechnung, so finden wir, daß darin keine der bislang erwogenen Bewertungsmethoden angewandt wird, weil das Nettosozialprodukt zu Faktorkosten, das in dieser Rechnung angestrebt

[71] Das Ziel ist die „reale Kapitalerhaltung" oder die „Substanzerhaltung". Vgl. *Schmidt*, Fritz, Die organische Tageswertbilanz, Wiesbaden 1951. *Hax*, Karl, Die Substanzerhaltung der Betriebe, Köln und Opladen 1957.

wird, weder ein rein nominell definiertes Einkommen noch so bemessen ist, daß die reale Kapitalerhaltung oder die Substanzerhaltung gewährleistet wird. Vielmehr soll der *Sachvermögensbestand* erhalten bleiben. Diesem Postulat soll dadurch Genüge getan werden, daß *alle* Ströme von Gütern und Diensten, damit aber auch alle Aufwendungen zu „laufenden Preisen", zu solchen der gegenwärtigen Periode bewertet werden, gleichgültig, ob die Aufwandsgüter auch tatsächlich in der gegenwärtigen Periode beschafft worden sind oder nicht. Diese Bestimmung ist nicht sehr präzis, sie schließt nur aus, daß Preise früherer Perioden angesetzt werden, legt aber nicht fest, wie auf Preisschwankungen innerhalb der Periode eingegangen werden soll. Die praktische Konsequenz dieser Regel ist, daß der Verbrauch von Vorleistungen, die in der laufenden Periode bezogen worden sind, zu Anschaffungspreisen bewertet werden kann. Diese Bewertung stellt eine für die Konstruktion des Produktionskontos und die Input-Output-Analyse konstitutive Identität sicher: die von Input und Output an Gütern des intermediären Verbrauchs im gesamten Unternehmenssektor, bzw. die der Werte der Lieferungen des Wirtschaftszweiges A an den Wirtschaftszweig B mit dem Wert des Verbrauches des Wirtschaftszweiges B an Produkten von A (wenn keine Eingangslagerveränderungen bei B stattfinden).

Bei einer Bewertung des Verbrauches zu Wiederbeschaffungspreisen wäre diese Identität *aufgehoben*. Dadurch ließe sich auch von der Summe der einem Gut auf den vertikal angeordneten Produktionsstufen zugefügten Nettoproduktionswerten nicht mehr sagen, sie seien gleich dem Endwert des Produkts. Bei steigenden Preisen wäre diese Summe sicher kleiner. Das wäre ein schwerer Nachteil dieser Bewertung. Es müßten recht lästige Wertberichtigungsbuchungen vorgenommen werden. In gewisser Weise tritt dieser Effekt aber bei der üblichen volkswirtschaftlichen Gesamtrechnung doch auf. Da nämlich, wie schon erwähnt, die *reale* Erhaltung des *Sach*vermögensbestandes der Volkseinkommensberechnung als Bedingung gestellt wird, müssen auch Lagerverminderungen an Materialien usw. zu laufenden Preisen, d. h. zu Preisen der gegenwärtigen Periode bewertet werden. Bei steigenden Preisen wird so eine Rückstellung gebildet, die Ersatzbeschaffung ermöglicht. Da nun aber die dem Lager entnommenen Materialien ja den Vorperioden entstammen, sind die angesetzten laufenden Preise nun keine Anschaffungspreise, sondern Wiederbeschaffungspreise. Da die volkswirtschaftliche Gesamtrechnung nicht an einen bestimmten Bilanzstichtag gebunden ist, bleibt nur übrig, die Lagerverminderungen zu Durchschnittspreisen der laufenden Periode zu bewerten. Damit ist aber der Input des verbrauchenden Sektors höher angesetzt als der — in einer früheren Periode realisierte — Output des liefernden Sektors. Würde man nun die Outputs und Inputs jener betreffenden aufeinanderfolgenden Perioden zusammenzählen, so wären die Inputs nicht mehr gleich den Outputs. Es sollte aber ein Grundsatz jeglicher Periodenrechnung sein, daß die Totalwerte die Summe der Periodenwerte sein müssen, daß also die Periodisierung lediglich eine Zerstückelung, aber keine Umwertung mit sich bringen darf. Stellen wir aber diese kritischen Einwendungen hintan, und ziehen wir für das Frageprogramm der Kostenstrukturstatistik die Konsequenz, daß die Sozialproduktsberechnung demnach *keine einheitliche Bewertung des gesamten Vorleistungsverbrauches* zuläßt. Der Großteil der Vorleistungen, der während der Periode bezogene und verbrauchte, wird zu Anschaffungspreisen, die Lagerverminderungen jedoch werden zu angenäherten Wiederbeschaffungspreisen benötigt.

Es kann hier in Kürze hinzugefügt werden, daß dieselben Bewertungsregeln in der üblichen Input-Output-Rechnung gelten. Die Bewertung der aus Lagerabbau stammenden verbrauchten Vorleistungen zu laufenden Preisen dürfte hier allerdings eher so zu begründen sein, daß das Bild der realen Verflechtung der Industriezweige um so mehr verschwimmt, je uneinheitlicher die den Gütern und Diensten beigelegten Werte sind. Insofern ist eine allgemeine Bewertung wenigstens zu Preisen der Periode von Vorteil.

Demnach braucht in dem Frageprogramm für die wirtschaftlichen Einheiten und die prozeßintegralen Einheiten keine unterschiedliche Bewertung vorgeschrieben zu werden.

Die *praktischen Möglichkeiten einer Kostenstrukturstatistik* werden diesen Anforderungen insofern nicht ganz gerecht, als zu laufenden Preisen berechnete Lagerverminderungen von den Berichtseinheiten nicht gemeldet werden können. Im betrieblichen Rechnungswesen wird ein so definierter Posten nicht ermittelt. Der Materialverbrauch wird vielmehr insgesamt zu Anschaffungspreisen nachgewiesen. Die Veränderungen der Eingangslager tauchen in der Gewinn- und Verlustrechnung nicht auf, sie sind nur aus dem Bilanzvergleich zu erfahren. Man sollte diesen Mangel nicht überschätzen, denn die Bestandsveränderungen an Vorprodukten dürften sich im allgemeinen in recht engen Grenzen halten.

Es sind zwei *Formen der Frage* nach dem Vorleistungsverbrauch möglich. Entweder es wird der Verbrauch selbst erfragt. Das ist der Fall im Erhebungsbogen für die Industrie der laufenden Kostenstrukturstatistik. Das industrielle Rechnungswesen gibt diese Zahl im allgemeinen direkt her. Oder aber es wird nach dem Material- bzw. Wareneingang *sowie* nach den Beständen am Anfang und Ende des Jahres (lt. Bilanz) gefragt. Daraus läßt sich dann der Verbrauch in Anschaffungspreisen berechnen. So wird bei der Kostenstrukturerhebung im Handwerk und im Handel verfahren. Bei dieser Methode fallen zwangsläufig auch

Bestandszahlen an, im anderen Falle müssen sie zusätzlich erfragt werden.

Bei der Berechnung des Stoffverbrauches nach der Methode des Saldos wird das Ergebnis wesentlich mitbestimmt durch die Bewertung des Endbestandes. Es gilt hier ganz Ähnliches wie bei den Bestandsveränderungen an eigenen Erzeugnissen. Falls den Unternehmugen eine exakte Einzelbewertung möglich ist, läßt sich auch der Vebrauch zu korrekten Einstandspreisen berechnen. Häufig muß jedoch eine Sammelbewertung vorgenommen werden. Die Sammelbewertungsverfahren Lifo, Fifo, Hifo und jenes zu Durchschnittspreisen führen alle zu angenäherten, hypothetisch geschätzten Anschaffungspreisen der verbrauchten Stoffe.

Schließlich zur letzten der drei oben aufgeworfenen Fragen im Zusammenhang mit der adäquaten Bewertung, die — konkret gesprochen — meint: ob die Stoffe und Waren zu ihrem Einkaufspreis berechnet werden sollen, zu dem Preis also, der dem Verkäufer dieser Güter *für* diese Güter entrichtet wird, oder aber zum Einstandspreis, besser Einstandswert, der auch die Beschaffungskosten (Fracht, Verpackung, Zoll, Verbrauchssteuern usw.) einschließt. Von beiden Werten müßten Rabatte, Boni usw., *nicht* aber Skonti, abgesetzt sein. Lassen wir die Frage, welcher dieser beiden Werte eher aus dem betrieblichen Rechnungswesen zu erhalten ist, zunächst beiseite. Zu den Vorleistungen im allgemeinen Verstande gehören alle aufgezählten Bestandteile des Einstandswertes bis auf die Zölle und Kostensteuern — wobei unterstellt wird, es sei die kaufende Einheit, die zur Entrichtung der Zölle und Steuern verpflichtet ist. Sie gehören also theoretisch nicht in den gesuchten Wertansatz. Fracht, Porto sowie alle anderen Transportkosten, die an fremde Unternehmungen zu entrichten sind, zählen ebenfalls zu den Vorleistungsentgelten, jedoch zu den Entgelten für „sonstige" Vorleistungen. Sie sind insofern nicht in den Stoffverbrauch einzurechnen, ob sie nun vom Verkäufer vorgelegt und in Rechnung gestellt oder vom Käufer direkt an ein Transportunternehmen gezahlt werden. Als Empfänger dieser sonstigen Vorleistungen ist jedenfalls der Käufer anzusehen, nicht der Verkäufer. Das kommt schon allein darin zum Ausdruck, daß der Käufer die Waren in aller Regel ab Werk übernehmen und den Transport selbst bewerkstelligen kann.

Verpackungskosten schließlich sind meist[72] als Kaufpreis für das Verpackungsmaterial anzusehen, das der Verkäufer verwendet. Es liegt also ein Kauf vom liefernden Bereich und zugleich ein echter Stoffverbrauch, wenn auch nicht ein unmittelbar produktionsbedingter, vor. Einer Einrechnung in die Vorleistungen, d. h. in den Lieferwert des Verkäufers, steht deshalb nicht entgegen. Demnach wäre also der Stoffverbrauch

[72] Ausnahme z. B. die Miete für bundesbahneigene Behältnisse.

sowie die umgesetzte Handelsware zum (Netto-) Einkaufspreis plus Verpackungskosten zu bewerten; Frachten, Porti sowie die Zölle und Verbrauchssteuern müßten separat nachgewiesen werden.

Ziehen wir nun jedoch auch die Möglichkeiten praktischer Erfassung in Betracht, so scheidet eine getrennte Ermittlung der Fracht und sonstigen Transportkosten aus: Nicht immer gehen sie als eigener Posten aus der Rechnung hervor, teilweise sind sie in den Preis einkalkuliert („Preise einschließlich Fracht und Verpackung"), teilweise werden sie — bei größeren Abnahmemengen z. B. — vom Verkäufer getragen, was insofern zu Komplikationen führt, als der Empfänger der Transportleistung (Vorleistungsempfänger) im Sinne einer realen Leistungsverpflichtung noch immer der Käufer der Ware ist, während das Entgelt für diese Vorleistung der Verkäufer erbringt. Eigentlich müßte umgebucht werden. Der Verkäufer gewährt in Wahrheit einen Preisnachlaß in Höhe der Fracht, die der Käufer in Anspruch nimmt und aus der Einsparung bezahlt. Aber andererseits würde eine solche Umbuchung die wirklichen Angebots- und Nachfragevorgänge verfälscht darstellen.

In der Tat sind die Aufwendungen für Transportleistungen durch fremde Unternehmungen in der Sozialproduktsberechnung und der Input-Output-Rechnung ein heikler und zudem gar nicht so unbedeutender Posten.

Mit Rücksicht auf die Auskunftsfähigkeit der Befragten und die grundsätzliche Undurchsichtigkeit der Transportkostenbelastung kann deshalb jener Notbehelf akzeptiert werden, dessen sich auch die laufenden Kostenstrukturstatstik bedient: der Stoffverbrauch und die umgesetzte Handelsware wird dort zu (Netto-)Einkaufspreisen, d. h. inclusive Fracht, Verpackung, Zölle und Kostensteuern erfragt. Damit sind zwar die Kosten insgesamt exakt nachgewiesen, aber die Bestandteile sind in einer Weise vermischt, die der Entstehungsrechnung und der Input-Output-Rechnung abträglich ist. Bei der Berechnung der Beiträge zum Sozialprodukt und der Einsatz- und Ausstoßwerte für Sektoren und Wirtschaftsbereiche kann eine globale Bereinigung versucht werden.

b) Die sonstigen Vorleistungen

Die in der Entstehungsrechnung des Sozialprodukts sogenannten sonstigen Vorleistungen finden in keiner der auf die Kostenstruktur gerichteten amtlichen Statistiken eine systematisch befriedigende Berücksichtigung. Einzelne Bestandteile der Kosten für sonstige Vorleistungen werden zwar erfragt: So in der laufenden Kostenstrukturerhebung für die Industrie die an fremde Unternehmen entrichteten Instandhaltungskosten— wir haben sie jedoch dem Stoffverbrauch zugewiesen; in der für den Handel die Kosten für Werbung und Reisen und die Transportkosten; in derjenigen für das Handwerk die Instandhaltungskosten, die Kosten für Werbung und die Kosten der Steuer- und Rechtsberatung sowie der Buchführung (fremde Leistungen). Eine ganze Reihe anderer Aufwendungen für sonstige Vorleistungen verschwinden aber in einem Restposten „sonstige Kosten", der insbesondere im Frageprogramm der Industrie recht umfangreich ist und u. a. enthält: Die Prüfungs-, Beratungs- und Rechtskosten, die Lizenzgebühren, die Versicherungsprämien, die Beiträge zur Industrie- und Handelskammer und zu den Wirtschaftsverbänden, Versand-, Reise- und Postkosten, Werbe- und Vertreterkosten, Bankspesen und allgemeine Bürokosten, öffentliche Abgaben und Gebühren. Kalkulatorische Kosten sind hier auszuschließen. Aus den Zahlen dieser Residualgröße — sie macht bei etwa 40 % der in der Industrieerhebung von 1958 untersuchten Unternehmungen 7 % und mehr vom Bruttoproduktionswert aus und reicht im einzelnen bis zu knapp 18 % (größere Unternehmungen der Sektindustrie) — müssen dann in der Entstehungsrechnung jene Beträge geschätzt werden, die wirkliche Vorleistungsentgelte sind.

Angesichts dessen empfiehlt es sich, zunächst einmal eine Systematisierung der sonstigen Vorleistungen vorzunehmen und die gebildeten Gruppen in Beziehung zu den Rechnungszwecken zu setzen.

Der Begriff der *sonstigen* Vorleistungen ist verständlich nur im Zusammenhang mit der Statistik des warenproduzierenden Gewerbes und des Handels. Nur da hat es Sinn, als die eigentlichen und wichtigen Vorleistungen die bezogenen Stoffe und Waren zu betrachten und mehr am Rande noch einige sonstige Leistungen bereichsfremder Unternehmungen zu zählen. In den Dienstleistungsbereichen hingegen wird sich in der Regel die Gewichtsverteilung zwischen den beiden Posten umkehren. Darum gilt die folgende Gruppierung der sonstigen Vorleistungen insbesondere für das warenproduzierende Gewerbe und den Handel.

Zunächst sollten alle sächlichen Vorleistungen, die üblicherweise zu den sonstigen Vorleistungen gerechnet werden (Büromaterial, Werbematerial usw.) aus diesen ausgegliedert und als Sonderposten im Stoffverbrauch aufgeführt werden. Denn diese Sachleistungen stammen wie die übrigen Stoffe letzten Endes vom warenproduzierenden Gewerbe und sind deshalb von diesem Bereich vorgeleistet. Gewiß stecken in ihren Werten auch Handelsleistungen oder solche von freien Berufen usw., aber dadurch unterscheiden sie sich ebenfalls nicht von einer ganzen Reihe anderer Stoff- und Warenarten. Der einzige Unterschied zwischen ihnen und dem regulären Stoffverbrauch besteht darin, daß erstere nicht unmittelbar am (technisch verstandenen) Produktionsvorgang beteiligt sind bzw. nicht gehandelt werden. Ihr Verbrauch spielt sich großenteils eher in der Unternehmenssphäre als in der Betriebssphäre ab. Großenteils, d. h. nicht vollständig: Materialien und Geräte, die etwa im Konstruktionsbüro verbraucht werden, müssen als Aufwand der Betriebsspäre behandelt werden.

Die wichtigste Konsequenz der Verursachung dieses Verbrauches durch die Verwaltungsstellen ist, daß bei zentralisierter Organisation Zurechnungsschwierigkeiten bei den prozeßintegralen Einheiten vorkommen können. Überdies können die prozeßintegralen Einheiten häufig über diesen in den Zentralabteilungen stattfindenden Verbrauch gar keine Angaben machen. Darauf wurde bereits hingewiesen.

Die nach dieser Abspaltung übrigbleibenden sonstigen Vorleistungen kommen alle aus dem „tertiären Sektor". Da sich nun die eben schon kurz erörterte Frage der Zurechenbarkeit der Vorleistungsentgelte zu den einzelnen prozeßintegralen Einheiten im Falle der Zugehörigkeit mehrerer solcher Einheiten zu einer Unternehmung oder Organschaft bei den sonstigen Vorleistungen prinzipiell dringlicher stellt als beim Stoffverbrauch und den umgesetzten Handelswaren, soll die folgende Zweiteilung vorgenommen werden: Eine Reihe sonstiger Vorleistungen betrifft typischerweise die Unternehmensspitze bzw. die Konzernspitze — oder auch die Unternehmung bzw. den Konzern als Ganzes — und kann nicht ohne Willkür auf die prozeßintegralen Einheiten zugerechnet werden, es sei denn, die prozeßintegralen Einheiten als Teil einer Organschaft fallen mit Unternehmungen zusammen. Zu diesen Aufwendungen gehören insbesondere die Prüfungs-, Beratungs- und Rechtskosten, Beiträge zur Industrie- und Handelskammer und zu den Wirtschaftsverbänden[73], Bankspesen und — teils, teils — Versicherungsprämien — alles Aufwendungen also, die mit den eigentlichen betrieblichen Funktionen in keinem unmittelbaren Zusammenhang stehen. Sie können nur von der wirtschaftenden Einheit (bzw. den Unternehmungen) gemeldet werden. Auf die prozeßintegralen Einheiten müssen sie durch Schlüsselung verteilt werden. Das ist ein unvermeidbarer Notbehelf. Völlig unterschlagen dürfen diese Beträge nämlich in den Ergebnissen für die prozeßintegralen Einheiten nicht werden.

Jene sonstigen Vorleistungen hingegen, die direkt in den Betriebsprozeß eingehen, sind damit zugleich eher beziehbar auf jenen Komplex, in dem der Betriebsprozeß stattfindet, d. h. also die prozeßintegrale Einheit. Aufwendungen für solche sonstigen Vorleistungen sind insbesondere Transportkosten und Portokosten[74], Kosten für Leistungen der Werbeagenturen, der Marktforschungsunternehmen, Lizenzgebühren.

---

[73] Solche Beiträge können als Entgelte für Leistungen dieser Institutionen angesehen werden.

Die Aufgliederung der sonstigen Vorleistungen nach Leistungsarten wird sich ganz danach zu richten haben, in wieviel Sektoren der Dienstleistungsbereich in der Input-Output-Tabelle zerlegt ist. Die Transportleistungen sowie die Werbung sollten jedenfalls als eigene Position erscheinen. Vorteilhaft für die volkswirtschaftliche Gesamtrechnung wäre auch ein gesonderter Nachweis der Sachschadensversicherungsprämien, da die darin enthaltene Risikoprämie den Abschreibungen zugebucht wird.

Zusammenfassend und mit ausdrücklichem Bezug auf die Rechnungszwecke ist festzustellen, daß es sowohl den Verflechtungsnachweis in der Input-Output-Rechnung erleichtert als auch eine schärfere Definition des Nettoproduktionswertes in der üblichen Produktionsstatistik erlaubt, wenn man alle Sachleistungen, die ja letzten Endes aus dem warenproduzierenden Gewerbe (bzw. dem darauf verrechneten Import) entstammen, zum Stoffverbrauch rechnet und die sonstigen Vorleistungen auf Dienste beschränkt.

Insbesondere für die Sozialproduktsberechnung und die Input-Output-Analyse wäre es sehr von Vorteil, wenn die sonstigen Vorleistungen eigens erfragt würden und nicht in einem undurchsichtigen Restposten untergingen.

Die Zerlegung der sonstigen Vorleistungen in solche, die den prozeßintegralen Einheiten zugerechnet bzw. nicht zugerechnet werden können, hat erhebungstechnische Gründe, während die Aufgliederung in die wichtigsten Leistungsgruppen der Input-Output-Rechnung dienlich wäre.

Daß die Bewertung zu tatsächlich entrichteten Preisen bzw. Beträgen erfolgt, steht außer Zweifel.

c) Die Abschreibungen

Von allen Kostenarten sind die Abschreibungen wohl die problematischste: Schon kostentheoretisch sind sie nicht mit eindeutiger Be-

[74] Als sonstige Vorleistungen der Einheiten dürfen aber *nicht* jene Ausgangsfrachten, Porti usw. gebucht werden, die den Kunden in Rechnung gestellt, also von der verkaufenden Einheit nur vorgelegt werden. Auch die vom Verkäufer auf eigene Rechnung übernommenen Transportkosten und Porti kann man mit guten Gründen auf die sonstigen Vorleistungen der Käufer umbuchen. Die solchermaßen bezahlten Ausgangsfrachten müssen aber als durchlaufender Posten erhoben werden, weil sie auch, soweit sie den Käufern in Rechnung gestellt werden, in den Umsätzen auftauchen. Rechnet man aber aus erhebungstechnischen Gründen die in den Beschaffungskosten steckenden Eingangsfrachten und Eingangsporti zum Einstandswert des Stoffverbrauches, so bleiben als sonstige Vorleistungen einer Einheit nur wenige Transportkosten und Porti übrig, die nämlich, die nicht im Zusammenhang mit Absatz oder Beschaffung entstanden sind.

stimmtheit zu bemessen; und einmal aufgestellten theoretischen Postulaten nachzukommen, gelingt dem betrieblichen Rechnungswesen obendrein meist schwerer als bei anderen Kostenarten. Dieses Unvermögen hat in manchen Branchen deshalb einschneidende Auswirkungen, weil die Abschreibungen in vielen Wirtschaftszweigen einen wesentlichen Anteil der gesamten Aufwendungen ausmachen.

Im landläufigen Sprachgebrauch wie auch in der Sozialproduktsberechnung versteht man unter „Abschreibungen" vorwiegend diejenigen auf das materielle Anlagevermögen (Investitionsgüter). Indes reicht der betriebswirtschaftliche Begriff der Abschreibungen bedeutend weiter — und zwar in verschiedenen Richtungen, je nach der Vorstellung davon, was die Abschreibungen bewirken sollen.

Sieht man- Schmalenbachs dynamischer Bilanzlehre folgend — die Funktion der Abschreibungen darin, eine gleichmäßige Aufwandsverteilung über die Perioden zu bewirken, um einen vergleichbaren Periodengewinn zu ermitteln, so ist die Anschaffung eines Investitionsgutes nur ein spezieller Fall des Entstehens einer Aufwendung, die nicht nur die gegenwärtige, sondern mehrere zukünftige Perioden betrifft. Andere solche Aufwendungen, die demnach aktiviert und abgeschrieben werden müßten, sind etwa die für große Forschungs- und Entwicklungsprojekte, eigene Patente, Werbefeldzüge, Großreparaturen; auch der Gründungsaufwand von Aktiengesellschaften und der erworbene Firmenwert gehören hierher. Versteht man hingegen die Abschreibungen vor allem als Wertberichtigungen zum Vermögen, so ist der Kapitalverschleiß ebenfalls nur ein Sonderfall: Wertminderungen treten auch am Finanzanlagevermögen und am Umlaufvermögen auf. Die Vorräte sind von Schwund, Verderb und Unverkäuflichkeit bedroht, Forderungen werden uneinbringlich. Auch auf diese Vermögensbestandteile müssen also gelegentlich Abschreibungen vorgenommen werden, seien es einmalige Sonderabschreibungen, seien es laufende, die, nach Erfahrungssätzen, pauschal angesetzt werden.

Alle diese Fälle von Abschreibungen, ob sie nun insbesondere zur Aufwandsverteilung oder insbesondere zur Wertberichtigung vorgenommen werden, haben ursprünglich den Sinn, echte Aufwendungen auszudrücken. Sie unterscheiden sich von den übrigen Aufwendungen, wie Löhne, Materialverbrauch usw., dadurch, daß sie, was eine einzelne Periode angeht, nicht als ein Produkt von Verbrauchsmengen und Preisen dargestellt werden können. Sie sind vielmehr „verrechneter" Aufwand. Wie aber der Aufwand für eine Investition über die folgenden Perioden verteilt werden soll, über wieviele Perioden und in welchem Verhältnis, darin liegt die Problematik der Abschreibungsbemessung.

Die Bemessung der Abschreibungen ist in hohem Grade der Willkür des Buchhalters ausgesetzt und daher orientiert sich ihre Verrechnung auch so weitgehend am Rechnungszweck. Das kommt insbesondere darin zum Ausdruck, daß sich die in der Kalkulation und die in der Bilanz berücksichtigten Abschreibungsbeträge oft stark unterscheiden, hinsichtlich der abgeschriebenen Gegenstände, der Abschreibungsmethode und der Bewertung. Die Differenz zwischen den kalkulatorischen und den bilanziellen Abschreibungen ist Bestandteil des neutralen Ergebnisses.

Wie nun soll das Frageprogramm einer Kostenstrukturstatistik auf diese offenbar so vielgestaltige Kostenart eingehen? Was die *Sozialproduktsberechnung* bzw. die volkswirtschaftliche Gesamtrechnung üblicher Konzeption verlangen, sind lediglich Zahlen über die Abschreibungen an investierten Anlagegütern, „als Gegenwert für die technische und wirtschaftliche Abnutzung des Produktionsapparates (im Berichtszeitraum)“[75]. Daß die volkswirtschaftliche Gesamtrechnung mit diesem engen Abschreibungsbegriff arbeitet, verwundert etwas, insbesondere deshalb, weil durch Subtraktion eben dieser Abschreibungen vom Beitarg zum Bruttoinlandsprodukt das entstandene Einkommen ermittelt werden soll, was ja die Unternehmensgewinne einschließt. Die wirklich erhaltene Differenz ist indes allenfalls das Einkommen in der speziellen Definition der volkswirtschaftlichen Gesamtrechnung. Alle übrigen Abschreibungen im Sinne der Aufwandsverteilung und alle Abschreibungen auf das Finanzanlagevermögen sowie auf das Umlaufsvermögen werden nicht berücksichtigt. Die in der volkswirtschaftlichen Gesamtrechnung als Einkommen nachgewiesenen Gewinne sind insofern größer als die Unternehmensgewinne laut Handelsbilanz, aber auch größer als die kalkulatorischen Gewinne im betriebswirtschaftlichen Sinn, denn der größte Teil der unberücksichtigt gebliebenen Abschreibungsbeträge wird als Kosten kalkuliert. Auch wenn man die Abschreibungen mit jener Begründung in den Beitrag zum Bruttoinlandsprodukt einrechnet, die im ersten Teil dieser Arbeit gegeben wurde[76], und die dahin geht, daß die Abschreibungen einbezogen werden müssen, damit man schließlich die Wertsumme aller Konsum- und Investitionsgüter erhält, auch dann müssen ausnahmslos alle Abschreibungsbeträge gerechnet werden. Wenn die amtliche Sozialproduktsberechnung es nicht tut, so bleibt das nur deshalb ohne Auswirkung auf das Bruttoinlandsprodukt, weil dessen Berechnung nach der Differenzmethode, nicht nach der Additionsmethode vor sich geht[77, 78].

---

[75] *Bartels*, H.: Das Kontensystem für die volkswirtschaftlichen Gesamtrechnungen in der Bundesrepublik, Erster Teil: Wirtschaft und Statistik 1960, H. 6, S. 333.

[76] Vgl. Erster Teil, II. Kapitel, D. I.

[77] Wenig überzeugend ist die von K. H. Raabe gegebene Begründung für die hier erörterte Behandlung der Abschreibungen. Vgl. *Raabe*, K. H.: Übereinstimmung und Unterschiede in der Definition und Messung der Abschreibun-

Tatsächlich werden die Abschreibungen in der amtlichen volkswirtschaftlichen Gesamtrechnung weder als Wertberichtigung im allgemeinen noch als Posten zur Aufwandsverteilung, sondern als Wert des verbrauchsbedingten Kapitalverzehrs behandelt, der in Analogie steht zum Stoffverbrauch. So verstanden sind die Abschreibungen zwar vom Standpunkt der Einkommensberechnung aus gesehen zu eng gefaßt, aber sie sind ein bedeutungshomogener Posten. Das ist sicher ein Vorteil, den man nicht dadurch aufgeben sollte, daß man die Abschreibungen auf Anlagen mit den übrigen zusammenwirft. Was sich aber für eine Kostenstrukturstatistik empfiehlt, ist, die übrigen Abschreibungen gesondert zu erheben. Andernfalls erscheinen sie ja doch unter den „sonstigen Kosten" und machen diese Position noch undurchsichtiger. Ihrer quantitativen Bedeutung nach stehen diese übrigen Abschreibungen hinter denjenigen auf Sachanlagevermögen freilich weit zurück, es sei denn, es handele sich um eine Branche mit sehr geringem Sachkapitaleinsatz.

Einer weiteren Abgrenzung bedürfen die abzuschreibenden Gegenstände — nun nicht ihrer Qualität, sondern ihrer Quantität nach — gegen die als Vorleistung verbuchten „geringwertigen Wirtschaftsgüter". Zu den zu aktivierenden Investitionsgütern zählen grundsätzlich alle jene Güter, deren Lebensdauer länger ist als ein Jahr und die im Produktionsprozeß nicht verbraucht, sondern gebraucht werden[79]. Soweit jedoch diese Güter von geringem Wert sind (unter DM 600 je Einzelfall), erlaubt das Steuerrecht, sie als Aufwand der laufenden Periode zu verbuchen. Sie gehen somit im Stoffverbrauch unter. Im Interesse der Sozialproduktsberechnung sollten die als Stoffverbrauch behandelten geringwertigen Wirtschaftsgüter möglichst eng definiert werden, da andernfalls das Bruttoinlandsprodukt unberechtigterweise gedrückt wird[80].

---

gen in betrieblicher und volkswirtschaftlicher Sicht, Allgemeines Statistisches Archiv, Jg. 1957, S. 362.

[78] Die Ignorierung der Abschreibungen auf Forderungen kann man übrigens nicht damit begründen, daß — über die ganze Volkswirtschaft hin gesehen — ja jeder Minderung der Forderung eine Minderung an Verpflichtung entspricht, so daß stets ein Ausgleich zu Null stattfindet. Die volkswirtschaftlichen Gesamtrechnungen werden nicht nur für die Gesamtwirtschaft, sondern auch für Sektoren aufgestellt, so daß ein gegenseitiger Ausgleich nicht einzutreten braucht. Auch der Hinweis darauf, daß die übliche Sozialproduktsberechnung nur „Realvorgänge", keine „bloß finanziellen" erfasse, stützt die Außerachtlassung von Abschreibungen auf Forderungen nicht, wohl aber die von Abschreibungen auf das Finanzanlagevermögen. Uneinbringlich gewordene Forderungen aus Lieferungen sind nämlich im Endeffekt Preisnachlässen gleichzustellen.

[79] *Raabe*, K. H.: Übereinstimmung und Unterschiede ..., S. 363.

[80] Insbesondere erscheint dann die Kapitalintensität des Einzelhandels, des Handwerks und der freien Berufe zu niedrig. Gerade in diesen Bereichen dürften die geringwertigen Wirtschaftsgüter einen beträchtlichen Teil des

Die Werterhöhung am Anlagevermögen durch Reparaturen schließlich kann nur insoweit als Objekt von Abschreibungen herangezogen werden, als eine Aktivierung erfolgt ist. Auch wenn Teile des Anlagevermögens zu Festwerten bilanziert werden, können an sich erforderliche Aktivierungen unterbleiben.

Die Erhebung der Abschreibungen auf das Sachanlagevermögen für Zwecke der Sozialproduktsberechnung setzt voraus, daß insbesondere über die Abschreibungsmethode und die Bewertung entschieden ist.

Jede *Abschreibungsmethode*, d. h. jede Methode der zeitlichen Verteilung der Abschreibungen, setzt eine Annahme über die Lebensdauer der Anlagen voraus. Maßgeblich ist nicht die technische, physische Lebensdauer, sondern die wirtschaftliche: In dem Zeitpunkt, in dem eine Anlage aus der Produktion genommen wird, sei es, weil sie verschlissen ist, sei es weil sie im Vergleich zu moderneren Aggregaten nicht mehr wirtschaftlich arbeitet, sollte sie auf jenen Wert abgeschrieben sein, den sie per Saldo beim Verkauf einbringt. In der Bestimmung dieser wirtschaftlichen Lebensdauer liegt die hauptsächliche Unsicherheit der Bemessung der Abschreibungsbeträge. Wenn Raabe feststellt[81], daß das Auseinanderfallen zwischen technischer und wirtschaftlicher Lebensdauer für die Volkswirtschaft als Ganzes nicht so groß sei wie für den einzelnen Betrieb, da kleinere Unternehmungen oft gebrauchte Anlagen kaufen und weiterverwenden, so mag er damit durchaus Recht haben, aber für die Kostenstrukturstatistik und die Sozialproduktsberechnung ist deshalb noch nichts gewonnen, weil die erhobenen Abschreibungen doch immer in der Sicht des einzelnen Betriebes berechnet worden sind, und in der Statistik des Sozialprodukts eine Korrektur nicht vorgenommen werden kann. Es muß ferner bezweifelt werden, ob die Abschreibungsmethode bei einer gesamtwirtschaftlichen Rechnung wirklich von so geringer Bedeutung ist, wie Raabe das behauptet. Die von ihm gemachten Voraussetzungen — statische Betrachtungsweise und annähernde Gleichverteilung der Investitionen in der Zeit — schaffen eine triviale Situation, die in der Wirklichkeit kaum existiert. Erstens erfolgt die Investitionstätigkeit durchaus in konjunkturbedingten Schüben und zweitens interessiert das Sozialprodukt zumindest ebensosehr in seiner zeitlichen Entwicklung wie in einer einzigen Periode.

In einem Investitionsboom etwa würde eine kräftig degressive Abschreibung das Wachstum des Volkseinkommens im Vergleich zum Bruttosozialprodukt verzögert erscheinen lassen. In späteren Perioden würde die umgekehrte Tendenz bestehen. Auch für die Verwendungsrechnung hätte das Konsequenzen: Da definitorisch Abschreibungen

---

gesamten Kapitaleinsatzes ausmachen (Schreibmaschinen, Addiermaschinen, Kassen usw.).

[81] *Raabe*, K. H.: Übereinstimmung und Unterschiede ..., AStA 1957, S. 364.

gleich Ersatzinvestitionen gesetzt werden, würde anfangs ungerechtfertigterweise eine zu hohe Reininvestition ausgewiesen, während später, wenn die Ersatzbeschaffung wirklich einsetzt, infolge zu niedriger Abschreibungswerte eine relativ zu hohe Nettoinvestition vorgespiegelt würde[82].

Eine weitere Auswirkung unterschiedlicher Abschreibungsmethoden: Solange die Wirtschaft beständig wächst, liegen die Abschreibungsbeträge bei der degressiven Methode ständig höher als bei der linearen. Wiederum erscheint das Volkseinkommen niedriger als bei linearer Abschreibung — und im allgemeinen auch niedriger als gerechtfertigt[83].

Die beschriebenen Wirkungen lassen es daher wünschenswert erscheinen, für die Sozialproduktsberechnung nach der linearen Methode berechnete Abschreibungsbeträge zu erhalten. Zwar bewirkt dieser Grundsatz, falls er verwirklicht werden kann, ein Abweichen von der einzelwirtschaftlichen Gewinnermittlung, in der neben der linearen auch die degressive Abschreibung vorkommt. Diese Abweichung ist aber keine prinzipielle, die vom betriebswirtschaftlichen Gewinn*begriff* wegführt, denn die faktisch angesetzten degressiven Abschreibungen folgen häufig gar nicht aus theoretisch begründeter Kostenbemessung, sondern aus dem Streben, den Gewinn zu begrenzen.

Die *Bewertung* der Abschreibungen geschieht in der Sozialproduktsberechnung zu Wiederbeschaffungspreisen der Anlagegüter. Die Begründung dafür ist die schon erläuterte, daß den herrschenden Usancen zufolge bei der gesamtwirtschaftlichen Einkommensberechnung die Erhaltung des „realen“ *Sach*vermögensbestandes zur Bedingung gemacht ist. Die volkswirtschaftliche Gesamtrechnung nimmt damit jene eigentümliche Zwischenstellung ein. Sie unternimmt weder eine konsequente Nominalwertrechnung, wie sie einer reinen Aggregierung der Unternehmenserfolgsrechnungen entspräche, noch eine auf Substanzerhaltung gerichtete Erfolgsrechnung, in der auch der Stoffverbrauch zu Wiederbeschaffungspreisen bewertet werden müßte[84]. Die Erhaltung des realen Sachvermögens wird dadurch gewährleistet, daß man den produktionsbedingten Verbrauch an Sachvermögen zu Wiederbeschaffungspreisen bewertet, wodurch als Gewinn nur das verbleibt, was über die zur Reininvestition benötigten Wertbeträge hinausgeht.

---

[82] Unter diesem gesamtwirtschaftlichen Aspekt gewinnt die so selten praktizierte progressive Abschreibung an Interesse.

[83] Da die Abschreibungen etwa 10 % des Bruttosozialprodukts ausmachen, können derartige Variationen schon fühlbare Auswirkungen haben.

[84] Vgl. hierzu *Bartels*, H.: Das Kontensystem für die volkswirtschaftlichen Gesamtrechnungen der Bundesrepublik Deutschland, Erster Teil, Wirtschaft und Statistik 1960, H. 6, S. 327. *Bartels, Raabe, Schörry*, Mitarbeiter: Das Kontensystem für die volkswirtschaftlichen Gesamtrechnungen der BRD, Zweiter Teil, Wirtschaft und Statistik 1960, S. 573.

Akzeptiert man die so definierte Zielgröße, so muß auch die an die wirtschaftenden Einheiten gerichtete Frage nach den Abschreibungen eine Bewertung zu Wiederbeschaffungspreisen verlangen[85].

Es sei aber nicht versäumt zu konstatieren, daß eine an die übliche Gewinnberechnung der Unternehmungen anknüpfende Sozialproduktsberechnung ein ebenso sinnvolles, nur eben anders gemeintes Unterfangen wäre — ebenso sinnvoll jedenfalls wie die Gewinnberechnung nach Handels- bzw. Steuerrecht. Einer solchen Gesamtrechnung entspräche demnach ein Ansatz der Abschreibungen zu Anschaffungswerten bzw. Herstellungskosten der Anlagen.

Wendet man nun den Blick von der theoretisch erwünschten Abschreibungsdefinition zu jenen Zahlen, die das betriebliche Rechnungswesen liefern kann, so findet man maximal 3, praktisch aber allenfalls 2 verschieden bemessene Abschreibungswerte vor: Die *bilanziellen* und die *kalkulatorischen*. Wenn eine Steuer- und eine Handelsbilanz nebeneinander aufgestellt werden, gibt es entsprechend auch Abschreibungen laut Steuerbilanz und solche laut Handelsbilanz, die nicht übereinzustimmen brauchen.

Die kalkulatorischen Abschreibungen werden im allgemeinen nach der linearen Methode und — freilich nicht ausschließlich — vom Wiederbeschaffungspreis der Anlagen berechnet. Sie genügen insofern den Anforderungen, die die Sozialproduktsberechnung üblicher Konzeption stellt. Daher sollte sich auch in einer Kostenstrukturstatistik die Frage nach den Abschreibungen auf die kalkulatorischen richten. Dem steht allerdings entgegen, daß sehr viele Unternehmungen, insbesondere die kleinen, über keine so ausgebaute Kalkulation verfügen, daß sie spezielle kalkulatorische Abschreibungen berechneten. In ihrem Rechnungswesen werden nur die nach Steuerrecht bemessenen geführt, die vom Anschaffungswert berechnet werden, und zwar teilweise nach der degressiven Methode. Sie schließen auch Sonderabschreibungen ein. Es bleibt nichts anderes übrig, als ersatzweise nach diesen steuerlichen Abschreibungen zu fragen, jedoch die auf betriebsfremdes Anlagevermögen entfallenden Beträge auszugliedern. In Wirtschfatsbereichen, die überwiegend aus Kleinbetreiben bestehen, wie das Handwerk oder auch der Handel, kann grundsätzlich nicht erwartet werden, daß kalkulatorische Abschreibungen ermittelt werden.

Zu den theoretischen Zweifelsfragen hinsichtlich der geeigneten Definition der Abschreibungen gesellt sich so eine mangelhafte Auskunftsfähigkeit der Befragten, so daß insgesamt die Ermittlung dieser Kostenarten zu recht uneinheitlichen und wenig verläßlichen Ergebnissen führen muß.

---

[85] Vgl. *Blind*, Adolf, Zur statistischen Erfassung des Kapitalverzehrs, in: Zeitschrift für Betriebswirtschaft 1934, Heft 2, S. 1.

Die bisherigen Erörterungen betrafen das Frageprogramm für die wirtschaftende Einheit. Bei der Erhebung der prozeßintegalen Einheit gelten kaum Modifikationen: Der Abschreibung vom Wiederbeschaffungswert ist hier uneingeschränkt der Vorzug zu geben, da eine an die einzelwirtschaftliche Erfolgsrechnung angelehnte Einkommensermittlung bei der prozeßintegralen Einheit nicht beabsichtigt ist. Auch die staatliche Wirtschaftsplanung und die wirtschaftswissenschaftliche Erforschung der Kapitalintensität der verschiedenen Wirtschaftszweige ist auf die Kenntnis der in den prozeßintegralen Einheiten anfallenden Abschreibungswerte zu Wiederbeschaffungspreisen angewiesen. Bei allen Analysen von Produktionsverfahren auf ihre Abhängigkeit von Produktionsfaktoren hin muß stets von deren Gegenwartswerten ausgegangen werden, denn die Anschaffungswerte aus früherer Zeit sind nur dem gleichsam zufälligen Umstand zuzuschreiben, daß die Investition nicht in der laufenden, sondern einer vergangenen Periode stattgefunden hat.

Abschließend sei noch ein prüfender Vergleich der in der laufenden Kostenstrukturstatistik des Statistischen Bundesamtes formulierten Fragen mit den soeben entwickelten Postulaten unternommen. Die Fragen nach den Abschreibungen sind in den einzelnen Wirtschaftsbereichen recht unterschiedlich ausgestaltet, was wohl einerseits auf die unterschiedliche Auskunftswilligkeit zurückzuführen ist, andererseits im Interesse gewisser Nebenzwecke der Kostenstrukturstatistik liegt.

Am unvollständigsten ist die Erfassung bei der Industrieerhebung. Zwar wird (1962) zunächst nach den verbrauchsbedingten[86] Abschreibungen auf Sachanlagen (einschließlich Abschreibungen auf die Substanz, die dann ausgegliedert werden) gefragt, jedoch muß für den Fall, daß solche nicht gesondert ermittelt werden, auch die Angabe der steuerlichen Abschreibungen anheim gestellt werden. Sie sollen als solche gekennzeichnet und um betriebsfremde Bestandteile (z. B. nach § 7b und 7e EStG) gekürzt werden. Sonstige Abschreibungen werden nicht erhoben.

In anderen Bereichen hingegen wird zwar von vornherein auf eine Frage nach den verbrauchsbedingten Abschreibungen verzichtet, so beim Handel, beim Handwerk, beim Güterverkehr, beim Verlagswesen,

[86] Die in den Erhebungsformularen sogenannten verbrauchsbedingten Abschreibungen sind offenbar als identisch mit den kalkulatorischen zu verstehen, obwohl das Attribut „verbrauchsbedingt" eigentlich enger aufgefaßt werden müßte; es deckt streng genommen nur die Abnutzung durch Gebrauch. Zu den kalkulatorischen Abschreibungen gehören indes auch die Wertminderungen an ruhenden Anlagen, sei es durch physischen Zerfall oder durch Entwertung infolge technischen Fortschritts. In den Ausfüllungsrichtlinien für die Industrie wird erlaubt, auch vom Anschaffungswert berechnete verbrauchsbedingte Abschreibungen zu melden. Eine diesbezügliche Kennzeichnung findet nur bei der Bauindustrie statt.

dafür werden aber Abschreibungen auf Forderungen, Sonderabschreibungen für Ersatzbeschaffung nach § 7e EStG und die geringwertigen Wirtschaftsgüter (bis DM 600,— Anschaffungspreis im Einzelfall), soweit sie nicht unter den Stoffverbrauch eingerechnet sind, eigens aufgeführt.

Man darf wohl vermuten, daß eine konsequente Erhebung von steuerlichen Abschreibungen zu einem besser verwertbaren Ergebnis führen würde als jenes Gemisch aus kalkulatorischen Abschreibungen vom Wiederbeschaffungswert, kalkulatorischen Abschreibungen vom Anschaffungswert und steuerlichen Abschreibungen es ist, das man aus der laufenden Kostenstrukturstatistik in der Industrie erhält. Aufschlußreich war freilich sicher die parallele Ermittlung von kalkulatorischen und steuerlichen Abschreibungen in der Erhebung für 1958. In der Erhebung für 1962 wurde nur noch die Angabe entweder der kalkulatorischen oder der steuerlichen Werte verlangt.

d) Die Steuern

Die von Unternehmungen bezahlten Steuern gehören nicht zu den wichtigsten Erhebungsmerkmalen einer primären Kostenstrukturstatistik, weil diese Zahlen grundsätzlich auch auf sekundärstatistischem Wege, aus der Finanzstatistik nämlich, gewonnen werden können. Freilich vermag diese Informationsquelle nicht alle Wünsche zu erfüllen. Vor allem dann, wenn die Steuerleistungen für Einheiten verlangt werden, die nicht mit den Steuerpflichtigen identisch sind, oder wenn eine Klassifikation erwünscht ist, die aus den Unterlagen der Finanzämter nicht hergestellt werden kann, ist man doch wieder auf primärstatistische Ergebnisse angewiesen. Aus diesem Grunde ist es ratsam, alle bezahlten Steuern in die Kostenstrukturerhebung einzubeziehen, zumal ihre Meldung den Befragten keine nennenswerte Mühe bereitet. Freilich: Die Frage nach der bezahlten Einkommens- bzw. Körperschaftssteuer stößt auf eben solche psychologischen Widerstände wie die nach dem Gewinn selbst. Letztere wird grundsätzlich vermieden und erstere wird in den praktizierten Kostenstrukturstatistiken ebenfalls nicht gestellt. Man unterläßt sie, obwohl aus jenem Betriebsergebnis, das aus der laufenden Kostenstrukturstatistik zu ermitteln ist, auf die gewinnabhängigen Steuern nicht geschlossen werden kann und obwohl zwar nicht in der Entstehungsrechnung des Sozialprodukts, wohl aber im Kontensystem der volkswirtschaftlichen Gesamtrechnung die gewinnabhängigen Steuern explizit erscheinen, wenn auch nur die vom Unternehmenssektor insgesamt entrichteten.

In der Sozialproduktsberechnung und der volkswirtschaftlichen Gesamtrechnung wird unterschieden zwischen den vom Statistischen

Bundesamt als „indirekte" bezeichneten Kostensteuern, die bei der Gewinnberechnung abzugsfähig sind, und den eine Einkommensverwendung bewirkenden sogenannten „direkten" Steuern[87].

Geht man von dieser Gruppierung der Steuern aus, so ergibt sich für die *wirtschaftende* Einheit das folgende Frageprogramm.

Setzte man sich über die schon erwähnten psychologischen Widerstände hinweg, so hätte eine erste Frage jenen Steuern zu gelten, deren Entrichtung als Gewinnverwendung betrachtet wird: Der Einkommens- bzw. der Körperschaftssteuer. Uneinheitlich wird mit der Vermögensteuer verfahren. In der betrieblichen Kalkulation und bei der Gewinnermittlung nach Handelsrecht wird sie stets als Kostenbestandteil behandelt. Das Steuerrecht hingegen macht einen wenig einleuchtenden Unterschied: Nach dem Einkommensteuergesetz — d. h. bei der Ermittlung des steuerlichen Gewinns von Personalunternehmen — ist sie abzugsfähig, während das Körperschaftssteuergesetz den Kapitalgesellschaften nicht erlaubt, sie vom zu versteuernden Gewinn abzusetzen. In der volkswirtschaftlichen Gesamtrechnung wird sie grundsätzlich zu den „direkten" Steuern gezählt. Das hat zwar den Vorteil, daß auf diese Weise nicht ein Teil des gesamten Vermögensteueraufkommens, der von den Unternehmen entrichtete nämlich, zu den „indirekten", der von den Nicht-Unternehmern geleisteten aber — notgedrungen — zu den „direkten" gerechnet wird. Andererseits aber ist damit die Definition der indirekten Steuern als der bei der Gewinnermittlung abzugsfähige aufgegeben. Die Kostenstrukturstatistik kann sich eine Entscheidung sparen, in dem sie die Vermögenssteuer gesondert erfragt. Es kommt stets nur die Begleichung der Steuerschuld der laufenden Periode in Betracht, nicht aber eine Nachzahlung.

Die Kostensteuern können entweder in einem einzigen Posten erhoben oder — für etwaige Nebenzwecke — untergliedert werden. Dazu zählen insbesondere die Umsatzsteuer, die Gewerbesteuer nach dem Gewerbeertrag[88] und nach dem Gewerbekapital sowie die Lohnsummensteuer, die Kraftfahrzeugsteuer, die Grundsteuer, die Verbrauchssteuern, die Wechselsteuer usw. Auch die Vermögenssteuer hat Kostencharakter. Kostensteuern sind auch in den Einfuhrzöllen und in der Umsatzausgleichssteuer zu sehen. Es empfiehlt sich, diese Abgaben getrennt von den übrigen zu erheben, da sich so für die Außenhandelspolitik wichtige Informationen gewinnen lassen.

---

[87] Zur Terminologie vgl. Erster Teil, II. Kapitel C II. Ferner: *Schmölders*, G.: Steuersystem und Steuersystematik, in: Handbuch der Finanzwissenschaft, 2. Aufl., Bd. 2, S. 333 ff.

[88] Diese Steuer ist streng genommen keine echte Kostensteuer; denn sie ist gewinnabhängig, steht insofern der Einkommens- und Körperschaftssteuer nahe.

Jede wirtschaftende Einheit hat nur die Steuerbeträge zu melden, welche sie selbst dem Staat schuldet. Eine Unternehmung der Spirituosenindustrie meldet demzufolge nur die Branntweinsteuer für selbstgebrannten Branntwein, nicht hingegen jene für schon versteuert bezogenen.

Die bisher abgehandelten Fragestellungen waren für die wirtschaftlichen Einheiten bestimmt. Diese sind entweder mit einer Unternehmung identisch und selbst Steuerschuldner, folglich auch ohne weiteres zur Auskunftserteilung in der Lage. Oder aber die wirtschaftende Einheit ist ein Organkreis. Dann ist sie entweder selbst Steuerschuldner — im Falle der Umsatzsteuer und der Gewerbesteuer, ggf. auch im Falle der Einkommen— und Körperschaftsteuer — oder aber die ihr angehörenden Unternehmungen sind Steuerschuldner (z. B. bei der Grundsteuer, Kfz-Steuer), so daß deren Zahlungen nur addiert zu werden brauchen.

Was aber soll bei jenen prozeßintegralen Einheiten erhoben werden, die aus Teilen einer wirtschaftenden Einheit bestehen? Die „direkten" Steuern im Sinne der volkswirtschaftlichen Gesamtrechnung, also die Einkommen- und Körperschaftsteuer sowie die Vermögensteuer, können für diese Einheiten schlechterdings nicht nachgewiesen werden. Das ist indes kein Verlust. Weder kann die Einkommens- und Körperschaftssteuer vernünftig auf die einzelnen Unternehmensteile aufgeschlüsselt werden, noch würde sie überhaupt in jenes System von Daten passen, das sich auf die prozeßintegrale Einheit bezieht: Diese Steuerleistungen bedeuten Gewinnverwendung; deren Darstellung gehört aber nicht zu den Aufgaben jener Variante der Input-Output-Rechnung, an die hier gedacht ist. Die Kostensteuern hingegen müssen bei den prozeßintegralen Einheiten berücksichtigt werden, weil sie bei der Produktion und Distribution ebenso zwangsläufig anfallen wie die übrigen Kosten. Ihre Entrichtung ist nicht Gewinnverwendung, sondern Kostenaufwand.

Aber auch diese Steuern schulden und zahlen nicht die prozeßintegralen Einheiten, soweit sie nicht mit einer rechtlichen Einheit identisch sind, und insofern kann die Zurechnung zu den prozeßintegralen Einheiten nur auf eine Schlüsselung hinauslaufen. Diese Schlüsselung ist relativ unproblematisch bei jenen Steuern, deren Objekte materieller, gegenständlicher Natur sind: bei der Grundsteuer, der Kfz-Steuer, der Lohnsummensteuer usw. Diese Steuerobjekte sind ihrerseits für jede prozeßintegrale Einheit leicht zu isolieren. Auch Produktionssteuern dürften in aller Regel eindeutig auf eine prozeßintegrale Einheit bezogen werden können. Größere Schwierigkeiten bereiten hingegen die Steuern, deren Objekte nur schwer für Teilkomplexe einer steuerrechtlichen Einheit nachzuweisen sind: Die Gewerbesteuer nach dem Gewerbekapital und dem Gewerbeertrag, die Vermögensteuer insbesondere aber die Allphasen-Brutto-Umsatzsteuer. Die Zusammensetzung des in der wirtschaftenden Einheit gebundenen Gewerbekapitals aus den in den prozeßintegralen Einheiten investierten Kapitalien dürfte, wenn auch behelfsmäßig, zu bestimmen sein. Gleiches gilt für das Vermögen. Nur sehr schwer hingegen sind oft die Beiträge der einzelnen prozeßintegralen Einheiten zum gesamten Gewerbeertrag abzuschätzen. Die Umsatzsteuer vollends knüpft an die Außenumsätze an, an ein Steuerobjekt also, das nicht additiv aus qualitativ gleichartigen Bestandteilen, die auch in allen Teilbereichen der wirtschaftenden Einheit vorfindbar sind, zusammengesetzt werden kann. Denn möglicherweise ist eine prozeßintegrale Einheit Bestandteil einer vertikalen Kombination und macht keine Außenumsätze. Lastet man nun die Umsatzsteuer den prozeßintegralen Einheiten nach Maßgabe ihrer Außenumsätze an, so trifft die ganze Steuerbelastung die marktverbundenen Einheiten, die steuerlich begünstigenden Wirkungen etwa einer Organschaft kommen nur bei jenen Teilen des Organkreises zur Wirkung, die lediglich Innenumsätze machen. Aber auch die andere Lösung, die Umsatzsteuer nach Maßgabe der Bruttoproduktionswerte (bzw. des Wertes der Lieferungen) auf die prozeßintegralen Einheiten zu verteilen, befriedigt nicht: Ist es doch Sinn der Umsatzsteuer, vom Verkäufer auf die Abnehmer überwälzt zu werden. Innerhalb einer wirtschaftenden Einheit darf eine Überwälzung der Umsatzsteuer aber nicht nachgewiesen werden, weil für diese Lieferungen effektiv keine erhoben wird. Stellen Mitglieder eines Organkreises einander doch anteilige Beträge in Rechnung, so mag das seine Begründung darin haben, daß die Umsatzsteuer als Gemeinkosten verrechnet wird wie andere Gemeinkosten auch. Gesamtwirtschaftlich gesehen wird dadurch aber der Nachweis der Überwälzung erschwert: Diese findet tatsächlich beim Verkauf der Güter am Markt statt; ob sie gelingt oder nicht hängt ab von den Verhältnissen dieser entsprechenden Märkte. Es ist daher wünschenswert, die Umsatzsteuer voll in jenen Bereichen aufzuführen, die sie über den Markt weiter geben. Das ist einer Verflechtungsdarstellung am angemessensten. So wurde auch bei der Input-Output-Rechnung für die Bundesrepublik verfahren[89]. In der Kostenstrukturerhebung für die Industrie von 1962 allerdings wird anderes vorgeschrieben: Eine Organtochter hat Umsatzsteuer und Gewerbesteuer dann, aber auch nur dann anzugeben, wenn eine Belastung seitens der Organmutter erfolgt. Letztere hat ihre eigene Meldung entsprechend zu kürzen. Im Rahmen einer Sozialproduktsberechnung, die die Unternehmung zur Einheit hat, ist das freilich eine gute Lösung.

---

[89] Vgl. *Bartels*, H.: Möglichkeiten und Grenzen ..., Wirtschaft und Statistik 1965, S. 79. Eine Begründung wird dort allerdings nicht gegeben.

Alles in allem wird man sich bei der Auswertung einer Statistik der Kostensteuern, die auf prozeßintegrale Einheiten basiert ist, stets vergegenwärtigen müssen, daß die Steuern eine Kostenart sind, die man ihrer Natur nach nicht befriedigend zurechnen kann. Die Schwierigkeit besteht immer, wie man auch die Einheiten abgrenzt. Sie ist nicht zuletzt deshalb bemerkenswert, weil die Kostensteuern keinen geringen Anteil am Bruttoinlandsprodukt ausmachen: Er lag — nach Saldierung mit den Subventionen — in den letzten Jahren zwischen 13 und 14 %, d. h. also beträchtlich über dem der Abschreibungen.

Zum Schluß dieses Abschnittes sei noch eine kurze Erklärung dafür gegeben, daß jene *Subventionen*, die in der Sozialproduktsberechnung mit den „indirekten" Steuern saldiert werden, im Frageprogramm keinen Platz gefunden haben. Auch in der amtlichen Kostenstrukturstatistik wird nicht nach den Subventionen gefragt. Ihre Erhebung stieße einerseits auf psychologische Widerstände, andererseits wäre sie recht überflüssig. Handelt es sich doch bei den fraglichen Subventionen um solche, die im unmittelbaren Zusammenhang mit der Produktion und der Distribution gewährt werden, und zwar allermeist zur Preisstützung bzw. als Ausgleich für niedrig angesetzte staatlich reglementierte Höchstpreise. Es stehen demnach die subventionierten Güter fest und die Höhe der Subventionsleistungen ist der Haushaltsrechnung des Staates zu entnehmen. Die auf die einzelnen Wirtschaftszweige entfallenden Beträge sind daraus zwar nicht völlig exakt, aber doch in guter Annäherung zu schätzen.

e) Die Wertschöpfung

Mit dem Nachweis der Bruttoproduktionswerte, der Vorleistungen, der Abschreibungen und der Steuern hat die Kostenstrukturstatistik eigentlich den Anforderungen der üblichen Entstehungsrechnung des Sozialprodukts genüge getan. Nach der Subtraktionsmethode sind damit für jeden Wirtschaftsbereich und Wirtschaftszweig die Beiträge zu den einzelnen Inlandsproduktgrößen zu berechnen, den Beitrag zum Nettoinlandsprodukt zu Faktorkosten, die sogenannte Wertschöpfung, nicht ausgenommen. In der Verteilungsrechnung sowie im Kontensystem der volkswirtschaftlichen Gesamtrechnung wird zwar die Wertschöpfung weiter aufgespalten, die primären Einkommensströme und die Umverteilung des Einkommens werden nachgewiesen, aber nach der Berechnungsweise des Statistischen Bundesamtes sind es nicht kostenstrukturstatistische Ergebnisse, sondern insbesondere solche von Verdienststatistiken und von Finanzstatistiken, die zur Schätzung dieser Ströme herangezogen werden.

Indes ist die Aufgliederung der Wertschöpfung in die wichtigsten Bestandteile eine so naheliegende Fortsetzung jener Aufspaltung des Bruttoproduktionswertes, die bis zur Wertschöpfung geführt hat, daß sie in einer Kostenstrukturstatistik sicher nicht unterlassen werden darf. Es ist eine ganz sekundäre terminologische Frage, ob man diese Aufgliederung der Wertschöpfung in die wichtigsten Kostenarten und das „Betriebsergebnis" — und nur um diese geht es! — „noch" in die Entstehungsrechnung oder „schon" in die Verteilungsrechnung einbeziehen will.

Die Input-Output-Rechnungen verlangen denn auch schon in ihrer üblichen Form eine weitere Aufspaltung der Wertschöpfung: unter den „Primärinputs" weist etwa die Tabelle des SAEG die „Einkommen aus unselbständiger Arbeit" und die „Arbeitgeberbeiträge zur Sozialversicherung" eigens nach. Der Rest dessen, was hier Wertschöpfung genannt wird, ist in einem Posten „Sonstige Einkommen" zusammengefaßt.

Überdies ist selbst dann, wenn die Erhebung auf das unbedingt Notwendige beschränken wollte, eine weitere Aufgliederung der sogenannten Wertschöpfung für die Entstehungsrechnung des Sozialprodukts nur dann entbehrlich, wenn man auf jene amtlich üblichen Sozialproduktsbegriffe hinaus will. Würde man sich indes jenen anderen Konzeptionen verschreiben, die im Ersten Teil angedeutet worden sind[90], so bedürfte es einiger weiterer Differenzierungen im Frageprogramm, die vorweg kurz behandelt werden sollen. Wollte man die Entstehungsrechnung des Sozialprodukts konsequent auf den Nachweis der *Entstehung von Einkommen* anlegen, so wäre ein wichtiger Teil des Frageprogramms der Aufgabe zu widmen, jene Posten aus der Unternehmensrechnung zu isolieren, die unmittelbar zu Einkommen werden: Den wie immer auch definierten Gewinn, die Löhne und Gehälter incl. die sonstigen Leistungen an die Beschäftigten, denen man Einkommenscharakter zubilligt (er wurde den Arbeitgeberbeiträgen zur Sozialversicherung und den Zuweisungen zur Pensionsrückstellung abgesprochen); die Fremdkapitalzinsen, *insoweit* sie Einkünfte werden, also nicht nur Erträge einer anderen Unternehmung; die Mieten und Pachten usw., ebenfalls nur insoweit sie sich unmittelbar als Einkunft niederschlagen. Ohne Zweifel wäre eine solche Differenzierung der Zinsen und Mieten mit letzter Genauigkeit den Befragten nicht abzuverlangen. Es fehlen ihnen oft die Informationen darüber, ob ihre Zahlungen nun zu Einkünften oder zu Erträgen führen. Freilich wären Näherungslösungen praktikabel: Von den Bankzinsen ist z. B. von vornherein bekannt, daß sie für die Empfänger nicht Einkunftscharakter haben. Auch ist den Mietern von Räu-

[90] Erster Teil, II. Kapitel C. I und V.

men im allgemeinen bekannt, ob der Vermieter ein Privater oder eine Unternehmung ist. Mietaufwendungen für Maschinen und Anlagen (z. B. Datenverarbeitungsanlagen) sind in aller Regel Bestandteil des Betriebsergebnisses des Vermieters. Die Frage nach den Entgelten für jene Kapitalien, Räumlichkeiten, Grundstücke usw., die der Gläubiger im Rahmen einer Unternehmenstätigkeit zur Verfügung stellt, dürfte also in diskutabler Annäherung zu beantworten sein. Die Differenz zwischen den gesamten Zinsen, Mieten, Pachten usw. und diesem Betrag wären dann die unmittelbar entstehenden Einkünfte.

In einem zweiten möglichen Konzept der Sozialproduktsberechnung, dem der realen Leistungsverflechtung, wurde von einem „materiellen Vorleistungsbegriff" ausgegangen, der grundsätzlich alle wirtschaftlichen Leistungen einschließt, die von einer anderen Einheit an die Berichtseinheit bewirkt werden. Solche wirtschaftlichen Leistungen sind auch die Zurverfügungstellung von Kapital, Räumen, Grundstücken usw.

Dieser engere Begriff der Wertschöpfung wäre leicht ermittelt: Man brauchte eben nur die Zinsen, Mieten usw. explizit zu erfragen und zu den sonstigen Vorleistungen zu rechnen. Als „Wertschöpfung" blieben dann nur der Gewinn und die Entlohnung der Beschäftigten.

Aus dem Zahlenmaterial, das die *laufende Kostenstrukturstatistik* liefert, ist der ersten der beiden Modifikationen des üblichen Wertschöpfungsbegriffes, der in Richtung auf den konsequenten Einkommensnachweis, verständlicherweise rechnerisch nicht nachzukommen: Für eine derartige Aufspaltung der Kostenarten besteht in dieser Erhebung ja keine Notwendigkeit. Die zweite Bereinigung des Wertschöpfungsbegriffes — die von wirklich *allen* Vorleistungen — hingegen kann auf Grund des amtlichen Frageprogramms vorgenommen werden, denn die Zinsen, Mieten und Pachten sind entweder explizit erfragt (Industrie) oder aber ein Teil von ihnen — Hypothekenzinsen z. B. — sind im Mietwert eigener Gebäude verrechnet (Handel, Handwerk), der aber ebenfalls abgesetzt werden kann und muß, um so die Wertschöpfung im erörterten engeren Sinne zu ergeben.

Lassen wir nun diese im Ersten Teil erörterten Definitionen des Nettosozialprodukts zu Faktorkosten, die von der praktizierten abweichen, außer Betracht, so bleibt ein Interesse an der weiteren Aufgliederung der Wertschöpfung im üblichen Verstande doch aus den oben erwähnten übrigen Gründen bestehen.

Jedoch: gilt dieses Interesse an der Nachweisung und Aufgliederung der Wertschöpfung *gleichermaßen der wirtschaftenden und der prozeßintegralen Einheit?*

Die Wertschöpfung einer prozeßintegralen Einheit ist aus mehreren Gründen eine problematische Größe. Am besten lassen sich für die prozeßintegrale Einheit die Personalkosten isolieren und nachweisen, obwohl man nicht übersehen darf, daß Zentralabteilungen von großen Unternehmen oder von Konzernen, solche Abteilungen also, die mehrere prozeßintegrale Einheiten zugleich bedienen, besonders viel Personalkosten verursachen, die — es bleibt kein besserer Ausweg — auf die prozeßintegrale Einheit durch Schlüsselung verteilt werden müssen. Sehr zweifelhaft ist hingegen die Zurechnung der *Fremd*kapitalzinsen zu den prozeßintegralen Einheiten. Erfolgt doch die Kapitalbeschaffung meist zentral durch die Spitze der wirtschaftenden Einheit, bei der dann auch die Zinsaufwendungen anfallen. Der Kapitalverwendung in den einzelnen prozeßintegralen Einheiten ist eben nicht anzusehen, ob es sich um Eigen- oder um Fremdkapital der wirtschaftenden Einheiten handelt, ob also für das investierte Kapital Zinsaufwand oder „nur" kalkulatorische Zinskosten entstehen. Wenigstens buchhalterisch leichter zu bewerkstelligen ist freilich die Zurechnung der Fremdkapitalzinsen dann, wenn die prozeßintegralen Einheiten zugleich Unternehmen sind.

Die Mieten und Pachten schließlich spielen in jenem Wirtschaftszweig, in dem vor allem sich die prozeßintegralen Einheiten von den wirtschaftenden unterscheiden, nämlich in der Industrie, eine sehr untergeordnete Rolle. Außerdem sind auch die Mieten, wie die Zinsen, eher auf die wirtschaftende Einheit beziehbar als auf die prozeßintegrale. Welche prozeßintegralen Einheiten einer wirtschaftenden Einheit nämlich mit eigenen Räumen versorgt werden, welche in gemieteten untergebracht werden, das hängt weniger von den spezifischen Verhältnissen jener Branchen ab, in denen die prozeßintegralen Einheiten arbeiten, als vom Ergebnis eines Kostenvergleichs, den die wirtschaftenden Einheiten anstellen. Offenbar ist also schon die Frage nach den Fremdkapitalzinsen und Mieten der prozeßintegralen Einheit ökonomisch nicht recht sinnvoll. Das „Betriebsergebnis" — oder wie man diesen Residualposten auch nennen mag — einer prozeßintegralen Einheit ist nun vollends ein eigenartiger und unserem Denken ungewohnter Posten. Wegen der spezifischen Bewertungsregeln, die für die prozeßintegrale Einheit vorgeschlagen wurden — Marktpreise auch für die Lieferungen und Bezüge innerhalb einer wirtschaftenden Einheit; durchschnittliche Verkaufspreise auch für die auf Lager gehende Produktion — ist jene Differenz aus Aufwendungen und Erträgen nicht in gleicher Weise ausdeutbar — nämlich als Gewinn, Einkommen — wie die entsprechende Differenz in der wirtschaftenden Einheit. Sind doch auch die Wertansätze für Kosten und Leistungen der prozeßintegralen Einheit gar nicht darauf ausgerichtet worden, das — wie auch immer präzisierte — Einkommen, den Gewinn, den Werteüberschuß der Periode zu ermitteln. Vielmehr sollen die Input-Output-Relationen, so exakt es geht, reale Produktionsabhängigkeiten wiedergeben.

Aus alledem ergibt sich die Konsequenz, daß eine Erfragung dieser „problematischen“ Bestandteile der „Wertschöpfung“ der prozeßintegralen Einheiten auf allzu viele, im Wesen der Sache liegende Hindernisse stößt, daß die entsprechenden Nachweisungen überdies von vergleichsweise geringem Aussagewert sind. Deshalb soll, mit Ausnahme der Personalkosten, auf die Erhebung der Bestandteile der Wertschöpfung verzichtet werden. Der verbleibende Restposten sollte nicht mit dem Ausdruck „Einkommen“ belegt werden. Die Ermittlung der Personalkosten ist allerdings im Interesse der Input-Output-Rechnung unbedingt erforderlich.

Im übrigen aber sollen die nachfolgend erörterten Kostenarten nur bei der wirtschaftenden Einheit erfragt werden.

aa) Die Personalkosten

Über die Personalkosten — die Löhne, Gehälter, Sozialleistungen — ist in der Bundesrepublik aus Statistiken, die sich nicht eigentlich mit der Kostenstruktur beschäftgen, mehr bekannt als über jede andere Kostenart. Dieser Umstand ist einem recht gut ausgebauten System von Verdienststatistiken zu danken, die zwar primär darauf angelegt sind, die (Durchschnitts-) Verdienste der Arbeitnehmer in den diversen Wirtschaftszweigen darzustellen, nebenbei aber auch die Personalkosten erkennen lassen. Das gilt insbesondere für die Lohnsummenstatistik, mit Einschränkungen auch für die Verdienststatistik nach dem „Individualverfahren“. Es handelt sich dabei zwar nicht um Vollerhebungen, doch ist der „Repräsentationsgrad“ dieser Teilerhebungen größer als der, der bei Kostenstrukturerhebungen realisiert werden kann. Daneben wurden in den letzten Jahren im Rahmen der EWG einige Repräsentativerhebungen speziell über die Aufwendungen der Arbeitgeber für Löhne und Lohnnebenkosten durchgeführt.

Aus derartigen Erhebungen sind so eingehende Informationen über die Personalkosten verfügbar, daß daran gedacht werden kann, die Zuverlässigkeit einer allgemeinen Kostenstrukturstatistik dadurch zu überprüfen, daß die einbezogenen Berichtseinheiten einerseits nach ihren Löhnen und Gehältern — in entsprechender Aufgliederung —, andererseits nach der Zahl ihrer Beschäftigten — ebenfalls weiter unterteilt — befragt und die erhaltenen Gesamtzahlen der Löhne und Gehälter mit den Ergebnissen der Lohnstatistik verglichen werden[91]. Freilich

[91] Vgl. die Begründung zum Gesetz über Kostenstrukturstatistik (B. Besonderer Teil, zu § 3), abgedruckt in: Das Arbeitsgebiet der Bundesstatistik, Stand Mitte 1962, S. 195.

sind die Ergebnisse der Lohn- und Gehaltsstatistik nur insoweit heranzuziehen, als die jeweils verwendeten statistischen Einheiten das zulassen.

In der Kostenstrukturstatistik sollte die Frage nach den Personalkosten zumindest 3 Positionen enthalten: Löhne und Gehälter (incl. Tantiemen und Provisionen), gesetzliche Sozialleistungen, übrige (freiwillige) Sozialleistungen.

Die Arbeitgeberbeiträge zur Sozialversicherung rechnen nicht zur sogenannten Bruttolohnsumme, sie nehmen ihrer Bedeutung für die Begünstigten nach eine Sonderstellung ein. Die beiden anderen Posten sind häufig nicht eindeutig gegeneinander abzugrenzen (z. B. Urlaubszuschüsse — Beihilfen)[92]. Freiwillige Sozialleistungen können einer Gewinnverwendung näherstehen als einer Entlohnung im eigentlichen Sinne (Gratifikationen, insbesondere gewinnabhängige).

Es sei noch einmal darauf hingewiesen, daß alle diese Beträge unter dem Oberbegriff „Personalaufwand" subsumiert sind, nicht unten dem „Arbeitnehmereinkommen". In einer konsequenten Statistik der Kosten*arten*struktur können allerdings unter diesen Positionen nicht *alle* jene Kosten gesammelt werden, die *zugunsten* der Beschäftigten aufgewendet werden. Ein „funktionelles" Kriterium kann nicht zum Zuge kommen. Aufwendungen, die der Errichtung und der Unterhaltung von Betriebseinrichtungen zum Wohl der Belegschaft gelten, dürfen nicht unter den freiwilligen Sozialkosten erscheinen, sondern müssen den entsprechenden Kostenarten zugeschlagen werden. Solche Aufwendungen entstehen etwa bei kostenloser Verpflegung der Beschäftigten oder bei der Anstellung eines Werksarztes. Die eingekauften Nahrungsmittel rechnen dann zu den Vorleistungen; die Bezüge des Werksarztes werden bei den Gehältern erfaßt. Nur die baren sozialen Leistungen dürfen also in die Kostenart „sonstige Sozialkosten" eingehen. Eindeutig und scharf ist diese Grenzziehung aber auch nicht[93].

---

[92] Wegen der großen Bedeutung, die die Personalkosten in vielerlei Hinsicht haben, kann es sich empfehlen, das Frageprogramm weiter zu detaillieren als es die Sozialproduktsberechnung und die Input-Output-Rechnung verlangen. Die amtliche Kostenstrukturstatistik tut das auch.

[93] Es steht natürlich nichts im Wege, zusätzlich die *gesamten Sozialkosten* zu erfragen, ohne Rücksicht auf die enthaltenen Kostenarten. Nur: dürfte man diesen Betrag als Wertschöpfungsbestandteil ansehen? Kosten für Mahlzeiten in der Kantine z. B. müssen ohne Zweifel als Einkommensbestandteile der Arbeitnehmer betrachtet werden. Das spräche dafür, die entsprechenden Aufwendungen unter die Wertschöpfung einzureihen. Andererseits aber stehen im Wert dieser Aufwendungen unbestreitbare Vorleistungen: die eingekauften Nahrungsmittel. Es scheint also ein unauflösbarer Widerspruch vorzuliegen, der aber ohne weiteres vermieden wird, wenn man entweder die Einkommensentstehung für die Wertschöpfung maßgeblich sein läßt oder — wie es die übliche Entstehungsrechnung ja tatsächlich macht — fremdbezogene Güter stets als Vorleistungen behandelt. Freilich wären auch beide Betrachtungsweisen zu kombinieren: Man könnte die bezogenen Nahrungs-

Grundsätzliche Unterschiede zwischen den Fragen, die der wirtschaftenden und der prozeßintegralen Einheit vorgelegt werden, brauchen keine gemacht zu werden. Man muß sich allerdings daran erinnern, daß u. U. die Personalkosten von Zentralabteilungen auf mehrere prozeßintegrale Einheiten aufgeschlüsselt werden müssen. Nicht beschwerlich, aber aufschlußreich wäre es, die Ausgliederung jener Personalkosten zu verlangen, die außerhalb der prozeßintegralen Einheiten entstanden und auf sie umgelegt worden sind.

bb) Zinsen

Es sind die Fremdkapitalzinsen, der Zinsaufwand also, nicht die (kalkulatorischen) Zinskosten, die in diesem Zusammenhang interessieren. Zu den Fremdkapitalzinsen gehören Kredit-, Obligationszinsen, Verzugszinsen an Lieferanten, Diskontabzüge und Bankprovisionen[94]. Die Darstellung der Verflechtung zwischen dem Bankensektor und den Wirtschaftszweigen des Unternehmenssektors wird wesentlich vereinfacht, wenn die Kostenstrukturstatistik die Fremdkapitalzinsen getrennt in solche, die an Kreditinstitute (Bankzinsen) und in solche, die an andere Unternehmungen oder Private gezahlt werden, erfragt. Gemeldet werden sollen die gesamten Zinszahlungen, eine Saldierung gegen Ertragszinsen darf nicht stattfinden. Ertragszinsen sind vielmehr unter den neutralen Erträgen zu erheben.

Den Fremdkapitalzinsen nahe stehen die den Kunden gewährten Skonti. Sie müssen gesondert erfragt werden, denn u. a. auf sie ist die Differenz zwischen dem wirtschaftlichen und dem steuerlichen Umsatz zurückzuführen. Ausgenutzte Skonti sind wie Ertragszinsen zu behandeln.

Was das Frageprogramm der laufenden Kostenstrukturstatistik angeht, so fällt erstens auf, daß die Fremdkapitalzinsen nicht danach aufgespalten werden, ob das entsprechende Kapital dem Betriebszweck oder betriebsfremden Zwecken dient. In der Tat ist eine solche Aufspal-

---

mittel als Vorleistungen buchen, zugleich aber diesen Posten zum Umsatz hinzurechnen, genau wie der Selbstverbrauch eines Händlers an bezogenen Waren seinem Umsatz zugerechnet wird. Die beiden Buchungen heben sich auf, beeinflussen den Gewinn also nicht, sorgen aber dafür, daß, im Sinne des Verflechtungsnachweises, der wirkliche Vorleistungsverbrauch erfaßt wird. Außerdem wird nun der gesamte Herstellungswert des Kantinenessens den Sozialkosten belastet. Auch diese sind jetzt vollständig nachgewiesen und zählen ungekürzt zur Wertschöpfung. Die Gewinnberechnung ist korrekt. Solchermaßen würden also die fraglichen Sozialaufwendungen auf zwei verschiedenen Konten, einmal unter dem „Leistungsaspekt", einmal unter dem „Einkommensaspekt" dargestellt. Die Konsequenz für das Frageprogramm ist, daß aus den „gesamten Sozialleistungen" der Wert an fremdbezogenen Gütern und Diensten ausgegliedert werden müßte.

[94] Nicht jedoch Bankspesen, die eindeutig Vorleistungsentgelte darstellen.

tung auch prinzipiell unmöglich, investierte Kapitalien sind nicht nach ihren Quellen zu identifizieren. Insofern muß ein Grundsatz der laufenden Kostenstrukturstatistik, die Beschränkung auf das Betriebsergebnis, durchbrochen werden.

Zweitens kann aus dem Frageprogramm der laufenden Kostenstrukturstatistik, das dem Handel und dem Handwerk vorgelegt wird, *nicht* der gesamte Aufwand für Fremdkapitalzinsen abgeleitet werden. Die da zu meldenden Zinsen dürfen nicht enthalten jene auf Hypotheken, Grund- und Rentenschulden. Die ausgeschiedenen Beträge werden vielmehr auf den Mietwert eigener Gebäude verrechnet. Nun sind es aber nicht selten gerade solche Zinsen, die Kleinbetriebe zu bezahlen haben. Unverständlicherweise will das Statistische Bundesamt es unbedingt vermeiden, eine Aufwendung an mehreren Stellen des Erhebungsbogens, also unter verschiedenen Aspekten, zu erfragen. Dieses Verfahren ist nicht zur Nachahmung zu empfehlen.

cc) Mieten für Betriebsräume, Pachten, Lizenzgebühren, Entgelte für Nutzungen usw.

Dieser letzte Bestandteil der sogenannten Wertschöpfung hat im Rahmen der Sozialproduktsberechnung quantitativ nur ein recht geringes Gewicht.

Als aufwandsgleiche Wertschöpfungsbestandteile sind lediglich die *bezahlten* Mieten für gewerblich genutzte Räume und eventuelle Pachten zu erheben, getrennt daneben — wegen der möglichen Bildung eines funktionalen Sektors „Vermietung und Verpachtung" — die übrigen Aufwendungen wie laufende Patent- und Lizenzgebühren usw.[95].

Eine Sonderbehandlung muß man den *Mieten für bewegliche Investitionsgüter* (Maschinen, Kraftfahrzeuge, Datenverarbeitungsanlagen) angedeihen lassen. Die Vermietung von Produktionsanlagen und sonstigen Aggregaten hat in neuerer Zeit beachtliche Verbreitung gefunden. Die Besonderheit dieser Vermietungen besteht darin, daß sie zur regulären Unternehmenstätigkeit der Vermieter gehören, daß also die Miet-

---

[95] Die Meldung eines Mietwertes für eigene Betriebsräume, einer kalkulatorischen Miete also, wie sie in der laufenden Kostenstruktur vom Handel, vom Handwerk usw. verlangt ist, interessiert nur zum Zwecke betriebswirtschaftlicher Analysen und Kostenvergleiche. Für die Sozialproduktsberechnung bedeutet es nur eine Umgruppierung innerhalb der Wertschöpfung, wenn Bestandteile des Gewinnes als kalkulatorische Kosten deklariert werden. Theoretisch unkorrekt ist es freilich, daß im Mietwert die Hypothekenzinsen, die Grundsteuer und die Abschreibungen auf Gebäude verrechnet werden, mit der Konsequenz, daß diese Aufwendungen aus den Positionen „Zinsen", „Steuern" und „Abschreibungen" verschwinden, so daß die Beiträge der entsprechenden Wirtschaftsbereiche zum Nettoinlandsprodukt zu Marktpreisen und zum Nettoinlandsprodukt zu Faktorpreisen definitionswidrig aufgebläht erscheinen.

einnahmen Betriebserträge darstellen. Das ist ja bei der Vermietung gewerblich genutzter Räume in aller Regel nicht der Fall. Mietaufwendungen solcher Art aber können unter keinen Umständen zur Wertschöpfung der mietenden Einheit gerechnet werden. Sie sind einwandfrei Vorleistungsentgelte. Würde man sie zu den Raummieten zählen, so käme es zu unerwünschten Doppelzählungen. Daraus folgt, daß jene Mieten für Maschinen usw. in einer eigenen Position erfragt werden müssen[96].

dd) Sonstige Kosten

Es ist ratsam, einen Restposten „sonstige Kosten" einzuführen, der die Aufgabe hat, alle Kosten, die nicht von den bisher erörterten Fragen gedeckt sind, zu sammeln (z. B. Wagnisse, Kassenfehlbeträge, Verluste aus Währungskursdifferenzen usw.). Sonst würden diese restlichen Posten vermutlich anderen Positionen zugeschlagen, in die sie nicht passen, oder aber es würden Aufwandsbestandteile ausgelassen, was die abschließende Gewinnberechnung beeinträchtigen müßte. — Diese sonstigen Kosten kann man nicht mit der Begründung, sie seien Einkommensbestandteile, zur Wertschöpfung rechnen. Sie stellen Verluste dar, aber niemals Einkommen. — Bei der Sozialproduktsberechnung erscheinen sie aber automatisch als Teile der Wertschöpfung — weil sie eben weder Vorleistungen noch Abschreibungen auf das Sachanlagevermögen, noch Steuern sind.

ee) Das Betriebsergebnis, das Gesamtergebnis

Theoretisch ist es nicht unmöglich, genau wie die Einzelposten der Aufwendungen und Erträge auch den Gewinn laut Handels- bzw. lt. Steuerbilanz oder aber, falls man diese Größe vorzieht und falls sie von den Unternehmungen überhaupt berechnet wird — das Betriebsergebnis im betriebswirtschaftlichen Sinn zu erfragen. Üblicherweise wird aber aus psychologischen Gründen ein anderer Weg eingeschlagen: Man erhebt die Gesamtleistung und möglichst sämtliche Aufwendungen und errechnet daraus den Unternehmenserfolg in der gewünschten Begriffsfassung.

An statistischen Nachweisungen über die Unternehmensgewinne besteht in der Bundesrepublik ein arger Mangel. Über die Gewinne im wichtigsten Wirtschaftsbereich, der Industrie, ist am allerwenigsten bekannt: auch jenes „Betriebsergebnis", das aus der amtlichen Kostenstrukturerhebung zu berechnen ist, wird vom Statistischen Bundesamt

---

[96] Diese Aufwendungen müssen auch von den prozeßintegralen Einheiten erfragt werden. Man kann sie als Sonderposten bei den Vorleistungen aufführen.

nicht veröffentlicht. Der wirtschaftsanalytische Wert der Entstehungsrechnung könnte bedeutend erhöht werden, wenn — wenigstens für Industriegruppen — auch die Gewinne mitgeteilt würden.

Es würde sich dann die Frage schärfer stellen, ob das, was jetzt in der Terminologie des Statistischen Bundesamtes „Betriebsergebnis" heißt, eine „bedeutungshomogene" Größe ist oder aber ein analytisch nur beschränkt brauchbarer Restposten. Solange noch „echte Aufwandsbestandteile" in ihm enthalten sind — ob sie nun aus der „realen" oder der „finanziellen" Sphäre stammen, ob sie aus „laufenden Geschäften" herrühren oder als „Kapitalverluste" interpretiert werden — wird jenes „Betriebsergebnis" sich prinzipiell von jenem Gewinn unterscheiden, der in wirtschaftstheoretischen Überlegungen gemeint ist, der das Unternehmerverhalten bestimmt.

Freilich: Welcher Gewinnbegriff analytisch erwünscht ist — ob betriebsfremde und periodenfremde Aufwendungen und Erträge berücksichtigt werden sollen oder nicht, ob nominelle Kapitalerhaltung, Erhaltung des realen Sachvermögens oder Substanzerhaltung vorausgesetzt werden soll — das müßte einer Kostenstrukturstatistik vorgegeben werden. Doch scheint dieser Frage weniger Aufmerksamkeit gewidmet zu werden als manchem anderen Detail der Gesamtrechnung. In dieser Situation sollte die Kostenstrukturstatistik das Frageprogramm differenziert genug ausgestalten, um eine Auswertung im Sinne des einen oder des anderen Gewinnbegriffs zu ermöglichen.

II. Kapitel

Möglichkeiten und Grenzen sekundärstatistischer Erhebungen über die Kostenstruktur

A. Vorbemerkung: Was eine Sekundärstatistik der Kostenstruktur erwägenswert macht

Die bisherigen methodologischen Erörterungen galten der Ausgestaltung einer primären Kostenstrukturstatistik. Dabei ist der spezifische Vorteil einer Primärstatistik ganz besonders deutlich geworden: sie kann sehr exakt auf vorgegebene Erkenntniszwecke eingestellt werden. Die statistische Einheit, das Auswahlverfahren, das Frageprogramm, alles das kann auf die gegebenen Bedürfnisse zugeschnitten werden. Zugleich aber haben sich bei den zurückliegenden Überlegungen eine Reihe methodischer Mängel gezeigt, die den gegenwärtig praktizierten Kostenstrukturstatistiken anhaften und die auch nur schwer zu beseitigen wären: Kostenstrukturerhebungen werden sehr leicht als Indiskretion empfungen; die Bereitschaft der einzelnen Unternehmungen zur Auskunftserteilung ist sehr unterschiedlich, auch gesetzlicher Zwang kann da keine zuverlässige Abhilfe schaffen. So ist man auf freiwillige Teilnahme und damit zwangsläufig auf ein sehr unbefriedigendes Auswahlverfahren angewiesen. Andererseits sind die Erhebungsarbeiten langwierig und aufwendig, und zwar sowohl für die Befragten als auch für die Statistischen Ämter. Der uneinheitlichen Materie wegen sind häufig Rückfragen nötig, und diese sind insbesondere dann zeitraubend, wenn dem Statistischen Amt die Befragten namentlich gar nicht bekannt sind, wenn sie nur über die Vermittlung von Fachverbänden ansprechbar sind. Diese Erschwerungen nötigen dazu, sich mit der Erhebung eines bescheidenen Teiles der Grundgesamtheit zu begnügen. Die Anonymität der in die Erhebung einbezogenen Firmen bringt es auch mit sich, daß Kontrollen der Ergebnisse und Korrekturen in Sonderfällen nur in sehr begenztem Maße möglich sind. Insbesondere die „Sammelmeldungen", die von nicht wenigen Industriezweigen erstattet werden, geben in dieser Hinsicht zu Bedenken Anlaß.

So ist denn die Kostenstrukturstatistik nicht nur für die Vor-, sondern auch für die Nachteile einer Primärstatistik ein gutes Exempel. Unter diesen Umständen ist es geboten, zumindest Umschau zu halten nach etwa geeigneten Ansatzpunkten für Sekundärerhebungen. Von solchen dürfte man wohl erwarten, daß sie von den dargelegten Nachteilen einer Primärstatistik weniger oder gar nicht betroffen wären. Es kann zunächst dahingestellt bleiben, ob man sich von einer sekundärstatistischen Erhebung eine Alternative zu den Primärstatistiken erhoffen kann oder ob man erstere nur zur Ergänzung der letzteren heranziehen sollte. Freilich: auf Abstriche beim Erhebungsprogramm muß man sich dabei gefaßt machen. Aber nicht selten bieten Sekundärstatistiken auch mehr Vorteile als die, billig zu sein und Zeit zu sparen.

Welche auswertbaren Unterlagen könnten in Betracht gezogen werden? Da sind zunächst die Jahresabschlüsse der Kapitalgesellschaften, die, gesetzlichen Vorschriften zufolge, veröffentlicht werden. Über diese Jahresabschlüsse gibt es eine jährliche Erhebung des Statistischen Bundesamtes, in der unter anderem auch die ausweispflichtigen Aufwendungen der — neuerdings nach der Systematik der Wirtschaftszweige — gruppierten Aktiengesellschaften dargestellt werden[97]: Sosehr die Statistik dieser Bilanzen und Erfolgsrechnungen auch Aufmerksamkeit verdient, nicht zuletzt zu Zwecken des Vergleiches mit den Ergebnissen der übrigen Kostenstrukturstatistiken, so ist doch der Kreis der publizitätspflichtigen Unternehmungen zu klein, als daß man darauf eine Statistik aufbauen könnte, die doch ihrer Bestimmung nach die gesamte Wirtschaft erfassen soll.

B. Möglichkeiten und Grenzen einer statistischen Auswertung der den Steuererklärungen zugrundeliegenden Jahresabschlüsse

Ein viel umfassenderer Bestand an auswertbaren Unterlagen sammelt sich jedes Jahr von neuem bei den Finanzämtern an. Sowohl zur Gewerbesteuererklärung als auch zur Einkommens- bzw. Körperschaftssteuererklärung müssen die Pflichtigen als Anlage ihre Bilanz und ihre Gewinn- und Verlustrechnung einreichen. Es handelt sich dabei natürlich um die nach den Grundsätzen des Steuerrechts aufgestellten Jahresabschlüsse. Ergäbe, so ist zu fragen, eine statistische Auswertung dieser bei den Finanzämtern verfügbaren Unterlagen nicht ein zumindest für bestimmte Zwecke genügendes Bild der Kostenstruktur? Der Gedanke ist verlockend, weil auf diese Weise eine ganze Reihe der erwähnten Nachteile einer Primärstatistik vermieden werden könnte. Es müßten nämlich die Unternehmungen nicht erst mühsam gewonnen werden, an der Erhebung mitzuwirken; ihnen blieben Kosten- und Zeitaufwand erspart. Vor allem aber wäre damit die Bahn für eine planvolle Auswahl der Einheiten frei. Der „Repräsentationsgrad“ ließe sich verbessern und

[97] Vgl. Anhang G dieser Arbeit.

den besonderen Umständen in den einzelnen Wirtschaftszweigen anpassen. Auch wären pünktliche Meldungen und eine Kontrolle der Angaben gewährleistet: die Finanzbehörden besorgen das wirksamer als es je in der Macht eines Statistischen Amtes stünde. Von einer solchen Sekundärstatistik ließe sich also sagen, daß sie jenen Vorzug besäße, der einer Primärstatistik erst durch gesetzlichen Teilnahmezwang verschafft werden müßte, jenen nämlich, daß sich keine Einheit der Erhebung entziehen könnte, daß sie, die Sekundärstatistik, indes nicht unter dem Hauptmangel des Teilnahmezwangs zu leiden hätte: nämlich dem hinhaltenden Widerstand und der mangelnden Sorgfalt der Befragten sowie einer Entstellung der wirklichen Verhältnisse ausgesetzt zu sein. Stellt sich schließlich heraus, daß klärende Rückfragen oder Ergänzungsfragen nötig sind, so kann man zu einem Mischsystem aus primärer und sekundärer Erhebung übergehen.

Freilich kann man diese Vorteile nicht ins Feld führen, ohne zugleich eine Reihe ernster Zweifelsfragen hinzuzufügen.

Erstens: Stimmen die steuerrechtlichen Einheiten, für die Jahresabschlüsse vorliegen, wenigstens mit einer jener statistischen Einheiten überein, die in der Kostenstrukturstatistik interessieren?

Zweitens: Ist die Gliederung der steuerlichen Gewinn- und Verlustrechnungen dazu angetan, die benötigten Posten zu liefern?

Drittens: Werden die steuerrechtlichen Bewertungsregeln den ökonomischen Fragestellungen gerecht, die hinter der Kostenstrukturstatistik stehen?

Viertens: Stehen einer Auswertung der den Finanzämtern eingereichten Abschlüsse nicht unüberwindliche rechtliche Hindernisse im Wege?

Fünftens: Kann aus den eingereichten Jahresabschlüssen ohne allzu großen Arbeitsaufwand eine methodisch befriedigende Auswahl getroffen werden?

Diese fünf Fragen sollen nun der Reihe nach abgehandelt werden.

I. Die steuerrechtlichen und die kostenstrukturstatistischen Einheiten

Jene steuerrechtlichen Einheiten, für die Jahresabschlüsse vorliegen, sind häufig, keineswegs aber immer, identisch mit den „Steuerpflichtigen“. So unterliegt der Einkommensteuerpflicht der *Eigentümer* eines Unternehmens — und zwar hinsichtlich aller seiner Einkünfte, die auch aus mehreren selbständig wirtschaftenden Unternehmungen stammen können. Die Gewerbesteuer trifft den *Gewerbebetrieb* unmittelbar. Als Gewerbebetrieb kann aber auch der Zusammenschluß von rechtlich selbständigen Unternehmungen behandelt werden (Organkreis). Nach derzeit geltendem Steuerrecht wird zwar in diesen Fällen eine einheitliche Steuerschuld für eine Mehrheit von Unternehmungen festgestellt, die Jahresabschlüsse jedoch müssen für alle beteiligten Unternehmungen einzeln und gesondert vorgelegt werden. Das Finanzamt verlangt z. Z. nicht die konsolidierte Gewinn- und Verlustrechnung eines Organkreises, es würde aber auch nicht erlauben, daß lediglich dieser konsolidierte Abschluß vorgelegt wird. Die Konsequenz ist also, daß die Anlagen zur Einkommen- und Körperschaftsteuererklärung und zur Gewerbesteuererklärung die Jahresabschlüsse der beteiligten *Unternehmen* enthalten. Sofern es sich um wirtschaftlich selbständige Unternehmungen handelt beziehen sich die Jahresabschlüsse zugleich auf wirtschaftende Einheiten. Für jene wirtschaftenden Einheiten jedoch, die Unternehmenszusammenschlüsse, Organkreise, sind, können die Jahresabschlüsse *keine Kostenstrukturzahlen liefern.* Es ist in aller Regel auch nicht möglich, die Gewinn- und Verlustrechnungen der einzelnen dem Organkreis angehörenden Unternehmen nachträglich zu konsolidieren, besteht doch für die Steuerpflichtigen kein Anlaß, in den Abschlüssen die Umsätze und die Bezüge in externe und interne Ströme aufzugliedern. Da von vornherein feststeht, daß die steuerlichen Jahresabschlüsse auch für die prozeßintegrale Einheit, sofern sie nicht mit einem Unternehmen identisch ist, keine Daten liefern, ist die sekundärstatistische Methode mit einem schwerwiegenden Mangel behaftet. Besteht man auf den beiden bislang vorgezogenen Einheiten, dann ist nach dem gegenwärtigen Stand der Dinge der Versuch der Auswertung der steuerlichen Jahresabschlüsse untauglich. Man kann nun freilich einen Kompromiß schließen: zumindest zur gegenwärtig praktizierten amtlichen Kostenstrukturstatistik, die ja die Unternehmung als Einheit hat, ist das hier erörterte Verfahren eine Alternative.

Darüber hinaus aber darf damit gerechnet werden, daß in absehbarer Zeit die Vorschriften des neuen Aktiengesetzes von 1965 auch in das Steuerrecht übernommen werden, daß also die Erstellung auch einer konsolidierten Bilanz und einer konsolidierten Gewinn- und Verlustrechnung für Organschaften obligatorisch wird. Dann wären auf die Jahresabschlüsse gerichtete sekundärstatistische Kostenstrukturerhebungen durchweg für wirtschaftende Einheiten praktikabel. Freilich könnte man solchermaßen nur dem einen Erkenntniszweck der Kostenstrukturstatistik, der Sozialproduktsberechnung und etwaigen sonst noch auf die wirtschaftende Einheit gerichteten Untersuchungen, gerecht werden. Für die Input-Output-Rechnung darf man sich nichts erhoffen. Deswegen braucht dieses sekundärstatistische Verfahren aber nicht rundweg verworfen zu werden. Besteht doch ein Interesse an einer detaillierten Verflechtungsdarstellung vor allem hinsichtlich des industriellen Sektors. Primärstatistische Sondererhebungen auf begrenzten

Gebieten sind neben einer sekundärstatistischen Kostenstrukturstatistik der in Rede stehenden Art durchaus vorstellbar.

II. Die Gliederung der Gewinn- und Verlustrechnung

Spezielle steuerliche Gliederungsvorschriften für die Bilanz und die Gewinn- und Verlustrechnung gibt es nicht. Für die Finanzbehörden entscheidend ist, daß jene Posten deutlich nachgewiesen werden, die für die Bemessung der Steuer von Belang sind. Diese Bedingung ist aber mit vielen Saldierungen und Zusammenfassungen verträglich, die für eine kostenstrukturstatistische Auswertung sehr störend sind.

Wie auch im übrigen Rechnungswesen gilt bei den steuerlichen Jahresabschlüssen die Mindestgliederung der §§ 131 und 132 Aktiengesetz für die Aktiengesellschaften als verbindliche Norm, für die übrigen Unternehmungen als Muster und Vorlage[98]. Größere Unternehmungen werden, auch wenn das Aktiengesetz für sie nicht zwingendes Recht ist, den Mindestanforderungen in der Regel von sich aus nachkommen. Für Kleinbetriebe ist das freilich nicht sicher. Andererseits legen viele Unternehmungen einen gewissen Eifer an den Tag, ihre Aufwendungen den Finanzämtern recht anschaulich vorzuführen.

Gehen wir zunächst, vorbehaltlich späterer Modifikationen, einmal davon aus, man dürfe damit rechnen, daß der Großteil der Unternehmungen das aktienrechtliche Gliederungsschema beachtet. Dann bleibt zu prüfen, ob daraus alle jene Bestandteile des Aufwandes und des Ertrages — von Bewertungsfragen zunächst abgesehen — hervorgehen, die für die Sozialproduktsberechnung erheblich sind.

Das neue Aktiengesetz 1965 schreibt für die Gewinn- und Verlustrechnung verbindlich die Staffelform vor. Faßt man einige der in § 132 aufgeführten über 33 Positionen, die für die hier anstehenden Zwecke wenig interessieren, zusammen, so ergibt sich folgende Gliederung:

1. Umsatzerlöse
2. Erhöhung oder Verminderung des Bestandes an fertigen und halbfertigen Erzeugnissen
3. andere aktivierte Eigenleistungen
4. *Gesamtleistung* (Summe 1—3)
5. Aufwendungen für Roh-, Hilfs- und Betriebsstoffe, für diesen gleichzusetzende Fremdleistungen und für bezogene Waren
6. *Rohertrag/Rohaufwand* (4. minus 5.)
7. Neutrale Erträge aus Beteiligungen usw.
8. Sonstige Zinsen und ähnliche Erträge

---

[98] Das neue Aktiengesetz 1965 bringt hinsichtlich der Gliederung des Jahresabschlusses keine wesentlichen Neuerungen.

9. Neutrale Erträge aus Anlagenverkauf, Auflösung von Rückstellungen usw. sowie sonstige Erträge
10. Summe 6. bis 9. (Rohertrag plus neutrale Erträge)
11. Löhne und Gehälter
12. Soziale Abgaben
13. Soziale Aufwendungen, soweit sie nicht unter anderen Posten auszuweisen sind.
14. Abschreibungen und Wertberichtigungen auf das Sachanlagevermögen und das immaterielle Anlagevermögen (Patente usw.)
15. Abschreibungen und Wertberichtigungen auf das Finanzanlagevermögen
16. Abschreibungen und Wertberichtigungen auf das Umlaufvermögen
17. Verluste aus dem Abgang von Anlagegegenständen
18. Zinsen und ähnliche Aufwendungen
19. Steuern
    a) vom Einkommen, vom Ertrag, vom Vermögen
    b) sonstige
20. Lastenausgleichsvermögensabgabe
21. Aufwendungen aus Verlustübernahme-Verträgen
22. Sonstige Aufwendungen
23. *Jahresüberschuß/Jahresfehlbetrag*

Inwieweit gibt nun eine Gewinn- und Verlustrechnung dieser Gliederung jene Posten her, die zur Aufstellung des Produktionskontos eines Wirtschaftszweiges nötig sind[99]? Die *Gesamtleistung* (Posten 4) enthält die „Umsatzerlöse". Darunter sind grundsätzlich die wirtschaftlichen Umsätze zu verstehen. Abgesetzt sind Preisnachlässe und zurückgewährte Entgelte. Zu den Preisnachlässen rechnen allerdings auch die Skonti, die der bisher bevorzugten Definition des wirtschaftlichen Umsatzes zufolge nicht abgezogen werden dürften. Die anderen beiden Bestandteile der Gesamtleistung sind genauso definiert wie sie auch im Frageprogramm der Primärerhebung definiert worden sind. Die *„Aufwendungen für Roh-, Hilfs- und Betriebsstoffe"*, für diesen gleichzusetzende Fremdleistungen und für „bezogene Waren", sind in einem recht umfänglichen Posten zusammengefaßt, den die Unternehmungen im allgemeinen noch weiter unterteilen werden. In der Terminologie der Sozialproduktsberechnung besteht er aus den Aufwendungen für die Vorleistungen im engeren Sinn (Stoffverbrauch, vergebene Lohnarbeiten und bezogene Handelsware), einem Teil der Aufwendungen für sonstige Vorleistungen, für jene nämlich, „die dem Stoffverbrauch ähnlich sind und in gleicher Weise wie das bezogene Material zum Einsatz

---

[99] Zu den folgenden Darstellungen vgl. Aktiengesetz, Großkommentar Gadow/Heinichen, 2. Aufl., Berlin 1961, § 132, S. 971 ff. Vgl. auch Statistisches Bundesamt, Fachserie C, Reihe 2 (Abschlüsse der Aktiengesellschaften 1960), S. 20. Exkurs: Aktienrechtliche Erfolgsrechnung, Kostenstrukturstatistik und volkswirtschaftliche Gesamtrechnungen.

gehören"[100] (z. B. Reparatur- und Transportkosten); und schließlich noch einigen Wertschöpfungsbestandteilen (z. B. Mietkosten, Patent- und Lizenzgebühren). Die Grenze zu den „sonstigen Aufwendungen" ist fließend. Diese sind ein Sammelbecken aller nicht anderswo erfaßten Aufwendungen[101] und enthalten insbesondere einen Großteil der Entgelte für sonstige Vorleistungen üblicher Definition, insbesondere der in der Verwaltung und im Vertrieb verbrauchten (Bürobedarf, Post- und Telefongebühren, Rechts- und Prüfungskosten, Versicherungsprämien usw.), schließlich aber eine Reihe anderer Aufwendungen, die nicht Vorleistungscharakter haben (z. B. Kosten für Auflagen der öffentlichen Hand, Kassenfehlbeträge, Verluste durch Währungsdifferenzen, Spenden, Rückstellungen, die nicht zu Lasten einzelner Kostenarten gehen, wie Garantierückstellungen usw.).

Geht man davon aus, daß die Position „Aufwendungen für Roh-, Hilfs- und Betriebsstoffe usw." und „sonstige Aufwendungen" wirklich nicht weiter aufgegliedert werden als nach Aktienrecht vorgeschrieben, und daß auch die Geschäftsberichte und die Erläuterungen zum Jahresabschluß, wie sie bei großen Unternehmungen üblich sind, keine weiteren Aufschlüsse hergeben, so sind einerseits die sonstigen Vorleistungen nicht vom Stoffverbrauch zu trennen, andererseits aber auch die Vorleistungen insgesamt nicht exakt zu bestimmen, denn im Posten 5 stekken daneben auch Mieten, Patent- und Lizenzgebühren, die nach herrschender Meinung als Wertschöpfungsbestandteile behandelt werden sollen. Freilich handelt es sich zumeist um geringe Beträge. Diese Heterogenität des Postens 5 rührt daher, daß der § 132 Aktiengesetz nach herrschender Auslegung nicht konsequent auf eine Kostenartenrechnung ausgerichtet ist, sondern funktionale Gliederungsgerichtspunkte (Kostenstellen) mitberücksichtigt. So sind dem zitierten Kommentar nach die Mieten und Lizenzgebühren auf den Posten 5 und die sonstigen Aufwendungen verteilt, je nach der Nähe dieser Aufwendungen zur eigentlichen Produktionsleistung.

Nimmt man indes — wohl nicht ganz zu Unrecht — an, daß in Wirklichkeit die Unternehmungen dem Finanzamt gegenüber allermeist Mieten, Lizenzen usw. nicht zum Stoffverbrauch rechnen, sondern entweder getrennt ausweisen oder den sonstigen Aufwendungen zurechnen, so könnte man den Posten 5 insgesamt als Vorleistungsentgelte behandeln. Daß dann immer noch die sonstigen Vorleistungen nicht identifizierbar sind, d. h. in den sonstigen Aufwendungen untergehen, ist ein wirklicher Mangel für eine Kostenstrukturstatistik, der aber der jetzigen Primärerhebung in der Industrie genauso anhaftet und deshalb

---

[100] Aktiengesetz, Großkommentar l. c., S. 992.
[101] Genau wie die „sonstigen Kosten" im Frageprogramm der laufenden Kostenstrukturstatistik für die Industrie.

der sekundärstatistischen Methode nicht als besonderer Minuspunkt angelastet werden darf.

Die *Abschreibungen* werden nach dem Gliederungsschema des Aktiengesetzes eingeteilt in solche auf das Sachanlagevermögen und das immaterielle Anlagevermögen (Patente usw.), auf das Finanzanlagevermögen und auf das Umlaufvermögen. Die in der Sozialproduktsberechnung üblicherweise angesetzten Abschreibungen allein auf das Sachanlagevermögen, sind demnach nicht gesondert ausgewiesen. Das ist von Nachteil, denn die auf das immaterielle Anlagevermögen berechneten Abschreibungen können nicht in Beziehung zu den Investitionen gesetzt, als Kapitalverschleiß betrachtet werden. Nichtsdestoweniger hat diese Zusammenfasung sowohl betriebswirtschaftlichen als auch volkswirtschaftlichen Sinn, wenn man nur in Maschinen und Patenten gleichermaßen abstrakte Wertobjekte sieht, die gekauft und verkauft werden, die im Laufe der Zeit ihren Wert verlieren, d. h.: in die Produktionsleistung eingehen.

Bei den Abschreibungen auf das immaterielle Anlagevermögen dürfte es sich um recht kleine Beträge handeln, so daß diese Position des Gewinn- und Verlustkontos als Abschreibung im Sinne der Sozialproduktsberechnung akzepiert werden kann. Die Frage der Abschreibungsbemessung und der Abschreibungsbewertung bringt vergleichsweise viel größere und ebenfalls nicht kontrollierbare Spielräume mit sich. Die Abschreibungen auf das Finanzanlagevermögen und das Umlaufvermögen (Forderungen usw.) werden jedenfalls lt. Aktiengesetz und wohl auch dort, wo es nicht verpflichtend gilt, gesondert ausgewiesen.

Auch die *Steuern* werden nach den Vorschriften des Aktiengesetzes nicht ganz in wünschenswerter Gruppierung dargeboten. Hinter der Position „sonstige Steuern" verbergen sich nur Kostensteuern, die meisten Kostensteuern, aber nicht alle Kostensteuern. Denn die Ertragssteuern — Gewerbeertragssteuer, Kapitalertragssteuer — und die Steuern vom Vermögen — Gewerbekapitalsteuer, Grundsteuer, Vermögenssteuer — sind mit der Körperschaftssteuer zusammengefaßt. Die nötige Umsetzung dürfte aber nach den vorhandenen Steuerstatistiken in genügender Annäherung möglich sein. Eine andere Möglichkeit wäre es, die zu befragenden Einheiten zu veranlassen, diese Kosten noch auszugliedern, was ja keinerlei Anforderungen an das Rechnungswesen stellt, und, dem Finanzamt gegenüber, auch keine gewagten Enthüllungen bedeuten würde. Hierzu weiter unten mehr.

Die Berechnung der *Wertschöpfung* schließlich ist entweder nach dem Additions- oder nach dem Subtraktionsverfahren möglich. Nach der üblichen Differenzmethode wäre von der Gesamtleistung der Stoffverbrauch usw., die sonstigen Vorleistungen — die, wie auch in der Praxis des Statistischen Bundesamtes, aus den sonstigen Aufwendungen geschätzt werden müssen — die Abschreibungen auf das Anlagevermögen und die Kostensteuern abzusetzen.

Nach dem Additionsverfahren sind zusammenzuzählen: die „Löhne und Gehälter", die „Sozialen Abgaben" und die „Sozialen Aufwendungen, soweit sie nicht unter anderen Posten auszuweisen sind", die Zinsaufwendungen („Zinsen und ähnliche Aufwendungen", es fehlen hierin die Skonti) und jene Summe, die man als Betriebsgewinn im weiteren Sinn der Sozialproduktsberechnung bezeichnen will. Die Mieten und Pachten hingegen sind nach der aktienrechtlichen Gliederung nicht zu ermitteln, dürften in praxi aber immer dann, wenn sie ins Gewicht fallen, gesondert ausgewiesen werden. Zur Definition des Betriebsgewinns im weiteren Sinn der Sozialproduktsberechnung ist nachzutragen, daß bei seiner Berechnung — genau wie bei der Berechnung der Wertschöpfung nach der Subtraktionsmethode — neutrale Erträge mitberücksichtigt werden *können*, nicht aber solche, die durch Gewinnverwendung anderer Einheiten entstanden sind und möglichst auch keine periodenfremden. Auszugehen hat man bei der Berechnung des sog. Betriebsergebnisses nicht vom „Reingewinn", sondern vom „Jahresüberschuß". Hinzugezählt werden muß insbesondere die gesamte bezahlte Körperschaftssteuer. Folgt man den Grundsätzen der üblichen Sozialproduktsberechnung, so müssen auch die Abschreibungen auf das Finanzanlagevermögen und das Umlaufvermögen sowie die übrigen neutralen Aufwendungen noch addiert werden — wodurch besonders deutlich wird, daß das so entstehende „Betriebsergebnis" nicht uneingeschränkt Einkommenscharakter haben kann.

Nach alledem dürfte das Mindestgliederungsschema den Anforderungen der Sozialproduktsberechnung zumindest in solcher Annäherung genügen, daß eine Sozialproduktsberechnung auf Grund der steuerlichen Gewinn- und Verlustrechnungen bis jetzt nicht als untauglich abgelehnt werden muß. Man sollte bei der kritischen Würdigung im Auge behalten, daß auch eine Primärstatistik der Kostenstruktur nicht sicher sein darf, andere Werte zu erfahren als die, welche in die steuerlichen Jahresabschlüsse eingehen.

Nun kann man freilich zweifeln, ob jene Unternehmungen, die keine Aktiengesellschaften sind, nicht doch so häufig Zusammenfassungen mehrerer Ertragsposten bzw. mehrerer Aufwandsposten oder aber Saldierungen vonehmen, daß die Angaben unzureichend werden.

Eine besonders kritische Saldierung erlaubt das Aktiengesetz selbst (§ 132 V 1) den Familien-Aktiengesellschaften mit einer Bilanzsumme bis zu 10 Millionen und den kleinen Aktiengesellschaften (Bilanzsumme bis zu 3 Millionen DM), falls deren Aktien zum amtlichen Handel nicht zugelassen und auch nicht in den geregelten Freiverkehr einbezogen sind. Diese Gesellschaften brauchen die Gesamtleistung und die Aufwendungen für Roh-, Hilfs- und Betriebsstoffe usw. nicht gesondert auszuweisen; die Staffel kann mit dem Rohertrag beginnen. Diese Abweichung vom Bruttoprinzip ist bei den nicht unter das Aktiengesetz fallenden Unternehmungen häufiger anzutreffen. Eine derart verkürzte Gewinn- und Verlustrechnung würde die Berechnung der Nettoquote nicht zulassen. Gerade die Nettoquote ist aber die für die Sozialproduktsberechnung gebrauchte Schlüsselzahl. Unternehmungen, die dem Aktiengesetz nicht unterliegen, neigen auch zu anderen störenden Saldierungen: so können etwa Aufwands- und Ertrangszinsen gegeneinander verrechnet werden. Zusammenfassungen sind auch bei den Abschreibungen denkbar, wenn auch weniger wahrscheinlich.

Indes ließen sich alle diese Verkürzungen entweder von vornherein vermeiden oder aber nachträglich korrigieren, wenn man sich zu einer Kombination aus sekundärstastistischen und primärstatistischen Methoden entschlösse, die im Vergleich zur jetzigen Praxis des Statistischen Bundesamtes sicher nicht mehr Kosten und Arbeitsaufwand brächte, aber den Vorteil des steuerstatistischen Weges beibehielte. Eine denkbare, aber nicht die beste Prozedur wäre, die nach Prüfung ausgewählter Jahresabschlüsse notwendigen Zusatzfragen an die Steuerpflichtigen zu stellen. Man geht wohl nicht fehl in der Vermutung, daß bei der laufenden Kostenstrukturstatistik mehr als ein Drittel aller eingehenden Erhebungsbogen Anlaß zu Rückfragen geben. Höher ist der Prozentsatz vermutlich auch nicht, wenn Steuererklärungen ausgewertet werden. Die Rückfragen können hierbei direkt, also zeitsparend, und außerdem auf dem respektgebietenden Kommunikationsweg der Finanzbehörden erfolgen.

Das wohl bessere Verfahren wäre es, die zu erhebenden Unternehmen bereits vor dem Bilanzstichtag auszuwählen und ihnen ein Formblatt zuzusenden, das sie anweist, bei ihren Abschlüssen die notwendige Mindestgliederung zu beachten. Es ist durchaus zu erwarten, daß die Befragten diesem Verlangen nachkommen. Die kritischen Saldierungen rühren nämlich in aller Regel nicht daher, daß schon das betriebliche Rechnungswesen lediglich den Saldo hergäbe — wie sollte das beim Rohertrag auch so sein? Die betrieblichen Aufschreibungen ließen die Brutto-Angaben durchaus zu. Die gegenseitigen Aufrechnungen erfolgen nachträglich. Sie haben in den veröffentlichten Handelsbilanzen insofern Sinn, als sie dort der Öffentlichkeit allzu tiefgehende Einblicke in die Unternehmensstruktur verwehren können. Den Finanzbehörden gegenüber besteht zu solcher Publizitätsscheu kein Anlaß. Ein gewisser Prozentsatz schlecht organisierter Kleinbetriebe wird zwar in der Tat nicht in der Lage sein, den gestellten Anforderungen nachzukommen: in diesen Fällen vermöchte aber eine Primärstatistik auch nicht mehr auszurichten.

Die Ideallösung freilich wäre es, zu einheitlichen Gliederungsvorschriften für die Jahresabschlüsse aller Unternehmungen zu kommen[102]. Daraus zögen die Finanzämter schließlich den größten Nutzen. Vor Perfektionismus hätte man sich freilich zu hüten. Ein Schema von zweckentsprechender, aber maßvoller Gliederungstiefe einzuhalten, sollte allen Unternehmungen zugemutet werden können. Von Überforderung der Betroffenen zu sprechen ist wohl nicht am Platze. Was die intellektuelle Bewältigung angeht, dürfte einem Unternehmer die Aufstellung einer Bilanz und einer Gewinn- und Verlustrechnung, für die er Vordrucke erhält, nicht schwerer fallen als die Ausfüllung einer Einkommensteuererklärung. Daß hie und da die Verbesserung des Rechnungswesens erzwungen würde, kann man nicht als Nachteil empfinden. Grenzbetriebe würden in durchaus heilsamer Weise angehalten, die Organisation ihrer Betriebe und ihre Betriebsstruktur besser zu durchdenken.

Weil es nun aber trotz allem recht fraglich ist, ob eine solche Vereinheitlichung der Jahresabschlüsse durch Gesetz erreichbar ist, selbst wenn eine Reihe interessierter Instanzen sich darum bemühen würde, darum könnte eine Zwischenlösung erwogen werden, die zugleich als Probe für die Realisierbarkeit einer allgemeinen Regelung dieser Art von Nutzen wäre: die im voraus ausgewählten Unternehmungen würden zu einem bestimmten Gliederungsschema verpflichtet und dürften sich dieser Verpflichtung nur mit guten Gründen entziehen können.

III. Die steuerrechtlichen Bewertungsvorschriften

Was die steuerrechtlich vorgeschriebenen Wertansätze und deren Abweichungen von denjenigen, die bisher den Erhebungszwecken einer Kostenstrukturstatistik adäquat genannt wurden, so sei wiederum der Verdacht geäußert, daß sehr viele Unternehmungen auch bei einer primärstatistischen Kostenstrukturerhebung jene Zahlen angeben würden, die sie für ihre dem Finanzamt einzureichenden Jahresabschlüsse berechnen und verwenden. Dies mag einerseits aus der Organisation des Rechnungswesens zu erklären sein, andererseits aber werden die Befragten vermutlich trotz aller Geheimhaltungszusicherungen davor zurückscheuen, den Statistischen Ämtern Kostenwerte zu melden, die von den Ansätzen der Steuererklärung zu ihren Ungunsten abweichen.

Wo sind nun im einzelnen Differenzen zu gewärtigen?

Bei der Gesamtleistung dürften Bewertungsdiskrepanzen nicht zu befürchten sein: die Umsatzerlöse bedürfen keiner Bewertung, die Be-

---

[102] Nach § 161 des neuen Aktiengesetzes von 1965 wird der Bundesjustizminister ermächtigt, für den Jahresabschluß der Aktiengesellschaften Formblätter vorzuschreiben.

standsveränderungen aber und die aktivierten Eigenleistungen würden bei einer Primärerhebung genauso bewertet wie in der Steuerbilanz auch: nämlich zu Herstellungskosten[103]. Auch die Vorleistungen werden hier wie da zu Einstandswerten berechnet. Bei den Steuern entsteht kein Bewertungsproblem. Bleiben übrig die Abschreibungen. Daß kalkulatorische Abschreibungen nicht in der steuerlichen Gewinn- und Verlustrechnung erscheinen, versteht sich von selbst. Ausgewiesen sind die nach Steuerrecht ausgewiesenen Abschreibungen, jene Ansätze also, die auch in der laufenden Kostenstrukturstatistik die weitaus größte Anzahl aller Unternehmungen melden. Lediglich die Industrieunternehmungen werden nach den kalkulatorischen Abschreibungen befragt. Viele von ihnen werden aber zur Meldung solcher Werte nicht imstande sein. Da überdies eine konsequente Erhebung der steuerlichen Abschreibungen wohl jener vorzuziehen ist, die teils steuerliche, teils kalkulatorische gemeldet bekommt, besteht in diesem Punkt kein ernstlicher Einwand gegen eine sekundäre Kostenstrukturstatistik.

IV. Die rechtliche Zulässigkeit einer statistischen Auswertung der den Finanzämtern eingereichten Jahresabschlüsse

Gewiß hätte eine solche Kostenstrukturstatistik darauf zu achten, daß ihr keine Verletzung des Steuergeheimnisses unterläuft. Indes unterschiede sie sich darin nicht grundsätzlich von der Umsatzsteuer- und Einkommensteuerstatistik. Von der Kostenstrukturstatistik erfaßt würden allerdings nun nicht allein das Steuerobjekt als solches, sondern auch seine Bestimmungsfaktoren. Da aber in den Ergebnistabellen nur Merkmalssummen für Wirtschaftszweige erscheinen würden, besteht grundsätzlich nicht die Gefahr, daß die Strukturen individueller Unternehmungen durch statistische Veröffentlichungen offenbar würen. In gewissen Größenklassen gewisser Wirtschaftszweige können zwar so wenige Einheiten auftreten, daß der individuelle Fall erkennbar wird. Hier müßten eben Zusammenfassungen vorgenommen werden wie in anderen Steuerstatistiken auch. Ernsthafte Bedenken rechtlicher Art braucht man also einer solchen Kostenstrukturstatistik gegenüber nicht zu hegen. Besondere organisatorische Vorkehrungen, die die Geheimhaltung bei den Aufbereitungsarbeiten sichern, könnten getroffen werden, falls die Unternehmungen darauf Wert legen.

V. Das Verfahren der Erfassung und der Auswahl der zu untersuchenden Einheiten

Die kritische Prüfung der ersten vier Zweifelsfragen hat insgesamt zum Ergebnis, daß zwar Einschränkungen der Aussagefähigkeit einer

[103] Falls dem das Niederstwertprinzip nicht entgegensteht.

an den steuerlichen Jahresabschlüssen angreifenden sekundären Kostenstrukturstatistik in Kauf genommen werden müßten, daß aber diese Einschränkungen das Unterfangen nicht als unnütz oder undurchführbar erscheinen lassen. Die Mängel des Verfahrens werden vielmehr von seinen Vorzügen aufgewogen, falls es nun schließlich gelingt, die rein technische Schwierigkeit zu bewältigen, die die Auswahl der einzubeziehenden Einheiten aufwirft. Das Auswahlverfahren muß methodisch befriedigen, denn gerade in dieser Hinsicht soll ja die Sekundärstatistik einer Primärstatistik überlegen sein. Das Auswahlverfahren darf aber zugleich auch nicht allzu großen Arbeitsaufwand verlangen, denn auch die Schwerfälligkeit der z. Z. amtlich praktizierten Erhebungsmethode gibt Anlaß, nach einer sekundärstatistischen Alternative Ausschau zu halten.

Einer befriedigenden Auswahl sind nun aber zwei Hindernisse in den Weg gestellt.

Das erste ist der Umstand, daß es keine zentrale Kartei der Steuerpflichtigen gibt. Karteien und Steuerakten befinden sich bei den örtlichen Finanzämtern. Davon existieren im Bundesgebiet einschließlich Berlin über 530. Demnach müßte für jedes dieser Finanzämter ein eigener Erhebungsplan aufgestellt werden. Wollte man nach dem Anordnungsprinzip vorgehen, so hätten alle Finanzämter innerhalb der durch die Gewerbekennziffern bezeichneten Gruppen die vorgeschriebene Anordnung herzustellen — nach der Höhe der gezahlten Steuer etwa — und dann gemäß Erhebungsplan die Auswahl vorzunehmen. Ein solches Verfahren wäre zweifellos so aufwendig, daß es nicht mehr empfohlen werden kann. Eine drastische Vereinfachung des Auswahlverfahrens wäre freilich dadurch zu erreichen, daß man auf die bewußte Ausnutzung von positiven Anordnungseffekten verzichtet.

Das Auswahlverfahren wird aber dadurch noch beträchtlich kompliziert, daß — wie die Dinge z. Z. liegen — sich als „Auswahleinheit" der Steuerpflichtige anbietet, denn für die Steuerpflichtigen existieren Karteien und Akten, wohingegen ja die statistischen Einheiten, deren Merkmale erhoben und dargestellt werden, die Unternehmungen sind. Dieses Problem verschwände in dem Augenblick, in dem für Organschaften konsolidierte Jahresabschlüsse vorgeschrieben würden. Dann wäre — die Auswertung der Gewerbesteuerunterlagen vorausgesetzt — der Steuerpflichtige zugleich jene Einheit, für die die Merkmale nachgewiesen werden sollen. Es könnten die wirtschaftenden Einheiten unmittelbar ausgewählt und ihre Kostenstruktur untersucht werden. Einstweilen muß aber davon ausgegangen werden, daß die Gewerbesteuerpflichtigen als Berichtseinheit nicht in Frage kommen. Unter diesen Umständen bleiben nur zwei Möglichkeiten: entweder man verwendet den Gewerbesteuerpflichtigen als Auswahleinheit, was auf eine Klumpenauswahl hinausläuft, wenn der Steuerpflichtige eine Organschaft ist, oder man behandelt als Grundgesamtheit alle eingereichten, für je eine Unternehmung geltenden Jahresabschlüsse. Das würde aber die Anordnung nach dem Anordnungsprinzip, falls sie von den Finanzämtern selbst durchgeführt werden sollte, erheblich erschweren. Insbesondere ist zu befürchten, daß die Zugehörigkeit zu einem bestimmten Wirtschaftszweig für die einzelnen Unternehmungen noch weniger zuverlässig zu bestimmen ist als für die Gewerbesteuerpflichtigen.

Da es nun aber kaum praktikabel sein dürfte, die Auswahl in den örtlichen Finanzämtern selbst vornehmen zu lassen und da überdies der bei der Auswahl von Steuerpflichtigen auftretende negative Anordnungseffekt unerwünscht ist, dürfte folgende Prozedur zu empfehlen sein: Das statistische Amt erhält von den Finanzämtern Kopien sämtlicher Jahresabschlüsse und trifft aus dieser dann physisch verfügbaren Grundgesamtheit eine Auswahl. Auf diese Weise können die Auswahleinheiten die Unternehmungen sein, vorausgesetzt, daß aus jedem Jahresabschluß mit hinreichender Deutlichkeit der Wirtschaftszweig hervorgeht, dem das Unternehmen angehört. Das wäre zu gewährleisten. Ist der Umfang der einbezogenen Teilgesamtheit hinreichend groß, so wäre es durchaus akzeptabel, die einmal ausgewählten Einheiten für mehrere zeitlich aufeinanderfolgende Erhebungen, über ein Jahrzehnt etwa, beizubehalten. Eine solche kostenstrukturstastische „Panelerhebung“ wäre zwar, der relativ langen Zeiträume wegen, ganz besonders den Einwänden ausgesetzt, die Güte der Repräsentation könne im Laufe der Jahre beträchtlich abnehmen, die einbezogenen Einheiten könnten jene Eigenschaften, um deretwillen sie ausgewählt wurden, verlieren. Diesen Gefahren stünden aber die Vorteile der Panelerhebung gegenüber: es entfielen jene den Zeitvergleich beeinträchtigenden Variationen in den Ergebnissen, die ein ständiger Wechsel des Kreises der Befragten mit sich bringt. Ein weiterer wichtiger Vorteil eines festen Stammes an untersuchten Einheiten läge darin, daß — darüber wurde schon gehandelt — diese Unternehmungen von vornherein zu einer zweckdienlichen Gliederung auf Formblättern und insbesondere auch zur genaueren Angabe des Schwerpunktes ihrer Wirtschaftstätigkeit angehalten werden könnten.

Zusammenfassend muß eingeräumt werden, daß eine methodisch qualifizierte Auswahl nicht ganz einfach zu bewerkstelligen ist. Das aber gilt nicht spezifisch für eine sekundäre Kostenstrukturstatistik. Teilerhebungen, die positive Anordnungseffekte ausnützen wollen, erfordern, falls die Anordnung nicht schon vorgefunden wird, immer einigen Aufwand. Erschwerend kommt in diesem Falle hinzu, daß die Grundgesamtheit räumlich recht zersplittert ist. Im Vergleich zur jetzt praktizierten Kostenstrukturerhebung müßte aber die methodische Verbesserung, die so zu erreichen wäre, hoch veranschlagt werden. Vorausgesetzt, man entschlösse sich zu einer Panelerhebung und könnte erreichen, daß die einbezogenen Unternehmungen ihre Abschlüsse nach einem vorgegebenen Erhebungsformular aufstellen, dann dürfte zusätzlich eine beträchtliche Vereinfachung der Prozedur gewährleistet sein, die auch bei einer hie und da gebotenen Erweiterung des Umfangs der Teilerhebung kurzfristigere Ergebnisse zeitigen könnte als man sie bei der jetzigen Praxis erwarten darf.

Alles in allem muß man die statistische Auswertung der den Finanzämtern eingereichten Jahresabschlüsse als Möglichkeit, Kostenstrukturstatistik zu betreiben, ernst nehmen. Die derzeit praktizierte Sozialproduktsberechnung zumindest würde kaum Schaden nehmen. Wie schon angedeutet, besteht ja Bedarf nach einem Nachweis der Verflechtung zwischen prozeßintegralen Einheiten ganz überwiegend auf dem industriellen Sektor. Dort aber können die Zusatzerhebungen zum Industriebericht eingesetzt werden.

Schließlich ist zu bedenken, daß sich auch in der Bundesrepublik Deutschland mehr und mehr die Zensuserhebungen durchzusetzen scheinen. In diesen Erhebungen kann die spezifische Leistungsfähigkeit der Primärstatistik voll ausgenutzt werden — sei es in Totalerhebungen, sei es in den repräsentativen Zusatzerhebungen. Zumindest zur Überbrückung der Zeit zwischen diesen Vollerhebungen — sie kann um so länger währen, je wirksamer die Überbrückung ist — könnten Sekundärstatistiken wie die eben diskutierte nützlich und ausreichend sein.

III. Kapitel

Die Aufbereitung des erhobenen Zahlenmaterials

A. Programmatische Vorbemerkungen

Waren die ersten Kapitel des zweiten Teiles der Erhebung, d. h. der primärstatistischen oder sekundärstatistischen Gewinnung und Sammlung des Zahlenmaterials gewidmet, so sollen in dem folgenden Kapitel die wichtigsten spezifisch kostenstrukturstatistischen Teilfragen der Aufbereitung behandelt werden, jener Be- und Verarbeitung der eingeholten Einzelauskünfte zu den letztlich angestrebten statistischen Nachweisungen also.

Der rein technische Vollzug der Aufbereitung einer Kostenstrukturstatistik braucht hier nicht weiter zu interessieren, er hat kaum nennenswerte Eigentümlichkeiten. Ungleich mehr Beachtung verdienen indes die Prinzipien, nach denen Teilmassen gebildet, Merkmalssummen und Maßzahlen berechnet werden. „Logische Aufbereitung" nennt Mackenroth das, was jetzt erörtert werden soll. Es ist klar, daß bei einer von vornherein zielgerichteten Primärstatistik die Aufbereitung nur ein weiterer Schritt in der Ausführung eines Planes ist, der — von der Auswahl der zu befragenden Einheiten bis zur Aufstellung der Ergebnistabellen — die statistische Untersuchung als ganzes auf die gegebene Fragestellung zurichtet. Die zeitliche Abfolge von „Erhebung" und „Aufbereitung" ist demnach nur eine technisch bedingte. Gleichwohl gibt es doch eine Reihe von statistischen Operationen, die typischerweise der Aufbereitung zugehören, über die erst dann, wenn die ausgefüllten Erhebungsbogen vorliegen, letztlich entschieden werden kann. Es sind im wesentlichen die folgenden Fragenkomplexe, die in diesem Zusammenhang einer Erörterung bedürfen: die Zusammenfassung der einzelwirtschaftlichen Daten zu Daten über Massen, die Klassifikation und die Aggregation also, sowie die Berechnung von Maßzahlen aus den gemeldeten Beträgen. Die Klassifikation ist im Zusammenhang mit der Definition der statistischen Einheit schon — in mehr allgemeiner Weise — ins Spiel gekommen. Jetzt müssen konkrete Konsequenzen gezogen werden. Aggregiert werden die an den Einheiten der jeweils gebildeten Gruppe erhobenen Merkmale. Die Transformation der aus den Erhebungsbogen hervorgehenden absoluten DM-Beträge der Kosten und

Leistungen in Maßzahlen, insbesondere Verhältniszahlen („Strukturkoeffizienten"), ist vor allem deshalb notwendig, weil ja Ergebnisse einer Teilerhebung auf die Grundgesamtheit hochgerechnet werden müssen. Die Strukturkoeffizienten werden sich überdies auch auf Zusammenfassungen oder auf Salden aus den unmittelbar erfragten Bestandteilen des Bruttoproduktionswertes beziehen.

Ein dritter Fragenkomplex betrifft eine — obzwar auf die Sozialproduktsberechnung und die Input-Output-Rechnung ausgerichtete — Kostenstrukturstatistik nurmehr am Rande, führt unmittelbar in diese Aggregatstatistiken selbst hinein. Es handelt sich um jene Umsetzungen, Umrechnungen und Umbewertungen, die etwa in der Sozialproduktsberechnung an den Ergebnissen der Kostenstrukturstatistik vorgenommen werden, sei es, weil gewisse erwünschte Daten von der Kostenstrukturstatistik effektiv nicht erbracht werden können, sei es, weil gewisse Größen zwar exakt ermittelt sind, in den Aggregatstatistiken aber aus analytischen Gründen aufgespalten werden sollen. Diese Umrechnungen müssen zur „Auswertung", nicht mehr zur „Aufbereitung" der kostenstrukturstatistischen Ergebnisse gerechnet werden, sie stellen eine Weiterverarbeitung dar. Ihnen bis ins Detail nachzugehen, hieße die volkswirtschaftlichen Gesamtrechnungen und die Input-Output-Rechnung selbst mit abhandeln. Das ist aber in dieser Untersuchung nicht beabsichtigt und auch nicht realisierbar. Es wird daher am Schluß der Arbeit mit einigen Hinweisen sein Bewenden haben müssen.

B. Die Klassifikation der Einheiten

I. Die Bestimmungsgründe der Klassifikation

Die Klassifikation der Einheiten und die Aggregation der einzelwirtschaftlichen Daten hat der Bedingung zu gehorchen, daß letztlich — aus der Zusammenführung mit den korrespondierenden Umsatz- oder sonstigen Ertragsstatistiken — für alle in der Entstehungsrechnung geplanten Wirtschaftsbereiche die Produktionskonten aufgestellt und für alle in der Input-Output-Rechnung gebildeten Sektoren die Inputs und Outputs errechnet werden können. Die Sektorenbildung in der Entstehungsrechnung und in der Input-Output-Rechnung ist nun zu einem großen Teil der Kostenstrukturstatistik vorgegeben. Doch muß die Möglichkeit ernstlich in Betracht gezogen werden, daß die Ergebnisse der Kostenstrukturstatistik eine Modifikation des ursprünglich geplanten Sektorensystems empfehlenswert erscheinen lassen. Eine unvoreingenommene Analyse der vorgefundenen Produktionsstruktur kann etwa das klassische Input-Output-Konzept, in dem jeden Produkt nur aus einem einzigen Sektor hervorgehen darf, als inadäquat erkennen lassen. Wird nämlich ein und dasselbe Produkt oder werden sehr verwandte

Produkte in ganz unterschiedlichen Produktionsverfahren, mit völlig andersartiger Kostenstruktur hergestellt, so kann die Fiktion einer einheitlichen Produktionsfunktion, d. h. die Zusammenfassung zu einem einzigen Sektor der Input-Output-Tabelle, eher zu einer Täuschung als zu einer Erkenntnis führen. Und auch in der volkswirtschaftlichen Gesamtrechnung kann man zu einer Bereichsbildung kommen, die das herkömmliche Schema modifiziert, wenn man erst einmal die vorkommenden Typen von Institutionen in mehreren Hinsichten studiert hat.

Man wird also die Klassifikation der Kostenstrukturstatistik nicht von vornherein auf ein starres, vorgefaßtes System hin einrichten dürfen, sondern erst einmal zusehen müssen, welche „relativ homogenen Gruppen" von Einheiten sich abzeichnen — ob sie nun hinsichtlich funktioneller oder institutioneller Merkmale homogen sind.

Indes hat die Klassifikation für die Kostenstrukturstatistik nicht nur jene primäre Aufgabe, zu solchen Massen zu führen, für die am Ende eigene Nachweisungen geboten werden sollen. *Hinzu kommt* nämlich die andere Funktion der Gruppenbildung: sie bringt *metrische Vorteile* mit sich, da bei der Zusammenführung von Umsatz- und Kostenstrukturzahlen Schichteneffekte ausgenutzt werden können. Vor allem die Größenklassenbildung ist in diesem Zusammenhange relevant. Insofern empfehlen sich bei der Aufbereitung der Kostenstrukturstatistik auch solche Gruppenbildungen, die am Ende, in der Sozialproduktsberechnung und der Input-Output-Tabelle, nicht in Erscheinung treten.

In diesem methodologischen Zusammenhang taucht die Frage, inwieweit der Kostenstrukturstatistik ein bestimmtes Klassifikationsschema vorgegeben ist und sein sollte, ein weiteres mal auf. Da ja davon auszugehen ist, daß Sozialproduktsberechnung und die Input-Output-Rechnung auch in Zukunft aus einer Zusammenführung von laufenden Ertragsstatistiken und mehrjährigen Kostenstrukturstatistiken hervorgehen wird[105], muß dafür Sorge getragen werden, daß beiden Statistiken die gleichen Klassifikationen zugrunde gelegt werden. Gruppenbildungen in der Kostenstrukturstatistik, die kein Pendant in den Ertragsstatistiken haben, sind für die Aggregatstatistiken nicht verwertbar. Bei der Erörterung der Kostenstrukturstatistik wird man deshalb entweder die Klassifikation der Ertragsstatistiken als Datum hinnehmen — oder aber nach der prinzipiell optimalen Klassifikation suchen und dann die Forderung erheben müssen, auch die Ertragsstatistiken dieser Klassifikation anzupassen. Da ja die amtliche Statistik danach strebt, alle Wirt-

[105] Selbst wenn man — was allenfalls für einzelne Wirtschaftsbereiche denkbar wäre — Kostenstrukturstatistiken jährlich durchführen wollte, bliebe man auf eine solche Zusammenführung angewiesen, da man ja neuerdings und in zunehmendem Maße auf halb- oder gar vierteljährliche Sozialproduktsberechnungen Wert legt.

schaftsstatistiken möglichst einheitlich zu klassifizieren — ewa nach der gültigen „Systematik der Wirtschaftszweige" — geht es letztlich darum, ob aus der Analyse des Produktionsaufwandes, wie sie ja Aufgabe einer Kostenstrukturstatistik ist, Argumente für eine Modifikation dieser Systematik der Wirtschaftszweige abzuleiten sind. Im folgenden wird jeweils eigens fesgestellt, wie zu klassifizieren ist, wenn man sich den jetzt üblichen Umsatzstatistiken anpassen will, wie, wenn man bereit ist, die dort praktizierte Gruppenbildung zu modifizieren.

II. Die Klassifikation nach Wirtschaftszweigen

Sowohl für die volkswirtschaftliche Gesamtrechnung als auch für die Input-Output-Rechnung ist die Klassifikation nach Wirtschaftszweigen die eindeutig wichtigste: für die Input-Output-Rechnung gilt das schon ex definitione.

1. Die Klassifikation der wirtschaftenden Einheiten nach Wirtschaftszweigen

Eine Systematik für die wirtschaftenden Einheiten dürfe, so wurde an früherer Stelle festgestellt, nicht allzu tief untergliedert sein, weil sonst die zweigfremden Bestandteile bei der Schwerpunktzuordnung ein zu großes relatives Gewicht erhalten. Es würde damit eine kostenstrukturelle Typik in hoher Differenzierung vorgespiegelt, die das statistische Material in Wirklichkeit gar nicht hergibt. Diese Warnung vor zu großer Gliederungstiefe ist *insbesondere dann zu beherzigen,* wenn man, wie es die amtliche Statistik tut und wie es für bestimmte Zwecke auch geschehen muß, *möglichst viele Einheiten* bis zu den kleinsten Positionen, den Klassen der Systematik, zuordnet.

Man ist dann gezwungen, bei der Konstatierung eines „ausgeprägten Schwerpunktes" großzügig zu verfahren. Wozu solche Großzügigkeit führen kann, wird in den allgemeinen Zuordnungsrichtlinien demonstriert, die der Systematik der Wirtschaftszweige von 1961 vorangestellt sind[106]. Es wird dort zu Demonstrationszwecken eine Unternehmung beschrieben, die in neun verschiedenen Wirtschaftsklassen tätig ist (z. B. Herstellung von Landmaschinen, Montage von Landmaschinen, Herstellung von Stahlblechwaren, von Kfz-Teilen, Großhandel mit Landmaschinen, technische Beratung). Diese Unternehmung wird schließlich nach dem Schwerpunkt der Klasse „Montage von Landmaschinen" zugeordnet, obwohl nur 16 % der gesamten Wertschöpfung dieser Unternehmung auf die Montage von Landmaschinen entfällt. Die Wertschöpfung wird als bestes Kriterium zur Schwerpunktbestimmung empfoh-

---

[106] Siehe dort S. 10.

len[107]. Das unentwegte Fortschreiten in der Zuordnung von Stufe zu Stufe soll die „Übersichtlichkeit" der Klassifikation gewährleisten[108]. Tatsächlich aber ist ein solches Verfahren schon für die Unternehmungen kaum noch erträglich, für noch heterogenere wirtschaftende Einheiten kann es sicher nicht mehr akzeptiert werden. Nun mag man einwenden, für die Sozialproduktsberechnung sei eine Zuordnung bis zu den Klassen ja ohnehin irrelevant, da man für so kleine Sektoren kaum je Beiträge zum Inlandsprodukt berechnen wolle. Aber auch dann, wenn man weniger tief gliedert, sollte man sich eines Zuordnungsverfahrens bedienen, dessen Prinzipien nicht so schweren Einwänden ausgesetzt sind.

Ein solches Zuordnungsverfahren sei kurz skizziert. Es setzt eine anders ausgestaltete Systematik voraus als sie jetzt gilt und es bringt daher, allein auf die Kostenstrukturstatistik angewandt, für die Aggregatstatistiken keinen Gewinn[109]. Es könnte aber durchaus auch auf die Komplementärstatistiken der Kostenstrukturstatistik angewandt werden. Das gemeinte Verfahren hätte den Vorteil, eine tiefe Aufgliederung dort, wo sie zulässig ist, zu ermöglichen und daneben die Häufigkeit und den Grad der Leistungsheterogenität in den wirtschaftenden Einheiten nachzuweisen. Dieses Zuordnungsverfahren bestünde darin, quantitativ zu bestimmen, wann ein ausgeprägter Schwerpunkt vorliegt, und eine Einheit dann jeweils *nur bis zu jener* Unterabteilung, Gruppe, Untergruppe oder schließlich Klasse zuzuordnen, hinsichtlich der diese Einheit noch einen ausgeprägten Schwerpunkt vorgegebener Definition

---

107 Es stammen in dieser Unternehmung u. a. 35 % der Wertschöpfung aus dem Großhandel mit Landmaschinen. Dieses Zuordnungsergebnis kommt dadurch zustande, daß nach dem Schwerpunkt „von oben nach unten" zugeordnet wird, zuerst der Abteilung, dann innerhalb dieser Abteilung der Unterabteilung usw. bis zur Klasse.

108 Die laufende Kostenstrukturstatistik des Statistischen Bundesamtes ist für eine fragwürdige Klassifikation dieser Art ein gutes Beispiel. In den Ergebnistabellen für die Industrie werden die Unternehmungen nicht nur bis zu den Klassen (fünfstellige Positionen) zugeordnet, vielmehr werden in vielen Fällen auch diese Klassen noch einmal aufgespalten. In diesen Unterklassen wird dann weiter nach der Größe des Bruttoproduktionswertes gruppiert. Muß man eine so weit getriebene Aufgliederung nach Branchen in einer Unternehmensstatistik schon prinzipiell als illegitim empfinden, so kommt im Falle dieser Teilerhebung der Umstand hinzu, daß die Besetzungszahlen der kleinsten Positionen doch häufig recht niedrig sind — nicht selten unter 10 — so daß einzelne sehr heterogene Einheiten die Kostenstruktur der Größenklassen stark beeinflussen können. Der Grad der Heterogenität geht aus dem Erhebungsbogen ja nur höchst unvollkommen hervor. Der Mangel zu kleiner Besetzungszahlen wurde allerdings in der Industrieerhebung von 1962 gegenüber der von 1958 gemildert.

109 Falls im Zuge der Aufbereitung des Materials auch Ergebnistabellen für den „allgemeinen Gebrauch" hergestellt werden, was üblich ist, würde allerdings eine solche Klassifikation in jedem Falle, auch wenn sie auf die Kostenstrukturstatistik beschränkt bleibt, beträchtliche Informationsgewinne bringen.

besitzt. Die wenigen Sammelpositionen der amtlichen Wirtschaftszweigsystematik und gewisse Signieranweisungen sind ein Ansatz zu einem solchen Verfahren.

Die erste Voraussetzung für eine treppenförmige Klassifikation wäre die Festlegung eines Maßstabes, mit dem der Schwerpunkt gemessen werden soll. Theoretisch gut geeignet ist die Wertschöpfung, in erster Linie in dem Falle, daß die Zuordnung zum Zwecke der Sozialproduktsberechnung (speziell der Nettosozialproduktsberechnung) vorgenommen werden soll[110]. Nun dürfte aber von den Befragten eine Auskunft darüber, auf welchen Wirtschaftszweig der größte Teil in der betreffenden Einheit entstehenden Wertschöpfung entfällt, kaum zu bekommen sein. Eine passable Adäquation erhält man in vielen Fällen, wenn die Zahl der in den einzelnen Produktionssparten beschäftigten Personen als Kriterium herangezogen wird. Der Industriebericht verfährt z. B. so. Allerdings sind bei dieser Methode einige Schwierigkeiten zu überwinden: Erstens gibt es Zurechnungsunbestimmtheiten, denn die Gesamtzahl der Beschäftigten ist nicht immer leicht in Gruppen aufzuteilen, von denen sich sagen läßt, sie seien bei der Erzeugung dieses oder jenes Endprodukts tätig. Zweitens erfordert das hier vorgeschlagene Verfahren, daß zu *allen* hergestellten Produktgruppen die zugehörigen Beschäftigten angegeben werden. Das ist beschwerlich. Und drittens darf man sich doch nicht darauf verlassen, daß die Zahl der eingesetzten Arbeitskräfte ausnahmslos ein guter Indikator des auf die Produktionssparten entfallenden Anteils an der Wertschöpfung der Einheit ist. So dürfte es z. B. im allgemeinen die lohnendste Produktionssparte sein, die ein Unternehmen zuerst automatisiert.

Diese Nachteile des Kriteriums „Zahl der Arbeitskräfte" geben Anlaß zur Prüfung, ob nicht die Bruttoproduktionswerte bzw. die Umsätze, die mit den einzelnen Leistungsgruppen erzielt werden, zur Bestimmung des Schwerpunktes in Frage kommen. Es muß zwar vermutet werden, daß die Umsätze recht häufig weniger verläßlich auf die Wertschöpfungsanteile schließen lassen als die Zahl der Arbeitskräfte. Sie hätten aber praktische Vorzüge: die Umsätze und die Bruttoproduktionswerte werden ohnehin in der Untergliederung nach Leistungsgruppen erfragt. Auch entstehen so keine Zurechnungsunbestimmtheiten.

Entschlösse man sich also dazu, den Schwerpunkt nach den Umsätzen bzw. den Bruttoproduktionswerten zu bestimmen, so ließe sich das vorgeschlagene Zuordnungsverfahren so bewerkstelligen: Es wird ein Mindestanteil einer Leistungsart oder einer Leistungsgruppe am Gesamtumsatz festgelegt (z. B. 40 %), der erreicht sein muß, wenn diese Leistungsart oder Leistungsgruppe den Schwerpunkt bestimmen soll. Mit

---

[110] Vgl. Statistisches Bundesamt, Systematik der Wirtschaftszweige 1961, S. 10.

dieser Einschränkung erfolgt die Zuordnung der Einheiten dann nach dem in der amtlichen Statistik praktizierten Verfahren „von oben nach unten": die Einheit wird zuerst der Abteilung zugeordnet, in der sie die größten Umsätze erzielt, innerhalb dieser Abteilung der entsprechenden Unterabteilung und so fort, jedoch *nur* solange der auf die erreichte Position entfallende Umsatzanteil noch höher ist als 40 %. Theoretisch müßten also auf jeder Stufe Sammelpositionen gebildet werden, welche alle die Einheiten aufnehmen, die einer kleineren Position nicht zugewiesen werden dürfen. In Wirklichkeit wird es sich aber herausstellen, daß lange nicht in allen Wirtschaftsbereichen und nicht auf allen Stufen Betriebskombinationen in nennenswertem Ausmaß vorkommen.

Nach demselben Prinzip könnten nun zusätzlich noch Kombinationspositionen gebildet werden: wird eine wirtschaftende Einheit etwa dem Schwerpunkt nach in eine Gruppe A eingereiht und entfällt ein bestimmter Mindestprozentsatz am Gesamtumsatz (etwa 20 %) auf eine *andere* Gruppe B oder Untergruppe oder Klasse, so wird diese Einheit einer Kombinationsposition „A mit B" zugeordnet, *sofern* diese Kombination häufiger auftritt, d. h. typisch ist[111]. Wird hingegen dieser kritische Prozentsatz (20 %) nur von einer fremden Unterabteilung oder Abteilung erreicht, so bleibt die Betriebskombination unberücksichtigt, die Einheit wird der Gruppe A zugewiesen.

Gegen eine solche quantitativ differenzierende Zuordnung kann kaum eingewandt werden, sie sei zu mühsam. Tatsächlich ist auf diese Weise die Zuordnung eher rascher vollzogen als nach der von der amtlichen Statistik praktizierten Methode, weil nämlich in vielen Fällen das Fortschreiten bis zur Klasse entfällt[112].

Das Ergebnis eines solchen Klassifikationsverfahrens sind „Klassen", die nur halbwegs homogene Einheiten enthalten. Zugleich geben die Zahlen der auf die Positionen der verschiedenen Stufen entfallenden Einheiten eine gewisse Vorstellung von der Häufigkeit und dem Grad der Heterogenität der klassifizierten Einheiten.

Diese Systematik würde gewährleisten, daß ihre Positionen auf allen Ebenen einerseits Gruppen von wirtschaftlich disponierenden Institutionen sind, für die Entstehung und Verteilung von Einkommen ökonomisch sinnvoll und möglichst exakt nachgewiesen werden können, daß aber andererseits jene Gliederungskriterien, die die heutige Systematik der Wirtschaftszweige bestimmen, in nunmehr adäquater Weise zur Gel-

---

[111] Die Kombinationspositionen können gegebenenfalls danach unterschieden werden, ob es sich um typische Horizontalkombinationen („A mit B") oder um typische Vertikalkombinationen handelt („A bis B"). Der Grad der vertikalen Kombination, die Produktionstiefe, ist ja eine entscheidende Determinante der Kostenstruktur. Vgl. Abschnitt D dieses Kapitels.

[112] Vgl. Statistisches Bundesamt, Systematik der Wirtschaftszweige, S. 10.

tung gebracht werden. Man kann es auch so ausdrücken: Es sind Gruppen von Institutionen gebildet worden, die dem Typ nach einander ähnlich sind, wenn man den Typ eben gerade durch die Art der hergestellten Produkte bzw. die Kombination von hergestellten Produkten bestimmter Art festlegen will[113]. Daneben sind freilich Typen von Institutionen auch nach anderen Merkmalen, etwa nach der Rechtsform, definierbar. In jedem Fall ist erst noch zu entscheiden, ob solche Gruppen von wirtschaftenden Einheiten sinnvollerweise zu Sektoren der Sozialproduktsberechnung, der volkswirtschaftlichen Gesamtrechnungen erklärt werden können[114].

Es steht fest, daß eine solche Sektorbildung aus technischen Gründen unmöglich ist, solange die benötigten Umsatzzahlen aus Sekundärstatistiken stammen, in die jene doch etwas komplizierte Systematik nicht eingeführt werden kann. Eine solche Sekundärstatistik ist bislang die Umsatzsteuerstatistik. Da aber infolge der neuerdings zweijährigen Aufbereitung der Umsatzsteuerstatistik ohnehin primäre repräsentative Umsatzstatistiken entwickelt werden mußten, da es zudem recht unsicher ist, ob die Umsatzsteuerstatistik nach der bevorstehenden Umsatzsteuereform für die Sozialproduktsberechnung noch sehr viel hergibt, und da ja für die Industrie ohnehin schon seit eh und je eine gute primäre Umsatzerhebung praktiziert wird (Industrieberichterstattung), aus diesen Gründen also wird an den Ertragsstatistiken eine Modifikation der Sektorbildung nicht zu scheitern brauchen.

Ins Gewicht fallende Unterschiede zur herkömmlichen Systematik wird die skizzierte abgestufte gewiß nur für die Industrie bringen. Solange man die Gliederungstiefe gering hält — etwa nur bis zu den zweistelligen Positionen der Systematik der Wirtschaftszweige geht — würden auch in der Industrie Kombinationspositionen kaum nötig sein — von gewissen Einzelfällen im Grundstoffbereich abgesehen (Kohle — Eisen- und Stahlerzeugung — Stahlverarbeitung). Genauere Aufschlüsse erhält man aber nur dadurch, daß man eine abgestufte Systematik probeweise aufstellt. Indes wird man in Zukunft damit rechnen dürfen, daß in den volkswirtschaftlichen Gesamtrechnungen der Versuch weiterer Disaggregation gemacht wird. Nicht zuletzt die „strukturbewußter“ werdende Wirtschaftspolitik wird dazu den Anstoß geben. Jede weitere Differenzierung der Sektoren nötigt dann aber zur Entscheidung, ob man (a) an der unbeschränkten Schwerpunktzuordnung

---

[113] Wobei nicht vergessen werden soll, daß „die Art der Produkte“ nur eine recht vage Formulierung des überwiegenden Klassifikationskriteriums der Systematik der Wirtschaftszweige ist.

[114] Daß jene Gruppen samt ihrer Kostenstruktur in einer Vielzahl wirtschaftspolitischer Bezüge — etwa im Zusammenhang der Konzentrationsdiskussion — von außerordentlichem analytischem Interesse sind, steht außer Zweifel.

heutiger Art festhalten und in Kauf nehmen soll, daß die Sektoren ein immer heterogeneres und analytisch unbrauchbareres Gemisch enthalten, je weiter man sie aufspaltet; ob man (b) die wirtschaftende Einheit und auch die Unternehmung als Einheit aufgeben soll, wodurch sich die volkswirtschaftliche Gesamtrechnung in ihrem Wesen verändern müßte, weil dann allenfalls — mit gehöriger Willkür — noch eine wirtschaftsbereichsbezogene „Einkommens"-Entstehung, nicht mehr aber die Einkommensverteilung und die Gewinnverwendung nachgewiesen werden kann; oder ob man (c) sich einer Systematik wie der skizzierten bedienen soll, die erkennen läßt, in welchen Gruppierungen wirtschaftender Einheiten das Sozialprodukt entsteht, wie sich die Beiträge dieser Gruppierungen zum Sozialprodukt in charakteristischer Weise verändern. Wenn sich herausstellt, daß „Diversifikation" und Größe speziell industrieller Einheiten in kennzeichnender Beziehung zur wirtschaftlichen Leistungskraft der entsprechenden Gruppen steht, so ist dies eine hinreichende Rechtfertigung dafür, diese Gruppen zu Sektoren der volkswirtschaftlichen Gesamtrechnung zu machen. Es wäre nicht überraschend, wenn auf die Dauer Industriekonzerne mit hoher — und nicht nur finanziell, sondern auch produktions- und absatztechnisch bedingter — Diversifikation die gleiche führende und höchst selbständige Rolle übernähmen, wie sie die Waren- und Versandhäuser heute im Handel schon spielen. Allerdings verliert für solche Gruppierungen der Terminus „Wirtschaftszweig" seinen ursprünglichen Sinn, was aber nicht ausschließt, daß man ihn, in modifiziertem und verallgemeinertem Verstande, weiter benutzt.

2. Die Klassifikation der prozeßintegralen Einheiten nach Wirtschaftszweigen

Die Klassifiikation der prozeßintegralen Einheiten nach Wirtschaftszweigen läßt sich bedeutend einfacher bewerkstelligen. Die Staffelung kann tiefer sein als bei den wirtschaftenden Einheiten. Um dessentwillen ist diese Einheit ja definiert worden. Allerdings: In nicht wenigen Fällen wird das Porduktionsprogramm bzw. das Sortiment einer prozeßintegralen Einheit doch breiter sein als eine Klasse der Systematik. Dann muß ebenfalls nach dem Schwerpunkt zugeordnet werden. Und auch Betriebskombinationen, nämlich vertikale oder fächerförmige, sind möglich. Soll deshalb die Zuordnung „auf allen Ebenen" der Systematik und die Bildung von Kombinationspositionen auch für die prozeßintegralen Einheiten empfohlen werden? Sicher ist sie nicht so dringlich wie bei den wirtschaftenden Einheiten. Viel seltener werden sich genügend prozeßintegrale Einheiten von solcher Heterogenität finden, daß Sammelpositionen eingerichtet werden müssen. Im übrigen muß die

Antwort auf die Frage, ob eine solche abgestufte Klassifikation der prozeßintegralen Einheiten überhaupt wünschenswert ist, differenzieren:

Soll eine „produktorientierte" Input-Output-Rechnung der üblichen Form aufgemacht werden — eine also, in der die gesamte Erzeugung einer Güterart oder Gütergruppe als Output eines einzigen Sektors dargestellt wird — dann kommen Kombinations- und Sammelpositionen gleich welcher Art ganz offenbar nicht in Betracht. Denn durch sie wäre eben der einheitliche Sektor „Herstellung des Gutes X" aufgelöst in mehrere Sektoren, unter anderem in kombinierte. Input-Output-Koeffizienten für das Gut X wären nicht mehr berechenbar. Nun ist allerdings eine solche Input-Output-Tabelle zunächst eine auf Einfachheit angelegte theoretische Konstruktion. Je mehr man in der Empirie der Forderung nach artmäßig homogenem Sektoroutput entsprechen kann, um so wichtiger wird die Frage, ob denn der homogene Output auch aus einem in allen Einheiten gleichen Produktionsverfahren hervorgehe. Heterogenität in den Produktionsverfahren ist der Berechnung von technisch interpretierbaren Input-Output-Koeffizienten nicht weniger hinderlich als Heterogenität der erzeugten Produkte. Produktionsverbundenheiten — horizontale und vertikale — müssen aber als Besonderheiten des Produktionsverfahrens verstanden werden. Beispiele sind: die „in einer Wärme" vor sich gehende Erzeugung und Verarbeitung von Eisen und Stahl vom Hochofen bis zum Walzwerk; die kombinierten Spinnereien und Webereien; die Herstellung von Schwefelsäure, die einerseits bei der Erzeugung von Zink zwangsläufig anfällt, andererseits aber eigens aus Schwefel oder Schwefelkies hergestellt wird; das Automobilwerk, das eine Mehrzahl von Zulieferern durch eine einheitliche Bandstraße ersetzt. Hier handelt es sich um Produktionsprozesse, die sowohl kombiniert als auch isoliert vorkommen. Die Kostenstrukturen können sich dementsprechend drastisch unterscheiden. Wenn die Herstellung von Gütern typischerweise und in großem Maßstab teils in isolierten, teils in kombinierten Produktionsprozessen vor sich geht und die Kostenstrukturen stark differieren, dann ist eben die Frage nach „der Produktionsfunktion" von vornherein nicht sinnvoll zu stellen und eine konsequente Input-Output-Rechnung muß eben die unterschiedlichen Verfahrenstechniken gesondert darstellen. Dies ist zumindest ein berechtigtes Postulat. Entsprochen werden kann ihm möglicherweise genauso wenig wie dem des homogenen Output. *Ob* und *wie häufig* aber solche Fälle in praxi vorkommen, das kann nur erforscht werden, wenn man die statistische Prozedur darauf einrichtet, derartige strukturelle Unterschiede in Erscheinung treten zu lassen. Das eben kann dadurch geschehen, daß man technisch kombinierte Produktionsprozesse in einer prozeßintegralen Einheit zusammenfaßt und auch die prozeßintegralen Einheiten der geschilderten treppenförmigen Systematik zuordnet.

Man wird dann nicht nur erkennen können, in welchen Produktionssparten es eigentlich illegitim ist, die Gesamterzeugung einer Güterart in einem einzigen Sektor zusammenzufassen, sondern es werden so auch den Umständen entsprechend gute Vorbedingungen für jene „Umsetzungen“ geschaffen, mittels derer sektorfremde Output-Bestandteile kleineren Umfanges samt den geschätzten zugehörigen Inputs üblicherweise umgebucht werden. Denn die untersten Stufen der Klassifikation, die „Klassen“, enthalten ja recht „reine“ Einheiten. Und hilfsweise — mangels besseren Wissens — läßt sich die Kostenstruktur dieser Klassen als Kostenstruktur der darin hergestellten Produkte interpretieren. In anderen Fällen, in denen eine solche Analogie der Kostenstrukturen nicht angenommen werden kann, werden die den auszubuchenden Output-Bestandteilen entsprechenden Inputs pauschal nach Maßgabe der Kostenstruktur jener Bereiche geschätzt, aus denen ausgebucht wird. Zumindest auf den unteren Ebenen der Klassifikation wird eine solche Rechnung in der Treppensystematik befriedigender ausfallen als bei der heute üblichen uneingeschränkten Schwerpunktszurechnung.

Auf beide benutzten Einheiten angewandt würde die vorgeschlagene Klassifikation also einen wirklichen Informationsgewinn bringen. Zumindest aber sollte man eine solche abgestufte Systematik einmal zur Probe aufstellen, um eine bessere Vorstellung davon zu bekommen, wessen man sich versehen muß, wenn man die bisher geübte Methode anwendet und auf ihre Resultate vertraut.

III. Die Klassifikation innerhalb der Wirtschaftszweige

In der heute praktizierten Sozialproduktsberechnung werden innerhalb der Wirtschaftsbereiche keine weiteren Unterteilungen vorgenommen. Gelegentlich werden Überlegungen angestellt, eigene Produktionskonten für die Kapitalgesellschaften einerseits, die Einzelfirmen und Personengesellschaften andererseits aufzustellen. Diese durchaus interessanten Nachweisungen sind allerdings nur für rechtliche Einheiten (Unternehmungen) zu führen. Außerhalb der „offiziellen“ volkswirtschaftlichen Gesamtrechnungen des Statistischen Bundesamtes werden noch Beiträge der Länder, Kreise und Städte zum Inlandsprodukt berechnet. Gegen diese Konstruktion gibt es indes ernste Einwendungen: die Zuordnung der Erträge zu den Regionen ist so wenig gut begründet, daß der Fehler, den man macht, wenn man für das Bundesgebiet insgesamt geltende Zahlen über die Kostenstruktur auch auf einzelne Regionen anwendet, nicht ins Gewicht fällt. Eine regionale Gruppierung der Einheiten soll daher hier nicht weiter untersucht werden[115].

[115] Vermutlich wird man alle Fragen, die die Regionalplanung aufwirft, hinreichend beantworten können, wenn man die Lohn- und Gehaltssumme der

Zwei Gruppierungsmerkmale sollen noch etwas ausführlicher erörtert werden: das *Produktionsverfahren* und die *Größe der Einheit*. Die Gruppierungen nach beiden Merkmalen könnten durchaus auch in den Aggregatstatistiken eine Rolle spielen. Tatsächlich ist nur die Größenklassengliederung für die Aggregatstatistiken relevant, und auch sie nur mittelbar, indem sie nämlich einen Schichteneffekt bei der Berechnung der gesamtwirtschaftlichen Größen gewährleistet.

1. Die Gruppierung nach der betrieblichen Verfahrensweise (Produktionsverfahren)

Als Spezialfall eines besonderen Produktionsverfahrens ist die vertikal oder horizontal kombinierte Produktion bezeichnet und im vorigen Abschnitt schon erörtert worden. Hier bleibt das Produktionsverfahren als Determinante der Kostenstruktur zu behandeln, insofern seine Besonderheit nicht mit vertikalen oder horizontalen Kombinationen zusammenhängt.

Es ist angebracht, einen allgemeineren Begriff als den des Produktionsverfahrens zu gebrauchen, nämlich den der „betrieblichen Verfahrensweise". Es kommt nämlich nicht nur im produzierenden Bereich, sondern auch im Handel vor, daß innerhalb eines Wirtschaftszweiges die betriebliche Leistung nach unterschiedlichen Verfahrensweisen erbracht wird und daß sich diese Unterschiedlichkeit in markanten und typischen Besonderheiten der jeweiligen Kostenstrukturen niederschlagen. Den klassischen Fall unterschiedlicher Kostenstrukturen infolge unterschiedlicher Produktionsverfahren bieten jene Industriezweige, in denen neben einander stark mechanisierte, automatisierte und (die überkommene) manuelle Fertigung vorkommen. Ein fortschreitender Automatisierungsgrad kennzeichnet allerdings die gesamte industrielle Entwicklung, wohl in allen Branchen und auch in vielen Unternehmungen gibt es daher Produktionsverfahren unterschiedlicher Kapital- bzw. Arbeitsintensität, die auf Erstellung der gleichen Leistung gerichtet sind. Es müssen also schon typische und tiefgreifende Verfahrensunterschiede vorliegen, wenn es gerechtfertigt sein soll, die Abgrenzung der Gruppen danach vorzunehmen. Ein praktisches Beispiel für die Differenzierung nach dem Produktionsverfahren aus der amtlichen Kostenstrukturstatistik (1962) betrifft die Hohlglaserzeugung. Unternehmen vergleichbarer Größe haben bei vollautomatischer Fertigung eine Nettoquote von 61 % und einen Anteil der Personalkosten am Bruttoproduk-

---

Regionen und die den Ländern und Kommunen zugute kommenden Steuereinnahmen statistisch darstellt. Der Zusammenhang zwischen Standort und Kostenstruktur ist natürlich raumordnungspolitisch relevant. Aber es ist keine Problemstellung, der hier nachzugehen ist.

tionswert von 29 %, bei Handfertigung hingegen eine Nettoquote von etwa 75 % und einen Personalkostenanteil von 49 %.

Aber nicht nur die Substitution von Arbeit durch Kapital kennzeichnet neue Produktionsverfahren, sondern auch die bessere Ausnutzung von Rohstoffen und Energie.

Die Kostenstruktur von *Großhandelsunternehmen* ist maßgeblich davon mitbestimmt, ob und in welchem Ausmaß das Streckengeschäft betrieben wird. So weist etwa die laufende Kostenstrukturstatistik für den Großhandel mit Kohle und sonstigen festen Brennstoffen (Größenklasse 100 000 bis 1 Million DM) eine Rohertragsquote von 21,3 % bei den Unternehmungen ohne oder mit einem Strecken-Geschäftsanteil von weniger als 50 % des wirtschaftlichen Umsatzes aus, bei den Unternehmungen mit einem Streckengeschäft von über 50 % dagegen eine Rohertragsquote von 8,5 %.

Im *Einzelhandel* stellt die „Selbstbedienung" eine neue Form des Betriebsablaufes dar, die den Anteil der Personalkosten erheblich vermindert. Eigene Gruppen nach Maßgabe unterschiedlicher betrieblicher Verfahrensweisen kommen zunächst nur dann in Betracht, wenn die betreffenden Branchen ihrerseits quantitativ oder doch qualitativ besonderes Gewicht haben. Auch ist es nicht immer einfach, die Besonderheiten des Produktionsverfahrens den Erhebungsbogen zu entnehmen.

Im hier erörterten Zusammenhang fällt die Entscheidung über dieses Element der Systematik letztlich danach, ob eine solche Gruppierung für die Sozialproduktionsberechnung oder die Input-Output-Rechnung verwertbar ist[116].

Offenbar ist es die Input-Output-Rechnung, die von tiefgreifenden Verschiedenheiten im Produktionsverfahren wichtiger Güter am ehesten tangiert wird. Es gilt ganz analog das, was im vorhergehenden Abschnitt über die Berücksichtigung kombinierter Produktionsprozesse gesagt worden ist. Wiederum muß freilich festgestellt werden, daß im augenblicklichen Entwicklungsstande der Input-Output-Rechnung eine Aufteilung der Sektoren nach Produktionsverfahren nicht sonderlich aktuell ist, weil die Heterogenität der Outputs noch vergleichsweise groß ist.

Was die Sozialproduktsberechnung angeht, verhält es sich ebenso: tiefgreifende und ausgeprägte Unterschiede der betrieblichen Verfahrensweise finden sich nicht ohne weiteres in so wichtigen Wirtschaftszweigen, daß man beim heutigen Stand der volkswirtschaftlichen Gesamtrechnungen zur Bildung eigener Gruppen Anlaß hätte. Man kann

[116] Daß die Kenntnis der Zusammenhänge zwischen Produktionsverfahren und Kostenstruktur betriebswirtschaftlich und gelegentlich auch wirtschaftspolitisch von großem Nutzen ist, liegt auf der Hand.

allerdings die Ansicht vertreten, daß industrielle und handwerkliche Fertigung vor allem verschiedene Produktionsverfahren seien. Industrielle und handwerkliche Fertigung unterscheiden sich in aller Regel hinsichtlich der Kostenstruktur. Auch ist das Handwerk eine wirtschaftlich und soziologisch immer noch so bedeutende Gruppe, daß die Gepflogenheit der deutschen amtlichen Statistik, das produzierende Handwerk aus dem produzierenden Gewerbe auszugliedern und gesondert nachzuweisen, befürwortet werden muß. Dann aber muß auch die Kostenstruktur des Handwerks eigens ermittelt werden.

Sollte darüber hinaus in Zukunft die volkswirtschaftliche Gesamtrechnung zunehmend differenziert werden und zu einer gesamtwirtschaftlichen Erfolgsrechnung auch kleinerer Gruppen ausgebaut werden, so wird dieses Merkmal gewiß nicht unbeachtet bleiben. In der derzeit praktizierten Kostenstrukturstatistik gibt es allenfalls Ansätze in dieser Richtung.

2. Die Gruppierung der Einheiten nach ihrer Größe

Betriebswirtschaften verschiedener Größe unterscheiden sich allermeist in ihrer Kostenstruktur so sehr, daß man beim Vergleich von Einheiten aus verschiedenen Wirtschaftszweigen vorgefundene Kostenstrukturunterschiede nie voreilig auf Besonderheiten der Branchen zurückführen, sondern stets auch die Größe der Unternehmungen, Betriebe oder sonstiger Komplexe mit bedenken sollte. Der Zusammenhang zwischen Kostenstruktur und Größe der Einheiten weist auch ausgeprägte Regelmäßigkeiten auf — die allerdings nicht in allen Wirtschaftszweigen gleichartig sind. Dieser Sachverhalt läßt sich in den Ergebnistabellen der amtlichen Kostenstrukturstatistik gut studieren.

Eine Größenklassenbildung in der Kostenstrukturstatistik empfiehlt sich aus zwei Gründen. Der z. Z. praktisch wichtigere ist ein statistischtechnischer. Die Größenklassenbildung in der Kostenstrukturstatistik, die ja als Teilerhebung angelegt ist, schafft erstens metrische Vorteile bei der Zusammenführung mit den Ertragsstatistiken, den Umsatzstatistiken. Die Umsatzsteuerstatistik etwa ist nach Umsatzgrößenklassen sehr tief gegliedert. Unterscheiden sich nun die Kostenstrukturen dieser Größenklassen merklich von einander, so wird offenbar die Schätzung des Beitrags eines Wirtschaftszweiges zum Inlandsprodukt aus den Umsätzen wesentlich verbessert, wenn Kostenstrukturzahlen für die einzelnen Größenklassen verfügbar sind. Diese „besonderen Kostenquoten" beseitigen nämlich weitgehend einen Schätzfehler, der dadurch zustande kommen kann, daß die Kostenstrukturstatistik hinsichtlich der Größenklassen für die wirkliche Verteilung in den Wirtschaftszweigen nicht genügend repräsentativ ist. Tatsächlich beteiligen sich ja auch die größeren Unternehmungen an der laufenden Kostenstrukturerhebung relativ stärker als die kleinen Unternehmungen.

Zweitens kann man die Absicht haben, innerhalb der Wirtschaftszweige für die großen Einheiten und die kleineren Einheiten gesonderte Nachweisungen in den Aggregatstatistiken zu liefern. Zumindest in den volkswirtschaftlichen Gesamtrechnungen wären diese Versuche sicher lohnend. Insbesondere die zeitliche Entwicklung der Beiträge zum Inlandsprodukt, die die Großunternehmen und großen Konzerne einerseits, die mittleren und kleinen Einheiten andererseits liefern, wären von Interesse. Ein genaueres Wissen darüber wäre in der Diskussion um die Auswirkungen der wirtschaftlichen Konzentration sehr von Vorteil. Für die Input-Output-Analyse würde eine Gruppierung nach diesem doch überwiegend institutionellen Merkmal weniger naheliegen.

Theoretisch und praktisch gleich wichtig ist die Festlegung eines geeigneten maßstäblichen Merkmals. Der Ausdruck „Größe einer Einheit" ist ja höchst unbestimmt. Grundsätzlich bieten sich mehrere solche Merkmale an: Umsatz, Bruttoproduktionswert, Beschäftigtenzahl, Eigenkapital, Bilanzsumme, Bodenfläche. Offenbar ist keines dieser Merkmale an sich selbst geeignet oder ungeeignet. Entscheidend ist wiederum die angestrebte Aussage.

Sofern die Größenklassengliederung der Auswertung eines Schichteneffektes bei der Zusammenführung von Kosten- und Ertragsstatistiken dient, ist man in gewissen Fällen auf jene Größenklassengliederung festgelegt, die man in den Ertragsstatistiken vorfindet. So ist die Umsatzsteuerstatistik nach Umsatzgrößenklassen gruppiert. Darüberhinaus bietet sich eine Gruppierung nach der Höhe des Umsatzes bei allen Umsatzstatistiken an, weil man nämlich dann ohne ein weiteres Merkmal (etwa: Beschäftigtenzahl) auskommt. Zudem liefert diese Größenklassenbildung zugleich eine sehr gute Annäherung an die nach dem Bruttoproduktionswert, denn der Bruttoproduktionswert weicht ja in aller Regel nur minimal vom Umsatz ab. Allerdings: Nur für wirtschaftende Einheiten und Unternehmungen ist der Umsatz ein mögliches Gruppierungsmerkmal, nicht hingegen für prozeßintegrale Einheiten, die nach der Höhe der Summe aus Umsätzen und den Werten interner Lieferungen klassifiziert werden müßten.

Prinzipiell könnten in primären Ertragsstatistiken natürlich auch andere Größenklassen gebildet werden, etwa solche nach Beschäftigtenzahlen. Doch sollte der Größenklassenbildung nach dem Umsatz bzw. dem Bruttoproduktionswert der Vorzug gegeben werden, schon deshalb, weil auch die Zuweisung zu den Wirtschaftszweigen nach diesem Merkmal erfolgt ist und weil sich überdies aus den Ergebnissen der laufenden Kostenstrukturstatistik zeigt, daß diese Größenklassen — dort nach dem Bruttoproduktionswert gebildet — eine wirksame Schichtung gewährleisten[117].

Ist es hingegen Sinn der Größenklassengliederung, schließlich zu gesonderten Nachweisungen in den Aggregatstatistiken zu führen, so wird man sich weniger auf den Bruttoproduktionswert bzw. den Umsatz als Gruppierungsmerkmal festlegen lassen wollen, sondern auch solche Maßstäbe wählen müssen, die für den betreffenden Wirtschaftszweig als kennzeichnend empfunden werden.

Was die *Zahl* der gebildeten Größenklassen betrifft, wird man darauf zu achten haben, daß die Besetzungszahl pro Klasse über einer vernünftigen Untergrenze bleibt. Diese Untergrenze hängt von der Variabilität der Kostenstrukturen in einem Wirtschaftszweig ab. Besetzungszahlen unter 10, wie sie in der Industrie-Erhebung der laufenden Kostenstruktur nicht gar so selten vorkommen, sollten sicher vermieden werden — es sei denn, die „Grundgesamtheit" der Einheiten dieser Position ist selbst so klein. Die Gliederungstiefe der Klassifikation wird derart — spätestens bei der Größenklassenbildung — vom Umfang der Teilerhebung begrenzt, genauer: von der Zahl der einbezogenen Einheiten.

Auf eine Größenklassengliederung gänzlich verzichtet werden sollte aber nur im Notfall — oder dann, wenn keine erhebliche Spannweite der Bruttoproduktionswerte vorkommt. Denn die Verteilung der in die Erhebung einbezogenen Einheiten auf die Größenklassen repräsentiert die der Grundgesamtheit oft nur wenig gut. Dann aber hat — infolge der ausgeprägten Korrelation zwischen Größe der Einheiten und Kostenstruktur — die für alle ausgewählten Einheiten insgesamt berechnete Kostenstruktur nur geringen Informationswert. Es müssen „besondere" Kostenstrukturen für die Größenklasse berechnet werden. Brauchbare Zahlen für den Wirtschaftszweig insgesamt erhält man nur durch gewogene Mittelung — mit der Maßgabe, daß sich die Gewichte nicht auf die in die Erhebung einbezogenen, sondern auf die in der Grundgesamtheit vorhandenen Einheiten beziehen müssen.

---

[117] So weisen die Ergebnistabellen für die Industrie z. B. aus, daß der Anteil des Nettoproduktionswertes am Bruttoproduktionswert in der Mehrzahl der Zweige von der niedersten bis zur höchsten Größenklasse merklich, oft drastisch abfällt. (Bei den Eisengießereien z. B. von 63 % auf 48 %, beim Schiffbau von 65 % auf 38 %, in der chemischen Industrie von 73 % auf 57 %.) Entsprechend sinken auch die Anteile der Personalkosten. Im Gegensatz dazu steigt plausiblerweise im Handwerk der Anteil der Personalkosten mit wachsendem Bruttoproduktionswert. — Es kommen durchweg ausgeprägte, aber bereichsspezifische Anhängigkeiten solcher Art zum Vorschein. Solche und ähnliche Korrelationen sind prinzipiell für beide erörterte Einheiten zu erwarten. Allerdings muß man in Rechnung stellen, daß die Größe einer prozeßintegralen Einheit und die Größe einer wirtschaftenden Einheit, falls letztere einen Konzern darstellt, doch von recht unterschiedlicher Bedeutung für die Kostenstruktur sein können.

C. Die Aggregation der einzelwirtschaftlichen Kostenstrukturzahlen

Kann man sich die Klassifikation der Einheiten ganz primitiv als ein Aussortieren der Erhebungsbogen vorstellen, so bedarf es, um zu *aggregierten Nachweisungen* für die so entstehenden Gruppen zu kommen, noch einer Vorschrift über die Art der Aggregation der einzelwirtschaftlichen — d. h.: für die einzelnen Einheiten berichteten — Zahlen. Da die Einzelwirtschaften ja zueinander in Tauschbeziehungen stehen, einander gegenseitig beliefern, häufig sogar ausgeprägt einsinnig vertikale Lieferverpflichtungen bestehen, ist man offenbar vor die Frage gestellt, was man etwa als die in *der chemischen Industrie* verbrauchten Vorleistungen betrachten soll: die Summe aller Beträge, die die einzelnen zur chemischen Industrie gehörigen Einheiten als verbrauchte Vorleistungen melden, oder nur die in den *Wirtschaftsbereich* „chemische Industrie" aus anderen Sektoren eingeflossenen Vorleistungen. Erstere Summe ist offenbar weitaus größer als die letztere, da sie ja auch alle jene Vorleistungen mitenthält, die von einer Einheit der chemischen Industrie an eine andere abgegeben werden. Der Begriff „von der chemischen Industrie verbrauchte Vorleistungen" im ersteren Sinn geht offenbar aus den Vorleistungen der einzelnen Einheiten durch *additive* Aggregation hervor, der im letzten Sinn gemeinte aber durch *konsolidierende* Aggregation. Beide Rechnungen führen zu Ergebnissen von völlig andersartiger Bedeutung. Aus der additiven Aggregation erhält man eine Summe, die, durch die Anzahl der Einheiten dividiert, den mittleren Wert der Vorleistungen einer Einheit angibt. Aus der konsolidierenden Aggregation läßt sich ein solcher Mittelwert für die enthaltenen Einheiten nicht ableiten, dafür erhält man eine Zahl, die das Gewicht der ganzen als Einheit verstandenen Gruppe in der Volkswirtschaft viel besser angibt als die Summe aus der additiven Aggregation, die ganz und gar vom Grad der vertikalen Aufspaltung abhängt. Will man den Bruttoproduktionswert der „chemischen Industrie" definieren, so steht man selbstverständlich vor der gleichen Alternative. Der nach dem konsolidierenden Verfahren berechnete Bruttoproduktionswert der gesamten Industrie wird „bereinigter Bruttoproduktionswert" genannt. Es ist das ohne Zweifel eine ökonomisch sinnvolle Größe, die aber von der deutschen amtlichen Statistik nicht berechnet wird.

Verallgemeinernd kann man sagen, daß die *Produktionskonten* der Einzelwirtschaften additiv oder konsolidierend zum Produktionskonto der gesamten Volkswirtschaft bzw. zu denen der Wirtschaftsbereiche zusammengefaßt werden können. Ein unterschiedlicher Effekt beider Rechnungsarten tritt freilich nur hinsichtlich der Posten auf, die Leistungen von Einheit zu Einheit betreffen.

So sehr auch konsolidierte Produktionskonten ökonomisches Interesse verdienen und für vielerlei Zwecke vorzuziehen sind, für die Sozialproduktsberechnung und für die Input-Output-Rechnung verwendbar sind nur additiv konsolidierte Kostenstrukturzahlen. Denn: auch die Ertragsstatistiken, die Umsatzstatistiken weisen ja Summen aus Erträgen, aus Umsätzen nach. Der Gesamtumsatz der chemischen Industrie, der aus den Umsatzstatistiken zu entnehmen ist, bedeutet stets: Summe der Umsätze aller berichtenden Einheiten. Saldierungen, Konsolidierungen sind nicht vorgenommen. Und es kann kein Zweifel sein: es wäre eine enorme, praktisch nicht zu bewältigende Erschwerung der statistischen Erhebungsarbeit, zugleich der Berichterstattung der Einheiten, wenn Umsätze und Bezüge nach Käufern und Verkäufern so aufgegliedert werden müßten, daß die konsolidierten Umsätze bzw. Vorleistungsbezüge für die Wirtschaftszweige — womöglich auf verschiedene Stufen der Klassifikation! — ermittelt werden könnten. Man muß aber genau beachten, was die konsolidierend errechneten Kostenstrukturzahlen sagen und was nicht! Vor allem dann, wenn bestimmte Kostenarten in Prozent des Bruttoproduktionswertes oder der Gesamtkosten ausgedrückt werden, ist die Gefahr der Mißdeutung solcher Strukturzahlen für Wirtschaftsbereiche außerordentlich groß.

D. Maßzahlen für die Struktur des Bruttoproduktionswertes

Die Erhebungsbogen enthalten die Bestandteile des Bruttoproduktionswertes der Einheiten in DM-Beträgen, in absoluten Zahlen. Wäre die Kostenstrukturerhebung eine Totalerhebung, so könnten die Beträge der Wirtschaftsbereiche zum Inlandsprodukt und die Sektorinputs und Sektoroutputs durch bloße Summierung der entsprechenden Posten auf allen Erhebungsbogen erhalten werden. Tatsächlich aber ist die Kostenstrukturerhebung als Teilerhebung angelegt. D. h.: von ihr werden Strukturzahlen erwartet, die dann mit den Totalstatistiken der Erträge, insbesondere der Umsätze, zusammengeführt werden und so eine Schätzung der gewünschten gesamtwirtschaftlichen Aggregate erlauben. Man kann diese Zusammenführung auch als eine Art der Hochrechnung der Ergebnisse der Kostenstruktur auffassen. Ein einfaches, aber der Natur der Sache nach angemessenes Verfahren ist das, aus den Ergebnissen der Kostenstrukturstatistik jeweils für die kleinsten Positionen der Systematik, für die noch Zahlen aus beiden Statistiken vorliegen, Strukturkoeffizienten, also Verhältniszahlen, zu berechnen: Gliederungszahlen, die die einzelnen interessierenden Kostenarten in Prozent des Bruttoproduktionswertes angeben, und Beziehungszahlen, die den Bruttoproduktionswert als Vielfaches der wirtschaftlichen bzw. steuerlichen Umsätze bzw. der Summe aus Umsätzen und Lieferwerten ausdrücken.

Überträgt man diese Verhältniszahlen dann auf die Totalzahlen der Umsätze bzw. der Umsätze plus Lieferwerte, so erhält man Schätzwerte für jene gesamtwirtschaftlichen Kostenartensummen und Ertragsbestandteile, aus denen die Produktionskonten der Wirtschaftsbereiche aufgebaut werden können. Dies in groben Zügen, ist die praktizierte Art der Verwertung von Kostenstrukturzahlen in den beiden Aggregatstatistiken.

Derartige einfache Verhältniszahlen sind recht simpel anmutende Maßzahlen. Was sie aber wirklich besagen, ist oft durchaus nicht auf den ersten Blick zu erkennen. Zunächst muß entschieden werden, ob diese Verhältniszahlen aus den Merkmalssummen jeder Gruppe gebildet werden oder für jede einzelne Einheit berechnet werden und dann — gewogen mit dem Bruttoproduktionswert, der ja die Bezugsgrundlage ist — durch arithmetische Mittelung zusammengefaßt werden sollen. Die letzte Prozedur ist viel umständlicher, eröffnet aber die Möglichkeit zu *Streuungsberechnungen* der verschiedensten Art. Die Variabilität einzelwirtschaftlicher Kostenstrukturen innerhalb der untersten Positionen der Systematik ist eine recht heikle Stelle im Konzept einer repräsentativen Kostenstrukturstatistik. Ist die Variabilität nämlich groß, so muß der Erhebungsumfang unbedingt darauf eingestellt werden. Vieles spricht dafür, daß die Kostenstrukturen auch in den homogensten Gruppen der Systematik von Einheit zu Einheit recht stark schwanken: auf einige eklatante Fälle ist im Kommentar zu den Ergebnistabellen der amtlichen laufenden Kostenstrukturstatistik hingewiesen[118], in anderen Fällen deuten die von Größenklasse zu Größenklasse nach oben und unten springenden, anstatt monoton sich verändernden Kostenquoten darauf hin, daß auch innerhalb der Größenklassen die Kostenstrukturen stark variieren (z. B. bei der Feinmechanischen Industrie, der Schneidewaren- und Besteckindustrie). Als „typische" Kostenstrukturen kann man also die für die Klassen ausgewiesenen gewiß nicht verstehen. Auf eine Beurteilung der Streuung darf demnach eigentlich nicht verzichtet werden. Sie ist aber am besten möglich, wenn die Kostenquoten für jede Einheit berechnet werden. Bei größerem Erhebungsumfang wird dieses Vorgehen freilich sehr aufwendig und man wird sich mit Unterstichproben aus den kleinsten Gruppen begnügen müssen.

Die für Wirtschaftszweige oder Größenklassen, also für Gruppen von Einheiten, durch additive Aggregation errechneten Kostenquoten sind

---

[118] Vgl. Fachserie C, Reihe 1/I (Industrie und Energiewirtschaft 1958, S. 23.) Die Benutzer der amtlichen Kostenstrukturstatistik erhalten über den Grad der Variabilität der Kostenstrukturen zu wenig Informationen, zumal die extreme Gliederungstiefe in den Ergebnistabellen den Eindruck erweckt, als würden typische Kostenstrukturen sehr enger Produktionssparten beschrieben.

in starkem Maße von der *Vertikalstruktur* in diesen Gruppen mitbestimmt. Dieser Umstand muß bei der Bildung von Gruppen und bei der Verwendung der für sie nachgewiesenen Strukturkoeffizienten aufmerksam beobachtet werden. Unter diesem Aspekt sind zwei Sorten von Merkmalen zu unterscheiden. Bruttoproduktionswert und Vorleistungen eines Wirtschaftszweiges sind bei additiver Aggregation in ihrer Höhe von der herrschenden Vertikalstruktur naturgemäß stark abhängig. Der Nettoproduktionswert hingegen und seine Bestandteile sind gegenüber Unterschieden in der Vertikalstruktur weitgehend invariant[119]. Drückt man indes die Kosten in Anteilen des Bruttoproduktionswertes aus, so sind offenbar alle so entstehenden Quoten, auf welche Kostenart sie sich auch beziehen, von der Vertikalstruktur beeinflußt. Die Vertikalstruktur ist dabei bestimmt durch die Zahl der Produktionsstufen innerhalb eines Zweiges, die einander beliefern und in selbständigen statistischen Einheiten institutionalisiert sind. Es ist offenbar gleichgültig, ob es sich um Unternehmungen, um wirtschaftende Einheiten handelt oder um vom Statistiker künstlich hergestellte Einheiten wie die prozeßintegralen. Je größer die Zahl dieser Produktionsstufen ist, desto stärker wird der Bruttoproduktionswert dieses Zweiges aufgebläht, desto kleiner werden demzufolge die Quoten des Nettoproduktionswertes bzw. seiner Bestandteile. Inwiefern aber bedarf dieser Umstand besonderer Aufmerksamkeit?

Erstens muß man sich dieses Sachverhaltes bewußt sein, wenn man aus den Ergebnistabellen für welche Zwecke auch immer branchenspezifische Kostenstrukturen herauslesen möchte[120]. Zweitens kann leicht

---

[119] Er ist nicht völlig invariant; wenn sich Unternehmungen einerseits, Unternehmensteile andererseits mit Investitionsgütern beliefern, wird die Investition fremdbezogener Investitionsgüter zu einem vergleichsweise größeren Nettoproduktionswert führen als die „selbsterstellten Investitionsgüter". Die Differenz rührt daher, daß im ersten Falle der aktivierte Wert der Investitionsgüter ceteris paribus um enthaltene Gewinne größer ist als im letzteren, so daß auch die Abschreibungsbeträge — Bestandteile des Nettoproduktionswertes! — höher ausfallen.

[120] Ein Hinweis auf mögliche Mißverständnisse dieser Art ist deshalb vonnöten, weil ja die Ergebnisse von Statistiken wie der Kostenstrukturstatistik auch dann, wenn sie eigentlich für ganz bestimmte interne Verwendungszwecke gebraucht werden, in Quellenwerken veröffentlicht und allen möglichen Interessenten zum Gebrauch überlassen werden. Wird z. B. für einen Industriezweig A der Prozentsatz der Personalkosten am Bruttoproduktionswert mit 30 %, der für einen Industriezweig B mit 40 % angegeben, so heißt das, daß in einer Einheit im Zweig B die Personalkosten durchschnittlich 40 % des Bruttoproduktionswertes betragen, in dem Zweig A nur 30 %. Daraus darf aber *nicht* geschlossen werden, daß die Produktion im Zweig B in dem Sinne lohnintensiver sei als im Zweig A, daß zur Erzeugung der Produkte von B relativ größerer Lohnaufwand nötig sei: es kann sich gerade umgekehrt verhalten! Dann nämlich, wenn in Zweig A einander beliefernde Einheiten mit geringer Produktionstiefe existieren. Zweig B aber nur aus einer Produktionsstufe besteht. Durchläuft das Produkt innerhalb des Zweiges A mehrere Produktionsstufen, so resultiert insgesamt ein großer Bruttopro-

auch die Verläßlichkeit der Sozialproduktsberechnung beeinträchtigt werden. Zwar erhält man stets die korrekten Nettoproduktionswerte im engeren Sinn — die Beiträge zum Bruttoinlandprodukt — eines Wirtschaftsbereiches, wenn man dessen tatsächliche Nettoquote — entsprechender Definition — mit dem tatsächlichen Bruttoproduktionswert multipliziert. Die Vertikalstruktur mag aussehen wie sie will. Diese Rechnung führt aber nur dann auch in der Praxis der Sozialproduktsberechnung zu einem richtigen Ergebnis, wenn einerseits Kostenquoten und Bruttoproduktionswerte sich auf gleichdefinierte Einheiten beziehen. Diese als selbstverständlich anmutende Bedingung wird z. B. dann ernstlich verletzt, wenn man Kostenquoten aus einer Unternehmensstatistik auf die Umsatzsteuerstatistik anwendet, deren Einheit der Umsatzsteuerpflichtige — also gegebenenfalls der Organkreis — ist. Offenbar wird dann mit zu kleinen Nettoquoten gerechnet. Andererseits aber muß gewährleistet sein, daß die Kostenstrukturstatistik, falls sie eine Teilerhebung ist, auch hinsichtlich der Vertikalstruktur repräsentativ ist, wenn in einem Wirtschaftszweig Einheiten mit großer und kleiner Produktionstiefe nebeneinander existieren. Nun ist zu vermuten, daß Großunternehmungen häufig zu einer vertikalen Expansion neigen, also eine möglichst große Produktionstiefe anstreben. Werden — nach dem Konzentrationsprinzip — vor allem große Einheiten in die Kostenstrukturerhebung einbezogen, so können die Nettoquoten und die Quoten der Bestandteile des Nettoproduktionswertes tendenziell zu groß nachgewiesen werden — es sei denn, man wirkt diesem Effekt durch eine hinreichende Größenklassenbildung und durch eine Gruppierung auch nach der Produktionstiefe entgegen[121]. Auch in diesem Zusammenhang wäre also die erörterte abgestufte Systematik von Vorteil.

Die dritte und vielleicht schwerwiegendste Auswirkung einer uneinheitlichen und undurchsichtigen Vertikalstruktur in den Gruppen ist die auf die Aussagefähigkeit der Input-Output-Koeffizienten, die man gerne aus der Input-Output-Tabelle berechnen möchte. Im Grunde ist es der an erster Stelle genannte Effekt, der bei der Interpretation von

---

duktionswert dieses Zweiges und die Prozentsätze der Personalkosten fallen klein aus. Auf jeder der zahlreichen Produktionsstufen wird dann nur ein kleiner Betrag an Personalkosten „hinzugefügt". Bei konsolidierender Berechnung der Personalkostenquoten würde der wahre Sachverhalt deutlich werden. Vgl. hierzu *Wittmeyer*, H.: Aussage der Nettoproduktionswerte über die Branchenstruktur im internationalen Vergleich, in: Allgemeines Statistisches Archiv, Jg. 1959, S. 388.

[121] Tatsächlich haben allerdings die großen Unternehmungen in vielen Industriezweigen eine niedrigere Nettoquote und niedrigere Personalkostenquoten als kleine Unternehmungen. Dies dürfte daher rühren, daß die Massenproduktion eben eine so starke Senkung der Personalkosten und der Abschreibungen pro Produkteinheit erlaubt, daß das relative Gewicht des Materialverbrauchs zunimmt — selbst dann, wenn auch die Materialkosten durch Eingliederung von Vorstufen gesenkt werden.

Input-Output-Tabellen zu sorgfältiger Differenzierung nötigt. Zwar resultieren wiederum die „richtigen" Inputs, wenn man einen — etwa hypothetisch variierten — Outputbetrag eines Sektors mit den tatsächlichen Inputkoeffizienten multipliziert — vorausgesetzt die übrigen Konstanzbedingungen sind erfüllt. Ein Mißverständnis aber wäre es, die Inputkoeffizienten von „vertikal nicht homogenen Sektoren" als Maßzahlen für die Kostenstruktur der von diesen Sektoren abgegebenen *Produkte* aufzufassen. Tatsächlich handelt es sich um durchschnittliche Inputkoeffizienten der *Produzenten*. Die Input-Output-Rechnung in ihrer heute realisierbaren Form ist eben weit entfernt davon, eine Art gesamtwirtschaftlicher Kostenträgerrechnung zu sein — d. h.: die Zusammensetzung des Wertes einer Produkteinheit aus den verschiedenen Kostenarten und dem Gewinn aufzuzeigen.

Man mag einwenden, die mangelnde vertikale Homogenität sei eben genau eine solche Unvollkommenheit wie die mangelnde horizontale Homogenität. Jedoch: die Vertikalstruktur eines Wirtschaftszweiges ist eine so durchschlagende Determinante der in Verhältniszahlen gemessenen Kostenstruktur, daß es schon einer ganz beträchtlichen horizontalen Heterogenität bedarf, um die gleichen Wirkungen entstehen zu lassen. Ein konstruiertes Zahlenbeispiel möge das illustrieren.

Fall A

Vorleistungen	50
Nettoproduktionswert	150
Bruttoproduktionswert	200

Vorleistungen	200
Nettoproduktionswert	50
Bruttoproduktionswert	250

Nettoquote des Zweiges:

$$\frac{150 + 50}{200 + 250} \cdot 100 = 44\,\%$$

Vorleistungsquote: 56 %

Fall B

Vorleistungen	50
Nettoproduktionswert	200
Bruttoproduktionswert	250

Nettoquote des Zweiges:

$$\frac{200}{250} \cdot 100 = 80\,\%$$

Vorleistungsquote: 20 %

In beiden Fällen soll es sich jeweils um einen Wirtschaftszweig handeln, der hier nur aus zwei Einheiten bzw. aus einer Einheit besteht. Im Falle A sind zwei Produktionsstufen in selbständigen Einheiten institutionalisiert, im Fall B sind diese beiden Einheiten fusioniert bzw. konsolidiert. In beiden Fällen ergeben sich notwendigerweise sehr unterschiedliche Nettoquoten. Selbstverständlich können beide Fälle innerhalb eines Wirtschaftszweiges nebeneinander vorkommen: die Nettoquote dieses aus drei Einheiten bestehenden Zweiges ist dann 50 %. Befinden sich innerhalb eines Zweiges mehrere in selbständigen Einheiten institutionalisierte Produktionsstufen, so haben die der Endstufe nahen Einheiten den größten Einfluß auf die Quote des gesamten Zweiges. Denn letztere ist das mit den Bruttoproduktionswerten gewogene arithmetische Mittel der Quoten der einzelnen Einheiten. Die Einheiten nahe der Endstufe haben aber zwangsläufig einen größeren Bruttoproduktionswert als die der Vorstufen.

Die vertikale Heterogenität ist nun obendrein besonders dann schwer zu vermeiden, wenn die Produktionstiefe auf jeder Stufe gering ist; dann sind nämlich die Outputs dieser Einheiten in anderer Hinsicht recht wenig voneinander verschieden, so daß man einem solchen Zweig hinreichende horizontale Homogenität bescheinigen wird. (Chemische Industrie, Papiererzeugung — Papierverarbeitung). Insbesondere bei tiefer Gliederung einer Input-Output-Tabelle wird man nicht selten zu entscheiden haben, ob nicht eher ein gewisser Grad von horizontaler Heterogenität in Kauf genommen werden soll, um die vertikale Heterogenität in engen Grenzen zu halten[122].

Es sei zum Schluß wiederholt, daß diese Effekte der Vertikalstruktur eine Implikation der angewandten Methode sind: Erst die Kombination aus additiver Aggregation und Anwendung von Verhältniszahlen läßt diese Schwierigkeit entstehen, sie liegt also in dem besonderen Strukturbegriff begründet, mit dem gearbeitet wird.

E. Die Weiterverarbeitung kostenstrukturstatistischer Ergebnisse in den Aggregatstatistiken

Auch wenn die Kostenstrukturstatistik so gut es geht auf ihre Verwendung in den Aggregatstatistiken hin angelegt wird, bleibt doch die Notwendigkeit eines Brückenschlages zwischen Kostenstrukturstatistik

[122] Der laufenden Kostenstrukturstatistik des Statistischen Bundesamtes muß man zugute halten, daß ihre übermäßig tiefe Gliederung es unwahrscheinlich macht, daß in den Klassen und Unterklassen noch bedeutende vertikale Anordnungen vorhanden sind. Bemerkenswerte Ausnahmen kommen vor: „chemische Industrie". Nur fragt sich eben, ob diese tiefe Gliederung angesichts der verwendeten Einheiten nicht illegitim ist.

und der eigentlichen Sozialproduktsberechnung bzw. der Input-Output-Rechnung bestehen. Daher können etwa den Ergebnistabellen der Kostenstrukturstatistik die Beiträge der Wirtschaftszweige zum Bruttoinlandsprodukt nicht entnommen werden. Die notwendigen Umrechnungen sind von zweierlei Art.

Erstens stimmen die Abgrenzungen und Bewertungen, die in den Aggregatstatistiken gefordert sind, in einigen Punkten nicht mit denen des betrieblichen Rechnungswesens überein, so daß die Befragten die eigentlich erwünschten Auskünfte nicht geben können.

Zweitens werden in den gesamtwirtschaftlichen Aggregatstatistiken aus analytischen Gründen prinzipiell andere Zuordnungen vorgenommen, als sie auf der Ebene der Einzelwirtschaft in Frage kommen. Die Nachweisungen für Gruppen von Einheiten in der Sozialproduktsberechnung und der Input-Output-Rechnung entstehen in diesem Falle *nicht* durch bloße Aggregation von einzelwirtschaftlichen Daten bzw. von Daten, die — bei geeigneten Aufschreibungen — auf der einzelwirtschaftlichen Ebene schon verfügbar sein könnten.

Praktisch werden beide Arten von Umrechnungen erst auf höherer Aggregationsstufe vorgenommen[123].

Zur ersten Art von Umrechnungen gehört etwa die Umbewertung der Abschreibungen. Sie werden allermeist als Abschreibungen vom Anschaffungswert gemeldet und müssen nachträglich global auf Wiederbeschaffungswerte umgerechnet werden.

Auch die Schätzung der „sonstigen Vorleistungen" gehört zu diesen nachträglichen Berechnungen, wenn — wie etwa im Frageprogramm der laufenden amtlichen Kostenstrukturstatistik für die Industrie — diese Vorleistungen nur in einem Sammelposten „sonstige Kosten" erfaßt werden. In dieser Arbeit ist jedoch vorgeschlagen worden, bereits im Erhebungsprogramm genauer zu fragen, selbst wenn die Befragten — des Aufbaus ihres Rechnungswesens wegen — nur geschätzte Zahlen melden können. Man darf annehmen, daß ihre Schätzungen genauer sind als die globalen des statistischen Amtes.

Ferner sind nachträgliche Korrekturen bei den Kostensteuern notwendig: manche dieser Steuern können in der Kostenstrukturstatistik nur sehr unvollkommen erfaßt werden, weil sie für das Unternehmen, das sie an das Finanzamt abführt, nur durchlaufende Posten, nicht Aufwand darstellen (z. B. Wechselsteuer) und daher auch nicht als Kostenbestandteil in die Buchführung eingehen. Nach den Subventionen wird

---

[123] Vgl. zum folgenden Abschnitt: *Bartels, Raabe, Schörry,* Mitarbeiter: Die Neuberechnung des Sozialprodukts für die Bundesrepublik Deutschland, in: Wirtschaft und Statistik 1957, S. 130 f.

in der Kostenstrukturstatistik nicht gefragt. Der Posten des Produktionskontos Kostensteuern minus Subventionen muß also nach Unterlagen der Finanzstatistik auf höherer Aggregationsstufe berechnet werden.

Zur zweiten Kategorie nachträglicher Umrechnungen gehört in der üblichen Sozialproduktsberechnung die Aufspaltung der von der Unternehmung gezahlten Bankzinsen in einen Bestandteil, der als Entgelt für Dienstleistungen der Bank gilt und daher aus der Wertschöpfung des Unternehmenssektors aus- und in dessen Vorleistungen eingebucht werden muß, und die Restsumme, die als „reiner Kapitalzins" angesehen wird und Bestandteil der Wertschöpfung des Kreditnehmers bleibt. Diese Aufspaltung ist eine Konsequenz davon, daß die „Zinsdifferenz" — die Differenz zwischen den von den Banken eingenommenen Sollzinsen und den von den Banken bezahlten Habenzinsen — offenbar als Bestandteil des „Rohertrages" auf der Habenseite des Produktionskontos der Banken erscheinen muß. Die gesamte Zinsdifferenz wird aus der Bankenstatistik ermittelt und global — nach Maßgabe der Höhe der Kredite und Einlagen — auf die Wirtschaftsbereiche verteilt. Diese künstliche und wenig überzeugende Konstruktion wäre überflüssig, wenn man — wie im Ersten Teil vorgeschlagen — die gesamten Bankzinsen als Vorleistungsentgelte betrachten würde, was sie ökonomisch doch sicher sind. Die Zinsdifferenz würde sich dann auf dem Produktionskonto der Banken als Saldo einstellen wie der — ökonomisch gleichbedeutende — Rohertrag eines Handelsunternehmens auch.

Mit besseren ökonomischen Gründen werden die Bruttoprämien der Unternehmungen zur Schadensversicherung aufgespalten, die von den Befragten in der Kostenstrukturerhebung voll zu den Vorleistungen gerechnet werden. Der Risikoanteil an den Bruttoprämien wird aus den Vorleistungen aus- und zu den Abschreibungen zugebucht, da die Feuerschäden, Wasserschäden usw. Anlagewertvernichtung bedeuten. In den Risikoanteilen wird dieser Aufwand, der andernfalls zu unregelmäßig anfallenden Sonderabschreibungen führen müßte, gleichmäßig über die Zeit verteilt.

Am stärksten ins Gewicht fallen jene Umsetzungen auf höherer Aggregationsstufe, die bei der Aufstellung der Input-Output-Tabellen — etwa der des Statistischen Amtes der Europäischen Gemeinschaften — üblich sind. Der geforderte Homogenitätsgrad der funktionell definierten Sektoren wird üblicherweise so hergestellt, daß aus den gemeldeten Outputs der Institutionen sektorfremde Bestandteile aus- und in jenen Bereich, der die entsprechenden Güter normalerweise herstellt, eingebucht werden. Die „zugehörigen" Inputs werden geschätzt und mit umgesetzt. Dieses Mittels bedient man sich offenbar überaus souverän. Seine Tauglichkeit wird zwar besonders fragwürdig dann, wenn es

Kuppelprodukte umzusetzen gilt. Für die Behandlung von Kuppelprodukten sind eine Reihe verschiedener Verfahrensweisen vorgeschlagen worden, die im einzelnen hier nicht zu diskutieren sind. Über die vorteilhafteste ist Klarheit und Einigkeit noch nicht hergestellt. Tatsächlich aber ist ja die Kuppelproduktion nur ein extremer Fall von Produktions- und Kostenverbundenheit, keinesfalls der einzig ernstzunehmende. Es scheint, daß in der Praxis der Input-Output-Rechnung eine gewisse Vermehrung produktions- und kostentheoretischer Skrupel nicht immer unnütz wäre. Eine im Frageprogramm und in der Klassifikation hinreichend differenzierende Kostenstrukturstatistik würde sicher manche neue Aufschlüsse über die Implikationen allzu willkürlicher Manipulationen bringen.

Schließlich bedürfte es genauerer Überprüfung, was es für die Aggregatsstatistiken bedeutet, wenn Kostenstrukturstatistiken nur in mehrjährigem Abstand stattfinden. Ein vierjähriger Rhythmus etwa hat zur Folge, daß die Sozialproduktsberechnung für das Jahr 1967 noch mit den Kostenstrukturzahlen der Industrie des Jahres 1962 arbeiten muß, falls nicht entweder inzwischen aus anderen Industrie-Erhebungen ähnliche Ergebnisse zu bekommen sind oder aber mit Hilfe der übrigen Wirtschaftsstatistiken (Produktionsstatistik, Preisstatistik) die Strukturquoten laufend korrigiert und angepaßt werden können. Es dürfte aber schwierig sein, die jährlichen Veränderungen der Nettoquoten abzuschätzen. Allein die preisbedingten Strukturverschiebungen sind hinlänglich zu berücksichtigen. Besonders mißlich ist der historisch eher zufällige Umstand, daß in der Bundesrepublik Deutschland nach dem Kriege ein halbwegs regelmäßiger vierjähriger Konjunkturzyklus bestand. Die neueren Kostenstrukturerhebungen in der Industrie fielen alle in ausgesprochene Baissejahre: 1958, 1962, 1966. In welchem Umfang und auf welche Weise die statistischen Ämter von dem vielfältigen Zahlenmaterial, das ihnen laufend zur Verfügung steht, Gebrauch machen, um „mit Sachverstand und Fingerspitzengefühl" dort schätzend zu korrigieren, wo verläßliche Informationen fehlen, ist von außen nicht zu beurteilen. Vermutlich darf ein schöpferisches Moment, das bei der Aufstellung volkswirtschaftlicher Gesamtrechnungen mit im Spiele ist, nicht unterschätzt werden.

Zusammenfassung und Schluß

Der weitläufigen Verästelung der Betrachtungen wegen, die sich in dieser Untersuchung mit Notwendigkeit einstellte, sollen zum Schluß einige Hauptergebnisse noch einmal hervorgehoben und Schlußfolgerungen gezogen werden.

Es hat sich nur zu deutlich gezeigt, daß die statistisch-empirische Analyse des Produktionsprozesses im weiteren Sinne „von der Aufwandsseite her" in mehrfacher Hinsicht auf besonders schwer zu überwindende Hindernisse stößt. Dies ist sicher ein wesentlicher Grund dafür, daß in unserer amtlichen Statistik die Darstellung der Ertragsströme — Produktion nach Menge und Wert, Umsätze, beides gegliedert nach Gruppen produzierender Institutionen und nach Gütergruppen — viel umfassender sowohl als auch detaillierter ist als die der Aufwandsströme. Die spezifischen Komplikationen einer Kostenstrukturstatistik rühren erstens von dem ebenso vordergründigen wie wirksamen Umstand her, daß die Unternehmer bzw. die Unternehmungen in unserem Lande, soweit sie nicht rechtlich zu Publizität verpflichtet sind, nur sehr ungern über ihre Kosten Auskünfte geben: einmal deshalb, weil gewisse Kostenarten (Abschreibungen, Fremdkapitalzinsen) schon für sich genommen über die wirtschaftliche Konstitution des Unternehmens mehr verraten als es erwünscht ist, zum anderen deshalb, weil die Kenntnis der tatsächlichen Aufwendungen und der Umsätze Außenstehenden eine Berechnung der erzielten Gewinne erlaubt, was als besonders irritierend empfunden wird.

Zweitens stellt die Erfassung der Aufwendungen selbst beim besten Willen aller Beteiligten rechnungs- und erhebungstechnisch allermeist weit höhere Ansprüche als die Produktions- und Umsatzstatistik: die verbrauchten Kostengüter sind häufig sehr zahlreich und verschiedenartig, das Rechnungswesen ist nicht auf die erwünschte Aussortierung eingestellt und schließlich gibt es wichtige Kosten (z. B. Abschreibungen), deren genaue Erfassung, Bewertung und Zurechnung schon der Einzelwirtschaft prinzipiell nicht gelingt. Diese Schwierigkeiten nehmen übermäßig zu, wenn die Kosten für die Statistik auf andere Kostenstellen oder Kostenträger verrechnet werden sollen als es betriebsintern geschieht. Drittens schließlich kommt hinzu — nicht mit Notwendigkeit zwar, aber als Faktum — daß die Fragestellung, unter der bislang Produktions- und Umsatzstatistik getrieben wurde, längst nicht so diffizil und wirtschaftstheoretisch differenziert ist, wie jene, die bei einer Kostenstrukturstatistik adäquater Konzeption gegeben ist. Es ist nicht sehr schwer, die Umsätze oder die zum Absatz bestimmte Produktion eines Mehrproduktunternehmens nach Produktarten aufzugliedern. Es wäre auch nicht viel schwieriger — obgleich buchhalterisch allermeist unbequemer — die laufenden Käufe der Unternehmungen nach Güterarten zu gliedern. Aber damit soll es nicht sein Bewenden haben: Aus dem Wert der laufenden Käufe periodisierte Kosten bestimmen zu wollen, ist schon ein viel weitgehenderes Vorhaben. Und schließlich die in bestimmten Unternehmensteilen oder Unternehmenszusammenschlüssen bzw. die zur Herstellung bestimmter Produktgruppen aufgewendeten Kosten auszusondern, nach Kostenarten zu gliedern, dabei Definitionen und Bewertungsregeln vorzugeben, die von denen der Unternehmenspraxis abweichen, und überdies noch Auskünfte anzustreben, die — über die Gesamtwirtschaft hingesehen — genügend vergleichbar sind, um aggregiert zu werden — das ist für eine gesamtwirtschaftliche Statistik großen Stils eine so anspruchsvolle Aufgabe, wie sie in anderen Gebieten der Wirtschaftsstatistik wohl selten vorkommt.

Den Implikationen dieser Aufgaben galten die Untersuchungen in der vorliegenden Arbeit — und zwar vor allem deshalb, weil in neuerer Zeit die Statistik der Aufwandsseite des Wirtschaftsprozesses in der Rangfolge der Bedürfnisse nach oben gewandert ist. Das ist zu einem guten Teil — wenn auch nicht ausschließlich — eine Folge der wachsenden Wertschätzung, die die volkswirtschaftlichen Gesamtrechnungen und in Zusammenhang mit ihnen die Input-Output-Rechnung finden. Im Ersten Teil dieser Untersuchung ist gezeigt worden, daß die herkömmliche Sozialproduktsberechnung einerseits, die bei uns in der ersten Entwicklung begriffene Input-Output-Rechnung andererseits statistische Konstruktionen von durchaus unterschiedlichem analytischen Gehalt sind, die daher auch spezifische Anforderungen an die Kostenstrukturstatistik stellen. Die Forderung einer differenzierteren Kostenstrukturstatistik als wir sie bisher haben, verdient sicher nicht den Vorwurf, Ausdruck eines überflüssigen statistischen Perfektionismus zu sein. Denn man kann wohl mit Gewißheit erwarten, daß die volkswirtschaftlichen Gesamtrechnungen in einem allgemeinen Sinne in Zukunft noch viel differenzierter ausgestaltet werden als sie es bis heute sind. Die gegenwärtige Entwicklung geht dahin, die herkömmliche volkswirtschaftliche Gesamtrechnung, die Input-Output-Rechnung und die gesamtwirtschaftliche Finanzierungsrechnung zu einem, sei es in gewisser Hinsicht integrierten, sei es koordinierten, System zu verbinden. Es ist ganz unwahrscheinlich, daß dieses System so weit integriert werden wird, daß ein methodischer Monismus in den Basisstatistiken erlaubt wäre, daß man also mit ein und derselben statistischen Einheit, einer Klassifikation, einheitlicher Bewertung in allen drei Teilsystemen auskäme.

Es ist zu erwarten, daß immer neue Versuche gemacht werden, die Struktur der volkswirtschaftlichen Gesamtrechnungen zu verfeinern. Denn wenn der nationalen Buchführung auch in einer Marktwirtschaft überhaupt ernstliche Bedeutung als Orientierungsinstrument der Wirtschaftspolitik zukommt, dann wird man sich mit allzu globalen Sozialproduktsnachweisungen ebensowenig zufriedengeben, wie man allzu global definierte Wachstumsraten als eigentliche wirtschaftspolitische Ziele akzeptieren wird. Vielmehr wird man die strukturellen Bedingungen der Entwicklung des Sozialprodukts besser erkennen wollen. Und zu diesem Zweck wird man die Sektoren weiter untergliedern müssen: nach Wirtschaftszweigen und Kombinationen aus ihnen, nach der Unternehmensgröße, nach Produktionsverfahren, nach Produktionsabhängigkeiten. Das aber wird ohne eine differenziertere Statistik der Produktionskosten — freilich auch der Produktionsleistungen — nicht möglich sein. Eine solche Statistik würde aber zugleich zeigen, wo die Grenzen einer wirksamen strukturellen Differenzierung liegen.

Dieser Leitidee folgend ist in der vorliegenden Arbeit die Methodik einer Kostenstrukturstatistik untersucht worden, die speziell auf die Aggregatstatistiken — Entstehungsrechnung des Sozialprodukts und Input-Output-Rechnung — abgestellt ist. Es war daher zunächst die Beziehung herauszuarbeiten, die zwischen den beiden Aggregatstatistiken und der makroökonomischen Kostenstruktur besteht. (Erster Teil.) Am sogenannten „Produktionskonto" — es entspricht in der hier interessierenden Hinsicht einer Zusammenfassung der Konten 11 und 21 der Volkswirtschaftlichen Gesamtrechnung des Statistischen Bundesamtes, d. h. des Kontos „Die Produktion und ihre Verwendung" und des Kontos „Die Entstehung von Erwerbs- und Vermögenseinkommen" für den Unternehmenssektor — ist gezeigt worden, daß die verschiedenen begrifflichen Varianten des Inlandsproduktes — Bruttoinlandsprodukt zu Marktpreisen, Nettoinlandsprodukt zu Marktpreisen, Nettoinlandsprodukt zu Faktorkosten — ihre operationale Definition unter dem Aspekt der Entstehung zu einem wesentlichen Teil von der Aufwandsseite des Kontos her erhalten. Die Inlandsproduktkonzepte entstehen nämlich durch Zusammenfassung ganz bestimmter Kostenartensummen und des „Betriebsergebnisses".

Das integrierende Merkmal jener Wertsummen, die zusammen den Beitrag zum Nettoinlandsprodukt zu Faktorkosten (besser: Faktorentgelten) bilden, ist: in einer Betriebswirtschaft unmittelbar entstandenes Leistungseinkommen von Wirtschaftssubjekten zu sein. Und ganz analog erweitert, wurde der Beitrag einer Betriebswirtschaft zum Nettoinlandsprodukt zu Marktpreisen definiert als der der privaten und der öffentlichen Hand aus der Wirtschaftstätigkeit einer Periode unmittelbar zufließende, zu Konsum oder Nettoinvestition frei verfügbare Wert. Eine solche Interpretation als Einkommenssumme oder Quasi-Einkommenssumme kann das Bruttoinlandsprodukt nicht erfahren. Da es aber — eine offene Volkswirtschaft unterstellt — auch nicht als Wert einer Gütergesamtheit, eines potentiell angebotswirksamen Fonds von Gütern verstanden werden kann, geriet es insofern in ein schiefes Licht. Das Bruttoinlandsprodukt ist ein „gesamtwirtschaftlicher Nettoproduktionswert", der eher als Durchgangsgröße der Volkseinkommensrechnung oder einer echten Güterrechnung (Verfügbarkeitskonzepte) denn als selbständiges, ökonomisch sinnvolles Aggregat von Nutzen ist.

Eine prinzipiell andersartige Aussage wird man — trotz ihrer formalen Ähnlichkeit mit der herkömmlichen volkswirtschaftlichen Gesamtrechnung — von der Input-Output-Rechnung erwarten. Ihrem theoretischen Konzept nach soll sie im wesentlichen die gegenseitige Abhängigkeit der in einer Volkswirtschaft vor sich gehenden *Produktionsprozesse* sowie die Beziehung zwischen Endnachfrage und Produktion darstellen. Aus ihr sollen Produktionsfunktionen für möglichst homogene Gütergruppen ableitbar sein. Die Input-Koeffizienten werden als überwiegend technisch bestimmt interpretiert. Damit liegt ihr die Idee einer Rechnung in physischen Mengen zugrunde; die Wertrechnung, die tatsächlich vorgenommen wird, kann man als notwendigen Behelf auffassen. Freilich: die praktische Verwirklichung dieses Input-Output-Konzepts bringt mancherlei Deformationen mit sich.

Die methodologische Diskrepanz, die demnach für die Kostenstrukturstatistik resultiert, ist offensichtlich:

Eine von Willkür freie Entstehungsrechnung des Einkommens, ganz besonders eine solche, an die eine Verteilungsrechnung bzw. Umverteilungsrechnung angeschlossen werden soll, muß auf wirtschaftende Institutionen bezogen sein. Und die Bewertung der Aufwendungen und Erträge muß sich nach dem Ziel einer exakten Einkommensrechnung richten.

Die Input-Output-Rechnung hingegen bedarf eines *funktionellen* Aufbaues: Ist es doch nicht der Input etwa von Betrieben oder Unternehmungen bestimmten Typs, sondern der Input, der bei der Herstellung von Gütern bestimmter Art notwendig ist, der in der Input-Output-Rechnung zur Darstellung kommen soll. Die Homogenität der Sektoren ist eine konstituierende Eigenschaft dieses Systems und die Bewertung der Inputs und Outputs hat vor allem eine einheitliche zu sein, damit zwischen Menge und Wert eine möglichst vollkommene Proportionalität hergestellt wird. Eine exakte Einkommens- und Gewinnberechnung ist in diesem Zusammenhang nicht gefordert.

Die kostenstrukturstatistischen Nachweisungen, die den beiden Aggregatstatistiken adäquat sind, unterscheiden sich demnach recht prägnant in der Definition der statistischen Einheit und in der Definition der erhobenen Merkmale, der Kosten und Leistungen. Beide Teilfragen der Erhebung sind ausführlich erörtert worden.

Nach einer kritischen Prüfung der in der Wirtschaftsstatistik üblichen Arbeitsstättenbegriffe ist entschieden worden, daß, entsprechend der Verschiedenartigkeit der Aggregatstatistiken, in der Kostenstrukturstatistik zwei Einheiten spezifischer Definition nebeneinander verwendet werden sollten: für die Sozialproduktsberechnung die „wirtschaftende Einheit" — die wirtschaftlich selbständige Unternehmung bzw. der vollintegrierte Konzern, als dessen statistische Adäquation der Organkreis geeignet erscheint — und für die Input-Output-Rechnung die „prozeßintegrale Einheit" — sie umfaßt innerhalb einer wirtschaftenden Einheit, falls sie nicht mit einer solchen identisch ist, jenen Komplex, in dem sich ein vollintegrierter Produktionsprozeß einer möglichst homogenen Gruppe von nahverwandten Gütern abspielt; die örtliche Lage und organisatorische Gestaltungsformen sind prinzipiell nicht entscheidend.

Beide Einheiten sind aus Erweiterungen zweier üblicher Arbeitsstättenbegriffe — der Unternehmung und des „establishment" — hervorgegangen. Diese Modifikationen haben sich unter dem spezifischen Aspekt einer Kostenstrukturstatistik aufgedrängt. Als allgemein verbindlich wurden sie keineswegs hingestellt.

Diesem Dualismus der Einheiten entspricht ein Dualismus der *Frageprogramme*. Der Ausgestaltung des Frageprogramms galten vielerlei Detailerörterungen. Allgemein: Es sind Kosten und Leistungen, gegliedert nach Arten, zu erfragen; die Bildung von Kostenartensummen erfolgt im Zuge der Aufbereitung.

Bevor die Fragen, die wirtschaftenden Einheiten zu stellen sind, formuliert werden können, muß präzisiert werden: soll einer gesamtwirtschaftlichen Einkommensentstehungsrechnung das Begriffssystem der üblichen — handels- bzw. steuerrechtlichen — Erfolgsrechnung zugrunde gelegt werden? Oder soll das „Produktionskonto" aus dem „Betriebsergebniskonto" anstatt aus dem „Gewinn- und Verlustkonto" abgeleitet werden, also das neutrale Ergebnis unberücksichtigt bleiben. Oder soll die Sozialproduktsberechnung sich überhaupt nicht an ein betriebswirtschaftliches Schema halten? Es ist festgestellt worden, daß aus einer Aggregation der üblichen Gewinn- und Verlustkonten durchaus eine sinnvolle Sozialproduktsberechnung hervorgehen könnte — mit der Maßgabe allerdings, daß für eine Entstehungsrechnung des Leistungseinkommens alle Posten, die eine Gewinnverwendung bedeuten (Erträge aus Beteiligungen, Gewinnabführungen usw.), außer Ansatz bleiben müssen. Der üblichen Sozialproduktsberechnung liegt allerdings ein etwas anderer — nicht unbedingt überzeugender — Gewinnbegriff zugrunde: Der Gewinn wird unter der Bedingung, daß das reale Sachvermögen erhalten bleiben muß, berechnet. Die daraus resultierenden Umbewertungen müssen allerdings ohnedies nachträglich vorgenommen werden, so daß sich das Frageprogramm also im wesentlichen auf Posten des Gewinn- und Verlustkontos beziehen kann — auf solche Posten, die „reale“, nicht rein finanzielle Ströme bedeuten. Die notwendige Gruppierung ergibt sich aus der Struktur des Produktionskontos.

Charakteristisch andere Akzente sind bei der Abfassung des Frageprogramms für die prozeßintegralen Einheiten zu setzen. Nun soll und kann keine Einkommens- und Gewinnermittlung angestrebt werden. Vielmehr gelten die folgenden Prinzipien: (a) Die Produktionsleistungen müssen nach Produktarten aufgegliedert, die sektoratypischen von den sektortypischen abgesondert und die Vorleistungen müssen nach der Art der Güter, d. h. nach den abgebenden Sektoren unterteilt werden. Von den „Primärinputs“ sind die Abschreibungen sowie die Löhne, Gehälter und Sozialleistungen zu erfassen, während der Nachweis von Zinsen und Gewinnen der verwendeten Einheit und des Rechnungszweckes wegen außer Betracht bleibt. (b) Da der Input-Output-Rechnung eigentlich die Vorstellung einer Mengenrechnung zugrunde liegt, soll die Bewertung tunlichst auf eine Proportionalisierung von Menge und Wert hinwirken. Das gelingt am besten mittels einer durchgehenden Bewertung zu Marktpreisen — auch der Bestandvermehrungen an eigenen Erzeugnissen und der selbsterstellten Anlagen.

Ein solches differenziertes System an kostenstrukturstatistischen Nachweisungen, das hinsichtlich der verwendeten Einheiten und der erfragten Merkmale konsistent aufgebaut ist, steht heute in der Bundesrepublik Deutschland nicht zur Verfügung. Vor allem den ersten Ansätzen einer Input-Output-Rechnung ist dieser Mangel überaus hinderlich.

Den erhebungstechnischen Schwierigkeiten, auf die eine Kostenstrukturstatistik immer wieder stößt, kann man durch die rechte Erhebungsart und, im Falle der Teilerhebung, durch das geeignete Auswahlverfahren, durchaus beikommen. In dieser Hinsicht kann die Kostenstrukturstatistik einheitlich verfahren.

Des ohne Zweifel komplizierten Frageprogramms wegen wird eine Kostenstrukturstatistik als *Teilerhebung* angelegt werden müssen — und dies ohne Schaden für den Wert ihrer Ergebnisse.

Im Auswahlverfahren werden das „Konzentrationsprinzip“ und das „Repräsentationsprinzip“ *planmäßig* kombiniert wirksam sein müssen.

Eine Auswahl nach dem Konzentrationsprinzip (vorgegebene Erhebungsquote nach dem Bruttoproduktionswert bzw. nach dem Umsatz und bevorzugte Einbeziehung großer Einheiten) ist sinnvoll, da es in den Aggregatstatistiken darauf ankommt, einen großen Anteil der gesamten Merkmalssumme zu erfassen. Bei geringer relativer Konzentration ist aber dieses Auswahlprinzip nicht sehr wirksam; überdies ist — schon der angestrebten Gliederungstiefe wegen — die Einbeziehung einer gewissen *(absoluten) Mindestzahl* an Einheiten in jedem Wirtschaftszweig notwendig. Daher wird in aller Regel auch das Repräsentationsverfahren angewandt werden müssen. Soweit es realisierbar ist, müssen positive Anordnungseffekte ausgenutzt werden.

Die unguten Erfahrungen, die die amtliche Kostenstrukturstatistik mit der freiwilligen Teilnahme der Unternehmen gemacht hat — Ausfallquoten von 20 % und mehr machen den besten Erhebungsplan zunichte, wenn überhaupt einer aufgestellt werden kann! — lassen es erwägenswert erscheinen, ob gesetzlicher Erhebungszwang eingeführt werden soll — oder ob man gar auf eine *sekundärstatistische* Erhebung ausweichen kann, die einer planmäßigen Auswahl viel bessere Chancen böte.

Eine solche Sekundärstatistik der Kostenstruktur könnte in der Auswertung der den Finanzämtern eingereichten Jahresabschlüsse bestehen. Freilich hätte man dann in der Definition der statistischen Einheit und der Merkmale keine Wahl. Über die prozeßintegralen Einheiten könnte auf diese Weise nichts in Erfahrung gebracht werden, nach den noch geltenden steuerlichen Vorschriften auch nicht über Organkreise — bislang sind steuerliche Konzernabschlüsse nicht verlangt —, wohl aber über die Unternehmungen, so daß eine derartige Sekundärstatistik zumindest als Alternative zur derzeitigen amtlichen Kostenstrukturstatistik in Frage käme. Zweifelhaft und nur empirisch zu prüfen ist, ob die Gliederung der den Finanzämtern eingereichten Gewinn- und Verlustrechnungen den Ansprüchen einer auf die Sozialproduktsberechnung abgestimmten Kostenstrukturstatistik genügt. Man braucht aber in dieser Hinsicht nicht pessimistisch zu sein. Eine wesentliche Verbesserung würde erreicht, wenn die einzubeziehenden Unternehmen schon vor dem Bilanzstichtag ausgewählt und zu zweckdienlicher Gliederung angehalten würden.

Andere Umstände, die mit der Bewertung, dem Auswahlverfahren, dem Steuergeheimnis zusammenhängen, stehen nicht ernstlich im Wege. Daß eine planmäßige Auswahl möglich und eine automatisch kontrollierte Auskunftserteilung gewährleistet wäre, darin lägen die wesentlichen Vorteile einer solchen Sekundärstatistik. Freilich wäre ihre Aussagekraft viel beschränkter als die einer Primärstatistik. Für Zwecke der Sozialproduktsberechnung und vor allem in Verbindung mit anderen kostenstrukturstatistischen Erhebungen aber sollte diese Informationsquelle nicht gering geachtet werden.

An die Erörterung des Erhebungsverfahrens — des Verfahrens der Sammlung von Auskünften über die individuellen Einheiten — schloß sich die der statistischen *Aufbereitung* an. Ihre wichtigsten Phasen sind: die Zusammenfassung der einzelwirtschaftlichen Daten zu solchen für Massen, Gruppen — die Klassifikation und die Aggregation — und die Berechnung von Maßzahlen zur Kostenstruktur. Schon der „Auswertung", der Weiterverarbeitung zuzurechnen sind schließlich jene Umrechnungen, Korrekturen, denen die kostenstrukturstatistischen Ergebnisse in den Aggregatstatistiken selbst unterworfen werden.

Die Klassifikation, die Gruppenbildung gehorcht primär der Bedingung, daß Kostenstrukturzahlen für jene Bereiche der Volkswirtschaft, für jene Sektoren, die in den Aggregatstatistiken gebildet werden sollen, zur Verfügung gestellt werden müssen. Daneben aber werden metrischer Effekte wegen Gruppen gebildet — auch solche, die in den Nachweisungen der Aggregatstatistiken nicht vorkommen. Die Klassifikation zum erstgenannten Zweck ist — wenn man von den üblicherweise praktizierten Aggregatstatistiken ausgeht — die nach „Wirtschaftszweigen". Vorwiegend metrischer Vorteile wegen wird nach der Größe der Einheiten und — weniger häufig — nach den Produktionsverfahren zu gruppieren sein. Es ist jedoch die Ansicht vertreten worden, daß diese Klassifikationsmerkmale prinzipiell auch in den Nachweisungen der Aggregatstatistiken Berücksichtigung verdienen.

Die besonders wichtige Klassifikation nach Wirtschaftszweigen ist ausführlich und mit einem kritischen Blick auf die amtliche Statistik erörtert worden. Gerade die beiden Aggregatstatistiken würden durch tiefe Gliederung nach Wirtschaftszweigen sehr an Wert gewinnen. In der Heterogenität der Einheiten hinsichtlich des Wirtschaftszweiges ist diesem Bestreben jedoch eine Grenze gezogen, eine, die im Falle der wirtschaftenden Einheit viel enger gezogen ist als im Falle der prozeßintegralen Einheit. Bei der von der amtlichen Statistik praktizierten Zuordnung der Einheiten nach dem Schwerpunkt möglichst bis zur untersten Position der Systematik wird, so scheint es, diese Grenze nicht selten überschritten. Es ist daher ein anderes Zuordnungsverfahren vorgeschlagen worden, bei dem die Zuordnung „von oben nach unten" nur solange fortgesetzt wird, als noch ein — quantitativ definierter — Schwerpunkt auf der nächst tieferen Ebene behauptet werden kann. Die so entstehende abgestufte Systematik läßt das Ausmaß der vertikalen und horizontalen Kombination im Unternehmenssektor und die damit verbundenen Kostenstrukturunterschiede erkennen. Sowohl unter institutionellem als auch unter funktionellem Aspekt kann diese Sektordifferenzierung — ebenso wie die Klassifikation nach der Größe und nach der betrieblichen Verfahrensweise — in den Aggregatstatistiken nur dann praktiziert werden, wenn auch die Ertragsstatistiken, etwa die Umsatzstatistik, mit dieser Systematik versehen werden.

Innerhalb der so entstehenden Gruppen müssen die einzelwirtschaftlichen Merkmalswerte aggregiert werden. Die beiden prinzipiell zur Auswahl stehenden Methoden, die konsolidierende und die additive Aggregation, führen beide zu ökonomisch sinnvollen Aussagen über die Teilmassen. Obwohl die konsolidierende Methode zu Ergebnissen führt, die für gewisse gesamtwirtschaftliche Kostenstrukturanalysen sehr nützlich sind, ist den Aggregatstatistiken nur mit einer additiven Aggregation gedient, da die Umsatzstatistik, mit der die Kostenstrukturstatistik zusammengeführt werden muß, allemal Umsatzsummen ohne alle Konsolidierung liefert.

Diese Zusammenführung von Umsatz- und Kostenstrukturstatistik ist eine unumgängliche Prozedur der Sozialproduktsberechnung und der Input-Output-Rechnung. Denn: da die Kostenstrukturstatistiken Teilerhebungen sein müssen und schon kaum jährlich, ganz sicher nicht auch noch halb- und vierteljährlich durchführbar sind, können die Beiträge zum Inlandsprodukt bzw. die Sektoroutputs und -inputs nicht stets aufs Neue durch bloße Addition der entsprechenden Bestandteile des Bruttoproduktionswertes über alle einbezogenen Einheiten hin erhalten werden. Aus der Kostenstrukturstatistik müssen vielmehr für die interessierenden Merkmale Strukturzahlen berechnet — Verhältniszahlen: Bruttoproduktionswert in v. H. des Umsatzes, Kostenarten in v. H. des Bruttoproduktionswertes — und auf die Totalzahlen der Umsätze — oder anders definierter Erträge — angewendet werden.

Diese unkomplizierte Operation mit simplen Verhältniszahlen führt indes leicht zu stark verzerrten Resultaten, wenn man den Auswirkungen der Vertikalstruktur in den Sektoren nicht genügend Aufmerksamkeit schenkt. Bei additiver Aggregation bestimmt die Anzahl der in selbständigen Einheiten institutionalisierten Produktionsstufen innerhalb einer Gruppe — mit anderen Worten: die Produktionstiefe in den Einheiten — die Höhe des gesamten Bruttoproduktionswertes und auch weitgehend den Gesamtwert der „Vorleistungen". Da indes der „Nettoproduktionswert" und seine Bestandteile der Vertikalstruktur des Sektors gegenüber im wesentlichen invariant sind, hängen die entsprechenden Quoten (Nettoquote, Quoten der Bestandteile des Nettoproduktionswertes am Bruttoproduktionswert) stark von der Vertikalstruktur des Sektors ab. Die Produktionstiefe der Einheiten hängt ihrerseits von vielerlei Umständen ab, nicht zuletzt von der Definition der Einheit, auch von deren Größe, und kann innerhalb einer Gruppe sehr verschieden sein.

Offenbar kann dieser Umstand zu merklichen Schätzfehlern bei der „Hochrechnung" führen. Und überdies relativiert er in nicht zu unterschätzender Weise die Bedeutung der Input-Koeffizienten. Insgesamt ist nicht zu bezweifeln, daß jene „vertikale Heterogenität" die „Kostenquoten" viel heftiger und zudem unauffälliger verzerren kann als „horizontale Heterogenität". Dieser Einfluß wird nur bei additiver Aggregation und beim Arbeiten mit den Kostenquoten wirksam.

Mit der Berechnung von gruppenbezogenen Strukturquoten für alle jene Bestandteile des Bruttoproduktionswertes, die zum Aufbau des Produktionskontos nötig sind, bzw. für alle relevanten Input- und Outputbestandteile, ist die Aufbereitung der Kostenstrukturstatistik abgeschlossen: der nächste Schritt führt aus der eigentlichen Kostenstrukturstatistik bereits hinaus und in die Sozialproduktsberechnung und in die Input-Output-Rechnung selbst hinein. Es wurde daher im letzten Abschnitt nur kurz auf einige jener Umsetzungen und Umrechnungen hingewiesen, die — auf höherer Aggregationsstufe — noch angestellt werden müssen, um die Beiträge zu den Inlandsprodukten bzw. die Sektorinputs und Sektoroutputs in der Definition der Input-Output-Rechnung resultieren zu lassen. (Zum Beispiel Umbewertung der Abschreibungen, Umbuchung der Zinsdifferenz, Umsetzungen in der Input-Output-Rechnung zur Herstellung möglichst homogener Sektoren.)

Ein Resümee:

Jenes System von Nachweisungen, das die hier entwickelte Kostenstrukturstatistik liefern würde, enthielte im Vergleich zu dem von der deutschen amtlichen Statistik z. Z. bereitgestellten wesentliche zusätzliche Informationen. Es wäre dadurch gekennzeichnet, daß es

(a) ein doppeltes System ist: für zwei Darstellungseinheiten aufgestellt wird und aus zwei Frageprogrammen hervorgeht. Der enthaltene Dualismus wäre der: Es werden quasi-technische Produktionsstrukturen einerseits, andererseits Einkommensströme von Institutionen aus oder auf Institutionen zu aufgezeigt.

(b) eine weitere Aufgliederung der Kosten und Leistungen bringt als wir sie jetzt verfügbar haben — was nicht nur graduelle Vorteile mit sich bringt;

(c) eine differenziertere Klassifikation enthält, als sie z. Z. üblich ist. Sie erhöht eindeutig den analytischen Wert eines Strukturbildes der Institutionen und der Funktionen.

Ohne Zweifel hat es einen Preis, daß statistische Erhebungen „komplizierter" werden. Aber die Statistiker dürfen sich der Verpflichtung nicht entziehen, das Mögliche dafür zu tun, daß solche wirtschaftsanalytische Instrumente wie die volkswirtschaftliche Gesamtrechnung und die Input-Output-Rechnung den Erkenntnis- und Erklärungswert, den sie in der Theorie besitzen, möglichst ungeschmälert behalten, wenn sie auf dem Felde der empirischen Wirklichkeit eingesetzt werden.

Anhang

Eine kurze Übersicht über die in der Bundesrepublik Deutschland praktizierten amtlichen Statistiken, die ganz oder teilweise auf die Kostenstruktur gerichtet sind

A. Die sogenannte „Kostenstrukturstatistik" des Statistischen Bundesamtes

Mit diesen Erhebungen wurden spezifisch kostenstrukturstatistische Untersuchungen des Statistischen Reichsamtes wieder aufgenommen, wesentlich erweitert und fortentwickelt[1]. Die erste und zunächst einmalige Erhebung dieser Art nach dem Kriege war die „Erhebung über die Kostenstruktur der nichtlandwirtschaftlichen Arbeitsstätten 1950". In diese Untersuchung einbezogen wurden ausgewählte Unternehmungen der Industrie und des Handwerks, des Großhandels und des Verlagsgewerbes, des Einzelhandels, des Gaststätten- und Beherbergungsgewerbes sowie des Verkehrsgewerbes; ferner ausgewählte Ärzte und Zahnärzte.

Für einige Wirtschaftsbereiche hat es in den nächsten Jahren folgende weitere Erhebungen gegeben: für ärztliche Praxen und zahnärztliche Praxen (1954), für den Einzelhandel mit Milch und Milcherzeugnissen sowie den allgemeinen Lebensmitteleinzelhandel, den Einzelhandel mit Fischen und Fischwaren und mit Schokolade und Süßwaren (1955).

Durch das „Gesetz über Kostenstrukturstatistik" vom 12. Mai 1959 wurde dann eine *„laufende Kostenstrukturstatistik"* eingerichtet, die im Frageprogramm und in der Methodik mit der Erhebung für 1950 im wesentlichen übereinstimmt. Sie erstreckt sich — so formuliert das Gesetz — auf die ge-

---

[1] Vgl. Einzelschriften zur Statistik des Deutschen Reiches Bd. 30 (1935): Betriebsstruktur und Besteuerung im Einzelhandel und im Handwerk. Bd. 34 (1937): Betriebsstruktur, Kostengestaltung und Besteuerung im Handwerk. Bd. 38 (1938) und Bd. 41 (1940): Betriebsstruktur und Kostengestaltung in wichtigen Gewerbezweigen. Vgl. auch: Die Deutsche Industrie, Schriftenreihe des Reichsamtes für wehrwirtschaftliche Planung, Heft 1, 1939 (siehe hierzu Abschnitt B des Anhangs). Die Erhebungen, deren Ergebnisse in den zitierten Einzelschriften veröffentlicht sind, erfaßten von den Fachverbänden ausgewählte Handwerks- und Handelsbetriebe. In den ersten Erhebungen wurde insbesondere auf die steuerlich wichtigen Betriebsmerkmale abgestellt. Insofern setzten diese Statistiken ältere Besteuerungserhebungen fort. Besonderes Interesse galt den vor allem konjunkturempfindlichen Merkmalen: Umsatz, Lohnsumme und Gewinn. Als auch die „Betriebsausgaben" (Materialaufwand, Löhne und Gehälter, Raumkosten, Steuern, Zinsen) einbezogen wurden, sah man die Aufgaben der für Gewerbezweige (zusätzlich unterteilt nach Betriebsverfahren, Betriebskombinationen) und hierin für Umsatzgrößenklassen ermittelten „Richtzahlen" darin, dem Betriebsvergleich, der Förderung der Wirtschaftlichkeit, der Wirtschaftspolitik, der steuerlichen Praxis, der Kreditwirtschaft und der „in steigendem Maße auf Tatsachenforschung eingestellten Wirtschaftswissenschaft" zu nutzen (Bd. 41, Vorwort). Die ermittelten Sätze sollten dem Reichsdurchschnitt nahekommen.

werbliche Wirtschaft sowie die sonstigen Arbeitsstätten (mit Ausnahme der land- und forstwirtschaftlichen Arbeitsstätten). Die Erhebungen finden im 4jährigen Turnus statt (die erste 1959 für 1958), doch werden nicht in jedem 4. Jahr sämtliche einbezogenen Wirtschaftsbereiche zusammen erfaßt. Vielmehr werden innerhalb dieses Vierjahreszeitraumes erhoben:

im 1. Jahr: die Industrie (einschließlich Elektrizitäts-, Gas- und Wasserversorgung) und das Handwerk;

im 2. Jahr: das Verkehrsgewerbe und die in den übrigen drei Jahren nicht erfaßten Arbeitsstätten;

im 3. Jahr: der Großhandel (einschl. Verlagswesen) und das Handelsvertreter- sowie Handelsmaklergewerbe;

im 4. Jahr: der Einzelhandel sowie das Gaststätten- und Beherbergungsgewerbe.

Befragt werden *Unternehmungen* bzw. ausgewählte Angehörige der freien Berufe (z. B. Ärzte, Zahnärzte, Rechtsanwälte, Notare, prüfende sowie wirtschafts- und steuerberatende Berufe). Nicht eingeschlossen sind — wie erwähnt — die Land- und Forstwirtschaft. Ferner darf der im Gesetz verwendete Ausdruck „sonstige Arbeitsstätten" nicht im strengen statistischen Verstande aufgefaßt werden. Denn die Arbeitsstätten der staatlichen Verwaltung (Behörden) sind nicht Gegenstand dieser Untersuchung.

Die Kostenstrukturstatistik ist eine *Repräsentativerhebung.*

Das Gesetz bestimmt (§ 52): „Die Erhebungen werden mit dem Ziel geführt, von 5 vom Hundert der Gesamtzahl der Unternehmen der gewerblichen Wirtschaft und sonstigen Arbeitsstätten für die einzelnen Wirtschaftszweige repräsentative Gesamtergebnisse zu erlangen."

Die Auskunftserteilung ist *freiwillig.*

Die Erhebung erfolgt großenteils unter *Mitwirkung der Wirtschaftsverbände.* Die *Auswahl* der Firmen sowie die Versendung und Einziehung der Fragebogen übernahmen für den Sektor Industrie im allgemeinen die Fachverbände, für den Handel und das Handwerk die Statistischen Landesämter. Die Aufbereitung erfolgt zentral beim Statistischen Bundesamt.

Gruppiert wurden die Unternehmungen bis 1960 nach dem systematischen Verzeichnis der Arbeitsstätten von 1950, neuerdings nach der Systematik der Wirtschaftszweige von 1961. Grundsätzlich wird bis zu den Wirtschaftsklassen (4stellige Nr. im Verzeichnis der Arbeitsstätten von 1950; 5 stellige Nr. in der Systematik der Wirtschaftszweige) untergliedert, teilweise noch tiefer, oft jedoch erfolgen Zusammenfassungen. Die Zuordnung der Unternehmen geschieht nach dem *Schwerpunkt* ihrer Wirtschaftstätigkeit. Sehr häufig findet darüber hinaus eine Einteilung nach Größenklassen statt.

Die *erhobenen Tatbestände* sind in starker Zusammenfassung, wie sie im Gesetz vorgenommen ist, diese:

1. Der Wert
   a) des steuerlichen Umsatzes,
   b) der Bestände an eigenen Erzeugnissen und Waren zum Anfang und zum Ende des Jahres,
   c) der selbsterstellten Anlagen;
2. Der Wert des Wareneinganges;
3. Die Kosten, untergliedert nach Kostenarten;

4. Die beschäftigten Personen;
5. Posten der Jahresbilanz (Anlagen, Außenstände, Schulden), falls sie zur Beurteilung des Kostengefüges notwendig sind;
6. Merkmale des Unternehmens bzw. der Arbeitsstätte, die für die statistische Zuordnung in der Klassifikation oder aus anderen Gründen notwendig sind (z. B. Produktionsprogramm, Rechtsform, Wirtschaftsjahr usw.).

Die wichtigsten in den Ergebnissen *dargestellten* Tatbestände für die Industrie, den Handel und das Handwerk sind:
Bei der Industrie:

1. Steuerlicher und wirtschaftlicher Umsatz je Unternehmen; Bruttoproduktionswert (Gesamtleistung) und Nettoproduktionswert je Unternehmen; Nettoquoten; Bestandsveränderungen und selbsterstellte Anlagen;
2. Ausgewählte Kostenarten in Prozent des Bruttoproduktionswertes (der Gesamtleistung), ohne Abschreibungen und Zinsen;
3. Beschäftigte und Personalkosten je Unternehmen;
4. Bestände je Unternehmen am Anfang und Ende des Geschäftsjahres.

Beim Handwerk *darüber hinaus:*

1. Betriebsergebnis je Unternehmen in DM und in % des Bruttoproduktionswertes;
2. Vollständige Aufgliederung des Bruttoproduktionswertes nach Kostenarten, auch Abschreibungen und Zinsen;
3. Material- und Wareneingang, Material- und Wareneinsatz;
4. Posten des Jahresabschlusses (Bilanzsumme ohne Grundstücke, Bestände, Schulden und Forderungen).

Beim Handel entspricht dem Nettoproduktionswert der Rohertrag = Wert der Gesamtleistung abzüglich Wareneinsatz.

Das Frageprogramm und die ausgewiesenen Ergebnisse der Kostenstrukturstatistik passen sich zwar den Besonderheiten der Wirtschaftsbereiche an, es ist also nicht der Versuch gemacht worden, über die gesamte Wirtschaft hin mit einem möglichst einheitlichen Erhebungsbogen zu arbeiten. Man darf aber nicht verkennen, daß diese Unterschiedlichkeit zwischen den Branchen mehr oder weniger Rankenwerk ist. Das einheitliche Kernstück der Ergebnisse für alle Wirtschaftsbereiche ist einerseits der Bruttoproduktionswert (die Gesamtleistung), andererseits jene Kostenartenstruktur, die die Berechnung des Nettoproduktionswertes (und der Nettoquote) erlaubt. *Nicht* ausgewiesen sind die Beiträge der Wirtschaftszweige zum Inlandsprodukt. Sie sind auch aus dem Zahlenwerk der Tabellen nicht ableitbar, denn die sonstigen Vorleistungen sind in einem Sammelposten "sonstige Kosten" untergegangen. Nicht ausgewiesen sind auch die Abschreibungen und die Fremdkapitalzinsen der Industrie, — „aus psychologischen Gründen".

Die sogenannte Kostenstrukturstatistik des Statistischen Bundesamtes ist die einzige der hier interessierenden Erhebungen, die sich auf die gesamte gewerbliche Wirtschaft und noch darüber hinaus erstreckt. Die im Folgenden aufgezählten Statistiken bearbeiten Teilbereiche der Wirtschaft: einmal bestimmte Wirtschaftsbereiche (insbesondere Industrie), zum anderen nur Unternehmungen bestimmter Rechtsform (z. B. Kapitalgesellschaften).

B. Der Produktions-Zensus von 1936

Fast 10 Jahre nach Kriegsende war man in der Bundesrepublik Deutschland bei der Berechnung eines Produktionsindex noch auf die Ergebnisse der Produktionserhebung für 1936 angewiesen, wie sie im Jahre 1939 in Heft 1 der Schriftenreihe des Reichsamtes für Wehrwirtschaftliche Planung: „Die deutsche Industrie, Gesamtergebnisse der amtlichen Produktionsstatistik" veröffentlicht wurden. Die eigentliche Aufgabe dieser Erhebung war es, die stark dirigistische Kriegswirtschaft vorzubereiten. Dazu bedurfte es naturgemäß eingehender Informationen über den Produktionsapparat der Volkswirtschaft, insbesondere über die reale mengenmäßige Verflechtung und die eingesetzten Produktionsfaktoren. Diese Planungsunterlagen blieben geheim. Die veröffentlichten Ergebnisse waren demgegenüber eigentlich Nebenprodukte der Erhebung[2]. Es handelt sich um folgende Angaben, alle gegliedert nach Industriezweigen, z. T. nach Ländern und Provinzen: Bruttoproduktionswerte, Nettoproduktionswerte und Nettoquoten; die Nettoproduktionswerte pro Kopf der beschäftigten Personen, den Anteil der Löhne und Gehälter am Nettoproduktionswert; absolute Zahlen und Strukturzahlen zum Arbeitseinsatz in der Industrie; den Auslandsabsatz und die Ausfuhrquoten.

Es wurden alle Industriezweige auf Grund eines einheitlichen Erhebungsprogrammes praktisch total erfaßt (Zensusmethode).

Die statistische Einheit, in der Veröffentlichung „Betrieb" genannt, war nicht die örtliche Einheit, sondern die „technische Werkeinheit"[3], also z. T. auch eine Betriebsabteilung. „Die Abgrenzung gegenüber den nicht erfaßten Kleinbetrieben ist aber nicht schematisch erfolgt, sondern sie wurde individuell je nach den Verhältnissen bei den einzelnen Industriezweigen gezogen und ist demnach in den Größenmerkmalen oft recht verschieden. In den meisten Fällen liegt sie bei 5 beschäftigten Personen, es kommen aber auch Umsatzwerte, Produktionsmengen, Kapazitäten und andere Abgrenzungsmerkmale vor[4]." In der zusammenfassenden Ergebnistabelle ist in einer Spalte „Bemerkungen" jeweils angegeben, wo die Untergrenze liegt. Auch die Zuordnung der Einheiten zu Industriegruppen und Industriezweigen erfolgte nicht nach starren Prinzipien. Zuweilen wurden auch Handwerksbetriebe zu den Industriezweigen gerechnet. Offenbar wurde relativ häufig kasuistisch entschieden.

Der zitierte Veröffentlichungsband enthält sehr übersichtliche Tabellen und eine knappe verbale Kommentierung, die die wesentlichen wirtschaftlichen Zusammenhänge zwischen den statistischen Ergebnissen analysiert.

C. Der Industriebericht und die Zusatzerhebung zum Industriebericht

Der *monatliche Industriebericht*, das Kernstück der aktuellen kurzfristigen Industriestatistik, der alle Industriebetriebe (örtliche Einheiten) mit 10 und mehr Beschäftigten erfaßt, liefert über die Kostenstruktur nur wenig Aufschlüsse. Von den Kostenbestandteilen werden lediglich die Bruttosumme der Löhne und Gehälter, die im Umsatz enthaltenen Verbrauchssteuern, sowie der Verbrauch an Brennstoffen und Energie (allerdings nach Brennstoffarten sehr tief aufgegliedert) in physischen Mengen erfragt. Außerdem wird die Zahl der Beschäftigten — in weiterer Untergliederung — und die Zahl der geleisteten Arbeiterstunden erhoben.

---

[2] Vgl. *Werner*, Kurt, Die Industriestatistik, S. 18.
[3] Siehe „Die deutsche Industrie", S. 44.
[4] „Die deutsche Industrie", S. 12.

Eine grobe Vorstellung von dem Gewicht der Personalkosten in den einzelnen Industriezweigen ist aus dem Industriebericht insofern zu gewinnen, als auch der Umsatz zum Frageprogramm gehört.

Die Zahl der Beschäftigten und der geleisteten Arbeiterstunden zeigen die „Mengenstruktur" des Arbeitseinsatzes in der Industrie.

Aufbereitet werden die Ergebnisse der Industrieberichterstattung nach einer doppelten Klassifikation. Die unterschiedliche Gruppierung wird allerdings nur bei den Betrieben mit gemischtem Produktionsprogramm wirksam. In der Gruppierung nach hauptbeteiligten Industriegruppen bzw. Industriezweigen wird jeweils der gesamte Betrieb (örtliche Einheit) dem Industriezweig zugewiesen, in dem der Schwerpunkt seiner Wirtschaftstätigkeit liegt. Maßgeblich für die Schwerpunktbestimmung sind die Beschäftigtenzahlen der verschiedenen Produktionsrichtungen.

In der Gruppierung nach beteiligten Industriezweigen hingegen wird der Betrieb nach Maßgabe der Art der Produkte aufgespalten. Die einzelnen verselbständigten Betriebsteile werden dann den entsprechenden Industriezweigen zugeordnet.

Die überwiegende Mehrzahl der erhobenen Merkmale wird nur nach hauptbeteiligten Industriezweigen ausgewiesen. Für beteiligte Industriezweige werden lediglich die Zahl der Betriebe bzw. Betriebsteile, die Zahl der Beschäftigten, die Umsätze, auch getrennt nach Inlands- und Auslandsumsatz, und die im Umsatz enthaltenen Verbrauchssteuern veröffentlicht.

Die Zusatzerhebung zum Industriebericht

Bis zum Jahre 1955 wurde der Index der industriellen Nettoproduktion aus den Nettoproduktionswerten von 1936 berechnet. Die Aufgabe, hierzu neues Zahlenmaterial zu liefern, war der Zusatzerhebung zum Industriebericht 1951/52 (für 1950) gestellt. Anders als die für das gleiche Jahr durchgeführte Kostenstrukturstatistik sollte also die Zusatzerhebung ganz speziell der Produktionsstatistik dienen. Da der Produktionsindex aber an den Ausstoßreihen bestimmter Waren anknüpft, mußten wenigstens Näherungswerte für die Nettoproduktionswerte der Erzeugnisse gewonnen werden. Für die methodische Ausstattung der Zusatzerhebung hatte das die folgenden Konsequenzen:

Die Zusatzerhebung von 1951/52 umfaßte alle Industrie*betriebe* (örtliche Einheiten) mit 10 und mehr Beschäftigten. Sie wurden befragt nach ihrem *Bruttoproduktionswert* (Umsatz, Bestandsveränderungen an eigenen Erzeugnissen und selbsterstellte Anlagen) sowie dem Wert des Materialverbrauches und der vergebenen Lohnarbeiten. Daraus waren die Nettoproduktionswerte und die Nettoquoten zu berechnen. Nettoproduktionswerte für *Industriegruppen* erhielt man, indem man die Betriebe nach dem Schwerpunkt ihrer Produktionstätigkeit einem Industriezweig zuordnete.

Näherungswerte der Nettoproduktionswerte für *Erzeugnisgruppen* wurden daneben bestimmt, indem man die „reinen" oder annähernd reinen Betriebe (über 75 % des Produktionsprogrammes entfällt auf ein Produkt oder eine Produktart) zusammenfaßte und die Nettoproduktionswerte dieser Betriebe berechnete.

Die Zusatzerhebungen zum Industriebericht finden in ein- bis zweijährigen Abständen statt. Das Frageprogramm wechselt und ist auf aktuelle Bedürfnisse abgestellt. Im Jahr 1960 wurden für 1958 — allerdings ohne Auskunftspflicht — *neuerlich die Nettoproduktionswerte und die Nettoquoten* ermittelt, so daß zu Beginn des Jahres 1965 ein neuberechneter und auf die Basis 1958 gestellter Index der industriellen Nettoproduktion erscheinen konnte.

D. Die Jahreserhebung der Nettoleistung der Industrie 1954

Die für 1954 durchgeführte Jahreserhebung der Nettoleistung der Industrie liegt zeitlich genau zwischen den Kostenstrukturerhebungen für 1950 und 1958, unterscheidet sich von diesen aber doch deutlich, indem sie in verschiedener Hinsicht über sie hinausging, in anderer Hinsicht aber zurückblieb.

Genau wie die Kostenstrukturerhebung von 1950 und die laufende Kostenstrukturstatistik sollte die Jahreserhebung Auskunft über die Nettoproduktionswerte und Nettoquoten der aus Unternehmen aufgebauten Industriezweige liefern. Diesem Zweck entsprach der sogenannte „Hauptfragebogen" dieser Erhebung, der allen am Industriebericht beteiligten Unternehmungen vorgelegt wurde. D. h.: Es waren alle Industrieunternehmungen mit 10 und mehr Beschäftigten *verpflichtet,* den Hauptfragebogen auszufüllen. Über 43 000 Firmen lieferten ausgefüllte Bögen. In einer Vorerhebung mußten erst durch eine Befragung der zum Industriebericht beitragenden Betriebe die betreffenden Unternehmungen ermittelt und klassifiziert werden. Das *Frageprogramm* umfaßte: die Zahl der Beschäftigten, den gesamten wirtschaftlichen Umsatz der Unternehmungen, auch den nichtindustriellen, mit Ausnahme des aus landwirtschaftlichen Betrieben stammenden und des von außerhalb der Bundesrepublik Deutschland liegenden Niederlassungen erzielten. Handelsumsätze waren gesondert auszuweisen. Ferner wurden erfragt die Bestände an Halb- und Fertigfabrikaten eigener Erzeugung am Anfang und Ende des Jahres.

Außer Betracht blieben die selbsterstellten Anlagen, so daß der Bruttoproduktionswert der Jahreserhebung begrifflich etwas kleiner ist als der der Kostenstrukturerhebung von 1950 und der laufenden Kostenstrukturstatistik.

Um den Verbrauch an Vorleistungen berechnen zu können, wurden einerseits die Eingänge an Fertigungsmaterial, Hilfs- und Betriebsstoffen, Halberzeugnissen und Handelswaren sowie die vergebenen Lohnarbeiten erfaßt, andererseits die Anfangs- und Endbestände. Dadurch ließ sich nicht nur ein Bild des Verbrauches, sondern auch eines der Lagerhaltung gewinnen. Alle anderen Aufwendungen wurden nicht erhoben; auch über die sonstigen Vorleistungen wurden keine Auskünfte verlangt.

Entsprechend diesem Frageprogramm betreffen die veröffentlichten Ergebnisse: Bruttoproduktionswert, Nettoproduktionswert, Nettoquoten, beides mit und ohne Handelswaren, Wert des Materialverbrauches, Zahl der Beschäftigten, Lagerbestände und deren Veränderungen, Lagerdauer.

Eine speziell im Licht der neuesten Entwicklung denkwürdige Besonderheit der Jahreserhebung 1954 war eine an die beschriebene Erhebung angehängte Repräsentativbefragung von 10 000 Unternehmungen mittels des „Ergänzungsbogens". Hierin wurde der im Hauptfragebogen en bloc ausgewiesene Materialeingang nach branchenspezifischen Materialarten sowie nach der Herkunft des Materials aus dem Inland bzw. dem Ausland aufgegliedert. Begründet wurde die Durchführung dieser Erhebung damit, daß die Kenntnis der artenmäßigen Zusammensetzung der Vorleistungen nötig sei für eine Berechnung der Nettoproduktionswerte zu festen Preisen. Ferner sollte auf diese Weise ein Bild der Marktverflechtung der Industriezweige miteinander und mit anderen Bereichen gewonnen werden[5].

In diesem Zusammenhang hat die Jahreserhebung in neuester Zeit besonderen Wert gewonnen, ist sie doch eine der wenigen Quellen von Informationen über die industrielle Verflechtung, die in den von der EWG angeregten und nun auch für die Bundesrepublik Deutschland berechneten Input-Output-Tabellen dargestellt werden sollen.

E. Der Industriezensus 1962

Im Rahmen des Weltindustriezensus wurden auch in der Bundesrepublik Deutschland einige neue Erhebungen durchgeführt, die in wesentlichen Teilen der Kostenstruktur, nämlich der Ermittlung der Nettoleistung galten. Die Feststellungen der Nettoleistung der Industrie sollen in Abständen von 3 bis 5 Jahren wiederholt werden.

Zum ersten Mal werden in dieser Erhebung die Nettoproduktioswerte sowohl der Unternehmungen (rechtliche Einheit) als auch der Betriebe (örtliche Einheit) ermittelt. Der Kreis der Befragten umfaßt von den Unternehmen und Betrieben des Bergbaus und der verarbeitenden Industrie (ohne Bauindustrie) alle Mehrbetriebsunternehmen sowie alle Einbetriebsunternehmen mit 10 und mehr Beschäftigten; die Einbetriebsunternehmungen mit weniger als 10 Beschäftigten werden repräsentativ erfaßt. Außerdem werden einbezogen alle Unternehmungen der Bauindustrie, alle Betriebe des produzierenden Handwerks (neben einer Totalerhebung für einige wenige Merkmale findet eine weitergehende Stichprobenerhebung statt) und ausgewählte Unternehmungen der Energie- und Wasserwirtschaft.

Der kostenstrukturstatistische Teil des Frageprogramms erstreckt sich auf die zur Berechnung des Nettoproduktionswertes erforderlichen Posten: Umsätze (bzw. Lieferungen), aufgeteilt nach eigenen Erzeugnissen, Handelswaren und Nebenerzeugnissen; Bestandsveränderungen an eigenen Erzeugnissen und an Handelswaren; selbsterstellte Anlagen. Ferner wird der Wert der Eingänge oder des Verbrauches an Roh-, Hilfs- und Betriebsstoffen und an Handelswaren sowie der vergebenen Lohnarbeiten erfragt.

F. Die Handels- und Gaststättenzählung 1960

In dieser zensusartigen Vollerhebung wurden Unternehmen des Einzel-, Groß- sowie Außenhandels, des Handelsvertreter- und -maklergewerbes, des Gaststätten- und Beherbergungsgewerbes, des Verlagsbuchhandels sowie rechtlich unselbständige offene Verkaufsstellen der Industrie befragt. Die Anschriften der Unternehmungen stellten die Finanzämter zur Verfügung; als zum Erhebungsbereich gehörig wurden die Unternehmungen an Hand der Gewerbekennziffern identifiziert. Neben einer ganzen Reihe anderer Merkmale wurden in der totalen Grunderhebung für 1959 die Umsätze und deren Zusammensetzung sowie der Wareneingang und der Warenbestand ermittelt, so daß der Rohertrag (entsprechend dem Nettoproduktionswert) nachgewiesen werden konnte. Auch die Löhne und Gehälter sowie die sozialen Aufwendungen gehören zum Frageprogramm. In der repräsentativen Ergänzungserhebung wurde darüber hinaus beim Groß- und Einzelhandel u. a. der Umsatz nach Abnehmerkreisen und der Warenbezug nach Warenarten und Beschaffungswegen aufgegliedert. Die Unternehmungen hatten in der Grund-

---

[5] *Fürst*, Gerhard und *Flöter*, Willi, Die Nettoleistung der Industrie 1954, Wirtschaft und Statistik, Jg. 1957, S. 361 und 363.

erhebung auch separate Angaben über ihre verschiedenen örtlichen Niederlassungen zu machen. Kostenstrukturmerkmale wurden für die örtlichen Einheiten jedoch nicht erfragt.

G. Die Statistik der Abschlüsse der Aktiengesellschaften

Die „Bilanzstatistik der Aktiengesellschaften" erfaßt jene Jahresabschlüsse (Bilanzen und Gewinn- und Verlustrechnungen), die Aktiengesellschaften dem Aktiengesetz zufolge publizieren müssen. Da die Aktiengesellschaft heute die vorherrschende Rechtsform der Großunternehmungen ist, erfaßt die Bilanzstatistik einen quantitativ und qualitativ bedeutenden Ausschnitt aus dem Unternehmenssektor.

Daten zur Kostenstruktur liefert insbesondere die Aufbereitung der Gewinn- und Verlustrechnungen. Es versteht sich von selbst, daß die statistischen Darstellungen sich nur auf die in den veröffentlichten Abschlüssen enthaltenen Posten beziehen können. Das sind aber in aller Regel nur die ausweispflichtigen Aufwendungen und Erträge.

Die im Aktiengesetz vorgeschriebene Mindestgliederung bestimmt damit zugleich die in der Bilanzstatistik nachweisbaren Tatbestände.

Seit der Einführung des neuen Bruttoschemas für die Erfolgsrechnung der Aktiengesellschaften (1960) weist daher die amtliche Bilanzstatistik folgende Posten nach.

Erträge: Umsatzerlöse, Gesamtleistung, Rohertrag, Erträge aus Beteiligungen, Wertpapiere usw., Zinsen, übrige Erträge. Aufwendungen: Materialverbrauch incl. ähnliche Fremdleistungen, Löhne und Gehälter, gesetzliche Sozialabgaben, zusätzliche Sozialaufwendungen, Abschreibungen auf Sachanlagen, sonstige Abschreibungen, Zinsen, Steuern von Einkommen, vom Ertrag, vom Vermögen, sonstige Steuern, übrige Aufwendungen.

Ferner werden der Jahresüberschuß, die Zuführungen zu den Rücklagen und der Reingewinn ausgewiesen.

Die Angaben erfolgen überwiegend in absoluten DM-Beträgen. Verkürzte Tabellen geben auch die wichtigsten Posten in v. H. der Gesamtleistung (früher: des Umsatzes) an.

Schließlich werden auch Relationen zwischen Positionen der Bilanz und der Erfolgsrechnung ermittelt (Bilanzpositionen in v. H. der Gesamtleistung).

Seit dem Jahre 1962 sind die Aktiengesellschaften nach der Systematik der Wirtschaftszweige von 1961 klassifiziert. Es wird bis zu den Wirtschaftsgruppen aufgegliedert.

Literaturverzeichnis

Arndt, Klaus Dieter und *Chevallerie*, Oskar de la, Volkswirtschaftliche Gesamtrechnung für die Bundesrepublik Deutschland, Berlin 1962.

Aufermann, Ewald, Grundzüge der Betriebswirtschaftlichen Steuerlehre, Wiesbaden 1959.

Bartels, Hildegard, Indices der industriellen Produktion im volkswirtschaftlichen Güterkreislauf, in: Wirtschaft und Statistik 1950, S. 285.

— Das Programm der Kostenstrukturerhebung 1950, in: Wirtschaft und Statistik 1951, S. 382.

— Die Systematik der Wirtschaftszweige. Revidierte Arbeitsstättensystematik, in: Wirtschaft und Statistik 1959, S. 55.

— Das Kontensystem für die volkswirtschaftlichen Gesamtrechnungen der Bundesrepublik Deutschland, in: Wirtschaft und Statistik 1960, S. 317 ff. und S. 571 ff.

— Aufstellung von Input-Output-Tabellen für die Europäischen Gemeinschaften, in: Allgemeines Statistisches Archiv 1962, S. 184.

— Möglichkeiten und Grenzen der Berechnung von Input-Output-Tabellen für die Bundesrepublik Deutschland, in: Wirtschaft und Statistik 1965, S. 69.

Bartels, Hildegard, *Raabe*, Karl-Heinz und *Schörry*, Otto, Die Neuberechnung des Sozialprodukts für die Bundesrepublik Deutschland, in: Wirtschaft und Statistik 1957, S. 123.

Blind, Adolf, Zur statistischen Erfassung des Kapitalverzehrs, in: Zeitschrift für Betriebswirtschaft 1934, Heft 2, S. 1.

— Prinzipien und Wege zur Gewinnung repräsentativer Stichproben aus realen Grundgesamtheiten, in: Allgemeines Statistisches Archiv 1965, S. 337.

— Die Abgrenzung der Arbeitsstätten in der Wirtschaftsstatistik, in: Festschrift für Rolf Wagenführ, Berlin 1967.

Dennukat, Gerhard, Über die Einheiten zur statistischen Beobachtung von Arbeitsstätten und der mit diesen verbundenen Tatbestände und Merkmale, in: Allgemeines Statistisches Archiv 1957, S. 1.

Edey, H. C. and *Peacock*, A. T., National Income and Social Accounting, London 1954.

Evans, Duane and *Hoffenberg*, Marvin, The Interindustry Relations. Study for 1947, in: The Review of Economics and Statistics 1952, S. 97.

Flöter, Willi, Die Nettoleistung der Industrie 1954, in: Wirtschaft und Statistik 1957, S. 360.

Fürst, Gerhard, Die amtliche Statistik im Dienst der Produktivitätsmessung, in: Wirtschaft und Statistik 1953, S. 239.

— Probleme der industriellen Produktionsstatistik, in: Wirtschaft und Statistik 1954, S. 311.

— Gedanken zum Zählungsprogramm 1960, in: Wirtschaft und Statistik 1956, S. 617.

— Unternehmen, fachliche Unternehmensteile und örtliche Einheiten als Grundlage für die statistische Darstellung wirtschaftlicher Tatbestände, in: Wirtschaft und Statistik 1957, S. 643.

— Die Bedeutung der Nettoproduktionswerte für gesamtwirtschaftliche Statistiken, in: Allgemeines Statistisches Archiv 1959, S. 378.

— Was soll ein „Produktionsindex" messen?, in: Allgemeines Statistisches Archiv 1961, S. 46.

— Der deutsche Beitrag zum Weltindustriezensus 1963, in: Wirtschaft und Statistik 1963, S. 255.

Fürst, Gerhard und *Bartels*, Hildegard, Grundsätze systematischer Klassifizierung wirtschaftlicher Tatbestände, in: Wirtschaft und Statistik 1952, S. 92.

Fürst, Gerhard, *Raabe*, Karl-Heinz und *Sperling*, Hans, Das Produktionsergebnis je Beschäftigten in den großen Bereichen der Volkswirtschaft 1950—1957, in: Wirtschaft und Statistik 1958, S. 147.

Gilbert, Milton, Statistical Sources and Methods in National Accounts Estimates and the Problem of Reliability, in: Income and Wealth, Series 3 1953, S. 1.

Grohmann, Heinz, Individualeinkommen und Volkseinkommen, in: Allgemeines Statistisches Archiv 1963, S. 344.

— Einkommensstatistik, in: Umrisse einer Wirtschaftsstatistik, herausgegeben von Adolf Blind, Festschrift für Paul Flaskämper, Hamburg 1966, S. 216.

Grünig, Ferdinand, Der Wirtschaftskreislauf, München 1933.

Hax, Karl, Die Substanzerhaltung der Betriebe, Köln und Opladen 1957.

Hartwig, Heinrich, Naturwissenschaftliche und sozialwissenschaftliche Statistik, in: Zeitschrift für die gesamte Staatswissenschaft 1956, S. 252.

Heine, Peter, Direct Costing — eine angloamerikanische Teilkostenrechnung, in: Zeitschrift für handelswissenschaftliche Forschung 1959, S. 515.

Heinen, Edmund, Die Kosten. Ihr Begriff und ihr Wesen, Saarbrücken 1956.

Herrmann, Walther, Das Unternehmen als Objekt der Statistik, in: Allgemeines Statistisches Archiv 1958, S. 310.

Hicks, John Richard, The Valuation of the Social Income, in: Economica, NS, Vol. VII 1940, S. 105.

— Einführung in die Volkswirtschaftslehre, Hamburg 1962.

Hiß, Dieter, Kosten und Preise in der Bundesrepublik 1950—1960, Berlin 1963.

Hofmann, Werner, Die volkswirtschaftliche Gesamtrechnung, Berlin 1954.

Johnston, J., Statistical Cost Analysis, New York, Toronto, London 1960.

Junior, Gerold, Zum Aussagewert von Input-Output-Tabellen, dargestellt am System des Statistischen Amtes der Europäischen Gemeinschaften, in: Statistische Informationen, herausgegeben vom Statistischen Amt der Europäischen Gemeinschaften, 1964, Nr. 2, S. 8.

— Die Produktionsverflechtung und ihre Darstellung (Input-Output-Analyse), in: Umrisse einer Wirtschaftsstatistik, herausgegeben von Adolf Blind, Festschrift für Paul Flaskämper, Hamburg 1966, S. 302.

Kneschaurek, Francesco, Die nationale Buchhaltung, Zürich und St. Gallen 1958.

Kosiol, Erich, Organisation der Unternehmung, Wiesbaden 1962.

Kraus, Otto, Sozialprodukt und Volkseinkommen, Berlin 1952.

Kraus, Willy, Volkswirtschaftliche Gesamtrechnung, Wiesbaden 1961.

Krelle, Wilhelm, Volkswirtschaftliche Gesamtrechnung einschließlich input-output-Analyse mit Zahlen für die Bundesrepublik Deutschland, Berlin 1959.

Kupka, Günther, Methode und erste Ergebnisse des Industriezensus 1963, in: Wirtschaft und Statistik 1965, S. 359.

Lange, Gerhard und *Bartels*, Hildegard, Die Kostenstruktur in der Industrie, in: Wirtschaft und Statistik 1962, S. 189.

Laßmann, Gert, Zur betriebswirtschaftlichen Problematik der neuen aktienrechtlichen Gewinn- und Verlustrechnung, in: Zeitschrift für handelswissenschaftliche Forschung 1961, S. 654.

Leontief, Wassily, The Structure of American Economy 1919—1939, New York 1951.

— Die Methode der Input-Output-Analyse, in: Allgemeines Statistisches Archiv 1952, S. 153.

— Studies in the Structure of the American Economy, New York 1953.

— Einsatz-Ausstoß-Analyse, in: Handwörterbuch der Sozialwissenschaften, Band 3, Tübingen 1961, S. 83.

Marshall, Alfred, Principles of Economics, Fourth edition, London 1898.

Meerwarth, Rudolf, Einleitung in die Wirtschaftsstatistik, Jena 1920.

— Nationalökonomie und Statistik, Berlin und Leipzig 1925.

Menrad, Siegfried, Der Kostenbegriff, Berlin 1965.

Moxter, Adolf, Offene Probleme der Rechnungslegung bei Konzernunternehmungen, in: Zeitschrift für handelswissenschaftliche Forschung 1961, S. 641.

— Der Einfluß von Publizitätsvorschriften auf das unternehmerische Verhalten, Köln und Opladen 1962.

Neumark, Fritz, Wirtschafts- und Finanzprobleme des Interventionsstaates, Tübingen 1961.

Nowak, Paul, Zur Frage der Kostenrechnung in Handelsbetrieben, in: Zeitschrift für handelswissenschaftliche Forschung 1961, S. 624.

OEEC, A Standardized System of National Accounts, Paris 1958.

Ohlsson, Ingvar, On National Accounting, Stockholm 1961.

Platt, Heinz, Input-Output-Analyse, Meisenheim 1957.

Pokorny, Gottfried von, Die Messung der industriellen Produktionsleistung (Produktivität), in: Allgemeines Statistisches Archiv 1950, S. 65.

Raabe, Karl-Heinz, Übereinstimmung und Unterschiede in der Definition und Messung der Abschreibungen in betrieblicher und volkswirtschaftlicher Sicht, in: Allgemeines Statistisches Archiv 1957, S. 357.

— Der Zusammenhang zwischen dem betrieblichen Rechnungswesen und der Sozialproduktsberechnung, in: Wirtschaft und Statistik, Jg. 1953, S. 400.

Reichsamt für wehrwirtschaftliche Planung, Die deutsche Industrie. Heft 1 der Schriftenreihe des Reichsamtes für wehrwirtschaftliche Planung, Berlin 1939.

Riebel, Paul, Das Rechnen mit Einzelkosten und Deckungsbeiträgen, in: Zeitschrift für handelswissenschaftliche Forschung 1959, S. 213.

— Richtigkeit, Genauigkeit und Wirtschaftlichkeit als Grenzen der Kostenrechnung, in: Neue Betriebswirtschaft 1959, S. 41.

Rogowski, Erich, Das deutsche Volkseinkommen, Berlin 1926.

Rüdiger, Wilhelm, Produktionsindices für Investitions- und Verbrauchsgüter, in: Wirtschaft und Statistik 1960, S. 453.

Sagaroff, Slawtscho, Begriff und Berechnung des Volkseinkommens, Bern 1948.

— Die Berechnung des Volkseinkommens als statistisches Problem, in: Allgemeines Statistisches Archiv 1949, S. 171.

Schumacher, Hans, Das Input-Output-System des Statistischen Amtes der Europäischen Gemeinschaften, in: Statistische Informationen, herausgegeben vom Statistischen Amt der Europäischen Gemeinschaften, 1964, Heft 2, S. 13.

Schumpeter, Joseph, Theorie der wirtschaftlichen Entwicklung, 5. Auflage, Berlin 1952.

Schweda, Robert und *Schulz*, Reinhold, Das Programm der Handels- und Gaststättenzählung 1960, in: Wirtschaft und Statistik 1960, S. 396.

Stamp, Josiah, The National Capital, London 1937.

Statistical Office of the United Nations, Indexzahlen der industriellen Produktion, übersetzt im Institut für international vergleichende Wirtschafts- und Sozialstatistik an der Universität Heidelberg, New York 1950/Freiburg 1960.

Statistical Office of the United Nations, International Recommendations in Basic Industrial Statistics, in: Statistical Papers, Series M, Nr. 17, New York 1960.

Statistical Office of the United Nations, International Standard Industrial Classification of All Economic Activities, in: Statistical Papers, Series M, Nr. 4, New York 1958.

Statistical Office of the United Nations, Studies in Methods: Industrial Censuses and Related Inquiries, Series F, Nr. 4, New York 1953.

Statistisches Amt der Europäischen Gemeinschaften, Systematik der Zweige des Produzierenden Gewerbes in den Europäischen Gemeinschaften (NICE), Sonderveröffentlichung in der Reihe „Industriestatistik“, Brüssel, Juni 1963.

Statistisches Bundesamt, Stichproben in der amtlichen Statistik, Stuttgart und Mainz 1960.

Statistisches Bundesamt, Systematik der Wirtschaftszweige. Grundsystematik mit Erläuterungen, Stuttgart und Mainz 1961.

Statistisches Reichsamt, Das deutsche Volkseinkommen vor und nach dem Kriege, Einzelschrift zur Statistik des Deutschen Reiches, Berlin 1932.

Stone, Richard, Input-Output und National Accounts, Paris 1961.

Studenski, Paul, The Income of Nations, New York 1958.

Wagenführ, Rolf, Die Bedeutung des Außenmarktes für die deutsche Industriewirtschaft, Berlin 1936.

Werner, Kurt, Nettoproduktionswerte der Industrie des Bundesgebietes im Jahre 1950, in: Wirtschaft und Statistik 1953, S. 544.

— Das Nettoprinzip in der deutschen Industriestatistik, in: Allgemeines Statistisches Archiv 1956, S. 227.

— Die Industriestatistik der Bundesrepublik Deutschland, Berlin 1958.

— Zum Begriff des Nettoproduktionswertes in der Wirtschaftsstatistik, in: Allgemeines Statistisches Archiv 1960, S. 27.

Wittmeyer, Hans, Aussage der Nettoproduktionswerte über die Branchenstruktur im internationalen Vergleich, in: Allgemeines Statistisches Archiv 1959, S. 388.

FSC
www.fsc.org
MIX
Papier | Fördert gute Waldnutzung
FSC® C083411

Kolibri 360 GmbH
Ferdinand-Jühlke-Straße 7
99095 Erfurt, Deutschland
produktsicherheit@kolibri360.de

Druck:
CPI Druckdienstleistungen GmbH
im Auftrag der
Kolibri 360 GmbH
Ferdinand-Jühlke-Str. 7
99095 Erfurt